출제기준 정비자료 12-02

국가기술자격 출제기준 Ⅱ (2013적용)

19 섬유·의복 / 20 전기·전자
21 정보통신 / 22 식품가공
23 인쇄·목재·가구·공예
24 농림어업 / 25 안전관리
26 환경·에너지

한국산업인력공단

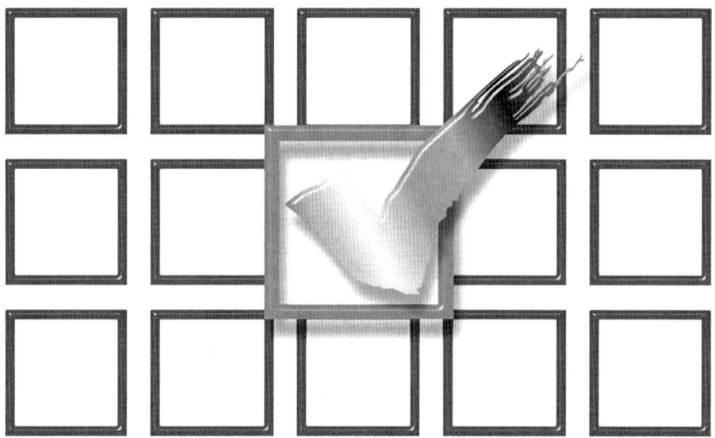

2014년 11월 20일 1판 1쇄 인쇄
2014년 11월 20일 1판 1쇄 발행

지 은 이 한국산업인력공단
발 행 인 이헌숙
표   지 김학용
발 행 처 생각쉼표 & 주)휴먼컬처아리랑
         서울특별시 영등포구 여의도동 45-13 코오롱포레스텔 309
전   화 070) 8866 - 2220 FAX • 02) 784-4111
등록번호 제 2009 - 000008호
등록일자 2009년 12월 29일

www.휴먼컬처아리랑.kr
ISBN 979-11-5565-130-8

contents 국가기술자격 출제기준 Ⅱ

19 섬유·의복 / 1
- 신발류제조기능사 ············· 3

20 전기·전자 / 11
- 전기철도기사 ············· 13
- 전기철도산업기사 ············· 35
- 철도신호기사 ············· 57
- 철도신호산업기사 ············· 79
- 임베디드기사 ············· 101
- 전자계산기제어산업기사 ············· 113
- 전자계산기기사 ············· 123
- 전자계산기기능사 ············· 135
- 전자기기기능장 ············· 143
- 전자기기기능사 ············· 151
- 전자기사 ············· 159
- 전자산업기사 ············· 179
- 전자캐드기능사 ············· 195

21 정보통신 / 207
- 정보보안기사 ············· 209
- 정보보안산업기사 ············· 227

22 식품가공 / 241
- 제과기능장 ············· 243
- 제과기능사 ············· 263
- 제빵기능사 ············· 275

23 인쇄·목재·가구·공예 / 287
- 가구제작기능사 ············· 289
- 목공예기능사 ············· 297
- 귀금속가공기능장 ············· 311
- 귀금속가공산업기사 ············· 321
- 귀금속가공기능사 ············· 331
- 보석가공기능사 ············· 341
- 보석감정기능사 ············· 351
- 도자기공예기능사 ············· 361
- 석공예기능사 ············· 373

24 농림어업 / 387
- 식육처리기능사 ············· 389
- 축산기사 ············· 399
- 축산산업기사 ············· 423
- 축산기능사 ············· 439
- 식물보호기사 ············· 451
- 식물보호산업기사 ············· 467

25 안전관리 / 479
- 화재감식평가기사 ············· 481
- 화재감식평가산업기사 ············· 503

26 환경·에너지 / 523
- 생물분류기사(동물) ············· 525
- 생물분류기사(식물) ············· 543
- 자연생태복원기사 ············· 561
- 자연생태복원산업기사 ············· 581
- 에너지관리기사 ············· 597
- 에너지관리산업기사 ············· 611
- 신재생에너지발전설비기사(태양광) ··· 623
- 신재생에너지발전설비산업기사(태양광) ··· 637
- 신재생에너지발전설비기능사(태양광) ··· 649

국가기술자격 출제기준 Ⅱ

19 섬유·의복

신발류제조기능사

19. 섬유·의복

신발류제조기능사

출제기준(필기)

직무분야	섬유·의복	중직무분야	의복	자격종목	신발류제조기능사	적용기간	2013. 1. 1~2017.12.31

○직무내용 : 여러 종류의 신발을 디자인하고 인체공학적 측면과 작업 능률성 및 원가절감 측면을 고려하여 신골, 갑피, 밑창 설계 후 제조, 재단, 재봉 및 제화의 과정을 거쳐 각종 형태의 신발을 제작하는 업무

필기검정방법	객관식	문제수	60	시험시간	1시간

필기과목명	문제수	주요항목	세부항목	세세항목
신발류제조공정, 신발류디자인, 신발류봉제, 신발류검사	60	1. 신발 개요	1. 신발	1. 신발에 관한 일반적인 지식
			2. 신발제조	1. 신발제조에 관한 지식
		2. 신발 재료	1. 갑피(upper) 재료	1. 갑피(upper) 재료에 관한 지식
			2. 창(sole) 재료	1. 창(sole) 재료에 관한 지식
			3. 부품류	1. 부품류에 관한 지식
			4. 기타 재료	1. 기타 재료에 관한 지식
		3. 신발 제조	1. 생산공정의 개요	1. 생산공정의 개요에 관한 지식
			2. 창(sole) 제조	1. 창(sole) 제조공정에 관한 지식
			3. 재단	1. 재단공정에 관한 지식
			4. 재봉	1. 재봉공정에 관한 지식
			5. 제화	1. 제화공정에 관한 지식
		4. 신발디자인	1. 색채	1. 색채에 관한 지식
			2. 브랜드(brand)	1. 브랜드(brand)에 관한 지식
			3. 신발패션(fashion)	1. 신발패션(fashion)에 관한 지식
			4. 신발포장디자인	1. 신발포장류 디자인에 관한 지식
		5. 신발패턴	1. 발	1. 발에 관한 지식

필기과목명	문제수	주요항목	세부항목	세세항목
			2. 신골(화형)	1. 신골(화형)에 관한 지식
			3. 갑피(upper)패턴	1. 갑피(upper)패턴에 관한 지식
		6. 재봉기	1. 재봉기의 종류	1. 재봉기의 종류에 관한 지식
			2. 재봉기의 용도	1. 재봉기의 용도에 관한 지식
			3. 재봉기의 구조	1. 재봉기의 구조에 관한 지식
			4. 부품	1. 부품에 관한 지식
		7. 봉제재료	1. 재봉사	1. 재봉사에 관한 지식
			2. 기타 재료	1. 기타 재료에 관한 지식
		8. 봉제작업	1. 봉제작업	1. 봉제작업에 관한 지식
		9. 신발의 검사	1. 창(sole) 검사	1. 창(sole) 검사에 관한 지식
			2. 반제품 검사	1. 반제품 검사에 관한 지식
			3. 완제품 검사	1. 완제품 검사에 관한 지식

출제기준(실기)

직무 분야	섬유·의복	중직무 분야	의복	자격 종목	신발류제조기능사	적용 기간	2013. 1. 1~2017.12.31

○직무내용 : 여러 종류의 신발을 디자인하고 인체공학적 측면과 작업 능률성 및 원가절감 측면을 고려하여 신골, 갑피, 밑창 설계 후 제조, 재단, 재봉 및 제화의 과정을 거쳐 각종 형태의 신발을 제작하는 업무

○수행준거 : 1. 신발류 패턴 작업을 할 수 있다.
　　　　　　2. 봉제작업을 할 수 있다.
　　　　　　3. 준비 및 재단을 할 수 있다.
　　　　　　4. 신발류 제화를 할 수 있다.

실기검정방법	작업형	시험시간	3시간 30분 정도

실기과목명	주요항목	세부항목	세세항목
신발류제조작업	1. 신발류 제조	1. 디자인 및 패턴 설계하기	1. 구매자의 인종, 성별, 연령을 고려하여 제작된 화형을 준비할 수 있다. 2. 떠내어진 본에 디자인된 그림을 옮겨 그릴 수 있다. 3. 옮겨 그릴 때 신발의 구조, 기능을 고려하여 패턴작업을 할 수 있다.
		2. 밑창 제조하기	1. 프레스 작업이 완료된 겉창의 가장자리를 정리(Triming)할 수 있다.
		3. 재단 작업하기	1. 규격에 맞는 자재인지 확인하고 부품별로 적합한 자재를 분류할 수 있다. 2. 가장 효율적인 재단수율을 낼 수 있는 방법으로 발형(철형) 배열을 결정할 수 있다. 3. 장배가 끝난 원단을 재단판 위에 올려놓을 수 있다. 4. 재단기의 상판을 발형의 높이에 맞게 조절할 수 있다. 5. 안감(Lining)를 부착할 수 있다. 6. 각 부품별로 작업지시서를 따라야 하며 부품이 겹쳐지는 곳은 스카이빙 하여 적정 두께로 만든 후 재봉할 수 있다.
		4. 재봉 작업하기	1. 재봉 작업에 필요한 재단된 부품을 준비할 수 있다. 2. 선포 부분에 필요한 모양대로 편칭된 재단물을 준비할 수 있다. 3. 재봉기 밑으로 필요한 색상의 북실이 감긴 북알을 북집에 결합할 수 있다.

실기과목명	주요항목	세부항목	세세항목
			4. 윗실에 기름을 주입한 후 윗실 뭉치를 고정쇠에 고정시키고 실을 풀면서 순서에 따라 결합한 다음 바늘구멍에 실을 끼울 수 있다. 5. 우측 핸들을 돌려 윗실로 북실을 끌어 올리고 4~5cm정도 유지시켜 노루발 뒤쪽으로 모을 수 있다. 6. 선포와 측포를 지그재그 재봉으로 연결할 수 있다. 7. 안감(Lining)를 부착할 수 있다. 8. 각 부품별로 작업지시서를 따라야 하며 부품이 겹쳐지는 곳은 스카이빙 하여 적정 두께로 만든 후 재봉할 수 있다. 9. 무늬나 상표 표시를 위해 나염 작업 또는 고주파 작업된 부품을 연결 재봉할 수 있다. 10. 수작업 또는 반자동 기계를 이용하여 편칭 작업을 실시할 수 있다. 11. 재봉 작업 완료 후 가위 또는 열풍기로 실밥을 완전히 제거할 수 있다.
		5. 제화 작업하기	1. 신골(화형), 갑피 및 밑창을 준비할 수 있다. 2. 밑창은 접착이 용이하도록 연마하여 준비할 수 있다. 3. 신골(화형)에 택(Tack)이나 라텍스(Latex)로 안창(Texon)을 붙인 후 창(Sole)에 맞는 갑피를 준비하여 접착 부분만큼 게이지를 그려둘 수 있다. 4. 신발의 앞부분을 토라스터(Toe Laster)로 안창과 접착시키는 라스팅 작업을 할 수 있다. 5. 신발의 옆 부분을 망치 또는 사이드라스터(Side Laster)를 이용 하여 접착 시킬 수 있다. 6. 신발의 뒷부분을 힐라스터(Heel Laster)로 라스팅하여 안창과 접착 시킬 수 있다. 7. 라스팅이 완료된 신골(화형)의 바닥을 접착이 용이하도록 거칠게 연마할 수 있다. 8. 신골(화형)의 바닥과 밑창에 접착성을 강화하는 촉매성 접착제로 1차 선 처리한 후 2차 접착제를 칠할 수 있다. 9. 갑피의 바닥과 밑창을 접착 시킬 수 있다. 10. 냉각이 끝난 신발에서 신골(화형)을 분리해 낼 수 있다.

실기과목명	주요항목	세부항목	세세항목
		6. 제품 검사하기	1. 완성된 신발 안에 깔창이 깔려 있는지 검사할 수 있다. 2. 신발 외관의 끝마무리 작업을 검사 한 후 외관을 검사하여 불량 신발을 분류할 수 있다. 3. 보형지를 삽입, 신끈, 택(Tag), 등을 검사할 수 있다.

국가기술자격 출제기준 Ⅱ

20 전기·전자

전기철도기사
전기철도산업기사
철도신호기사
철도신호산업기사
임베디드기사
전자계산기제어산업기사
전자계산기기사
전자계산기기능사
전자기기기능장
전자기기기능사
전자기사
전자산업기사
전자캐드기능사

20. 전기·전자

전기철도기사

출제기준(필기)

직무 분야	전기·전자	중직무 분야	전기	자격 종목	전기철도기사	적용 기간	2013. 1. 1~2017.12.31

○직무내용 : 전기차 운행과 직결되는 전기철도의 전차선로, 급전선로, 송변전설비 등을 구성하는 구조물과 전기철도에 관련된 전기적 설비 등에 관한 계획, 설계, 감리, 분석, 시험, 검사, 시공과 시공관리, 운영 및 유지보수, 안전관리, 기술지도 등의 일반적인 기술지식 및 실무능력을 갖추고 그 업무를 수행하는 직무

필기검정방법	객관식	문제수	80	시험시간	2시간

필기과목명	문제수	주요항목	세부항목	세세항목
전기철도공학	20	1. 전기철도의 개요	1. 전기철도의 특성 및 구성	1. 전기철도의 정의 2. 전기철도의 구성 3. 전기철도의 효과 4. 전기철도의 발전
			2. 전기철도의 방식	1. 전기철도방식의 선정조건 2. 전기방식에 의한 분류 및 특성 3. 전기차 형태에 의한 분류 및 특성 4. 운전속도에 의한 분류 및 특성 5. 수송목적에 의한 분류 및 특성
			3. 전기철도 관련 시스템	1. 선로 2. 철도 신호
		2. 전철 수, 변전 설비	1. 수전설비	1. 가공선로 2. 지중선로
			2. 변전설비	1. 급전방식 및 급전계통의 구성 2. 변전소 등의 종류 3. 변전소 등의 배치 4. 변전소 등의 설비 5. 변전소 등의 감시제어
		3. 전차선로	1. 전차선로의 구성 및 방식	1. 전차선로의 구조 및 원리 2. 전차선로의 가선방식 3. 전차선로의 조가방식

필기과목명	문제수	주요항목	세부항목	세세항목
			2. 가공전차선로	1. 급전선, 전차선, 조가선 및 귀선로 2. 진동방지, 곡선당김 장치 3. 건널선장치 4. 구분장치 5. 인류장치 6. 흐름방지장치 7. 가동브래킷 8. 기타 전차선로 관련 장치
			3. 강체전차선로	1. 강체전차선로의 구성 및 특성 2. 직류강체전차선로 설비 3. 교류강체전차선로 설비 4. 강체전차선로의 해석 5. 강체전차선로의 설계
			4. 제3궤조식	1. 제3궤조의 구성 및 특성 2. 제3궤조 설비 3. 제3궤조의 해석
		4. 전기차	1. 전원방식	1. 직류전기차 2. 교류전기차 3. 직/교 겸용차
			2. 구동방식	1. 집전장치 2. 전력변환장치 3. 구동장치
			3. 동력방식	1. 집중방식 2. 분산방식
			4. 전기차의 운전	1. 운전속도 2. 열차저항 3. 견인력 4. 전기차의 특성곡선 5. 운전선도
		5. 전기철도의 제 특성 및 제 영향	1. 전기철도의 제 특성	1. 전기적 특성 2. 기계적 특성

필기과목명	문제수	주요항목	세부항목	세세항목
			2. 전기철도의 제 영향	1. 팬터그래프와 전차선의 상호작용 2. 전압강하 3. 전류용량 및 온도상승 4. 순환전류의 발생, 영향 및 그 대책 5. 귀선로 및 궤도의 전류와 전압 6. 전식 및 전식 방지 7. 전자유도 및 유도방지
		6. 계통 보호방식 및 설비	1. 계통 보호방식	1. 보호선 2. 가공지선 3. 보호장치 4. 보안기
			2. 계통 보호설비	1. 피뢰기 및 피뢰설비 2. 계전보호방식 및 설비 3. 구조물 상호간의 이격 4. 기타 건축물과의 이격

필기과목명	문제수	주요항목	세부항목	세세항목
전기철도 구조물 공학	20	1. 전기철도 구조물의 개요	1. 전기철도 구조물의 개요	1. 구조물의 정의 2. 전철 구조물의 종류 3. 전철 구조물의 특성
			2. 구조물에 미치는 기상의 영향	1. 기온 2. 바람 3. 눈
			3. 하중의 종별 및 적용	1. 하중의 종류 2. 하중의 적용 3. 수평, 수직하중
			4. 구조물의 재료	1. 구조용 강재 2. 강재의 단면형상과 표시방법
		2. 힘과 구조물	1. 힘과 모멘트	1. 힘의 표시방법과 힘의 3요소 2. 힘의 모멘트 3. 우력과 우력 모멘트
			2. 힘의 합성과 분해	1. 한 점에 작용하는 두 힘의 합성과 분해 2. 한 점에 작용하는 여러 힘의 합성과 분해 3. 동일점에 작용하지 않는 여러 힘의 합성과 분해 4. 작용선이 평행한 힘의 합성
			3. 힘의 평형	1. 힘의 평형조건 2. 여러 힘이 동일점에 작용할 경우의 힘의 평형 3. 여러 힘이 동일점에 작용하지 않을 경우의 힘의 평형 4. 라미의 정리
		3. 응력도와 변형도	1. 응력과 응력도	1. 응력의 종류 2. 응력 산정법
			2. 변형과 변형도	1. 변형률의 종류 2. 응력도와 변형도의 관계
			3. 탄성과 탄성계수	1. 영계수 2. 횡 탄성계수 3. 체적 탄성계수 4. 푸와송 비

필기과목명	문제수	주요항목	세부항목	세세항목
			4. 허용응력과 단면설계	1. 허용응력과 안전율 2. 단면설계
		4. 부재단면의 성질	1. 단면 1차모멘트와 도심(圖心)	1. 단면 1차 모멘트 2. 도심 3. 파프스의 정리
			2. 단면 2차모멘트와 단면계수	1. 단면 2차 모멘트 2. 단면 2차 반지름 3. 단면계수
			3. 단면 2차극모멘트와 단면 상승 모멘트	1. 단면 2차 극 모멘트
		5. 전기철도구조물 설비	1. 지지물	1. 지지물의 적용기준 2. 전철주 3. 전철주 기초
			2. 철(강)구조물	1. 빔(Beam) 2. 완금(腕金) 3. 하수강, 평행틀
			3. 안전 및 보호 구조물	1. 지선 2. 지주 3. 보호망 4. 보호선 5. 애자
			4. 구조물의 부식방지	1. 아연도금의 적용구분 2. 부식성 유해가스 3. 염진해 등 4. 이종금속의 접속
		6. 구조물의 설계	1. 강구조물의 설계	1. 부재 2. 허용 응력도 3. 단일재의 강도계산 4. H형,I형강주의 강도계산 5. 조합철주의 강도계산 6. 트러스 구조재의 강도계산 7. 볼트접합 및 용접 8. 철주 각부(脚部)의 설계

필기과목명	문제수	주요항목	세부항목	세세항목
			2. 단독 지지주의 설계	1. 단독주의 응력계산 2. 철주의 휨 3. 철주의 비틀림
			3. 문형지지물의 설계	1. 문형 지지물의 구성 2. 문형 지지물의 응력계산
			4. 전철주기초의 설계	1. 지내력의 측정 2. 기초의 저항 모멘트 계산 3. 지지력
			5. 지선의 설계	1. 지선의 설계하중 2. 지선의 강도계산 3. 지선용 근가의 강도계산

필기과목명	문제수	주요항목	세부항목	세세항목
전기자기학	20	1. 진공 중 정전계	1. 정전기 및 정전유도	1. 정전기의 개념 2. 대전현상 3. 도체와 부도체 4. 전기량 5. 정전유도 등
			2. 전계	1. 전계의 정의 2. 전계의 세기 3. 벡터와 스칼라 4. 진공중에 있는 점전하에 의한 전계 등
			3. 전기력선	1. 전기력선의 정의 2. 전기력선의 성질 3. 전기력선의 방정식 4. 전기력선의 밀도
			4. 전하	1. 전하의 성질 2. 검전기 3. 쿨롱의 법칙 4. 진공유전율 등
			5. 전위	1. 전위 및 전위차의 정의 2. 보존장 3. 등전위면 4. 전위경도 5. 푸아송·라플라스의 방정식 등
			6. 가우스의 정리	1. 가우스 정리 2. 입체각 3. 전계의 발산정리 4. 전기력선의 발산 등
			7. 전기쌍극자	1. 전기쌍극자의 정의 2. 전기쌍극자에 의한 전위 3. 전기쌍극자에 의한 전계 4. 전기이중층 등
		2. 진공 중 도체계	1. 도체계의 전하 및 전위 분포	1. 도체계에 있어서의 대전 현상 등 2. 전하 및 전위분포의 일의성 3. 중첩의 원리

필기과목명	문제수	주요항목	세부항목	세세항목
			2. 전위계수, 용량계수 및 유도계수	1. 전위계수, 용량계수 및 유도계수의 정의 2. 전위계수의 성질 및 계산 3. 용량계수 및 유도계수의 성질 및 계산
			3. 도체계의 정전에너지	1. 도체계의 정전에너지 2. 도체면에 작용하는 힘
			4. 정전용량	1. 정전용량의 정의 2. 정전용량과 전위계수, 용량계수 및 유도 계수와의 관계 3. 콘덴서의 정의 및 접속 4. 콘덴서에 저축된 정전에너지 5. 등가용량
			5. 도체간에 작용하는 정전력	1. 도체계가 가진 정전에너지
			6. 정전차폐	1. 정전차폐
		3. 유전체	1. 분극도와 전계	1. 유전체의 유전율 및 비유전율 2. 전기분극 3. 분극의 세기
			2. 전속밀도	1. 전속 2. 분극과 전속밀도
			3. 유전체내의 전계	1. 유전체내의 전계 2. 유전체 중의 전계와 가우스 정리 3. 유전체의 절연파괴
			4. 경계조건	1. 두 종류의 유전체내의 경계조건 2. 전속 및 전기력선의 굴절 3. 유전율과 전속밀도와의 관계
			5. 정전용량	1. 유전체를 가진 도체계의 정전용량
			6. 전계의 에너지	1. 유전체내의 도체계의 에너지 2. 유전체내의 정전 에너지
			7. 유전체 사이의 힘	1. 유전체내의 도체 표면에 작용하는 힘 2. 유전체에 작용하는 힘

필기과목명	문제수	주요항목	세부항목	세세항목
			8. 유전체의 특수현상	1. 접촉전기 2. 파이로전기 3. 압전기
		4. 전계의 특수 해법 및 전류	1. 전기영상법	1. 전기영상법 2. 도체평면과 점전하 3. 접지구형도체와 점전하 4. 절연구형 도체와 점전하 5. 유전체와 점전하 6. 평등전계내의 유전체구 7. 2개의 도체구
			2. 정전계의 2차원 문제	1. 2차원전계의 성질 2. 전기력선과 등전위선과의 관계
			3. 전류에 관련된 제현상	1. 전류와 전류밀도 2. 옴의 법칙 3. 키르히호프의 법칙 4. 중첩의 정리 5. 상반(가역) 정리 6. 등가 전원 정리 7. 전력, 줄열 8. 열전현상 9. 전류의 화학작용
			4. 컨덕던스 및 도전율	1 저항률 2. 저항의 온도계수 3. 컨덕던스 4. 도전율
		5. 자계	1. 자석 및 자기유도	1. 자성체 2. 자기유도 3. 쿨롱의 법칙
			2. 자계 및 자위	1. 자계 2. 자위 3. 자화 4. 자속과 자속밀도 5. 자계에너지
			3. 자기쌍극자	1. 자기쌍극자의 자계 2. 판자석 및 등가판자석

필기과목명	문제수	주요항목	세부항목	세세항목
			4. 자계와 전류사이의 힘	1. 전류의 자기 작용 2. 비오·사바르의 법칙 3. 암페어의 오른손 법칙 4. 직선 전류에 의한 자계 5. 원형 전류 중심축상의 자계 6. 솔레노이드에 의한 자계 7. 진공중에 있는 원형코일 중심축상의 자속밀도 8. 벡터의 적 9. 암페어의 주회적분 법칙 10. 주회적분 법칙에 의한 자속분포 계산 11. 벡터의 회전 12. 평행 전류간의 작용력 13. 자계중의 전류에 작용하는 힘 14. 전류에 의한 기계적 일과 기계적 동력
			5. 분포전류에 의한 자계	1. 스토웍스의 정리 2. 플래밍의 법칙 3. 로렌츠의 법칙 4. 핀치효과 및 홀 효과
		6. 자성체와 자기회로	1. 자화의 세기	1. 자화작용 2. 자화의 세기 3. 자화전류
			2. 자속밀도 및 자속	1. 자성체가 있는 자계 2. 자속분포의 법칙 3. 벡터 포텐셜 4. 정자계와 정전계 5. 자극
			3. 투자율과 자화율	1. 투자율 2. 자화곡선 3. 자화율
			4. 경계면의 조건	1. 자계의 경계면 조건 2. 자속밀도의 경계면 조건 3. 자속선의 굴절법칙
			5. 감자력과 자기차폐	1. 감자력 2. 감자율 3. 자기차폐

필기과목명	문제수	주요항목	세부항목	세세항목
			6. 자계의 에너지	1. 자계의 에너지 밀도
			7. 강자성체의 자화	1. 자화곡선 2. 히스테리시스 곡선 3. 히스테리시스 손실
			8. 자기회로	1. 기자력 2. 투자율 3. 자기저항 4. 누설자속 5. 자기회로의 옴의 법칙 6. 자기회로의 키르히호프 법칙 7. 공극을 가진 자기회로 8. 포화특성 철심의 자기회로
			9. 영구자석	1. 감자력 2. 자화의 세기 3. 보자력 4. 자석재료
		7. 전자유도 및 인덕턴스	1. 전자유도 현상	1. 자속변화에 의한 기전력 발생 2. 전자유도법칙 3. 패러데이의 법칙 4. 와전류 5. 표피효과
			2. 자기 및 상호유도작용	1. 자기유도작용 2. 상호유도작용
			3. 자계에너지와 전자유도	1. 자계에너지와 전자유도
			4. 도체의 운동에 의한 기전력	1. 렌즈의 법칙 2. 플레밍의 오른손 법칙 3. 자계속을 운동하는 도체에 생기는 기전력 4. 도체의 운동과 자속의 시간적 변화가 있는 경우의 기전력
			5. 전류에 작용하는 힘	1. 전류에 작용하는 힘 2. 자속변화
			6. 전자유도에 의한 전계	1. 전자유도에 의한 전계

필기과목명	문제수	주요항목	세부항목	세세항목
			7. 도체내의 전류분포	1. 일정주파수의 교류일 때 2. 표피효과 3. 도체표면에 평행한 자계일 때 4. 표피효과를 고려할 수 있는 한계
			8. 전류에 의한 자계에너지	1. 자계에너지 2. 전류에 의한 자계에너지
			9. 인덕턴스	1. 자기인덕턴스와 상호인덕턴스 2. 노이만의 공식 3. 상호인덕턴스의 상반성 4. 누설자속과 결합계수 5. 인덕턴스의 계산 6. 기하학적 평균거리
		8. 전자계	1. 변위전류	1. 변위전류
			2. 맥스웰의 방정식	1. 맥스웰의 전자파방정식 2. 인가전압이 있는 경우의 전자방정식
			3. 전자파 및 평면파	1. 전자파 2. 평면파 3. 파동방정식 4. 전파속도 5. 도체내의 전자파 6. 전자파의 방사 7. 전자파의 반사와 굴절 8. 전자파의 전송선로 9. 포인팅벡터
			4. 경계조건	1. 경계면에 전류가 존재하지 않을 때 2. 완전 도체 표면
			5. 전자계에서의 전압	1. 전압의 정의 2. 평행도체에 있어서의 전압 3. 단위 길이당 전압강하 4. 도체전류의 변화
			6. 전자와 하전입자의 운동	1. 전자와 하전입자의 운동
			7. 방전현상	1. 방전현상

필기과목명	문제수	주요항목	세부항목	세세항목
전력공학	20	1. 발변전 일반	1. 수력발전	1. 수력발전의 원리와 종류 2. 수력학의 개요 3. 유량과 낙차 4. 수력설비 5. 수차 및 부속설비 6. 수력발전소의 전기설비와 운전
			2. 화력발전	1. 화력발전의 원리와 종류 2. 열역학의 개요 3. 연료와 연소 4. 보일러 및 부속장치 5. 증기터빈과 터빈발전기 6. 화력발전소의 전기설비와 운전 7. 내연력 및 복합발전
			3. 원자력 발전	1. 원자력의 이론과 원자로 2. 핵연료 및 핵연료 주기 3. 원자력 발전설비
			4. 특수발전	1. MHD발전 2. 태양광발전 3. 풍력발전 4. 태양열 발전 5. 지열발전 6. 연료전지 7. 조력발전 8. 바이오메스 및 초전도
			5. 변전방식 및 변전설비	1. 변압기의 종류 2. 변압기의 결선과 운전 3. 변압기의 손실 및 효율 4. 조상설비 5. 개폐장치 및 모선 6. 보호계전방식
			6. 발전설비	1. 소내전원설비 2. 보호계전방식 등 3. 발변전소의 보호계전방식
		2. 송배전선로의 전기적 특성	1. 선로정수	1. 표피작용 및 근접효과 2. 저항, 인덕턴스, 정전용량, 누설 컨덕턴스

필기과목명	문제수	주요항목	세부항목	세세항목
			2. 전력원선도	1. 전력의 벡터표시 2. 전력방정식 3. 전력원선도 및 손실원선도 4. 전압이 변할 때의 원선도
			3. 코로나 현상 및 유도장해	1. 코로나 임계전압 2. 코로나 손실과 코로나에 의한 각종 장해 3. 코로나 방지 4. 정전유도 및 전자유도
			4. 단거리 송전선로의 특성	1. 단거리 송전선로의 구성 2. 단거리 송전선로의 특성
			5. 중거리 송전선로의 특성	1. T회로 2. π회로
			6. 장거리 송전선로의 특성	1. 전파방정식 2. 특성임피던스와 전파정수 3. 일반회로정수 및 4단자정수 4. 위상각 5. 등가 T회로 및 π회로
			7. 분포정전용량의 영향	1. 페란티 현상 2. 자기여자를 방지시키는 조건 3. 발전기의 자기여자
			8. 가공전선로 및 지중전선	1. 가공전선로의 구성 및 특성 2. 전선의 종류 및 선정 3. 전선의 진동과 도약 4. 전선의 이도 5. 애자의 종류 및 그 특성과 강도 6. 절연재료의 열화 7. 지중전선로의 구성 및 특성 8. 지중선로의 배전방식 9. 케이블의 종류 및 구조와 전기적 특성 10. 케이블의 부설 11. 케이블의 고장점탐색법
		3. 송배전방식과 설비 및 운용	1. 송전방식	1. 직류송전방식 2. 교류송전방식 3. 전압별 송전방식 및 송전전압 4. 전력전송방식에 따른 송전방식

필기과목명	문제수	주요항목	세부항목	세세항목
			2. 배전방식	1. 공급방식 및 전기방식 2. 배전선의 구성 3. 배전선의 형태 4. 배전선의 전기적 특성 및 배전계획
			3. 중성점접지방식	1. 중성점접지의 목적과 종류 및 구성과 그 특성 2. 접지사고 발생에 따르는 이상전압의 발생 3. 1선접지사고와 등가회로 4. 잔류전압
			4. 전력계통의 구성 및 운용	1. 전력계통의 구성 2. 주파수제어 3. 급전시설 4. 계통의 운전 및 신뢰도 5. 전력계통의 경제운용 6. 루프운전 7. 전력용 통신
			5. 고장계산과 대책	1. 고장계산의 필요성 2. 송전계통의 공진 및 고장 3. 계통의 고장전류와 전압분포 계산 4. 발전기 단자에서의 고장계산
		4. 계통보호방식 및 설비	1. 이상전압과 그 방호	1. 이상전압의 종류 2. 내부 이상전압 3. 외부 이상전압 4. 진행파 5. 이상전압의 방호 6. 절연협조
			2. 전력계통의 운용과 보호	1. 전압조정 2. 전력손실의 경감 3. 송배전선로의 보수 및 시험 4. 송배전선로의 운용과 보호
			3. 전력계통의 안정도	1. 안정도의 개요 2. 정태안정도 및 그 해석 3. 과도안정도 및 그 해석 4. 동태안정도 및 그 해석 5. 안정도의 증진 6. 송전용량 7. 상차각으로 표시되는 전달전력 8. 동기기의 관성정수 9. 직렬콘덴서 보상방법

필기과목명	문제수	주요항목	세부항목	세세항목
			4. 차단보호방식	1. 차단현상 및 소호이론 2. 차단기의 책무 3. 고속도재폐로방식
		5. 옥내배선 일반	1. 저압 옥내배선	1. 옥내 배선용 재료와 기구 2. 배선공사 3. 옥내배선의 설계 4. 옥내배선의 시험과 검사
			2. 고압옥내배선	1. 옥내 배선용 재료와 기구 2. 배선공사 3. 옥내배선의 설계 4. 옥내배선의 시험과 검사
			3. 수전설비	1. 전원설비 2. 수전설비의 기기 및 구성 3. 예비전원설비 4. 전력의 수용과 공급 5. 수용설비와 공급설비 6. 분전반 및 분기회로
			4. 동력배전설비 및 전력 운용 설비	1. 동력설비 2. 동력의 운전제어
		6. 배전반 및 제어 기기의 종류와 특성	1. 배전반의 종류와 배전반 운용	1. 배전반의 종류 2. 배전반의 구성 3. 배전반의 운용
			2. 전력제어와 그 특성	1. 전력조류제어 2. 주파수 - 유효전력제어 3. 전압 - 무효전력제어
			3. 보호계전기 및 보호계전방식	1. 보호계전기의 종류 및 동작원리 2. 보호계전방식의 종류와 그 구성 및 특성
			4. 조상설비	1. 동기조상기 2. 전력용 콘덴서
			5. 전압조정	1. 변압기에 의한 전압 조정 2. 무효전력 조정에 의한 전압조정 3. 전압조정기에 의한 전압조정

필기과목명	문제수	주요항목	세부항목	세세항목
			6. 원격조작 및 원격제어	1. 전력계통의 원격 조작 2. 전력계통의 원격제어
		7. 개폐기류의 종류와 특성	1. 개폐기	1. 개폐기의 종류 2. 개폐기의 원리와 그 특성
			2. 차단기	1. 차단기의 종류 2. 차단시간과 차단용량
			3. 퓨즈	1. 퓨즈의 종류와 그 특성
			4. 기타 개폐장치	1. 전자개폐기 2. 전력용반도체 소자

출제기준(실기)

직무분야	전기·전자	중직무분야	전기	자격종목	전기철도기사	적용기간	2013. 1. 1~2017.12.31

○직무내용 : 전기차 운행과 직결되는 전기철도에 관한 전차선 선로 급전선로 전기철도 변전설비, 전기철도를 구성하는 구조물 등과 전기철도에 관련된 전기적 설비 등에 관한 계획, 설계, 감리, 분석, 시험, 시공 및 시공관리, 안전관리, 기술지도 등의 일반적인 기술지식 및 실무능력을 갖추고 그 업무를 수행하는 직무

○수행준거 : 1. 각종 전차선로, 급전선로 전기철도 변전설비를 계획, 설계, 감리, 분석, 시험 시공 및 시공관리를 할 수 있다.
            2. 전기철도설비에 관한 각종 구조물의 설계, 감리, 분석, 시험을 할 수 있다.
            3. 전기철도설비에 관한 안전관리, 기술지도 및 실무능력이 있다.

실기검정방법	복합형	시험시간	작업형 : 1시간 정도 필답형 : 1시간 30분

실기과목명	주요항목	세부항목	세세항목
전기철도실무	1. 전기철도설비 설계	1. 물량 및 공량 산출하기	1. 수량계산서를 산출할 수 있다. 2. 재료를 선정할 수 있다. 3. 물량을 산정할 수 있다. 4. 일위대가표를 작성할 수 있다.
		2. 기계, 기구 용량 산정하기	1. 전기기기의 용량을 산정할 수 있다. 2. 전기기구 및 장치의 용량을 산정할 수 있다. 3. 기계기구의 과부하 내량을 산정할 수 있다.
		3. 전기회로방식 설정 및 제반 용량 산정하기	1. 전기방식을 설정할 수 있다. 2. 급전방식을 설정할 수 있다. 3. 수전방식을 설정할 수 있다. 4. 전기회로방식을 비교할 수 있다. 5. 전기회로방식별로 용량을 산정할 수 있다.
		4. 전기회로도면 작성 및 판독하기	1. 도면을 작성할 수 있다. 2. 도면을 판독할 수 있다.
		5. 전기철도 구조물 용량 산정하기	1. 전기철도 구조물을 종류별로 활용할 수 있다. 2. 구조물의 용량을 산정할 수 있다.
	2. 전기철도설비 작업	1. 변전설비작업하기	1. 직류변전설비 작업을 할 수 있다. 2. 교류변전설비 작업을 할 수 있다. 3. 원격감시설비 작업을 할 수 있다. 4. 제어설비 작업을 할 수 있다.
		2. 전차선로작업하기	1. 전차선로 개요 및 특성을 파악할 수 있다. 2. 전차선로 설비의 작업을 할 수 있다. 3. 계통보호 방식의 검토 및 설비 작업을 할 수 있다.

실기과목명	주요항목	세부항목	세세항목
		3. 급전선로작업하기	1. 급전방식을 검토할 수 있다. 2. 급전계통을 검토할 수 있다. 3. 급전시스템 설비의 작업을 할 수 있다.
		4. 전기철도 구조물작업하기	1. 지지물 설비 작업을 할 수 있다. 2. 애자 및 전선류 설비 작업을 할 수 있다. 3. 안전 및 보호구조물 작업을 할 수 있다. 4. 장주공사 작업을 할 수 있다.
	3. 전기철도설비운용 관리	1. 기계, 기구점검 및 조작하기	1. 기계기구의 설비를 파악할 수 있다. 2. 기계기구의 점검 및 보수를 할 수 있다. 3. 기계기구의 조작 및 운용을 할 수 있다.
		2. 회로점검 및 조작하기	1. 회로 및 선로의 구성을 할 수 있다. 2. 회로 및 선로의 점검을 할 수 있다. 3. 회로 및 선로의 운용을 할 수 있다.
		3. 재해방지 및 안전관리하기	1. 재해예방을 할 수 있다. 2. 안전관리를 할 수 있다.
		4. 자재관리하기	1. 자재관리를 할 수 있다. 2. 자재를 활용 할 수 있다.
		5. 기술공무관리하기	1. 기술관리를 할 수 있다. 2. 공무관리를 할 수 있다.
	4. 전기철도설비의 유지 보수 및 시험 점검	1. 기계, 기구 보수 및 점검하기	1. 기계기구를 활용할 수 있다. 2. 기계기구를 보수할 수 있다. 3. 기계기구를 점검할 수 있다. 4. 기계기구를 운용할 수 있다.
		2. 전기철도 구조물의 보수 및 점검하기	1. 전기철도구조물 보수를 할 수 있다. 2. 전기철도구조물 점검을 할 수 있다.
		3. 시험 및 검사하기	1. 전기철도시설물을 시험할 수 있다. 2. 전기철도시설물을 검사할 수 있다.
		4. 계측 및 사고요인 파악하기	1. 제 요소의 계측을 할 수 있다. 2. 사고요인을 파악할 수 있다.
		5. 유지보수관리 및 계획수립하기	1. 유지보수관리 계획을 수립할 수 있다. 2. 유지보수관리를 할 수 있다.

20. 전기·전자

전기철도산업기사

출제기준(필기)

직무분야	전기·전자	중직무분야	전기	자격종목	전기철도산업기사	적용기간	2013. 1. 1~2017.12.31

○직무내용 : 전기차 운행과 직결되는 전기철도의 전차선로, 급전선로, 송변전설비 등을 구성하는 구조물과 전기철도에 관련된 전기적 설비 등에 관한 계획, 설계, 감리, 분석, 시험, 검사, 시공과 시공관리, 운영 및 유지보수, 안전관리, 기술지도 등의 일반적인 기술지식 및 실무능력을 갖추고 그 업무를 수행하는 직무

필기검정방법	객관식	문제수	80	시험시간	2시간

필기과목명	문제수	주요항목	세부항목	세세항목
전기자기학	20	1. 진공 중 정전계	1. 정전기 및 정전유도	1. 정전기의 개념 2. 대전현상 3. 도체와 부도체 4. 전기량 5. 정전유도 등
			2. 전계	1. 전계의 정의 2. 전계의세기 3. 벡터와 스칼라 4. 진공중에 있는 점전하에 의한 전계 등
			3. 전기력선	1. 전기력선의 정의 2. 전기력선의 성질 3. 전기력선의 방정식 4. 전기력선의 밀도
			4. 전하	1. 전하의 성질 2. 검전기 3. 쿨롱의 법칙 4. 진공유전율 등
			5. 전위	1. 전위 및 전위차의 정의 2. 보존장 3. 등전위면 4. 전위경도 5. 푸아송·라플라스의 방정식 등
			6. 가우스의 정리	1. 가우스 정리 2. 입체각 3. 전계의 발산정리 4. 전기력선의 발산 등

필기과목명	문제수	주요항목	세부항목	세세항목
			7. 전기쌍극자	1. 전기쌍극자의 정의 2. 전기쌍극자에 의한 전위 3. 전기쌍극자에 의한 전계 4. 전기이중층 등
		2. 진공 중 도체계	1. 도체계의 전하 및 전위 분포	1. 도체계에 있어서의 대전 현상 등 2. 전하 및 전위분포의 일의성 3. 중첩의 원리
			2. 전위계수, 용량계수 및 유도계수	1. 전위계수, 용량계수 및 유도계수의 정의 2. 전위계수의 성질 및 계산 3. 용량계수 및 유도계수의 성질 및 계산
			3. 도체계의 정전에너지	1. 도체계의 정전에너지 2. 도체면에 작용하는 힘
			4. 정전용량	1. 정전용량의 정의 2. 정전용량과 전위계수, 용량계수 및 유도 계수와의 관계 3. 콘덴서의 정의 및 접속 4. 콘덴서에 저축된 정전에너지 5. 등가용량
			5. 도체간에 작용하는 정전력	1. 도체계가 가진 정전에너지
			6. 정전차폐	1. 정전차폐
		3. 유전체	1. 분극도와 전계	1. 유전체의 유전율 및 비유전율 2. 전기분극 3. 분극의 세기
			2. 전속밀도	1. 전속 2. 분극과 전속밀도
			3. 유전체내의 전계	1. 유전체내의 전계 2. 유전체 중의 전계와 가우스 정리 3. 유전체의 절연파괴
			4. 경계조건	1. 두 종류의 유전체내의 경계조건 2. 전속 및 전기력선의 굴절 3. 유전율과 전속밀도와의 관계

필기과목명	문제수	주요항목	세부항목	세세항목
			5. 정전용량	1. 유전체를 가진 도체계의 정전용량
			6. 전계의 에너지	1. 유전체내의 도체계의 에너지 2. 유전체내의 정전 에너지
			7. 유전체 사이의 힘	1. 유전체내의 도체 표면에 작용하는 힘 2. 유전체에 작용하는 힘
			8. 유전체의 특수현상	1. 접촉전기 2. 파이로전기 3. 압전기
		4. 전계의 특수 해법 및 전류	1. 전기영상법	1. 전기영상법 2. 도체평면과 점전하 3. 접지구형도체와 점전하 4. 절연구형 도체와 점전하 5. 유전체와 점전하 6. 평등전계내의 유전체구 7. 2개의 도체구
			2. 정전계의 2차원 문제	1. 2차원전계의 성질 2. 전기력선과 등전위선과의 관계
			3. 전류에 관련된 제현상	1. 전류와 전류밀도 2. 옴의 법칙 3. 키르히호프의 법칙 4. 중첩의 정리 5. 상반(가역) 정리 6. 등가 전원 정리 7. 전력, 줄열 8. 열전현상 9. 전류의 화학작용
			4. 컨덕던스 및 도전율	1 저항률 2. 저항의 온도계수 3. 컨덕턴스 4. 도전율
		5. 자계	1. 자석 및 자기유도	1. 자성체 2. 자기유도 3. 쿨롱의 법칙

필기과목명	문제수	주요항목	세부항목	세세항목
			2. 자계 및 자위	1. 자계 2. 자위 3. 자화 4. 자속과 자속밀도 5. 자계에너지
			3. 자기쌍극자	1. 자기쌍극자의 자계 2. 판자석 및 등가판자석
			4. 자계와 전류사이의 힘	1. 전류의 자기 작용 2. 비오·사바르의 법칙 3. 암페어의 오른손 법칙 4. 직선 전류에 의한 자계 5. 원형 전류 중심축상의 자계 6. 솔레노이드에 의한 자계 7. 진공중에 있는 원형코일 중심축상의 자속밀도 8. 벡터의 적 9. 암페어의 주회적분 법칙 10. 주회적분 법칙에 의한 자속분포 계산 11. 벡터의 회전 12. 평행 전류간의 작용력 13. 자계중의 전류에 작용하는 힘 14. 전류에 의한 기계적 일과 기계적 동력
			5. 분포전류에 의한 자계	1. 스토욱스의 정리 2. 플래밍의 법칙 3. 로렌츠의 법칙 4. 핀치효과 및 홀 효과
		6. 자성체와 자기회로	1. 자화의 세기	1. 자화작용 2. 자화의 세기 3. 자화전류
			2. 자속밀도 및 자속	1. 자성체가 있는 자계 2. 자속분포의 법칙 3. 벡터 포텐셜 4. 정자계와 정전계 5. 자극

필기과목명	문제수	주요항목	세부항목	세세항목
			3. 투자율과 자화율	1. 투자율 2. 자화곡선 3. 자화율
			4. 경계면의 조건	1. 자계의 경계면 조건 2. 자속밀도의 경계면 조건 3. 자속선의 굴절법칙
			5. 감자력과 자기차폐	1. 감자력 2. 감자율 3. 자기차폐
			6. 자계의 에너지	1. 자계의 에너지 밀도
			7. 강자성체의 자화	1. 자화곡선 2. 히스테리시스 곡선 3. 히스테리시스 손실
			8. 자기회로	1. 기자력 2. 투자율 3. 자기저항 4. 누설자속 5. 자기회로의 옴의 법칙 6. 자기회로의 키르히호프 법칙 7. 공극을 가진 자기회로 8. 포화특성 철심의 자기회로
			9. 영구자석	1. 감자력 2. 자화의 세기 3. 보자력 4. 자석재료
		7. 전자유도 및 인덕턴스	1. 전자유도 현상	1. 자속변화에 의한 기전력 발생 2. 전자유도법칙 3. 패러데이의 법칙 4. 와전류 5. 표피효과
			2. 자기 및 상호유도 작용	1. 자기유도작용 2. 상호유도작용
			3. 자계에너지와 전자유도	1. 자계에너지와 전자유도

필기과목명	문제수	주요항목	세부항목	세세항목
			4. 도체의 운동에 의한 기전력	1. 렌즈의 법칙 2. 플레밍의 오른손 법칙 3. 자계속을 운동하는 도체에 생기는 기전력 4. 도체의 운동과 자속의 시간적 변화가 있는 경우의 기전력
			5. 전류에 작용하는 힘	1. 전류에 작용하는 힘 2. 자속변화
			6. 전자유도에 의한 전계	1. 전자유도에 의한 전계
			7. 도체내의 전류분포	1. 일정주파수의 교류일 때 2. 표피효과 3. 도체표면에 평행한 자계일 때 4. 표피효과를 고려할 수 있는 한계
			8. 전류에 의한 자계 에너지	1. 자계에너지 2. 전류에 의한 자계에너지
			9. 인덕턴스	1. 자기인덕턴스와 상호인덕턴스 2. 노이만의 공식 3. 상호인덕턴스의 상반성 4. 누설자속과 결합계수 5. 인덕턴스의 계산 6. 기하학적 평균거리
		8. 전자계	1. 변위전류	1. 변위전류
			2. 맥스웰의 방정식	1. 맥스웰의 전자파방정식 2. 인가전압이 있는 경우의 전자 방정식
			3. 전자파 및 평면파	1. 전자파 2. 평면파 3. 파동방정식 4. 전파속도 5. 도체내의 전자파 6. 전자파의 방사 7. 전자파의 반사와 굴절 8. 전자파의 전송선로 9. 포인팅벡터

필기과목명	문제수	주요항목	세부항목	세세항목
			4. 경계조건	1. 경계면에 전류가 존재하지 않을 때 2. 완전 도체 표면
			5. 전자계에서의 전압	1. 전압의 정의 2. 평행도체에 있어서의 전압 3. 단위 길이당 전압강하 4. 도체전류의 변화
			6. 전자와 하전입자의 운동	1. 전자와 하전입자의 운동
			7. 방전현상	1. 방전현상

필기과목명	문제수	주요항목	세부항목	세세항목
전력공학	20	1. 발변전 일반	1. 수력발전	1. 수력발전의 원리와 종류 2. 수력학의 개요 3. 유량과 낙차 4. 수력설비 5. 수차 및 부속설비 6. 수력발전소의 전기설비와 운전
			2. 화력발전	1. 화력발전의 원리와 종류 2. 열역학의 개요 3. 연료와 연소 4. 보일러 및 부속장치 5. 증기터빈과 터빈발전기 6. 화력발전소의 전기설비와 운전 7. 내연력 및 복합발전
			3. 원자력 발전	1. 원자력의 이론과 원자로 2. 핵연료 및 핵연료 주기 3. 원자력 발전설비
			4. 특수발전	1. MHD발전 2. 태양광발전 3. 풍력발전 4. 태양열 발전 5. 지열발전 6. 연료전지 7. 조력발전 8. 바이오메스 및 초전도
			5. 변전방식 및 변전설비	1. 변압기의 종류 2. 변압기의 결선과 운전 3. 변압기의 손실 및 효율 4. 조상설비 5. 개폐장치 및 모선 6. 보호계전방식
			6. 발전설비	1. 소내전원설비 2. 보호계전방식 등 3. 발변전소의 보호계전방식
		2. 송배전선로의 전기적 특성	1. 선로정수	1. 표피작용 및 근접효과 2. 저항, 인덕턴스, 정전용량, 누설 컨덕턴스

필기과목명	문제수	주요항목	세부항목	세세항목
			2. 전력원선도	1. 전력의 벡터표시 2. 전력방정식 3. 전력원선도 및 손실원선도 4. 전압이 변할 때의 원선도
			3. 코로나 현상 및 유도장해	1. 코로나 임계전압 2. 코로나 손실과 코로나에 의한 각종 장해 3. 코로나 방지 4. 정전유도 및 전자유도
			4. 단거리 송전선로의 특성	1. 단거리 송전선로의 구성 2. 단거리 송전선로의 특성
			5. 중거리 송전선로의 특성	1. T회로 2. π회로
			6. 장거리 송전선로의 특성	1. 전파방정식 2. 특성임피던스와 전파정수 3. 일반회로정수 및 4단자정수 4. 위상각 5. 등가 T회로 및 π회로
			7. 분포정전용량의 영향	1. 페란티 현상 2. 자기여자를 방지시키는 조건 3. 발전기의 자기여자
			8. 가공전선로 및 지중전선	1. 가공전선로의 구성 및 특성 2. 전선의 종류 및 선정 3. 전선의 진동과 도약 4. 전선의 이도 5. 애자의 종류 및 그 특성과 강도 6. 절연재료의 열화 7. 지중전선로의 구성 및 특성 8. 지중선로의 배전방식 9. 케이블의 종류 및 구조와 전기적 특성 10. 케이블의 부설 11. 케이블의 고장점탐색법
		3. 송배전방식과 그 설비 및 운용	1. 송전방식	1. 직류송전방식 2. 교류송전방식 3. 전압별 송전방식 및 송전전압 4. 전력전송방식에 따른 송전방식

필기과목명	문제수	주요항목	세부항목	세세항목
			2. 배전방식	1. 공급방식 및 전기방식 2. 배전선의 구성 3. 배전선의 형태 4. 배전선의 전기적 특성 및 배전계획
			3. 중성점접지방식	1. 중성점접지의 목적과 종류 및 구성과 그 특성 2. 접지사고 발생에 따르는 이상 전압의 발생 3. 1선접지사고와 등가회로 4. 잔류전압
			4. 전력계통의 구성 및 운용	1. 전력계통의 구성 2. 주파수제어 3. 급전시설 4. 계통의 운전 및 신뢰도 5. 전력계통의 경제운용 6. 루프운전 7. 전력용 통신
			5. 고장계산과 대책	1. 고장계산의 필요성 2. 송전계통의 공진 및 고장 3. 계통의 고장전류와 전압분포 계산 4. 발전기 단자에서의 고장계산
		4. 계통보호방식 및 설비	1. 이상전압과 그 방호	1. 이상전압의 종류 2. 내부 이상전압 3. 외부 이상전압 4. 진행파 5. 이상전압의 방호 6. 절연협조
			2. 전력계통의 운용과 보호	1. 전압조정 2. 전력손실의 경감 3. 송배전선로의 보수 및 시험 4. 송배전선로의 운용과 보호
			3. 전력계통의 안정도	1. 안정도의 개요 2. 정태안정도 및 그 해석 3. 과도안정도 및 그 해석 4. 동태안정도 및 그 해석 5. 안정도의 증진 6. 송전용량 7. 상차각으로 표시되는 전달전력 8. 동기기의 관성정수 9. 직렬콘덴서 보상방법

필기과목명	문제수	주요항목	세부항목	세세항목
			4. 차단보호방식	1. 차단현상 및 소호이론 2. 차단기의 책무 3. 고속도재폐로방식
		5. 옥내배선 일반	1. 저압 옥내배선	1. 옥내 배선용 재료와 기구 2. 배선공사 3. 옥내배선의 설계 4. 옥내배선의 시험과 검사
			2. 고압옥내배선	1. 옥내 배선용 재료와 기구 2. 배선공사 3. 옥내배선의 설계 4. 옥내배선의 시험과 검사
			3. 수전설비	1. 전원설비 2. 수전설비의 기기 및 구성 3. 예비전원설비 4. 전력의 수용과 공급 5. 수용설비와 공급설비 6. 분전반 및 분기회로
			4. 동력배전설비 및 전력 운용 설비	1. 동력설비 2. 동력의 운전제어
		6. 배전반 및 제어 기기의 종류와 특성	1. 배전반의 종류와 배전반 운용	1. 배전반의 종류 2. 배전반의 구성 3. 배전반의 운용
			2. 전력제어와 그 특성	1. 전력조류제어 2. 주파수 - 유효전력제어 3. 전압 - 무효전력제어
			3. 보호계전기 및 보호 계전방식	1. 보호계전기의 종류 및 동작원리 2. 보호계전방식의 종류와 그 구성 및 특성
			4. 조상설비	1. 동기조상기 2. 전력용 콘덴서
			5. 전압조정	1. 변압기에 의한 전압 조정 2. 무효전력 조정에 의한 전압조정 3. 전압조정기에 의한 전압조정

필기과목명	문제수	주요항목	세부항목	세세항목
			6. 원격조작 및 원격제어	1. 전력계통의 원격 조작 2. 전력계통의 원격제어
		7. 개폐기류의 종류와 특성	1. 개폐기	1. 개폐기의 종류 2. 개폐기의 원리와 그 특성
			2. 차단기	1. 차단기의 종류 2. 차단시간과 차단용량
			3. 퓨즈	1. 퓨즈의 종류와 그 특성
			4. 기타 개폐장치	1. 전자개폐기 2. 전력용반도체 소자

필기과목명	문제수	주요항목	세부항목	세세항목
전기철도공학	20	1. 전기철도의 개요	1. 전기철도의 특성 및 구성	1. 전기철도의 정의 2. 전기철도의 구성 3. 전기철도의 효과 4. 전기철도의 발전
			2. 전기철도의 방식	1. 전기철도방식의 선정조건 2. 전기방식에 의한 분류 및 특성 3. 전기차 형태에 의한 분류 및 특성 4. 운전속도에 의한 분류 및 특성 5. 수송목적에 의한 분류 및 특성
			3. 전기철도 관련 시스템	1. 선로 2. 철도 신호
		2. 전철 수, 변전 설비	1. 수전설비	1. 가공선로 2. 지중선로
			2. 변전설비	1. 급전방식 및 급전계통의 구성 2. 변전소 등의 종류 3. 변전소 등의 배치 4. 변전소 등의 설비 5. 변전소 등의 감시제어
		3. 전차선로	1. 전차선로의 구성 및 방식	1. 전차선로의 구조 및 원리 2. 전차선로의 가선방식 3. 전차선로의 조가방식
			2. 가공전차선로	1. 급전선, 전차선, 조가선 및 귀선로 2. 진동방지, 곡선당김 장치 3. 건널선장치 4. 구분장치 5. 인류장치 6. 흐름방지장치 7. 가동브래킷 8. 기타 전차선로 관련 장치
			3. 강체전차선로	1. 강체전차선로의 구성 및 특성 2. 직류강체전차선로 설비 3. 교류강체전차선로 설비 4. 강체전차선로의 해석 5. 강체전차선로의 설계

필기과목명	문제수	주요항목	세부항목	세세항목
			4. 제3궤조식	1. 제3궤조의 구성 및 특성 2. 제3궤조 설비 3. 제3궤조의 해석
		4. 전기차	1. 전원방식	1. 직류전기차 2. 교류전기차 3. 직/교 겸용차
			2. 구동방식	1. 집전장치 2. 전력변환장치 3. 구동장치
			3. 동력방식	1. 집중방식 2. 분산방식
			4. 전기차의 운전	1. 운전속도 2. 열차저항 3. 견인력 4. 전기차의 특성곡선 5. 운전선도
		5. 전기철도의 제 특성 및 제 영향	1. 전기철도의 제 특성	1. 전기적 특성 2. 기계적 특성
			2. 전기철도의 제 영향	1. 팬터그래프와 전차선의 상호작용 2. 전압강하 3. 전류용량 및 온도상승 4. 순환전류의 발생, 영향 및 그 대책 5. 귀선로 및 궤도의 전류와 전압 6. 전식 및 전식 방지 7. 전자유도 및 유도방지
		6. 계통 보호방식 및 설비	1. 계통 보호방식	1. 보호선 2. 가공지선 3. 보호장치 4. 보안기
			2. 계통 보호설비	1. 피뢰기 및 피뢰설비 2. 계전보호방식 및 설비 3. 구조물 상호간의 이격 4. 기타 건축물과의 이격

필기과목명	문제수	주요항목	세부항목	세세항목
전기철도 구조물 공학	20	1. 전기철도 구조물의 개요	1. 전기철도 구조물의 개요	1. 구조물의 정의 2. 전철 구조물의 종류 3. 전철 구조물의 특성
			2. 구조물에 미치는 기상의 영향	1. 기온 2. 바람 3. 눈
			3. 하중의 종별 및 적용	1. 하중의 종류 2. 하중의 적용 3. 수평, 수직하중
			4. 구조물의 재료	1. 구조용 강재 2. 강재의 단면형상과 표시방법
		2. 힘과 구조물	1. 힘과 모멘트	1. 힘의 표시방법과 힘의 3요소 2. 힘의 모멘트 3. 우력과 우력 모멘트
			2. 힘의 합성과 분해	1. 한 점에 작용하는 두 힘의 합성과 분해 2. 한 점에 작용하는 여러 힘의 합성과 분해 3. 동일점에 작용하지 않는 여러 힘의 합성과 분해 4. 작용선이 평행한 힘의 합성
			3. 힘의 평형	1. 힘의 평형조건 2. 여러 힘이 동일점에 작용할 경우의 힘의 평형 3. 여러 힘이 동일점에 작용하지 않을 경우의 힘의 평형 4. 라미의 정리
		3. 응력도와 변형도	1. 응력과 응력도	1. 응력의 종류 2. 응력 산정법
			2. 변형과 변형도	1. 변형률의 종류 2. 응력도와 변형도의 관계
			3. 탄성과 탄성계수	1. 영계수 2. 횡 탄성계수 3. 체적 탄성계수 4. 프와송 비

필기과목명	문제수	주요항목	세부항목	세세항목
			4. 허용응력과 단면설계	1. 허용응력과 안전율 2. 단면설계
		4. 부재단면의 성질	1. 단면 1차모멘트와 도심(圖心)	1. 단면 1차 모멘트 2. 도심 3. 파프스의 정리
			2. 단면 2차모멘트와 단면계수	1. 단면 2차 모멘트 2. 단면 2차 반지름 3. 단면계수
			3. 단면 2차극모멘트와 단면 상승 모멘트	1. 단면 2차 극 모멘트
		5. 전기철도구조물 설비	1. 지지물	1. 지지물의 적용기준 2. 전철주 3. 전철주 기초
			2. 철(강)구조물	1. 빔(Beam) 2. 완금(腕金) 3. 하수강, 평행틀
			3. 안전 및 보호 구조물	1. 지선 2. 지주 3. 보호망 4. 보호선 5. 애자
			4. 구조물의 부식방지	1. 아연도금의 적용구분 2. 부식성 유해가스 3. 염진해 등 4. 이종금속의 접속
		6. 구조물의 설계	1. 강구조물의 설계	1. 부재 2. 허용 응력도 3. 단일재의 강도계산 4. H형, I형강주의 강도계산 5. 조합철주의 강도계산 6. 트러스 구조재의 강도계산 7. 볼트접합 및 용접 8. 철주 각부(脚部)의 설계

필기과목명	문제수	주요항목	세부항목	세세항목
			2. 단독 지지주의 설계	1. 단독주의 응력계산 2. 철주의 힘 3. 철주의 비틀림
			3. 문형지지물의 설계	1. 문형 지지물의 구성 2. 문형 지지물의 응력계산
			4. 전철주기초의 설계	1. 지내력의 측정 2. 기초의 저항 모멘트 계산 3. 지지력
			5. 지선의 설계	1. 지선의 설계하중 2. 지선의 강도계산 3. 지선용 근가의 강도계산

출제기준(실기)

직무분야	전기·전자	중직무분야	전기	자격종목	전기철도산업기사	적용기간	2013. 1. 1~2017.12.31

○직무내용 : 전기차 운행과 직결되는 전기철도에 관한 전차선 선로 급전선로 전기철도 변전설비, 전기철도를 구성하는 구조물 등과 전기철도에 관련된 전기적 설비 등에 관한 계획, 설계, 감리, 분석, 시험, 시공 및 시공관리, 안전관리, 기술지도 등의 일반적인 기술지식 및 실무능력을 갖추고 그 업무를 수행하는 직무
○수행준거 : 1. 각종 전차선로, 급전선로 전기철도 변전설비를 계획, 설계, 감리, 분석, 시험 시공 및 시공관리를 할 수 있다.
    2. 전기철도설비에 관한 각종 구조물의 설계, 감리, 분석, 시험을 할 수 있다.
    3. 전기철도설비에 관한 안전관리, 기술지도 및 실무능력이 있다.

실기검정방법	복합형	시험시간	작업형 : 1시간 10분 필답형 : 1시간 20분

실기과목명	주요항목	세부항목	세세항목
전기철도실무	1. 전기철도설비 설계	1. 물량 및 공량 산출하기	1. 수량계산서를 산출할 수 있다. 2. 재료를 선정할 수 있다. 3. 물량을 산정할 수 있다. 4. 일위대가표를 작성할 수 있다.
		2. 기계, 기구 용량 산정하기	1. 전기기기의 용량을 산정할 수 있다. 2. 전기기구 및 장치의 용량을 산정할 수 있다. 3. 기계기구의 과부하 내량을 산정할 수 있다.
		3. 전기회로방식 설정 및 제반 용량 산정하기	1. 전기방식을 설정할 수 있다. 2. 급전방식을 설정할 수 있다. 3. 수전방식을 설정할 수 있다. 4. 전기회로방식을 비교할 수 있다. 5. 전기회로방식별로 용량을 산정할 수 있다.
		4. 전기회로도면 작성 및 판독하기	1. 도면을 작성할 수 있다. 2. 도면을 판독할 수 있다.
		5. 전기철도 구조물 용량 산정하기	1. 전기철도 구조물을 종류별로 활용할 수 있다. 2. 구조물의 용량을 산정할 수 있다.
	2. 전기철도설비 작업	1. 변전설비작업하기	1. 직류변전설비 작업을 할 수 있다. 2. 교류변전설비 작업을 할 수 있다. 3. 원격감시설비 작업을 할 수 있다. 4. 제어설비 작업을 할 수 있다.

실기과목명	주요항목	세부항목	세세항목
		2. 전차선로작업하기	1. 전차선로 개요 및 특성을 파악할 수 있다. 2. 전차선로 설비의 작업을 할 수 있다. 3. 계통보호 방식의 검토 및 설비 작업을 할 수 있다.
		3. 급전선로작업하기	1. 급전방식을 검토할 수 있다. 2. 급전계통을 검토할 수 있다. 3. 급전시스템 설비의 작업을 할 수 있다.
		4. 전기철도 구조물작업하기	1. 지지물 설비 작업을 할 수 있다. 2. 애자 및 전선류 설비 작업을 할 수 있다. 3. 안전 및 보호구조물 작업을 할 수 있다. 4. 장주공사 작업을 할 수 있다.
	3. 전기철도설비운용 관리	1. 기계, 기구점검 및 조작하기	1. 기계기구의 설비를 파악할 수 있다. 2. 기계기구의 점검 및 보수를 할 수 있다. 3. 기계기구의 조작 및 운용을 할 수 있다.
		2. 회로점검 및 조작하기	1. 회로 및 선로의 구성을 할 수 있다. 2. 회로 및 선로의 점검을 할 수 있다. 3. 회로 및 선로의 운용을 할 수 있다.
		3. 재해방지 및 안전관리하기	1. 재해예방을 할 수 있다. 2. 안전관리를 할 수 있다.
		4. 자재관리하기	1. 자재관리를 할 수 있다. 2. 자재를 활용 할 수 있다.
		5. 기술공무관리하기	1. 기술관리를 할 수 있다. 2. 공무관리를 할 수 있다.
	4. 전기철도설비의 유지 보수 및 시험 점검	1. 기계, 기구 보수 및 점검하기	1. 기계기구를 활용할 수 있다. 2. 기계기구를 보수할 수 있다. 3. 기계기구를 점검할 수 있다. 4. 기계기구를 운용할 수 있다.
		2. 전기철도 구조물의 보수 및 점검하기	1. 전기철도구조물 보수를 할 수 있다. 2. 전기철도구조물 점검을 할 수 있다.
		3. 시험 및 검사하기	1. 전기철도시설물을 시험할 수 있다. 2. 전기철도시설물을 검사할 수 있다.

실기과목명	주요항목	세부항목	세세항목
		4. 계측 및 사고요인 파악하기	1. 제 요소의 계측을 할 수 있다. 2. 사고요인을 파악할 수 있다.
		5. 유지보수관리 및 계획수립하기	1. 유지보수관리 계획을 수립할 수 있다. 2. 유지보수관리를 할 수 있다.

20. 전기·전자

철도신호기사

출제기준(필기)

직무 분야	전기·전자	중직무 분야	전기	자격 종목	철도신호기사	적용 기간	2013. 1. 1~2017.12.31

○직무내용 : 열차의 안전운행 및 고속·고밀도 운행을 위한 궤도회로, 선로전환기, 신호기, 연동장치, 폐색장치, 열차자동정지장치(ATS), 열차자동제어장치(ATC), 열차집중제어장치(CTC), 열차자동방호장치(ATP), 열차자동운전장치(ATO), 건널목보안장치 및 기타 안전설비 등의 철도신호보안장치에 대한 조사, 설계, 시공, 검사, 점검, 유지보수 등의 업무

필기검정방법	객관식	문제수	80	시험시간	2시간

필기과목명	문제수	주요항목	세부항목	세세항목
전자공학	20	1. 전자현상 및 전자소자	1. 전자현상	1. 전자의 방출 2. 전자계 안에서의 전자 3. 고체중의 전자현상
			2. 전자소자	1. 다이오드 2. 트랜지스터 3. 스위칭 소자 4. 특수반도체 소자
		2. 펄스회로	1. 펄스발생회로	1. 펄스의 개념 및 특성 2. 펄스발생회로
		3. 증폭회로	1. 신호증폭회로	1. 증폭기의 개요 2. 트랜지스터 증폭기 3. 바이어스회로 4. 일그러짐 및 잡음 특성 5. 증폭회로의 주파수 응답
			2. 궤환증폭회로	1. 궤환증폭기의 개요 2. 궤환증폭기의 종류 및 특성
		4. 연산증폭기회로	1. 연산증폭기의 개요	1. 연산증폭기의 개념 2. 연산증폭기의 특징
			2. 연산증폭기 및 응용	1. 연산증폭기의 종류 2. 연산증폭기의 응용
		5. 발진회로	1. 발진의 개요	1. 발진의 원리 2. 발진조건

필기과목명	문제수	주요항목	세부항목	세세항목
			2. 발진회로의 종류 및 특성	1. 정현파 발생회로 2. 비정현파 발생회로 3. 발진회로의 특성
		6. 변복조회로	1. 아날로그 변복조회로	1. 아날로그 변복조의 개념 2. 진폭변조회로와 복조회로 3. 주파수변조회로와 복조회로 4. 펄스변조회로 및 복조회로
			2. 디지털 변복조회로	1. 디지털 변복조의 개념 2. 디지털 변복조회로
		7. 직류전원회로	1. 정류회로	1. 정류회로 2. 평활회로 3. 제어정류회로
			2. 정전압 및 안정화 전원회로	1. 정전압 전원회로 2. 안정화 전원회로
		8. 논리회로 및 집적회로	1. 논리회로	1. 수의 표시 및 2진수의 연산 2. 부울대수 및 논리식의 간략화 3. 조합논리회로 4. 순차논리회로
			2. 집적회로	1. 집적회로의 개요 및 특성 2. 집적회로 기억소자

필기과목명	문제수	주요항목	세부항목	세세항목
회로이론 및 제어공학	20	1. 회로이론	1. 전기회로의 기초	1. 전기회로의 기본 개념 2. 전압과 전류의 기준방향 3. 전원 등
			2. 직류회로	1. 전류 및 옴의 법칙 2. 도체의 고유저항 및 온도에 의한 저항 3. 저항의 접속 4. 키르히호프의 법칙 5. 전지의 접속 및 줄열과 전력 6. △-Y접속의 변환 7. 브리지평형 등
			3. 정현파 교류	1. 정현파형 2. 주기와 주파수 3. 평균값과 실효값 4. 파고율과 파형률 5. 위상차 6. 회전벡터와 정지벡터 등
			4. 왜형파교류	1. 비정현파의 푸리에급수에 의한 전개 2. 푸리에급수의 계수 3. 비정현파의 대칭 4. 비정현파의 실효값 5. 비정현파의 임피던스 등
			5. 다상교류	1. 대칭n상교류 및 평형3상회로 2. 성형전압과 환상전압의 관계 3. 평형부하의 경우 성형전류와 환상전류와의 관계 4. $2\pi/n$씩 위상차를 가진 대칭n상 기전력의 기호표시법 5. 3상Y결선 부하인 경우 6. 3상△결선의 각부 전압, 전류 7. 다상교류의 전력 8. 3상교류의 복소수에 의한 표시 9. 성형, 환상결선 사이의 환산 10. 평형3상회로의 전력 등
			6. 대칭좌표법	1. 대칭좌표법 2. 불평형률 3. 3상 교류기기의 기본식 4. 대칭분에 의한 전력표시 등

필기과목명	문제수	주요항목	세부항목	세세항목
			7. 4단자 및 2단자	1. 4단자 파라미터 2. 4단자 회로망의 각종접속 3. 대표적인 4단자망의 정수 4. 반복파라미터 및 영상파라미터 5. 역회로 및 정저항회로 6. 리액턴스 2단자망 등
			8. 분포정수회로	1. 기본식과 특성임피던스 2. 무한장선로 3. 무손실 선로와 무왜형 선로 4. 일반의 유한장선로 5. 반사계수 6. 무손실 유한장회로와 공진 등
			9. 라플라스변환	1. 라플라스 변환의 정의 2. 간단한 함수의 변환 3. 기본정리 4. 라플라스 변환표
			10. 회로의 전달 함수	1. 전달함수의 정의 2. 기본적 요소의 전달함수 등
			11. 과도현상	1. R-L직렬의 직류회로 2. R-C직렬의 직류회로 3. R-L병렬의 직류회로 4. R-L-C 직렬의 직류회로 5. R-L-C 직렬의 교류회로 6. 시정수와 상승시간 7. 미분적분회로 등
		2. 제어공학	1. 자동제어계의 요소 및 구성	1. 제어계의 종류 2. 제어계의 구성과 자동제어의 용어 3. 자동제어계의 분류
			2. 블록선도와 신호흐름 선도	1. 블럭선도의 개요 2. 궤환제어계의 표준형 3. 블럭선도의 변환 4. 아날로그계산기
			3. 상태공간해석	1. 상태변수의 의의 2. 상태변수와 상태방정식 3. 선형시스템의 과도응답

필기과목명	문제수	주요항목	세부항목	세세항목
			4. 정상오차와 주파수응답	1. 자동제어계의 정상오차 2. 과도응답과 주파수응답 3. 주파수응답의 궤적표현 4. 2차계에서 MP와 WP
			5. 안정도판별법	1. Routh-Hurwitz안정도판별법 2. Nyquist안정도판별법 3. Nyquist선도로부터의 이득여유와 위상여유 4. 특성방정식의 근
			6. 근궤적과 자동제어의 보상	1. 근궤적 2. 근궤적의 성질 3. 종속보상법 4. 지상보상의 영향 5. 조절기의 제어동작
			7. 샘플치제어	1. sampling방법 2. Z변환법 3. 펄스전달함수 4. sample값 제어계의 Z변환법에 의한 해석 5. sample값 제어계의 안정도
			8. 시퀀스제어	1. 시퀀스제어의 특징 2. 제어요소의 동작과 표현 3. 부울대수의 기본정리 4. 논리회로 5. 무접점회로 6. 유접점회로

필기과목명	문제수	주요항목	세부항목	세세항목
신호기기	20	1. 직류기	1. 직류전동기의 종류	1. 직류전동기의 종류
			2. 직류전동기의 특성	1. 속도특성 2. 토크특성 3. 용도
			3. 직류전동기의 운전	1. 속도제어법 2. 속도변동률 3. 기동
			4. 직류전동기의 기동, 제동 및 속도제어	1. 기동 2. 속도제어 3. 제동
		2. 변압기	1. 변압기의 구조 및 원리	1. 변압기의 자기회로 2. 변압기의 동작원리 3. 변압기의 권선법 4. 변압기의 구조
			2. 변압기의 등가회로	1. 변압기 등가회로에 관련된 사항 2. 2차를 1차로 환산 3. 1차를 2차로환산 4. 변압기벡터도
			3. 전압강하 및 전압변동률	1. 전압변동률의 계산
			4. 변압기결선	1. 변압기 극성 2. 단상변압기의 3상결선 3. 단상변압기의 병렬운전
			5. 상수의 변환	1. 2상과 3상 2. 3상과 6상
			6. 변압기의 병렬운전	1. 병렬운전 가능한 결선 2. 변압기의 병렬운전조건
			7. 변압기의 종류 및 그 특성	1. 변압기 종류 2. 변압기정격
			8. 변압기의 손실, 효율, 온도상승 및 정격	1. 손실 2. 효율 3. 온도상승 4. 정격

필기과목명	문제수	주요항목	세부항목	세세항목
			9. 변압기의 시험 및 보수	1. 시험의 종류 2. 시험항목 3. 보수
			10. 계기용변성기	1. PT 2. CT 3. MOF
			11. 특수변압기	1. 3상변압기 2. 단권변압기 3. 누설변압기
		3. 유도기	1. 유도전동기의 구조 및 원리	1. 유도전동기 회전원리 2. 회전자기장 발생 3. 3상유도전동기의 구조
			2. 유도전동기의 등가회로 및 특성	1. 유도전동기의 특성 2. 벡터도 3. 등가회로
			3. 유도전동기의 기동 및 제어	1. 전전압기동법 2. 스타 델타기동법 3. 기동보상기법 4. 리액터기동법 5. 소포트스타터기동법 6. 기계적 제동 7. 전기적 제동
			4. 유도전동기 속도제어 (속도, 토크 및 출력)	1. 주파수에 의한 제어 2. 극수에 의한 제어 3. 권선형전동기의 제어
			5. 특수농형 유도전동기	1. 2중농형유도전동기 2. 디프슬롯형농형유도전동기
			6. 특수유도기	1. 특수농형3상유도전동기 2. 유도발전기 3. 특성과용도
			7. 단상 유도전동기	1. 원리 2. 분포기동형 3. 반발기동형 4. 단상유도전동기 규격

필기과목명	문제수	주요항목	세부항목	세세항목
			8. 유도전동기의 시험	1. 무부하시험 2. 구속시험
			9. 원선도	1. 1차전류의 궤적 2. 1차 입력 3. 토크의 출력 4. 슬립 및 효율
		4. 정류기	1. 정류용 반도체 소자	1. 다이오드 2. 사이리스터 3. 파워트랜지스터 4. GTO 5. 트라이액 6. 역통전 사이리스터 7. 광사이리스터
			2. 각 정류회로 및 특성	1. 반파정류회로 2. 전파정류회로 3. 브리지정류회로 4. 배전압 정류회로
			3. 제어정류기(컨버터)	1. 직류전환변환기 2. 교류전류변환기
		5. 전동차단기	1. 전동차단기의 종류	1. 종류 2. 구조 3. 원리
			2. 전동차단기의 특성	1. 각종 차단기의 특성
		6. 신호계전기	1. 신호계전기의 종류	1. 종류 2. 구조 3. 원리
			2. 신호계전기의 특성	1. 특성
		7. 선로전환기	1. 선로전환기의 종류	1. 종류 2. 구조 3. 원리
			2. 선로전환기의 특성	1. 특성

필기과목명	문제수	주요항목	세부항목	세세항목
		8. 건널목제어기기	1. 건널목 제어기기의 종류	1. 종류 2. 구조 3. 원리
			2. 건널목 제어기기의 특성	1. 특성
		9. 전기기기의 보호방식	1. 보호기기의 종류	1. 종류 2. 구조 3. 원리
			2. 보호기기의 특성 및 시험	1. 특성 2. 시험

필기과목명	문제수	주요항목	세부항목	세세항목
신호공학	20	1. 철도신호의 개요	1. 신호의 현시방법	1. 신호현시 방식(신호, 전호, 표지) 2. 신호기별 신호 현시 3. 자동폐색 신호기의 신호 현시 계통
			2. 신호기의 종류, 용도, 특성	1. 상치신호기 2. 임시신호기 3. 특수신호
			3. 신호장치의 구조 및 원리	1. 주신호기 2. 종속신호기 3. 신호부속기 4. 완목식신호기 5. 색등식신호기 6. 등렬식신호기
		2. 궤도회로	1. 궤도회로의 구조 및 원리	1. 궤도회로의 구조 및 원리
			2. 궤도회로의 종류 및 특성	1. 직류 및 교류궤도회로 2. 고전압임펄스궤도회로 3. AF궤도회로 4. 개전로식 및 폐전로식 궤도회로 5. 유절연식 및 무절연식궤도회로
			3. 레일본드 및 임피던스본드	1. 레일본드 및 임피던스본드의 원리, 구조, 특성 등
			4. 송착선 및 점퍼선	1. 송착선 및 점퍼선 2. 직렬법 3. 병렬법 4. 직·병렬법
			5. 레일절연	1. 레일절연의 설치위치 등
			6. 단락감도	1. 궤도회로별 측정위치 2. 단락감도를 높이기 위한 방법
			7. 궤도회로 구성	1. 전원장치 2. 한류장치 3. 궤조절연 및 궤도계전기
		3. 연동장치	1. 연동장치의 구조 및 원리	1. 기계연동장치 2. 전기연동장치 3. 전자연동장치 4. 역정보처리장치

필기과목명	문제수	주요항목	세부항목	세세항목
			2. 신호기와 선로전환기의 연쇄	1. 신호기와 선로전환기의 연쇄
			3. 전기쇄정	1. 조사쇄정 2. 철사쇄정 3. 표시쇄정 4. 진로쇄정 5. 진로구분 쇄정 6. 폐로쇄정 7. 접근 및 보류쇄정 8. 시간쇄정 9. 접근 및 진로쇄정회로 등
			4. 연동도표 및 연동회로	1. 연동도표의 개요 및 연동도표 작성 2. 진로선별회로 3. 전철제어회로 4. 진로조사회로 5. 신호제어회로
			5. 회로별 S/W 구성 및 연동시험	1. 연동장치부 2. 유지보수부 3. 표시제어부 등
			6. 신호제어	1. 지상신호 2. 차상신호 3. 속도중심 및 거리중심제어
		4. 폐색장치	1. 폐색장치의 구조 및 원리	1. 폐색장치의 개요 2. 자동폐색장치 3. 연동폐색장치
			2. 폐색병합설비의 구조 및 원리	1. 폐색병합설비의 구조 및 원리
		5. 선로전환장치	1. 분기기	1. 분기기의 구성요소 및 구분
			2. 크로싱의 종류	1. 일반 크로싱 2. 노스 가동 크로싱
			3. 전철기의 정반위 및 철차	1. 정·반위 결정법 등
			4. 안전측선	1. 안전측선의 설치목적 등

필기과목명	문제수	주요항목	세부항목	세세항목
			5. 동력전철기 및 전철정자	1. 전기선로전환기 및 전철정자
			6. 밀착검지기 및 철관장치	1. 밀착검지 방법 2. 철관장치 구성
		6. 열차운행관리 시스템	1. 정보전송 기본이론	1. 정보의 변환 2. 아나로그 및 디지털신호 3. 변조 및 복조 등
			2. 열차운행관리 시스템의 개요	1. 열차 추적, 자동진로제어, 열차 다이어그램관리 등 운전정리의 기본 기능
			3. 열차집중제어장치 (CTC)	1. CTC 구성요소와 주요기능 2. 신호원격제어장치
			4. 자동진로제어장치 (PRC)	1. PRC 구성요소와 주요기능
			5. 열차종합제어장치 (TTC)	1. TTC 구성요소와 주요기능 2. 통합순서의 판단 기준 등
		7. 열차제어시스템	1. 열차자동정지장치 (ATS)	1. ATS의 구비조건 2. 지상자 3. 전차선 절연구간 예고 지상장치 4. 공진주파수 및 선택도 5. 제어계전기 등
			2. 열차자동제어장치 (ATC)	1. ATC 구성요소와 주요기능 2. ATC 지상장치 및 루프코일 3. ATC 유지관리컴퓨터
			3. 열차자동운전장치 (ATO)	1. ATO 구성요소와 주요기능 2. ATO 의 속도제어
			4. 열차자동방호 장치 (ATP)	1. ATP 구성요소와 주요기능
			5. 무선통신기반 열차 제어장치(CBTC)	1. CBTC 구성요소와 주요기능
		8. 고속철도 열차제어	1. 고속철도일반	1. 고속철도의 정의

필기과목명	문제수	주요항목	세부항목	세세항목
			2. 열차제어설비(TCS)의 개요 및 구성	1. TCS의 개요 및 구성 2. 전자연동장치
			3. 고속철도 열차제어 시스템	1. 고속철도 지상장치 2. 고속철도 차상장치
			4. 고속철도용 궤도회로장치	1. 고속철도용 궤도회로의 구성 및 원리 2. 궤도계전기의 특징 등
			5. 고속철도용 선로전환기	1. 고속철도용 선로전환기의 특성 2. 고속철도용 선로전환기의 유지관리
		9. 집중감시장치 및 전원장치	1. 집중감시장치의 구조 및 원리	1. 집중감시장치의 구조 및 원리
			2. 감시장치 및 안전설비	1. 사령설비의 고장검지검출 기능 2. 차축온도검지장치의 기능 3. 레일온도검지장치의 기능 4. 지장물검출장치의 기능 5. 기상검지장치 및 끌림검지 장치의 기능 6. 터널경보장치의 기능
			3. 전원설비의 종류 및 회로	1. 전기방식의 종류 2. 직류 및 교류 급전방식 3. 직류 및 교류 급전용 변전소 4. 정류기, 축전지, 자동전압조정기, 무정전 전원장치의 기능 등 5. 귀선로와 유도장애 6. 절연협조 7. 신호용 배전반의 특성 및 변압기 용량 계산
			4. 전선로의 특성 및 구성	1. 전선로의 구비요건 2. 장치별 사용개소의 전선종별 3. 트러프의 방호조치 등 4. 전선로 및 회선명 등의 표시 5. 접속개소 표시

필기과목명	문제수	주요항목	세부항목	세세항목
		10. 기타신호 장치	1. 건널목보안장치의 원리 및 특성	1. 건널목보안장치의 구성기기의 개요 2. 종별 건널목 설치기준 3. 건널목경보기의 설치와 보수 4. 경보시간과 경보제어거리 5. 전동차단기의 구조 및 기능 6. 고장감시장치의 구성, 용도 7. 건널목 정시간 제어기의 기능 8. 출구측 차단검지기의 원리 9. 건널목 원격감시장치의 기능
			2. 장애물 검지장치	1. 낙석 검지장치의 구조 및 기능 2. 경사 검지장치의 구조 및 기능 3. 토사붕괴 검지장치의 구조 및 기능 4. 한계지장 검지장치의 구조 및 기능 5. 건널목 장애물 검지장치의 구조 및 기능 6. 노면변형 검지장치의 구조 및 기능 등

출제기준(실기)

직무 분야	전기·전자	중직무 분야	전기	자격 종목	철도신호기사	적용 기간	2013. 1. 1~2017.12.31

○직무내용 : 열차의 안전운행 및 고속·고밀도 운행을 위한 궤도회로, 선로전환기, 신호기, 연동장치, 폐색장치, 열차자동정지장치(ATS), 열차자동제어장치(ATC), 열차집중제어장치(CTC), 열차자동방호장치(ATP), 열차자동운전장치(ATO), 건널목보안장치 및 기타 안전설비 등의 철도신호보안장치에 대한 조사, 설계, 시공, 검사, 점검, 유지보수 등의 업무

○수행준거 : - 각종 궤도회로를 구성할 수 있다.
 - 신호보안설비의 설치, 유지, 관리, 보수를 할 수 있다.
 - 전체적인 작업공정을 관리할 수 있다.

실기검정방법	작업형	시험시간	3시간 정도

실기과목명	주요항목	세부항목	세세항목
철도신호실무	1.설계	1. 자료수집하기	1. 발주처의 과업내용을 분석하여 요구사항과 특성을 정확히 파악하고 계획수립 및 관련 기관과 협의할 자료를 작성할 수 있다. 2. 발주처의 과업내용이 철도건설규칙 및 기타 제반시설기준에 적합한지의 여부를 조사, 분석할 수 있다. 3. 기존 노선 및 철도시설현황, 신설노선 시설계획, 열차운행계획 등과 같은 제반조건을 정확히 파악하고, 기존 노선과의 기술적 연계성, 호환성 및 향후 확장성을 감안하여 시스템을 계획할 수 있다. 4. 수집된 자료를 이해하고 분석할 수 있으며, 노선현황, 차량, 통신, 전력분야 등과의 인터페이스에 대한 설계계획을 수립할 수 있다.
		2. 현장조사하기	1. 현장조사를 위한 기본계획을 수립할 수 있다. 2. 과업대상지역 내 신호설비, 궤도설비, 터널, 교량과 지장물 등이 도면과 일치하는지를 확인할 수 있다. 3. 과업대상 지역 내의 구조물 설치현황, 궤도설비현황, 전기설비 현황을 감안하여 신호설비의 설치위치 및 케이블 관로의 위치와 케이블 길이를 측정할 수 있다. 4. 조사결과를 분석하고 정리하여 현장조사보고서를 정리하고 설계단계에서 활용할 수 있도록 설비간 인터페이스 자료를 작성하여 제공할 수 있다.

실기과목명	주요항목	세부항목	세세항목
		3. 열차운행계획 검토하기	1. 발주처가 정한 과업 내에서 운행될 열차의 운행계획을 검토하고 역구내의 진로가 적절하게 설비될 수 있도록 결정할 수 있다. 2. 열차운행계획 검토를 토대로 궤도회로의 배치 및 구성, 신호기의 위치 및 간격을 결정하기 위한 자료를 작성할 수 있다. 3. 신호설비의 규모 및 수송용량 등에 대하여 검토하고 작성 할 수 있다.
		4. 신호설비 기본 계획 작성하기	1. 과업범위 내의 역에 대한 역구내 연동범위를 결정하고 신호시스템의 구성방식 및 기본설비계획을 수립할 수 있다. 2. 발주처의 열차운전계획을 검토하여 운전시격에 적합하도록 폐색구간 분할 및 신호기 위치에 대한 설계를 할 수 있다.
		5. 도서작성하기	1. 신호설비에 대한 도면을 이해 할 수 있고, 구조물의 평면도, 입면도를 이해하여 시공위치를 파악할 수 있으며, 도면을 보고 설비의 배열상태를 파악할 수 있다. 2. 연동도표 작성에 필요한 모든 심벌(Symbol), 기호 및 부호를 이해 할 수 있고, 단선용과 복선용의 연동도표를 구분하여 작성할 수 있다. 3. 과업범위내의 열차운행과 운전시격에 적합하도록 열차의 특성 및 시설물의 특성을 고려한 궤도회로를 선정하여 회로도를 작성할 수 있다. 4. 열차운행과 운전시격에 적합한 신호현시계열도를 작성할 수 있다. 5. 궤도회로 및 신호기를 연결하는 케이블의 관로도와 전선로도를 작성할 수 있다. 6. 신호설비공사를 위한 설계서와 도면을 작성 할 수 있다.
		6. 작업공정 및 물량 산출하기	1. 역구내, 역간 신호기, 궤도회로 설치도, 케이블 전선로도 연동장치, 선로전환기 등의 기기에 대한 설치도면을 보고 수량산출서를 작성할 수 있다. 2. 위의 각종 설치도의 도면을 보고 작업의 흐름을 이해하고우선순위를 정하여 작업공정표를 작성할 수 있다.

실기과목명	주요항목	세부항목	세세항목
		7. 공사원가 산출 및 시방서 작성하기	1. 작성된 도면을 검토하여 작성한 수량 계산서를 기초로 하여 설계서를 작성할 수 있다. 2. 신호설비공사 발주를 위한 공사원가를 산출할 수 있으며, 설계기준 및 관계법령에 의하여 시방서(특기, 일반)를 작성할 수 있다.
	2. 시공	1. 도서 검토하기	1. 설계도면에 표기의 누락, 오류 등이 없는지 검토할 수 있으며, 사용되는 도식기호 등을 적용하여 도면을 작성 할 수 있다. 2. 도면에 표기된 내용을 바탕으로 작업의 순서와 방법을 설정할 수 있으며, 작업의 소요시간, 기능시험 소요시간을 산출할 수 있다.
		2. 작업협의 및 작업계획 작성하기	1. 계획된 작업방법에 문제가 없는지 검토할 수 있으며, 작성에 필요한 시간을 예측할 수 있다. 2. 열차가 운행 중인 선로에서 작업이 시행 될 때 운전지장 요건을 파악하여 운전취급자와 작업시행에 관한 협의를 할 수 있다.
		3. 각종 장치 설치 및 결선하기	1. 신호기, 궤도회로, 선로전환기, 임피던스본드, 연동장치, 건널목보안장치, ATS장치, 전원장치 등에 대한 설치 및 결선을 완료할 수 있다. 2. 각종 신호장치의 설치상태 및 결선상태를 검토 할 수 있으며 기기 개별시험을 시행하여 설계도면에 대한 오류를 수정할 수 있다.
		4. 조건 검사 및 기능시험하기	1. 계획된 신호설비의 각 기기별 동작 조건에 맞는 성능시험 및 검사를 시행하여 양부를 판정할 수 있다. 2. 신호설비의 각 기기들이 종합적으로 동작하는지에 대한 조건별검사와 종합시험을 시행할 수 있다.
	3. 검사	1. 규격서 및 제작시방서 검토하기	1. 신호설비용 물품의 특성 및 성능을 이해하고 적용규격에 적합한 검사항목 및 검사방법을 도출할 수 있다. 2. 도출된 내용을 기반으로 검사항목 방법, 기간이 명시된 검사계획서를 작성할 수 있다.
		2. 구조 및 치수 성능검사하기	1. 물품제작 도면에 표시된 도면의 치수와 현품의 치수가 일치하는지를 확인 할 수 있다. 2. 물품의 구조가 적절한지에 대한 검사를 할 수 있다.

실기과목명	주요항목	세부항목	세세항목
			3. 설계서와 시방서에 표기된 내용과 현품의 성능이 일치하는지를 검사할 수 있으며, 제품의 기능에 대하여 정확한 이해를 할 수 있다.
		3. 수량검사하기	1. 설계된 수량과 일치하는지를 검사할 수 있으며 사용되는 수량이 시스템 작동에 적합한 수량인가를 검토할 수 있다.
		4. 검사보고서 작성하기	1. 제품에 적용되는 규격을 이해하고 구조 및 치수, 성능검사, 수량검사 결과를 종합한 검사결과로 판정을 할 수 있으며 검사 보고서를 작성할 수 있다.
	4. 점검	1. 관련규정·절차검토 및 기준서 작성하기	1. 신호설비가 정상적으로 동작할 수 있게 하기 위한 점검 절차를 이해하고 점검방법 및 점검 절차를 도출 할 수 있다. 2. 점검 기준을 도출하여 연간 점검 리스트를 작성할 수 있다.
		2. 점검 시행 및 보고서 작성하기	1. 점검기준과 점검리스트를 기본으로 각종설비의 설치상태 및 구조물의 안전 상태를 점검할 수 있다. 2. 설계서에서 규정한 상태로 시공되어 적절하게 기기가 동작하고 있는지를 점검할 수 있다. 3. 각 기기의 점검 결과를 종합하여 점검 보고서를 작성할 수 있다.
	5. 유지보수	1. 유지보수 계획수립하기	1. 각종 신호보안장치 및 안전설비의 결선도의 기능을 이해할 수 있으며, 결선상태 및 배선상태 양부의 검사시간과 시기를 판단할 수 있다. 2. 분기부 차량접촉한계 지장여부, 선로전환기 정반위 동작상태 양부, 궤도회로 송착전전압 및 AF궤도회로 레벨, 각 진로별 신호제어 조건의 검사시간, 각종 쇄정조건, 신호현시계열, 전원장치 전압/전류측정시간, 건널목 경보기 및 차단기 동작시분, 각종 안전설비(차축온도검지장치, 터널검지장치, 보수자횡단장치, 분기기히팅장치, 레일온도검지장치, 지장물 검지장치, 기상검지장치, 끌림검지장치)의 기능 검사시간과 시기를 판단할 수 있다.

실기과목명	주요항목	세부항목	세세항목
		2. 각종 신호보안장치 및 안전설비 유지보수하기	1. 각종 신호보안설비 및 안전설비의 원리, 회로 및 결선도의 이해와 결선 및 배선 상태의 양부를 검사할 수 있다. 2. 분기부 차량접촉한계 지장여부, 선로전환기 정반위 동작상태 양부, 궤도회로 송착전전압 및 AF궤도회로 레벨, 각 진로별 신호제어 조건의 검사시간, 각종 쇄정조건, 신호현시계열을 검사할 수 있고, 전원장치 전압/전류를 측정할 수 있고, AC수전전원을 예비전원으로 절체 할 수 있으며, 절체시 기기의 종작상태 및 절체기 동작 상태를 확인할 수 있으며, 건널목 경보기 및 차단기 동작시분을 검사할 수 있다. 3. 각종 안전설비(차축온도검지장치, 터널검지장치, 보수자횡단장치, 분기기히팅장치, 레일온도검지장치, 지장물 검지장치, 기상검지장치, 끌림검지장치)의 기능을 검사할 수 있다.

철도신호산업기사

20. 전기·전자

출제기준(필기)

직무분야	전기·전자	중직무분야	전기	자격종목	철도신호산업기사	적용기간	2013. 1. 1~2017.12.31

○직무내용 : 열차의 안전운행 및 고속·고밀도 운행을 위한 궤도회로, 선로전환기, 신호기, 연동장치, 폐색장치, 열차자동정지장치(ATS), 열차자동제어장치(ATC), 열차집중제어장치(CTC), 열차자동방호장치(ATP), 열차자동운전장치(ATO), 건널목보안장치 및 기타 안전설비 등의 철도신호보안장치에 대한 조사, 설계, 시공, 검사, 점검, 유지보수 등의 업무

필기검정방법	객관식	문제수	80	시험시간	2시간

필기과목명	문제수	주요항목	세부항목	세세항목
전자공학	20	1. 전자현상 및 전자소자	1. 전자현상	1. 전자의 방출 2. 전자계 안에서의 전자 3. 고체중의 전자현상
			2. 전자소자	1. 다이오드 2. 트랜지스터 3. 스위칭 소자 4. 특수반도체 소자
		2. 펄스회로	1. 펄스발생회로	1. 펄스의 개념 및 특성 2. 펄스발생회로
		3. 증폭회로	1. 신호증폭회로	1. 증폭기의 개요 2. 트랜지스터 증폭기 3. 바이어스회로 4. 일그러짐 및 잡음 특성 5. 증폭회로의 주파수 응답
			2. 궤환증폭회로	1. 궤환증폭기의 개요 2. 궤환증폭기의 종류 및 특성
		4. 연산증폭기회로	1. 연산증폭기의 개요	1. 연산증폭기의 개념 2. 연산증폭기의 특징
			2. 연산증폭기 및 응용	1. 연산증폭기의 종류 2. 연산증폭기의 응용
		5. 발진회로	1. 발진의 개요	1. 발진의 원리 2. 발진조건

필기과목명	문제수	주요항목	세부항목	세세항목
			2. 발진회로의 종류 및 특성	1. 정현파 발생회로 2. 비정현파 발생회로 3. 발진회로의 특성
		6. 변복조회로	1. 아날로그 변복조회로	1. 아날로그 변복조의 개념 2. 진폭변조회로와 복조회로 3. 주파수변조회로와 복조회로 4. 펄스변조회로 및 복조회로
			2. 디지털 변복조회로	1. 디지털 변복조의 개념 2. 디지털 변복조회로
		7. 직류전원회로	1. 정류회로	1. 정류회로 2. 평활회로 3. 제어정류회로
			2. 정전압 및 안정화 전원회로	1. 정전압 전원회로 2. 안정화 전원회로
		8. 논리회로 및 집적회로	1. 논리회로	1. 수의 표시 및 2진수의 연산 2. 부울대수 및 논리식의 간략화 3. 조합논리회로 4. 순차논리회로
			2. 집적회로	1. 집적회로의 개요 및 특성 2. 집적회로 기억소자

필기과목명	문제수	주요항목	세부항목	세세항목
신호기기	20	1. 직류기	1. 직류전동기의 종류	1. 직류전동기의 종류
			2. 직류전동기의 특성	1. 속도특성 2. 토크특성 3. 용도
			3. 직류전동기의 운전	1. 속도제어법 2. 속도변동률 3. 기동 4. 제동
		2. 변압기	1. 변압기의 구조 및 원리	1. 변압기의 자기회로 2. 변압기의 동작원리 3. 변압기의 권선법 4. 변압기의 구조
			2. 변압기의 등가회로	1. 변압기 등가회로에 관련된 사항 2. 2차를 1차로 환산 3. 1차를 2차로환산 4. 변압기벡터도
			3. 전압강하 및 전압변동률	1. 전압변동률의 계산
			4. 변압기결선	1. 변압기 극성 2. 단상변압기의 3상결선 3. 단상변압기의 병렬운전
			5. 상수의 변환	1. 2상과 3상 2. 3상과 6상
			6. 변압기의 병렬운전	1. 병렬운전 가능한 결선 2. 변압기의 병렬운전조건
			7. 변압기의 종류 및 그 특성	1. 변압기 종류 2. 변압기정격
			8. 변압기의 손실, 효율, 온도상승 및 정격	1. 손실 2. 효율 3. 온도상승 4. 정격

필기과목명	문제수	주요항목	세부항목	세세항목
			9. 변압기의 시험 및 보수	1. 시험의 종류 2. 시험항목 3. 보수
			10. 계기용변성기	1. PT 2. CT 3. MOF
			11. 특수변압기	1. 3상변압기 2. 단권변압기 3. 누설변압기
		3. 유도기	1. 유도전동기의 구조 및 원리	1. 유도전동기 회전원리 2. 회전자기장 발생 3. 3상유도전동기의 구조
			2. 유도전동기의 등가회로 및 특성	1. 유도전동기의 특성 2. 벡터도 3. 등가회로
			3. 유도전동기의 기동 및 제어	1. 전전압기동법 2. 스타 델타기동법 3. 기동보상기법 4. 리액터기동법 5. 소프트스타터기동법 6. 기계적 제동 7. 전기적 제동
			4. 유도전동기 속도제어 (속도, 토크 및 출력)	1. 주파수에 의한 제어 2. 극수에 의한 제어 3. 권선형전동기의 제어
			5. 특수농형 유도전동기	1. 2중농형유도전동기 2. 디프슬롯형농형유도전동기
			6. 특수유도기	1. 특수농형3상유도전동기 2. 유도발전기 3. 특성과용도
			7. 단상 유도전동기	1. 원리 2. 분포기동형 3. 반발기동형 4. 단상유도전동기 규격

필기과목명	문제수	주요항목	세부항목	세세항목
			8. 유도전동기의 시험	1. 무부하시험 2. 구속시험
			9. 원선도	1. 1차전류의 궤적 2. 1차 입력 3. 토크의 출력 4. 슬립 및 효율
		4. 정류기	1. 정류용 반도체 소자	1. 다이오드 2. 사이리스터 3. 파워트랜지스터 4. GTO 5. 트라이액 6. 역통전 사이리스터 7. 광사이리스터
			2. 각 정류회로 및 특성	1. 반파정류회로 2. 전파정류회로 3. 브리지정류회로 4. 배전압 정류회로
			3. 제어정류기(컨버터)	1. 직류전환변환기 2. 교류전류변환기
		5. 전동차단기	1. 전동차단기의 특성	1. 종류 2. 구조 3. 원리
		6. 신호계전기	1. 신호계전기의 종류	1. 종류 2. 구조 3. 원리
			2. 신호계전기의 특성	1. 특성
		7. 선로전환기	1. 선로전환기의 종류	1. 종류 2. 구조 3. 원리
			2. 선로전환기의 특성	1. 특성
		8. 건널목제어기기	1. 건널목 제어기기의 종류	1. 종류 2. 구조 3. 원리

필기과목명	문제수	주요항목	세부항목	세세항목
			2. 건널목 제어기기의 특성	1. 특성
		9. 전기기기의 보호 방식	1. 보호기기의 종류	1. 종류 2. 구조 3. 원리
			2. 보호기기의 특성 및 시험	1. 특성 2. 시험

필기과목명	문제수	주요항목	세부항목	세세항목
신호공학	20	1. 철도신호의 개요	1. 신호의 현시방법	1. 신호현시 방식(신호, 전호, 표지) 2. 신호기별 신호 현시 3. 자동폐색 신호기의 신호 현시 계통
			2. 신호기의 종류, 용도, 특성	1. 상치신호기 2. 임시신호기 3. 특수신호
			3. 신호장치의 구조 및 원리	1. 주신호기 2. 종속신호기 3. 신호부속기 4. 완목식신호기 5. 색등식신호기 6. 등렬식신호기
		2. 궤도회로	1. 궤도회로의 구조 및 원리	1. 궤도회로의 구조 및 원리
			2. 궤도회로의 종류 및 특성	1. 직류 및 교류궤도회로 2. 고전압임펄스궤도회로 3. AF궤도회로 4. 개전로식 및 폐전로식 궤도회로 5. 유절연식 및 무절연식궤도회로
			3. 레일본드 및 임피던스본드	1. 레일본드 및 임피던스본드의 원리, 구조, 특성 등
			4. 송착선 및 점퍼선	1. 송착선 및 점퍼선 2. 직렬법 3. 병렬법 4. 직·병렬법
			5. 레일절연	1. 레일절연의 설치위치 등
			6. 단락감도	1. 궤도회로별 측정위치 2. 단락감도를 높이기 위한 방법
			7. 궤도회로 구성	1. 전원장치 2. 한류장치 3. 궤조절연 및 궤도계전기
		3. 연동장치	1. 연동장치의 구조 및 원리	1. 기계연동장치 2. 전기연동장치 3. 전자연동장치 4. 역정보처리장치

필기과목명	문제수	주요항목	세부항목	세세항목
			2. 신호기와 선로전환기의 연쇄	1. 신호기와 선로전환기의 연쇄
			3. 전기쇄정	1. 조사쇄정 2. 철사쇄정 3. 표시쇄정 4. 진로쇄정 5. 진로구분 쇄정 6. 폐로쇄정 7. 접근 및 보류쇄정 8. 시간쇄정 9. 접근 및 진로쇄정회로 등
			4. 연동도표 및 연동회로	1. 연동도표의 개요 및 연동도표 작성 2. 진로선별회로 3. 전철제어회로 4. 진로조사회로 5. 신호제어회로
			5. 회로별 S/W 구성 및 연동시험	1. 연동장치부 2. 유지보수부 3. 표시제어부 등
			6. 신호제어	1. 지상신호 2. 차상신호 3. 속도중심 및 거리중심제어
		4. 폐색장치	1. 폐색장치의 구조 및 원리	1. 폐색장치의 개요 2. 자동폐색장치 3. 연동폐색장치
			2. 폐색병합설비의 구조 및 원리	1. 폐색병합설비의 구조 및 원리
		5. 선로전환장치	1. 분기기	1. 분기기의 구성요소 및 구분
			2. 크로싱의 종류	1. 일반 크로싱 2. 노스 가동 크로싱
			3. 전철기의 정반위 및 철차 4. 안전측선	1. 정·반위 결정법 등 1. 안전측선의 설치목적 등

필기과목명	문제수	주요항목	세부항목	세세항목
			5. 동력전철기 및 전철정자	1. 전기선로전환기 및 전철정자
			6. 밀착검지기 및 철관장치	1. 밀착검지 방법 2. 철관장치 구성
		6. 열차운행관리 시스템	1. 정보전송 기본이론	1. 정보의 변환 2. 아나로그 및 디지털신호 3. 변조 및 복조 등
			2. 열차운행관리 시스템의 개요	1. 열차 추적, 자동진로제어, 열차 다이어그램관리 등 운전정리의 기본기능
			3. 열차집중제어장치 (CTC)	1. CTC 구성요소와 주요기능 2. 신호원격제어장치
			4. 자동진로제어장치 (PRC)	1. PRC 구성요소와 주요기능
			5. 열차종합제어장치 (TTC)	1. TTC 구성요소와 주요기능 2. 통합순서의 판단 기준 등
		7. 열차제어시스템	1. 열차자동정지장치 (ATS)	1. ATS의 구비조건 2. 지상자 3. 전차선 절연구간 예고 지상장치 4. 공진주파수 및 선택도 5. 제어계전기 등
			2. 열차자동제어장치 (ATC)	1. ATC 구성요소와 주요기능 2. ATC 지상장치 및 루프코일 3. ATC 유지관리컴퓨터
			3. 열차자동운전장치 (ATO)	1. ATO 구성요소와 주요기능 2. ATO 의 속도제어
			4. 열차자동방호 장치 (ATP)	1. ATP 구성요소와 주요기능
			5. 무선통신기반 열차제어장치(CBTC)	1. CBTC 구성요소와 주요기능
		8. 고속철도 열차제어	1. 고속철도일반	1. 고속철도의 정의

필기과목명	문제수	주요항목	세부항목	세세항목
			2. 열차제어설비(TCS)의 개요 및 구성	1. TCS 의 개요 및 구성 2. 전자연동장치
			3. 고속철도 열차제어시스템	1. 고속철도 지상장치 2. 고속철도 차상장치
			4. 고속철도용 궤도회로장치	1. 고속철도용 궤도회로의 구성 및 원리 2. 궤도계전기의 특징 등
			5. 고속철도용 선로전환기	1. 고속철도용 선로전환기의 특성 2. 고속철도용 선로전환기의 유지관리
		9. 집중감시장치 및 전원장치	1. 집중감시장치의 구조 및 원리	1. 집중감시장치의 구조 및 원리
			2. 감시장치 및 안전설비	1. 사령설비의 고장검지검출 기능 2. 차축온도검지장치의 기능 3. 레일온도검지장치의 기능 4. 지장물검출장치의 기능 5. 기상검지장치 및 끌림검지 장치의 기능 6. 터널경보장치의 기능 7. 신호용 배전반의 특성 및 변압기용량 계산
			3. 전원설비의 종류 및 회로	1. 전기방식의 종류 2. 직류 및 교류 급전방식 3. 직류 및 교류 급전용 변전소 4. 정류기, 축전지, 자동전압조정기, 무정전 전원장치의 기능 등 5. 귀선로와 유도장애 6. 절연협조
			4. 전선로의 특성 및 구성	1. 전선로의 구비요건 2. 장치별 사용개소의 전선종별 3. 트러프의 방호조치 등 4. 전선로 및 회선명등의 표시 5. 접속개소 표시

필기과목명	문제수	주요항목	세부항목	세세항목
		10. 기타신호 장치	1. 건널목보안장치의 원리 및 특성	1. 건널목보안장치의 구성기기의 개요 2. 종별 건널목 설치기준 3. 건널목경보기의 설치와 보수 4. 경보시간과 경보제어거리 5. 전동차단기의 구조 및 기능 6. 고장감시장치의 구성, 용도 7. 건널목 정시간 제어기의 기능 8. 출구측 차단검지기의 원리 9. 건널목 원격감시장치의 기능
			2. 장애물 검지장치	1. 낙석 검지장치의 구조 및 기능 2. 경사 검지장치의 구조 및 기능 3. 토사붕괴 검지장치의 구조 및 기능 4. 한계지장 검지장치의 구조 및 기능 5. 건널목 장애물 검지장치의 구조 및 기능 6. 노면변형 검지장치의 구조 및 기능 등

필기과목명	문제수	주요항목	세부항목	세세항목
회로이론	20	1. 전기회로의 기초	1. 전기회로의 기본 개념	1. 간단한 전기회로 2. 전류의 방향
			2. 전압과 전류의 기준방향	1. 수동소자의 기준방향 2. 능동소자의 기준방향
			3. 전원	1. 독립전압원 2. 독립전류원
		2. 직류회로	1. 전류 및 옴의 법칙	1. 전류 2. 전압 3. 저항
			2. 도체의 고유저항 및 온도에 의한 저항	1. 전선의 저항 2. 단면적과 길이에 따른 저항변화
			3. 저항의접속	1. 직렬 2. 병렬 3. 직병렬
			4. 키로히호프의법칙	1. KCL 2. KVL
			5. 전지의 접속 및 주울열과 전력	1. 직렬. 2. 병렬 3. 직병렬 4. 내부저항 5. 최대전력
			6. △-Y접속의변환	1. △-Y 2. Y-△
			7. 브리지평형	1. 브리지 종류 2. 브리지용도
		3. 정현파 교류	1. 정현파형	1. 전류파형 2. 전압파형
			2. 주기와 주파수	1. 각주파수 2. 파장
			3. 평균치와 실효치	1. 순시치, 최대치, 실효치, 평균치의 관계

필기과목명	문제수	주요항목	세부항목	세세항목
			4. 파고율과 파형률	1. 정현파, 구형파, 삼각파의 파고율 파형
			5. 위상차	1. 진상, 지상, 초기위상, 동상
			6. 회전벡터와 정지벡터	1. 직각좌표, 극좌표, 삼각함수, 지수함수
		4. 왜형파교류	1. 비정현파의 푸리에 급수에 의한 전개	1. 푸리에급수표시 2. 기본파와고조파의합
			2. 푸리에 급수의 계수	1. ao, an, bn의 결정
			3. 비정현파의 대칭	1. 우함수, 기함수, 반파대칭
			4. 비정현파의 실효값	1. 전압의 실효값 2. 전류의 실효값 3. 전고조파 왜률
			5. 비정현파의 임피던스	1. RLC회로 2. 고조파공진조건
		5. 다상교류	1. 대칭n상교류 및 평형3상회로	1. n상전력 2. 3상 전력 3. 위상
			2. 성현전압과 환상전압의 관계	1. n상상전압 2. n상 선간전압
			3. 평형부하의 경우 성형전류와 환상 전류와의 관계	1. △결선,Y결선에 따른 상전류, 선간전류
			4. 2π/n씩 위상차를 가진 대칭 n상 기전력의 기호 표시법	1. n상 전압, n상 전류표시
			5. 3상Y결선 부하인 경우	1. 전압, 전류, 전력, 임피던스
			6. 3상△결선의 각부전압, 전류	1. 전압, 전류, 전력, 임피던스
			7. 다상교류의 전력	1. 유효전력 2. 무효전력

필기과목명	문제수	주요항목	세부항목	세세항목
			8. 3상교류의 복소수에 의한 표시	1. 전력 2. 임피던스 3. 전류표시
			9. 성형, 환상결선 사이의 환산	1. 등가변환
			10. 평형 3상회로의 전력	1. 단상전력계 2. 2전력계법 3. 3전류계법 4. 3전압계
		6.대칭좌표법	1. 대칭좌표법	1. 영상 2. 정상 3. 역상분
			2. 불평형률	1. 전압, 전류, 불평형률
			3. 3상교류기기의 기본식	1. 1선지락 2. 2선지락 3. 2선단락.
			4. 대칭분에 의한 전력표시	1. 대칭분에 의한 전력표시
		7. 4단자 및 2단자	1. 4단자 파라미터	1. 임피던스 2. 어드미턴스 3. ABCD파라미터
			2. 4단자 회로망의 각종 접속	1. 직렬 2. 병렬 3. 직병렬접속
			3. 대표적인 4단자망의 정수	1. ABCD정수 단위와 의미
			4. 반복파라미터 및 영상파라미터	1. 반복 임피던스, 반복전달정수
			5. 역회로 및 정저항회로	1. 영상 임피던스, 영상전달정수

필기과목명	문제수	주요항목	세부항목	세세항목
			6. 리액턴스 2단자망	1. 극점 2. 영점 3. 구동점임피턴스
		8. 라플라스 변환	1. 라플라스 변환의 정리	1. 라플라스변환 2. 역라플라스변환 3. 복수주파수
			2. 간단한 함수의 변환	1. 단위 충격함수 2. 단위 계단함수
			3. 기본정리	1. 최종값 2. 최기값
			4. 라플라스 변환표	1. 선형성실미분정리 2. 실적분정리
		9. 과도현상	1. 전달함수의 정의	1. 전달함수의 정의
			2. 기본적 요소의 전달함수	1. 비례요소 2. 적분요소 3. 미분요소
			3. R-L직렬의 직류회로	1. RL직렬회로의 과도현상과 전압전류특성
			4. R-C직렬의 직류회로	1. 충전특성 2. 방전특성
			5. R-L병렬의 직류회로	1. RL 병렬회로의 과도현상
			6. R-L-C직렬의 직류회로	1. 단일에너지 회로 2. 복합에너지회로 3. RLC직렬회로의 과도현상
			7. R-L-C직렬의 교류회로	1. RL직렬 회로의 특성 2. RC직렬 회로의 특성
			8. 시정수와 상승시간	1. 시정수 2. 상승시간
			9. 미분 적분회로	1. RC회로 2. RL회로

출제기준(실기)

직무분야	전기·전자	중직무분야	전기	자격종목	철도신호산업기사	적용기간	2013. 1. 1~2017.12.31

○직무내용 : 열차의 안전운행 및 고속·고밀도 운행을 위한 궤도회로, 선로전환기, 신호기, 연동장치, 폐색장치, 열차자동정지장치(ATS), 열차자동제어장치(ATC), 열차집중제어장치(CTC), 열차자동방호장치(ATP), 열차자동운전장치(ATO), 건널목보안장치 및 기타 안전설비 등의 철도신호보안장치에 대한 조사, 설계, 시공, 검사, 점검, 유지보수 등의 업무

○수행준거 : - 각종 궤도회로를 구성할 수 있다.
  - 신호보안설비의 설치, 유지, 관리, 보수를 할 수 있다.
  - 전체적인 작업공정을 관리할 수 있다.

실기검정방법	작업형	시험시간	2시간 30분 정도

실기과목명	주요항목	세부항목	세세항목
철도신호실무	1.설계	1. 자료수집하기	1. 발주처의 과업내용을 분석하여 요구사항과 특성을 정확히 파악하고 계획수립 및 관련 기관과 협의할 자료를 작성할 수 있다. 2. 발주처의 과업내용이 철도건설규칙 및 기타 제반시설기준에 적합한지의 여부를 조사, 분석할 수 있다. 3. 기존 노선 및 철도시설현황, 신설노선 시설계획, 열차운행계획 등과 같은 제반조건을 정확히 파악하고, 기존 노선과의 기술적 연계성, 호환성 및 향후 확장성을 감안하여 시스템을 계획할 수 있다. 4. 수집된 자료를 이해하고 분석할 수 있으며, 노선현황, 차량, 통신, 전력분야 등과의 인터페이스에 대한 설계계획을 수립할 수 있다.
		2. 현장조사하기	1. 현장조사를 위한 기본계획을 수립할 수 있다. 2. 과업대상지역 내 신호설비, 궤도설비, 터널, 교량과 지장물 등이 도면과 일치하는지를 확인할 수 있다. 3. 과업대상 지역 내의 구조물 설치현황, 궤도설비현황, 전기설비 현황을 감안하여 신호설비의 설치위치 및 케이블 관로의 위치와 케이블 길이를 측정할 수 있다. 4. 조사결과를 분석하고 정리하여 현장조사보고서를 정리하고 설계단계에서 활용할 수 있도록 설비간 인터페이스 자료를 작성하여 제공할 수 있다.

실기과목명	주요항목	세부항목	세세항목
		3. 열차운행계획 검토하기	1. 발주처가 정한 과업 내에서 운행될 열차의 운행계획을 검토하고 역구내의 진로가 적절하게 설비될 수 있도록 결정할 수 있다. 2. 열차운행계획 검토를 토대로 궤도회로의 배치 및 구성, 신호기의 위치 및 간격을 결정하기 위한 자료를 작성할 수 있다. 3. 신호설비의 규모 및 수송용량 등에 대하여 검토하고 작성 할 수 있다.
		4. 신호설비 기본 계획 작성하기	1. 과업범위 내의 역에 대한 역구내 연동범위를 결정하고 신호시스템의 구성방식 및 기본설비계획을 수립할 수 있다. 2. 발주처의 열차운전계획을 검토하여 운전시격에 적합하도록 폐색구간 분할 및 신호기 위치에 대한 설계를 할 수 있다.
		5. 도서작성하기	1. 신호설비에 대한 도면을 이해 할 수 있고, 구조물의 평면도, 입면도를 이해하여 시공위치를 파악할 수 있으며, 도면을 보고 설비의 배열상태를 파악할 수 있다. 2. 연동도표 작성에 필요한 모든 심벌(Symbol), 기호 및 부호를 이해 할 수 있고, 단선용과 복선용의 연동도표를 구분하여 작성할 수 있다. 3. 과업범위내의 열차운행과 운전시격에 적합하도록 열차의 특성 및 시설물의 특성을 고려한 궤도회로를 선정하여 회로도를 작성할 수 있다. 4. 열차운행과 운전시격에 적합한 신호현시계열도를 작성할 수 있다. 5. 궤도회로 및 신호기를 연결하는 케이블의 관로도와 전선로도를 작성할 수 있다. 6. 신호설비공사를 위한 설계서와 도면을 작성 할 수 있다.
		6. 작업공정 및 물량 산출하기	1. 역구내, 역간 신호기, 궤도회로 설치도, 케이블 전선로도 연동장치, 선로전환기 등의 기기에 대한 설치도면을 보고 수량산출서를 작성할 수 있다. 2. 위의 각종 설치도의 도면을 보고 작업의 흐름을 이해하고우선순위를 정하여 작업공정표를 작성할 수 있다.

실기과목명	주요항목	세부항목	세세항목
	2. 시공	7. 공사원가 산출 및 시방서 작성하기	1. 작성된 도면을 검토하여 작성한 수량 계산서를 기초로 하여 설계서를 작성할 수 있다. 2. 신호설비공사 발주를 위한 공사원가를 산출할 수 있으며, 설계기준 및 관계법령에 의하여 시방서(특기, 일반)를 작성할 수 있다.
		1. 도서 검토하기	1. 설계도면에 표기의 누락, 오류 등이 없는지 검토할 수 있으며, 사용되는 도식기호 등을 적용하여 도면을 작성 할 수 있다. 2. 도면에 표기된 내용을 바탕으로 작업의 순서와 방법을 설정할 수 있으며, 작업의 소요시간, 기능시험 소요시간을 산출할 수 있다.
		2. 작업협의 및 작업계획 작성하기	1. 계획된 작업방법에 문제가 없는지 검토할 수 있으며, 작성에 필요한 시간을 예측할 수 있다. 2. 열차가 운행 중인 선로에서 작업이 시행 될 때 운전지장 요건을 파악하여 운전취급자와 작업시행에 관한 협의를 할 수 있다.
		3. 각종 장치 설치 및 결선하기	1. 신호기, 궤도회로, 선로전환기, 임피던스본드, 연동장치, 건널목보안장치, ATS장치, 전원장치 등에 대한 설치 및 결선을 완료할 수 있다. 2. 각종 신호장치의 설치상태 및 결선상태를 검토 할 수 있으며 기기 개별시험을 시행하여 설계도면에 대한 오류를 수정할 수 있다.
		4. 조건 검사 및 기능시험하기	1. 계획된 신호설비의 각 기기별 동작 조건에 맞는 성능시험 및 검사를 시행하여 양부를 판정할 수 있다. 2. 신호설비의 각 기기들이 종합적으로 동작하는지에 대한 조건별검사와 종합시험을 시행할 수 있다.
	3. 검사	1. 규격서 및 제작시방서 검토하기	1. 신호설비용 물품의 특성 및 성능을 이해하고 적용규격에 적합한 검사항목 및 검사방법을 도출할 수 있다. 2. 도출된 내용을 기반으로 검사항목 방법, 기간이 명시된 검사계획서를 작성할 수 있다.
		2. 구조 및 치수 성능검사하기	1. 물품제작 도면에 표시된 도면의 치수와 현품의 치수가 일치하는지를 확인 할 수 있다. 2. 물품의 구조가 적절한지에 대한 검사를 할 수 있다. 3. 설계서와 시방서에 표기된 내용과 현품의 성능이 일치하는지를 검사할 수 있으며, 제품의 기능에 대하여 정확한 이해를 할 수 있다.

실기과목명	주요항목	세부항목	세세항목
		3. 수량검사하기	1. 설계된 수량과 일치하는지를 검사할 수 있으며 사용되는 수량이 시스템 작동에 적합한 수량인가를 검토할 수 있다.
		4. 검사보고서 작성하기	1. 제품에 적용되는 규격을 이해하고 구조 및 치수, 성능검사, 수량검사 결과를 종합한 검사결과로 판정을 할 수 있으며 검사 보고서를 작성할 수 있다.
	4. 점검	1. 관련규정·절차검토 및 기준서 작성하기	1. 신호설비가 정상적으로 동작할 수 있게 하기 위한 점검 절차를 이해하고 점검방법 및 점검 절차를 도출 할 수 있다. 2. 점검 기준을 도출하여 연간 점검 리스트를 작성할 수 있다.
		2. 점검 시행 및 보고서 작성하기	1. 점검기준과 점검리스트를 기본으로 각종설비의 설치상태 및 구조물의 안전 상태를 점검할 수 있다. 2. 설계서에서 규정한 상태로 시공되어 적절하게 기기가 동작하고 있는지를 점검할 수 있다. 3. 각 기기의 점검 결과를 종합하여 점검 보고서를 작성할 수 있다.
	5. 유지보수	1. 유지보수 계획수립하기	1. 각종 신호보안장치 및 안전설비의 결선도의 기능을 이해할 수 있으며, 결선상태 및 배선상태 양부의 검사시간과 시기를 판단할 수 있다. 2. 분기부 차량접촉한계 지장여부, 선로전환기 정반위 동작상태 양부, 궤도회로 송착전전압 및 AF궤도회로 레벨, 각 진로별 신호제어 조건의 검사시간, 각종 쇄정조건, 신호현시계열, 전원장치 전압/전류측정시간, 건널목 경보 및 차단기 동작시분, 각종 안전설비(차축온도검지장치, 터널검지장치, 보수자횡단장치, 분기기히팅장치, 레일온도검지장치, 지장물 검지장치, 기상검지장치, 끌림검지장치)의 기능 검사시간과 시기를 판단할 수 있다.

실기과목명	주요항목	세부항목	세세항목
		2. 각종 신호보안장치 및 안전설비 유지보수하기	1. 각종 신호보안설비 및 안전설비의 원리, 회로 및 결선도의 이해와 결선 및 배선 상태의 양부를 검사할 수 있다. 2. 분기부 차량접촉한계 지장여부, 선로전환기 정반위 동작상태 양부, 궤도회로 송착전전압 및 AF궤도회로 레벨, 각 진로별 신호제어 조건의 검사시간, 각종 쇄정조건, 신호현시계열을 검사할 수 있고, 전원장치 전압/전류를 측정할 수 있으며, AC수전전원을 예비전원으로 절체 할 수 있으며, 절체시 기기의 종작상태 및 절체기 동작 상태를 확인할 수 있으며, 건널목 경보기 및 차단기 동작시분을 검사할 수 있다. 3. 각종 안전설비(차축온도검지장치, 터널검지장치, 보수자횡단장치, 분기기히팅장치, 레일온도검지장치, 지장물 검지장치, 기상검지장치, 끌림검지장치)의 기능을 검사할 수 있다.

20. 전기·전자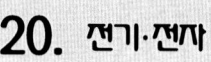

임베디드기사

출제기준(필기)

직무 분야	전기·전자	중직무 분야	전자	자격 종목	임베디드기사	적용 기간	2013.01.01~2015.12.31

○ 직무내용 : 임베디드 시스템의 하드웨어를 분석하여 하드웨어에 대한 초기화 및 테스트를 수행하며, OS(운영체제) 부팅을 위한 부트로더를 포함하는 펌웨어와 임베디드 시스템의 OS 관련한 플랫폼 소프트웨어 및 응용 소프트웨어를 설계, 구현하는 업무를 수행

필기검정방법	객관식	문제수	80	시험시간	2시간

필기과목명	문제수	주요항목	세부항목	세세항목
임베디드 하드웨어	20	1. 논리회로	1. 논리회로 기초	1. 디지털 시스템의 정의 2. 불 대수 3. 논리식 간소화 4. 수의 표현
			2. 조합논리회로	1. 각종 논리게이트 2. 각종 조합논리회로(디코더, 인코더, 멀티플렉서, 가산기 패리티, 에러 수정코드 등) 3. 조합논리회로 분석, 설계
			3. 순서논리회로	1. 래치와 플립플롭 2. 각종 순서논리회로(레지스터, 카운터, 시프터 등) 3. 순서논리회로 분석, 설계
			4. 메모리	1. 각종 메모리(RAM, ROM, EPROM, EEPROM, NAND/NOR 플래시)
			5. HDL	1. 프로그래머블 로직, FPGA 2. Verilog, VHDL 3. Verilog를 이용한 논리회로설계
		2. 컴퓨터 구조와 마이크로프로세서	1. CPU(중앙처리장치) 구조	1. CPU/마이크로프로세서의 구조 2. 버스 시스템 3. 명령어(instruction) 집합 구조 4. 어드레싱 모드 5. 마이크로 아키텍처(파이프라인, 수퍼스칼라, 분기예측 등) 6. ARM CPU

필기과목명	문제수	주요항목	세부항목	세세항목
			2. 메모리 시스템	1. 메모리 계층구조 2. 캐시메모리 3. MMU와 가상메모리 시스템, 페이징
			3. I/O 인터페이스	1. 입·출력장치의 매핑 2. 폴링, 인터럽트 3. DMA 4. 입·출력 버퍼링
			4. 임베디드 시스템	1. 임베디드 시스템 구조 2. 임베디드 시스템 개발
		3. 주변장치	1. 입·출력 포트	1. GPIO의 설정과 이용 2. 입·출력 레지스터 (Command/Status) 3. 입·출력 포트 멀티플렉싱 4. 데이터시트의 개념
			2. 주요주변장치	1. 시리얼 포트 2. 타이머 3. A/D, D/A 변환 4. 각종 센서(초음파, 적외선, 온도) 5. 모션 센서(가속, 자이로, 지자기) 6. 입·출력 버스(I2C, SPI 등) 7. 통신장치(Ethernet, Wifi 등) 8. USB 9. 전원제어 인터페이스 10. 칩 실렉트 로직

필기과목명	문제수	주요항목	세부항목	세세항목
임베디드 펌웨어	20	1. 펌웨어	1. 펌웨어	1. JTAG 하드웨어 2. 스타트업 코드 3. 메모리 초기화
			2. 부트로더	1. 부트로더의 종류와 기능 2. OS 부트과정 3. 플래시 메모리관리 4. 초기 RAM Disk 이미지 5. 네트워크 파일 시스템 이용 6. 부트로더 작성 및 타깃시스템 이식
			3. 전원관리	1. 전원관리 하드웨어 2. OS 전원관리 3. 부트로더의 전원관리
		2. OS 포팅	1. 개발환경구축	1. 리눅스 시스템과 개발 툴에 대한 개요 2. 교차개발 환경의 이해 및 도구 설치 3. 원격 커널 디버깅
			2. 리눅스 내부구조 개요 및 포팅	1. 커널의 소스 트리 구조 2. 커널 빌드 과정 개요 3. 커널 구성(configuration) 방법
			3. 리눅스 부팅	1. 리눅스 부팅 과정 2. init 스크립트 3. busybox와 셸 4. 커널 모듈 관리 5. 공유 라이브러리 관리
		3. 디바이스 드라이버 개발	1. 디바이스 드라이버 개념	1. 디바이스 드라이버의 개념 2. 디바이스 드라이버의 종류 3. 리눅스 커널 모듈
			2. 디바이스 드라이버	1. 표준 문자드라이버 API 2. 시스템 콜에 의한 드라이버 접근 3. 커널 모듈 원격 디버깅
			3. 디바이스 드라이버와 커널 서비스	1. 커널의 주요자료 구조 2. 디바이스 드라이버에서의 버퍼관리 3. 커널 메모리 할당과 해제 4. 상호배제 지원함수 5. 동기/비동기 드라이버 개념 6. 스케줄러를 이용한 대기 7. 커널 타이머 8. 세마포 9. 인터럽트 서비스 10. DMA(Direct Memory Access) 개념

필기과목명	문제수	주요항목	세부항목	세세항목
임베디드 플랫폼	20	1. OS	1. OS의 기본개념	1. 가상머신 2. 자원관리자 3. OS의 분류(실시간 OS, 분산 OS 등)
			2. 프로세스관리	1. 스레드와 프로세스 2. 프로세스 상태 3. 스케줄링 기초
			3. CPU 스케줄링	1. 단일프로세서 스케줄링 기법 2. 멀티프로세서 스케줄링 기법 3. 실시간 스케줄링 기법
			4. 병행성 제어	1. 상호배제 2. 세마포, 모니터 3. 교착상태 4. 교착상태 대처방법
			5. 메모리관리방법	1. 캐시메모리 2. 가상메모리 3. 페이징과 세그먼테이션
			6. 장치관리방법	1. 디스크 관리 2. 파일시스템
		2. 리눅스 커널 프로그래밍	1. 리눅스 개요	1. 리눅스 설치 및 관리 2. 커널 구조
			2. 커널 서비스	1. 시스템 콜 2. 시그널과 인터럽트 3. /proc, /sys 파일 시스템, kobject
			3. 메모리 관리	1. 주소 공간 및 구조 2. 가상 메모리, 메모리 매핑 3. 페이징, 스위칭, 캐싱 4. 프로세스 관리 및 스케줄링
			4. 디바이스 관리	1. 디바이스 드라이버 구조 2. 디바이스 파일 시스템(devfs) 3. 하드웨어 I/O
			5. 파일시스템	1. 가상 파일시스템 (VFS) 2. LVM과 RAID 3. JFS

필기과목명	문제수	주요항목	세부항목	세세항목
			6. 네트워크	1. 멀티플렉싱과 디멀티플렉싱 2. 리눅스 TCP/IP 스택
		3. 시스템 프로그래밍	1. 프로세스 및 파일 처리	1. fork, exec 계열 2. 저수준과 고수준 파일 핸들링
			2. 메모리	1. 메모리 할당 및 해제 2. 메모리 정렬 및 검색 3. 메모리 Lock
			3. IPC(Interprocess Communication)	1. 메모리맵(mmap) 2. 공유메모리 3. 세마포 4. 메시지큐
			4. I/O 인터페이스 및 멀티플렉싱	1. PIPE와 FIFO 2. 소켓 3. select, pselect 4. Non-blocking I/O 5. poll, epoll
			5. 스레드 프로그래밍	1. 프로세스의 모듈화 2. pthread API : 스레드의 생성, 종료 3. Mutex와 조건 변수 4. Barrier, 여러 가지 locks 5. 스레드의 응용
			6. 시그널처리	1. 유닉스/리눅스 표준 시그널 2. 시그널 전송과 시그널 핸들링 3. SIGCHLD 시그널과 자식 프로세스
		4. 네트워크 프로그래밍	1. 리눅스 OS 개요	1. 리눅스 OS 구조와 시스템 콜 2. 라이브러리와 시스템 콜
			2. 컴퓨터 네트워크	1. 컴퓨터 네트워크 기본 2. OSI 계층 프로토콜 3. TCP, UDP, IP 4. 클라이언트/서버 프로그램
			3. 스레드의 개요	1. 스레드 개념 2. 스레드 생성 및 제어 3. 스레드간 동기화

필기과목명	문제수	주요항목	세부항목	세세항목
			4. 소켓 프로그래밍	1. 소켓의 정의 2. TCP 소켓 3. UDP 소켓 4. 소켓 프로그래밍 응용
			5. 시그널 기본	1. 시그널의 정의 2. 시그널 핸들러 3. 시그널전송 에러처리

필기과목명	문제수	주요항목	세부항목	세세항목
임베디드 소프트웨어	20	1. 임베디드 프로그래밍	1. 데이터 구조	1. 알고리즘의 표현과 분석 2. 배열 3. 연결 리스트 4. 스택과 큐 5. 트리 6. 그래프
			2. C프로그래밍	1. 데이터 타입과 연산자 2. 제어흐름 3. 함수와 프로그램구조 4. 포인터와 배열 5. 구조 6. 입력과 출력
			3. 객체지향 프로그래밍	1. 객체지향원리 2. C++ 개요 3. C++ 객체지향기능 4. Java 개요 5. Java 객체지향기능
			4. 멀티미디어 정보처리	1. 멀티미디어 정보표현 2. 멀티미디어 압축 3. 영상 및 신호 처리 4. 멀티미디어 통신 5. 편집도구 및 저작도구
		2. 개발도구 및 테스팅	1. 개발도구	1. 컴파일러 2. 링커(로더) 3. 디버거
			2. 테스팅	1. 테스트계획수립 2. 테스트설계 3. 테스트기법 4. 테스트 자동화 도구
		3. 소프트웨어공학	1. 개발프로세스	1. 기본원리 2. 프로세스 모델 3. 요구사항 분석 4. 시스템 아키텍처 5. 설계기법 6. 소프트웨어 테스팅 7. UML 다이어그램
			2. 프로젝트관리	1. 프로젝트관리 개요 2. 품질관리

출제기준(실기)

직무분야	전기·전자	중직무분야	전자	자격종목	임베디드기사	적용기간	2013.01.01~2015.12.31

○직무내용 : 임베디드 시스템의 하드웨어를 분석하여 하드웨어에 대한 초기화 및 테스트를 수행하며, 운영체제(OS) 부팅을 위한 부트로더를 포함하는 펌웨어와 임베디드 시스템의 OS 관련한 플랫폼 소프트웨어 및 응용 소프트웨어를 설계, 구현하는 업무를 수행

○수행준거 : 1. 임베디드 시스템 하드웨어를 이해하고 회로, 구조 분석 및 주변장치에 대한 분석을 수행할 수 있다.
2. 임베디드 펌웨어의 설계와 구현 및 테스팅의 지식으로 OS를 이해하고, 커널의 포팅 과정과 부트로더의 동작을 설명할 수 있다.
3. 임베디드 프로그램을 작성하고 분석 테스팅을 통해 실무에 응용할 수 있다.

실기검정방법	필답형	시험시간	2시간 30분

실기과목명	주요항목	세부항목	세세항목
임베디드 실무	1. 임베디드 하드웨어	1. 하드웨어 및 회로 분석하기	1. 조합논리회로 및 순서논리회로를 분석, 설계할 수 있다. 2. ROM, EPROM, SRAM, DRAM, 플래시 등 메모리 회로를 분석 및 설계할 수 있다.
		2. 임베디드 시스템 성능 및 구조 분석하기	1. 임베디드 프로세서를 위한 기계어 프로그램을 분석, 개발할 수 있다. 2. 임베디드 시스템의 성능에 영향을 미치는 요소를 분석하고 최적화할 수 있다. 3. 가상 메모리 시스템을 이해할 수 있다. 4. 임베디드 시스템을 구성하는 하드웨어 모듈들 사이의 인터페이스를 이해할 수 있다.
		3. 임베디드 시스템 주변장치 분석하기	1. 데이터시트를 분석하여 주변 장치의 상태를 읽고 입·출력을 제어하는 프로그램을 작성할 수 있다. 2. 인터럽트 방식의 입·출력, DMA를 이용한 데이터 전송 프로그램을 작성할 수 있다. 3. 단순 입·출력, 스캐닝 입·출력, 시리얼 포트, 타이머 등을 이용하기 위한 프로그램을 작성할 수 있다. 4. 각종 센서를 이용하기 위한 프로그램을 작성할 수 있다.
	2. 임베디드 펌웨어	1. 펌웨어 설계, 구현 및 테스팅하기	1. 컴파일 결과 만들어지는 ELF 포맷과 binutil 도구의 사용법을 이해할 수 있다. 2. 스타트업 코드를 이해하고 수정할 수 있다.

실기과목명	주요항목	세부항목	세세항목
			3. 칩 실렉트 로직을 이해하여 프로그램하며, 메모리 초기화를 할 수 있다. 4. OS의 부트과정을 이해할 수 있다. 5. OS의 부팅에 필요한 초기 RAM Disk를 이해하고 구성할 수 있다. 6. 플래시 메모리 제어 및 관리 프로그램을 작성할 수 있다. 7. OS의 전원관리 기법, 하드웨어의 전원관리 방법, 부트로더의 역할을 이해하고 프로그램할 수 있다.
		2. 임베디드의 이해 및 포팅하기	1. 커널의 포팅 과정을 이해할 수 있다. 2. 부트로더의 동작을 이해하고 설명할 수 있다 3. 교차개발 환경에 필요한 도구를 이용할 수 있다.
		3. 디바이스 드라이버 작성하기	1. 데이터시트를 이해하고 레지스터의 표현과 메모리 맵을 제시할 수 있다. 2. 디바이스 드라이버의 표준 API를 정의할 수 있다. 3. OS와의 연동을 위한 저수준의 OS API를 활용할 수 있다. 4. 디바이스 초기화 및 데이터 송·수신 프로그램을 작성할 수 있다. 5. Make파일을 이해하고 작성할 수 있다. 6. 인터럽트 처리를 할 수 있다. 7. 구현에 필요한 프로그래밍 언어들(C, C++, Java)을 이해할 수 있다.
	3. 임베디드 플랫폼	1. 임베디드 OS의 이해하기	1. 커널의 구조를 이해하고 디렉터리의 역할을 설명할 수 있다. 2. 커널의 주요 기능에 관하여 이해할 수 있다.
		2. 임베디드 커널 프로그래밍하기	1. 프로세스 관리, 메모리 관리, 디바이스 관리, 파일시스템 관리를 위한 시스템 콜을 이해하고 활용할 수 있다. 2. 스레드 동기화를 위한 세마포, MUTEX 등을 이해하고 적용할 수 있다. 3. 소켓을 이용한 네트워크 프로그래밍을 할 수 있다. 4. IDE, 교차개발 환경에 필요한 도구를 이용할 수 있다.

실기과목명	주요항목	세부항목	세세항목
	4. 임베디드 소프트웨어	1. 임베디드 프로그램 분석 및 설계하기	1. 주어진 요구사항을 분석하여 UML 등 소프트웨어 공학적인 다이어그램으로 작성할 수 있다. 2. 설계 관련 산출물을 읽고 이해할 수 있다. 3. 개발 환경에 맞는 기술 문서 및 매뉴얼 작성을 할 수 있다.
		2. 임베디드 프로그램 작성하기	1. 구현에 필요한 프로그래밍 언어들(C, C++, Java)을 이해할 수 있다. 2. 주어진 설계결과를 이용하여 목표 프로그래밍언어로 표현할 수 있다. 3. 개발환경에 적합한 형태로 코딩을 수행할 수 있다.
		3. 개발도구 및 테스팅기법 활용하기	1. 컴파일러, IDE 등 개발에 필요한 도구를 이용할 수 있다. 2. 디버깅 도구를 이용하여 디버깅을 수행할 수 있다. 3. 사용하는 언어 및 개발 환경에 따라 단위 테스트를 위한 방법을 선정하고, 각 단위간의 상호 작용을 고려한 테스트를 수행할 수 있다. 4. 단위 테스트를 위한 테스트 케이스를 작성할 수 있다.

20. 전기·전자

전자계산기제어산업기사

출제기준(필기)

직무 분야	전기·전자	중직무 분야	전자	자격 종목	전자계산기제어 산업기사	적용 기간	2013. 1. 1 ~ 2016. 12. 31

○직무내용 : 전자, 컴퓨터, 통신 등의 산업분야에서 활용되는 마이크로컴퓨터제어기술을 구현할 수 있도록 마이크로컴퓨터의 하드웨어와 소프트웨어를 기반으로 하는 시스템을 정의, 분석, 설계 및 제작하고 시험, 평가, 개선 등의 작업을 수행하는 직무

필기검정방법	객관식	문제수	80문제	시험시간	2시간

필기과목명	문제수	주요항목	세부항목	세세항목
전자회로	20	1. 전원회로	1. 전원회로	1. 반파, 전파 및 배전압 정류회로의 기본구성 및 특징 2. 평활회로
		2. 증폭회로	1. 증폭회로의 기초	1. 반도체의 구조 및 특성 2. BJT회로의 구성과 특징 3. h 정수모델 4. 소신호 증폭 및 안정도 5. FET의 소신호 등가회로 6. FET의 회로
			2. 궤환증폭회로	1. 부궤환의 장·단점 2. 증폭기의 분류, 입·출력 임피던스 및 이득특성
			3. 연산증폭회로	1. 연산증폭기의 개념과 특징 2. 직류증폭회로의 레벨시프트(Level shift) 및 드리프트(drift) 방지법 3. 부호변환기, 상수기, 미분연산기, 적분 연산기 및 가산기의 응용
			4. 전력증폭회로	1. Single 증폭회로의 동작점, 부하선, 효율 및 출력계산 2. Push-pull 증폭회로의 특징, 종류 및 출력계산
		3. 발진 및 변조회로	1. 발진회로	1. 발진조건과 주파수 안정 2. 발진회로와 특성
			2. 변조 및 복조회로	1. 변조회로 2. 복조회로
			3. 펄스회로	1. 펄스회로

필기과목명	문제수	주요항목	세부항목	세세항목
디지털공학	20	1. 수의 진법과 코드변환	1. 수의 체계	1. 진법 2. 2진 연산
			2. 수의 코드화	1. 수치 코드 2. 오류 교정 부호
		2. 불 대수와 기본 게이트	1. 불 대수	1. 불 대수 정리 2. 드모르간의 정리 3. 불 대수를 이용한 논리식 간략화 4. 카르노 도표에 의한 논리식 간략화
			2. 기본 게이트	1. 기본 논리 게이트 2. 반도체 논리회로 3. 소자를 이용한 설계 이론
		3. 조합논리회로	1. 기본 연산 논리회로	1. 가산기와 감산기 2. 연산 응용회로
			2. 코드변환 논리회로	1. 코드변환 논리회로
			3. 조합 논리회로	1. 인코더와 디코더, 멀티플렉서와 디멀티플렉서 2. 기타 조합논리회로
		4. 플립플롭회로	1. 플립플롭의 종류와 동작	1. 펄스 발생 회로 2. 플립플롭의 종류와 동작
		5. 순서논리회로	1. 카운터 회로의 기초	1. 비동기식 카운터 2. 동기식 카운터
			2. 순서 논리회로의 설계 기초	1. 순서논리회로의 설계기초 2. 디지털 카운트 응용 회로
			3. 레지스터	1. 시프트레지스터 2. 기억장치

필기과목명	문제수	주요항목	세부항목	세세항목
마이크로 프로세서	20	1. 마이크로 프로세서의 구조	1. 하드웨어 구조	1. 마이크로 프로세서의 내부구조 2. 메모리와 번지 지정 방식 3. 데이터 변환 및 형식 4. 명령어 집합 5. 입력과 출력
		2. 마이크로프로세서의 제어와 동작	1. 주소 지정 방식	1. 주소 지정 방식의 종류 2. 데이터 전송 명령 3. 연산 및 비트 조작 명령 4. 프로세서 제어 등
			2. 인터럽트	1. 인터럽트의 기능 2. 인터럽트의 종류 3. 인터럽트의 구현
		3. 마이크로프로세서의 통신	1. 타이머/카운터 인터럽트제어	1. 타이머/카운터 2. 타이밍제어 레지스터
			2. 직렬(Serial) 통신	1. 직렬통신의 개념과 종류 2. 보레이트(Baud Rates) 3. USART, RS-232통신 4. XON/XOFF 프로토콜
			3. 통신변환	1. 통신변환의 개념 2. 젠더의 종류 및 특징
		4. 마이크로프로세서의 응용	1. 마이크로프로세서 응용	1. 키보드 인터페이스 2. A/D, D/A 변환기 3. 디스플레이 장치 4. 모터 및 릴레이 5. 센서 6. 기타 응용장치

필기과목명	문제수	주요항목	세부항목	세세항목
프로그래밍언어	20	1. 프로그래밍의 이해	1. 프로그래밍 일반	1. 프로그래밍 언어의 이해 2. 언어의 설계 3. 언어번역 4. 자료형 5. 순서제어
		2. C 프로그래밍	1. C 언어	1. 자료형, 표준 입·출력, 선행처리 2. 제어방법 및 연산자 3. 배열 및 포인터 4. 함수, 기억 클래스 5. 구조체, 공용체
		3. 어셈블리어 프로그래밍	1. 어셈블리어	1. 의사명령과 자료표현 2. 명령어 형식과 명령어 3. 주소지정방식 4. 문자열 처리 명령 5. 입·출력 및 인터럽트 6. 함수호출

출제기준(실기)

직무 분야	전기·전자	중직무 분야	전자	자격 종목	전자계산기제어 산업기사	적용 기간	2013. 1. 1 ~ 2016.12.31

○직무내용 : 전자, 컴퓨터, 통신 등의 산업분야에서 활용되는 마이크로컴퓨터제어기술을 구현할 수 있도록 마이크로컴퓨터의 하드웨어와 소프트웨어를 기반으로 하는 시스템을 정의, 분석, 설계 및 제작하고 시험, 평가, 개선 등의 작업을 수행하는 직무
○수행준거 : 1. 디지털 전자제품의 목적된 기능을 수행하도록 제어하기 위해 하드웨어의 동작과 기능을 조작할 수 있다.
　　　　　 2. 마이크로프로세서를 사용하여 회로를 설계 및 제작할 수 있다.
　　　　　 3. 마이크로프로세서를 사용하여 하드웨어를 제어하는 프로그래밍을 할 수 있다.

실기검정방법	작업형	시험시간	4시간 정도

실기과목명	주요항목	세부항목	세세항목
디지털제어 실무	1. 하드웨어 분석 및 설계	1. 하드웨어 설계 및 제작방법 결정하기	1. 하드웨어의 구체적인 동작을 이해할 수 있다. 2. 기능 블럭도를 설계에 반영할 수 있다. 3. 하드웨어 작업량을 예측할 수 있다. 4. 하드웨어의 물리적 구현방법을 결정할 수 있다. 5. 소프트웨어 측면의 구현 조건을 검토할 수 있다.
		2. 기능모듈간 인터페이스 방법 정의하기	1. 인터페이스 신호들을 정의할 수 있다. 2. 입·출력 신호의 전달매체를 정할 수 있다. 3. 입·출력 신호의 전송방식을 결정할 수 있다. 4. 전송속도를 결정할 수 있다. 5. 입·출력 순서도 또는 데이터 흐름도를 작성할 수 있다.
		3. 기능모듈 회로 설계 및 도면 작성하기	1. 기능 블럭도를 기반으로 주변회로를 결정할 수 있다. 2. 주변회로의 입·출력신호 리스트를 작성할 수 있다. 3. 조합논리회로 부분과 순서논리회로 부분을 결정할 수 있다. 4. 순서논리회로의 상태(State)를 정의할 수 있다. 5. 상태 천이도를 작성할 수 있다. 6. 순서논리회로 부분을 완성할 수 있다. 7. 조합논리회로 부분을 완성할 수 있다. 8. 회로도에 필요한 부품리스트를 작성할 수 있다. 9. 회로도의 논리회로를 표준 로직 IC에 매핑할 수 있다. 10. 부품사이의 접속도를 그릴 수 있다. 11. 부품사이의 연결상태를 검사할 수 있다.

실기과목명	주요항목	세부항목	세세항목
		4. 기능모듈간 인터페이스 회로 설계 및 도면 작성하기	1. 기능 블럭도를 기반으로 각 모듈간 인터페이스를 결정할 수 있다. 2. 프로세서와의 인터페이스 방법을 결정할 수 있다. 3. 회로도에 필요한 부품리스트를 작성할 수 있다. 4. 회로도의 논리회로를 표준 로직 IC에 매핑할 수 있다. 5. 부품사이의 접속도를 그릴 수 있다. 6. 부품사이의 연결상태를 검사할 수 있다.
	2. 하드웨어 제작	1. 하드웨어 시제품 제작하기	1. 제작한 PCB의 이상 유무를 확인할 수 있다. 2. PCB에 부품을 실장할 수 있다. 3. 측정장비를 활용하여 제작 상태를 점검할 수 있다.
		2. 하드웨어 시제품의 전기적 오류 검사 및 개선하기	1. 전원인가 후 각 소자의 정상적 전원공급 유무를 점검할 수 있다. 2. 테스트 포인트를 이용하여 동작의 이상 유무를 점검할 수 있다. 3. 이상 발생 시 확인하여 보드를 수정할 수 있다. 4. 수정 부분의 데이터화를 수행할 수 있다.
	3. 제어소프트웨어 구현	1. 기능모듈 설계하기	1. 시스템의 소프트웨어적 설계조건 분석을 할 수 있다. 2. 시스템의 소프트웨어적 구현 기능 분석을 할 수 있다. 3. 소프트웨어의 안정성, 신뢰성 확보를 위한 대책 마련을 할 수 있다.
		2. 기능모듈 구현하기	1. 소프트웨어 구동 알고리즘을 설계할 수 있다. 2. 기능별 모듈간 입·출력 데이터를 정의할 수 있다. 3. 알고리즘에 따른 데이터 흐름도를 작성할 수 있다. 4. 알고리즘에 따른 프로그램 순서도를 작성할 수 있다. 5. 프로그램 언어를 선택할 수 있다. 6. 순서도에 따라 코딩할 수 있다. 7. 소스코드를 컴파일/어셈블을 할 수 있다.

실기과목명	주요항목	세부항목	세세항목
		3. 기능모듈 보드 탑재하기	1. 완성된 기계어코드를 확인할 수 있다. 2. 펌웨어 탑재용 도구 및 장비를 준비할 수 있다. 3. 디바이스의 종류와 실행파일 규격 등을 설정할 수 있다. 4. 하드웨어에 펌웨어를 탑재할 수 있다. 5. 시스템 리셋 후의 초기상태를 확인할 수 있다.
		4. 기능모듈의 시험 및 디버깅하기	1. 제어기의 전기적 연결상태를 점검할 수 있다. 2. 시스템을 초기화할 수 있다. 3. 입·출력 포트의 신호 상태를 점검할 수 있다. 4. 이상 유무를 판별할 수 있다. 5. 수정 및 개선사항에 대하여 조치할 수 있다.
	4. 시스템통합 및 사후처리	1. 시스템 통합시험 및 평가하기	1. 하드웨어와 소프트웨어를 하나로 통합할 수 있다. 2. 전체 시스템의 동작조건을 결정할 수 있다.
		2. 현장적용 및 시스템 개선하기	1. 시스템을 현장 조건에 따라 동작시킬 수 있다. 2. 동작결과를 수집할 수 있다. 3. 예상 동작결과와 수집한 동작결과를 비교할 수 있다.

20. 전기·전자

전자계산기기사

출제기준(필기)

직무 분야	전기·전자	중직무 분야	전자	자격 종목	전자계산기기사	적용 기간	2013. 01.01~2016. 12. 31

○직무내용 : 컴퓨터시스템을 구성하는 하드웨어 및 관련 소프트웨어 프로그램 설계, 유지보수 및 운용관리에 관한 기술과 그 응용에 관한 업무를 수행

필기검정방법	객관식	문제수	100	시험시간	2시간 30분

필기과목명	문제수	주요항목	세부항목	세세항목
시스템 프로그래밍	20	1. 시스템프로그램의 개념	1. 시스템프로그램의 목적 및 종류	1. 시스템프로그램의 개요 2. 언어번역 프로그램의 종류
		2. 시스템프로그램 일반	1. 어셈블리어 프로그램	1. 어셈블리어의 구성 2. 투패스 어셈블러의 각 패스의 기능
			2. 어셈블러 및 매크로 처리	1. 매크로 기능
			3. 링커와 로더	1. 링킹과 로딩의 관계 2. 링킹 프로그램의 종류 3. 로더의 종류
			4. 작업제어 언어	1. 작업제어 언어의 기능
		3. OS(운영체제)와 유틸리티	1. OS의 이해	1. 메모리관리 2. 프로세스관리 3. 정보관리

필기과목명	문제수	주요항목	세부항목	세세항목
전자계산기 구조	20	1. 연산 및 제어장치	1. 논리회로	1. 조합논리회로 2. 순서논리회로
			2. 프로세서	1. 명령어(Instruction) 2. 레지스터와 ALU 구조
			3. 명령실행과 제어	1. 마이크로 오퍼레이션 2. 제어데이터 3. 제어규칙
		2. 기억장치와 입·출력장치	1. 기억장치	1. 기억장치 개요 2. 주 및 보조기억장치의 특성 3. 캐시, 연관기억장치 4. 가상기억장치 등
			2. 입력 및 출력	1. 입·출력에 필요한 기능 2. DMA 및 채널 3. 인터럽트 체계와 동작원리
		3. 컴퓨터 구조의 응용	1. 병렬 컴퓨터구조	1. 병렬 컴퓨터구조의 기본

필기과목명	문제수	주요항목	세부항목	세세항목
마이크로 전자계산기	20	1. 기본적인 마이크로프로세서	1. 마이크로프로세서	1. 마이크로프로세서의 구조와 특징 2. 명령어형식 3. 주소지정방식 4. 인터럽트와 DMA 5. 서브루틴과 스택 6. 명령어집합 7. 연산기의 구성과 레지스터와의 접속 8. 마이크로프로그램 제어방식
		2. 기억장치 및 입·출력장치	1. 기억장치	1. 주기억장치 2. 보조기억장치
			2. 입·출력장치	1. 입·출력시스템과 동작 2. 입·출력 제어방식 3. 입·출력 인터페이스 4. 마이크로컴퓨터의 각종 입·출력 장치의 구조와 특징
		3. 소프트웨어와 프로그래밍일반	1. 소프트웨어와 프로그래밍	1. 마이크로컴퓨터의 제어프로그램 개발과 평가 요소 2. 시스템 소프트웨어

20 전기·전자 전자계산기기사

필기과목명	문제수	주요항목	세부항목	세세항목
논리회로	20	1. 코드화 이론 (게이트이론)	1. 수의 진법 연산	1. 진법 2. 2진 연산
			2. 수의 코드화	1. 수치 코드 2. 오류 정정 코드
			3. 게이트이론	1. 진리표 2. 게이트를 이용한 설계이론
		2. 불 대수	1. 불 대수의 기본법칙	1. 불 대수 정리 2. 드모르간의 법칙
			2. 논리식의 간소화	1. 불 대수를 이용한 논리식 간소화 2. 카르노 도표에 의한 간소화
		3. 조합논리회로	1. 기본 연산 논리회로	1. 가산기와 감산기 2. 연산응용회로
			2. 기본 조합 논리회로	1. 디코더와 인코더 2. 멀티플렉서와 디멀티플렉서
			3. 응용회로	1. 산술논리 연산장치 2. 조합논리 응용회로
		4. 순서논리회로	1. 플립플롭의 종류와 동작	1. 래치회로 2. 플립플롭의 종류와 동작
			2. 카운터 회로의 기초	1. 비동기식 카운터 2. 동기식 카운터
			3. 순서논리회로의 설계	1. 순서논리회로의 설계 2. 유한상태머신 회로
			4. 레지스터	1. 시프트레지스터 2. 기타 레지스터

필기과목명	문제수	주요항목	세부항목	세세항목
데이터통신	20	1. 데이터 전송 및 제어방식	1. 데이터 전송이론	1. 전송속도 2. 아날로그데이터 전송방식 3. 디지털데이터 전송방식 4. 신호변환방식
			2. 전송제어방식	1. 전송제어절차 2. 베이직제어 3. 동기제어 4. 비동기제어 5. 에러제어방식
		2. 네트워크 및 프로토콜	1. 네트워크	1. 전용회선방식 2. 공중회선방식 3. VAN 4. LAN 5. 인터네트워킹 6. 온라인과 오프라인 접속
			2. 통신 프로토콜	1. OSI 7계층 2. TCP/IP
			3. 통신제어프로그램	1. 라우팅동기제어 2. 회선제어/회선망제어 3. OS 통신제어
			4. 회선망 제어	1. Statistical MUX, TDX, FDM, Concentration

출제기준(실기)

직무분야	전기·전자	중직무분야	전자	자격종목	전자계산기기사	적용기간	2013. 01.01~2016. 12. 31

○직무내용 : 컴퓨터시스템을 구성하는 하드웨어 및 관련 소프트웨어 프로그램 설계, 유지보수 및 운용관리에 관한 기술과 그 응용에 관한 업무를 수행
○수행준거 : 1. 디지털 회로를 구성하고 제작할 수 있다.
          2.부품의 특성시험, 회로의 동작시험, 측정 및 성능시험을 할 수 있다.
          3. 시스템(CPU(중앙처리장치) 구성, I/O interface, interface program, 논리회로의 설계 등)을 구성할 수 있다.

실기검정방법	복합형	시험시간	필답형 2시간, 작업형 3시간 정도

실기과목명	주요항목	세부항목	세세항목
전자계산기설계 및 응용	1. 디지털 논리회로 설계	1. 조합논리회로 구성하기	1. 도면의 AND, OR, NOT 게이트 구성에 따른 논리함수의 진리표를 구할 수 있다. 2. 도면에 따라 조합논리회로를 브레드보드 등에 결선할 수 있다. 3. 회로 결선의 완료여부를 확인하고 신호와 전원을 인가할 수 있다. 4. 회로시험기 및 오실로스코프를 이용하여 결과를 기록하고 확인할 수 있다.
		2. 순서논리회로 구성하기	1. 도면의 순서논리회로 구성에 따른 논리함수의 여기표, 특성 방정식, 진리표를 구할 수 있다. 2. 도면에 따라 순서논리회로를 브레드보드 등에 결선할 수 있다. 3. 회로 결선을 확인하고, 신호와 전원을 인가할 수 있다. 4. 회로시험기 및 오실로스코프를 이용하여 결과를 기록하고 확인할 수 있다.
		3. 메모리회로 구성하기	1. 메모리회로의 기능과 구조를 분석할 수 있다. 2. 도면에 따라 메모리회로를 브레드보드 등에 결선할 수 있다. 3. 회로의 결선상태를 확인하고 전원을 공급할 수 있다. 4. 메모리의 동작상태를 확인할 수 있다.

실기과목명	주요항목	세부항목	세세항목
		4. 디지털응용회로 구성하기	1. 디지털응용회로의 특성을 파악할 수 있다. 2. 도면에 따라 응용논리회로를 브레드보드 등에 결선할 수 있다. 3. 회로결선을 확인하고 신호와 전원을 인가할 수 있다. 4. 회로시험기 및 오실로스코프를 이용하여 동작상태를 확인할 수 있다.
	2. 마이크로프로세서 응용	1. 입·출력포트 제어하기	1. 입·출력포트 및 입·출력회로의 특성을 파악할 수 있다. 2. 준비된 재료를 이용하여 입·출력회로를 브레드보드 등에 구성할 수 있다. 3. 동작요구사항에 맞게 마이크로프로세서에 따른 프로그램을 작성할 수 있다. 4. 작성된 프로그램을 컴파일한 후 기억장치에 저장할 수 있다. 5. 입·출력장치가 요구사항에 맞게 동작하는지 확인할 수 있다.
		2. A/D, D/A변환기 제어하기	1. A/D, D/A변환기회로의 특성을 파악할 수 있다. 2. A/D, D/A변환기회로를 브레드보드 등에 구성할 수 있다. 3. 동작요구사항에 맞게 마이크로프로세서에 따른 프로그램을 작성할 수 있다. 4. 작성된 프로그램을 컴파일한 후 기억장치에 저장할 수 있다. 5. A/D, D/A변환기회로의 동작상태를 확인할 수 있다.
		3. 시리얼통신 제어하기	1. 시리얼통신의 원리를 파악할 수 있다. 2. 시리얼통신회로를 브레드보드 등에 구성할 수 있다. 3. 동작요구사항에 맞게 마이크로프로세서에 따른 프로그램을 작성할 수 있다. 4. 작성된 프로그램을 컴파일한 후 기억장치에 저장할 수 있다. 5. 시리얼통신의 동작상태를 확인할 수 있다.

실기과목명	주요항목	세부항목	세세항목
		4. 구동부 제어하기	1. 구동부제어회로의 원리를 파악할 수 있다. 2. 구동부제어회로를 브레드보드 등에 구성할 수 있다. 3. 동작요구사항에 맞게 마이크로프로세서에 따른 프로그램을 작성할 수 있다. 4. 작성된 프로그램을 컴파일한 후 기억장치에 저장할 수 있다. 5. 구동부제어회로의 동작상태를 확인할 수 있다.
	3. 시스템 프로그래밍	1. 제어프로그램 분석 및 설계하기	1. 제어프로그램을 분석할 수 있다. 2. 제어프로그램을 설계할 수 있다. 3. 상세설계(순서도)를 작성할 수 있다
		2. 제어프로그램 구현 및 응용하기	1. 편집기를 이용하여 프로그래밍할 수 있다. 2. 번역작업을 통하여 기계어로 번역할 수 있다. 3. 프로그램을 리셋한 후 재입력하고 결과치를 비교할 수 있다.
		3. 인터페이스 프로그래밍하기	1. 인터페이스 프로그래밍을 작성할 수 있다. 2. 프로그래밍에 대한 에러를 디버깅할 수 있다. 3. 인터페이스 프로그래밍의 인터럽트를 관리할 수 있다.
	4. 컴퓨터시스템 설치 및 유지보수	1. 컴퓨터 하드웨어 구성하기	1. 케이스를 분리하고 전원공급기(파워서플라이)를 케이스에 고정할 수 있다. 2. 메인보드에 CPU와 메모리 모듈을 장착 후 케이스 내에 고정할 수 있다. 3. 하드디스크와 DVD 등의 드라이브를 장착할 수 있다. 4. 각종 인터페이스 모듈을 메인보드의 슬롯에 장착할 수 있다. 5. 전원 및 각종 케이블을 연결하고 케이스를 조립할 수 있다.
		2. OS 설치하기	1. 컴퓨터를 부팅하여 BIOS와 CMOS를 설정할 수 있다. 2. 하드디스크의 파티션을 설정하고 포맷을 실시할 수 있다. 3. OS를 설치할 수 있다.

실기과목명	주요항목	세부항목	세세항목
		3. 각종 주변기기 구성 및 설치하기	1. 그래픽 어댑터(디스플레이)의 드라이버를 설치하고 화면을 설정할 수 있다. 2. 사운드카드의 드라이버와 스피커를 설치하여 동작을 확인할 수 있다. 3. LAN카드의 드라이버 설치와 인터넷을 접속하여 시험 운용할 수 있다. 4. 스캐너와 프린터 등의 드라이버를 설치하고 동작여부를 점검할 수 있다.
		4. 유지보수 및 운용관리하기	1. 컴퓨터의 전원 스위치를 ON한 후에 직류전원공급장치의 이상유무를 점검할 수 있다. 2. 컴퓨터시스템의 CPU, 메모리 모듈, 디스크장치, 통신장치 등 각종 장치를 진단할 수 있다. 3. 컴퓨터의 OS가 정상적으로 부팅되는가를 점검할 수 있다. 4. 점검결과를 종합적으로 파악하여 이상발견 시 보수할 수 있다.

20. 전기·전자

전자계산기기능사

출제기준(필기)

직무 분야	전기·전자	중직무 분야	전자	자격 종목	전자계산기기능사	적용 기간	2013.01.01~2016.12.31

○직무내용 : 컴퓨터시스템을 구성하는 하드웨어(CPU(중앙처리장치), 주변장치, 입력장치, 출력장치 및 보조기억장치)를 조립, 유지보수 및 운용하는 직무수행

필기검정방법	객관식	문제수	60	시험시간	1시간

필기과목명	문제수	주요항목	세부항목	세세항목
전기전자공학, 전자계산기구조, 프로그래밍일반, 디지털공학	60	1. 직·교류회로	1. 직류회로	1. 직·병렬회로 2. 회로망 해석의 정리, 응용
			2. 교류회로	1. 교류회로 해석 및 표시법, 계산의 기초
		2. 전원회로의 기본	1. 전원회로	1. 정류회로 2. 평활회로 3. 정전압전원회로
		3. 각종 증폭회로	1. 증폭회로	1. 각종 증폭회로 2. 연산 증폭회로
		4. 발진 및 펄스회로	1. 발진 및 변·복조 회로	1. 발진회로 2. 변·복조회로
			2. 펄스회로	1. 펄스발생의 기본 2. 펄스응용회로의 기본 3. 멀티바이브레이터 회로
		5. 논리회로	1. 컴퓨터의 논리회로	1. 소규모 집적회로 2. 중규모와 대규모 집적회로
			2. 자료의 표현	1. 자료의 종류 2. 자료의 외부적 표현방식 3. 자료의 내부적 표현방식
			3. 연산	1. 산술연산 2. 논리연산

필기과목명	문제수	주요항목	세부항목	세세항목
		6. 반도체	1. 반도체의 개요	1. 반도체의 종류 2. 반도체의 성질 3. 반도체의 재료 4. 전자의 개념
			2. 반도체 소자	1. 다이오드 2. BJT 3. FET 4. 특수반도체소자(광전소자, 사이리스터 등)
			3. 집적회로	1. 집적회로의 개념 2. 집적회로의 종류
		7. 컴퓨터구조	1. 컴퓨터구조 일반	1. 컴퓨터의 기본적 내부구조 2. CPU의 구성
			2. 명령어(instruction)와 지정방식	1. 연산자 2. 주소지정방식 3. 명령어의 형식
			3. 입력과 출력	1. 입·출력에 필요한 기능
			4. 컴퓨터의 구성망	1. 데이터 전송방식 2. 터미널 구성
		8. 수의 진법과 코드화	1. 수의 진법과 연산	1. 진법 2. 2진 연산
			2. 수의 코드화	1. 수치 코드 2. 오류 정정 코드
		9. 불 대수	1. 불 대수의 성질	1. 불 대수 정리 2. 드모르간의 법칙 3. 불 대수에 의한 논리식의 간소화 4. 카르노 도표에 의한 논리식의 간소화
		10. 플립플롭 회로	1. 플립플롭 종류와 기본동작	1. RS 플립플롭, JK 플립플롭 2. T 플립플롭, D 플립플롭 3. 기타 플립플롭

필기과목명	문제수	주요항목	세부항목	세세항목
		11. 기본적인 논리회로	1. 논리게이트의 종류와 기본동작	1. AND, OR, NOT 게이트 2. NAND, NOR, Ex-OR 게이트 3. 기타 기본게이트
		12. 조합논리회로	1. 각종 조합논리회로	1. 가산기, 감산기 2. 인코더, 디코더 3. 멀티플렉서, 디멀티플렉서 4. 기타 조합논리회로
		13. 순서논리회로	1. 각종 카운터회로의 기초	1. 비동기식 카운터 2. 동기식 카운터
			2. 순서논리회로의 기초	1. 순서논리회로의 설계기초 2. 디지털 계수 응용 회로 3. 시프트레지스터 4. 기타 레지스터
		14. 프로그래밍일반	1. 프로그래밍언어의 개요	1. 프로그래밍언어의 기초 2. 프로그래밍언어의 발전과정 3. 프로그래밍언어 처리기
			2. 프로그래밍 기법	1. 프로그래밍 절차 2. 프로그램 설계 3. 구조적 프로그래밍 4. 프로그램의 구현과 검사 5. 프로그램의 문서화
		15. 시스템프로그램	1. 시스템프로그램일반	1. 시스템프로그램의 기초 2. 응용프로그램의 기초

출제기준(실기)

직무분야	전기·전자	중직무분야	전자	자격종목	전자계산기기능사	적용기간	2013. 01.01~2016. 12. 31

○직무내용 : 컴퓨터시스템을 구성하는 하드웨어(CPU(중앙처리장치), 주변장치, 입력장치, 출력장치 및 보조기억장치)를 조립, 유지보수 및 운용하는 직무수행
○수행준거 : 1. 컴퓨터구조 및 전자회로를 이해하고 컴퓨터 기기를 조립할 수 있다.
     2. 전류, 전압, 파형 등을 측정하여 특성을 이해하고 성능시험을 할 수 있다.
     3. 컴퓨터 기기의 회로 점검을 통한 고장 원인을 파악하고 수리할 수 있다.

실기검정방법	작업형	시험시간	4시간 정도

실기과목명	주요항목	세부항목	세세항목
전자계산기 구성회로의 조립, 조정 및 수리작업	1. 디지털 논리회로 설계	1. 조합논리회로 구성하기	1. 도면의 AND, OR, NOT 게이트 구성에 따른 논리함수의 진리표를 구할 수 있다. 2. 도면에 따라 조합논리회로를 브레드보드 등에 결선할 수 있다. 3. 회로 결선의 완료여부를 확인하고 신호와 전원을 인가할 수 있다. 4. 회로시험기 및 오실로스코프를 이용하여 결과를 기록하고 확인할 수 있다.
		2. 순서논리회로 구성하기	1. 도면의 순서논리회로 구성에 따른 논리함수의 여기표, 특성 방정식, 진리표를 구할 수 있다. 2. 도면에 따라 순서논리회로를 브레드보드 등에 결선할 수 있다. 3. 회로 결선을 확인하고, 신호와 전원을 인가할 수 있다. 4. 회로시험기 및 오실로스코프를 이용하여 결과를 기록하고 확인할 수 있다.
		3. 메모리회로 구성하기	1. 메모리회로의 기능과 구조를 분석할 수 있다. 2. 도면에 따라 메모리회로를 브레드보드 등에 결선할 수 있다. 3. 회로의 결선상태를 확인하고 전원을 공급할 수 있다. 4. 메모리의 동작상태를 확인할 수 있다.

실기과목명	주요항목	세부항목	세세항목
	2. 컴퓨터 시스템 설치 및 유지보수	1. 컴퓨터 하드웨어 구성하기	1. 케이스를 분리하고 전원공급기(파워서플라이)를 케이스에 고정할 수 있다. 2. 메인보드에 CPU와 메모리 모듈을 장착 후 케이스 내에 고정할 수 있다. 3. 하드디스크와 DVD 등의 드라이브를 장착할 수 있다. 4. 각종 인터페이스 모듈을 메인보드의 슬롯에 장착할 수 있다. 5. 전원 및 각종 케이블을 연결하고 케이스를 조립할 수 있다.
		2. 각종 주변기기 구성 및 설치하기	1. 그래픽 어댑터(디스플레이)의 드라이버를 설치하고 화면을 설정할 수 있다. 2. 사운드카드의 드라이버와 스피커를 설치하여 동작을 확인할 수 있다. 3. LAN카드의 드라이버 설치와 인터넷을 접속하여 시험 운용할 수 있다. 4. 스캐너와 프린터 등의 드라이버를 설치하고 동작여부를 점검할 수 있다.
		3. 유지보수 및 운용관리하기	1. 컴퓨터의 전원 스위치를 ON한 후에 직류전원공급장치의 이상유무를 점검할 수 있다. 2. 컴퓨터시스템의 CPU, 메모리 모듈, 디스크장치, 통신장치 등 각종 장치를 진단할 수 있다. 3. 컴퓨터의 OS가 정상적으로 부팅되는가를 점검할 수 있다. 4. 점검결과를 종합적으로 파악하여 이상발견 시 보수할 수 있다.

20. 전기·전자

전자기기기능장

출제기준(필기)

직무 분야	전기·전자	중직무 분야	전자	자격 종목	전자기기기능장	적용 기간	2013.01.01~2016.12.31

○직무내용 : 전자기기에 관한 최상급 숙련기능을 갖고 산업현장에서 작업관리, 현장훈련, 경영층과 생산계층을 유기적으로 결합시켜주는 현장의 중간관리 등의 직무 수행

필기검정방법	객관식	문제수	60	시험시간	1시간

필기과목명	문제수	주요항목	세부항목	세세항목
전자기기, 전자응용, 제어시스템, 전자공학, 마이크로 프로세서 응용, 공업경영에 관한 사항	60	1. 전자공학	1. 전자회로	1. 직류회로 2. 교류회로 3. 정류회로 4. 평활회로 5. 정전압 전원회로 6. 연산 증폭회로 7. 각종 증폭회로 8. 발진회로 9. 변·복조회로 10. 펄스발생의 기본 11. 펄스응용회로의 기본 12. 반도체의 종류 및 특성
			2. 회로이론	1. 회로망해석의 제정리 법칙 및 분류 2. 과도현상 3. 페이저 및 임피던스 4. 정현파의 정상상태해석 5. 평균값과 실효값 및 다상회로 6. 전달함수 7. 주파수응답 8. 유도결합회로 9. 4단자 회로망 10. 푸리에 해석 및 라플라스 변환
		2. 컴퓨터일반	1. 논리회로	1. 수의 진법 및 코드화 2. 불 대수 3. 플립플롭회로 4. 조합논리회로 5. 순서논리회로

필기과목명	문제수	주요항목	세부항목	세세항목
			2. 컴퓨터구조	1. 계산기의 내부구조 2. 기억장치 3. 입·출력장치 4. 마이크로프로세서의 구조와 특징 5. 명령어(instruction) 형식 6. 주소지정방식 7. 인터럽트와 DMA 8. 데이터 전송이론 9. 데이터 전송장치 10. 데이터 회선망 11. 전송제어방식과 프로토콜 12. 데이터 전송시스템
		3. 전자기기, 전자응용 및 제어시스템	1. 전자기기	1. 음의 기초 2. 마이크로폰 3. 멀티미디어 재생기기 4. 음향 및 영상 기록장치 5. 스피커와 스피커시스템 6. 음향 및 영상 재생장치 7. 전달함수와 신호흐름선도 8. 시간영역과 안정도 판별법 9. 감도 및 정상편차
			2. 제어시스템	1. 제어종류 및 제어방식
			3. 전자응용	1. CAD의 기본원리 2. FA기기의 원리 및 응용 3. 초음파가공 및 탐상기기의 원리 및 응용 4. 고주파가열의 원리 및 응용 5. LED의 원리 및 응용 6. 기타 전자기기에 관한 사항
		4. 공업경영	1. 품질관리	1. 통계적 방법의 기초 2. 샘플링검사 3. 관리도
			2. 생산관리	1. 생산계획 2. 생산통제
			3. 작업관리	1. 작업방법연구 2. 작업시간연구
			4. 기타 공업경영에 관한 사항	1. 기타 공업경영에 관한사항

출제기준(실기)

직무분야	전기·전자	중직무분야	전자	자격종목	전자기기기능장	적용기간	2013.01.01~2016.12.31

○직무내용 : 전자기기에 관한 최상급 숙련기능을 갖고 산업현장에서 작업관리, 현장훈련, 경영층과 생산계층을 유기적으로 결합시켜주는 현장의 중간관리 등의 직무 수행

○수행준거 : 1. 사용부품의 특성을 이해할 수 있어야 한다.
2. 부품의 배치, 패턴·회로설계 등을 할 수 있다.
3. 회로제작, 납땜, 래핑, 커넥터 작업을 할 수 있다.
4. 전류, 전압, 전력 등의 특성측정 및 조정 시험검사를 할 수 있다.
5. 각종 전자기기의 수리 및 성능검사를 할 수 있다.

실기검정방법	작업형	시험시간	7시간 정도

실기과목명	주요항목	세부항목	세세항목
전자기기 실무	1. 전자응용기기 샘플 제작	1. PCB샘플 제작하기	1. 규격인증과 기술이 있는 PCB 업체를 선정하여 품질과 납품 일자를 정확히 준수할 수 있다. 2. PCB제작 외주업체를 일정한 기준을 통해 평가하고 선정할 수 있다. 3. 발주 및 제작 의뢰를 위한 규격을 정의할 수 있다. 4. PCB제작 완료 후 BBT 검사를 수행하여 단선, 단락 등 불량률 저감 활동을 수행할 수 있다.
		2. 보드샘플 제작하기	1. 양산시 제반 문제사항(부품 조달, 품질유지 등)을 최소화 할 수 있도록 부품 규격 및 공급처를 결정할 수 있다. 2. 부품공급문제 발생 시 대체품 확보, 설계변경, 회로 설계자 협의 등의 조치를 판단, 결정할 수 있다. 3. 공급상황, 단가, 회사사정, 부품규격을 기초로 하여 부품 조립 공정 및 업체를 결정할 수 있다. 4. 부품조립 시 발생된 문제사항 등을 설계에 반영할 수 있다.
		3. 테스트하기	1. 육안 검수를 시행하여 납땜 불량, 단선, 단락 등 불량을 찾아 수리할 수 있다. 2. 전원을 넣기 전에 전원 단락검사를 하여 전원 투입시 전원 단락에 의한 부품파괴, PCB 절연파괴 등을 미연에 방지할 수 있다.

실기과목명	주요항목	세부항목	세세항목
			3. 프로그램 투입 시 샘플보드가 설계목표대로 정상 동작하는지 확인할 수 있다. 4. 비정상적인 동작이 확인될 경우 측정장비 등을 이용하여 수리할 수 있다. 5. 테스트 시 이상동작과 불량원인, 대처방안에 대하여 리포트를 작성할 수 있다.
		4. 수정 및 테스트 완료하기	1. 설계내용의 변경사항이 발견될 경우 즉각 반영할 수 있다. 2. 정상적으로 샘플제작이 완료 되었으면 신뢰성, 호환성, 전자파(EMI, EMC 등) 인증에 필요한 테스트를 시행할 수 있다. 3. 인증절차에 따라 테스트와 수정작업을 수행할 수 있다.
	2. 전자응용기기점검 및 수리	1. 고장요소 확인하기	1. 해당제품의 고장증상에 대해 청취하고, 실제 제품의 상태를 확인할 수 있다. 2. 제품의 점검과 수리에 필요한 재료 및 부품을 확보할 수 있다. 3. 회로도 및 조립도를 기초로, 고장개소를 파악하기 위하여 점검 순서와 방법을 결정할 수 있다. 4. 회로고장의 경우, 파악된 고장개소의 상태를 파악하기 위하여 측정기를 사용하여 측정할 수 있다. 5. 기구고장의 경우, 파손 및 동작 불량개소를 파악할 수 있다. 6. 점검결과를 기초로 어느 정도의 작업시간과 비용이 소요되는지 판단할 수 있다.
		2. 분해 및 조립하기	1. 고객의 작업 동의를 확인하고 분해 및 수리 작업에 착수할 수 있다. 2. 해당제품의 매뉴얼, 도면 등을 바탕으로 분해 및 조립작업을 실시할 수 있다. 3. 분해작업의 수행 시 작업에 적합한 공간을 확보할 수 있다.
		3. 수리하기	1. 점검결과를 기초로 고장난 부품, 어셈블리(Ass'y), 모듈의 교체를 수행할 수 있다. 2. 부품 교체에 따르는 납땜, 나사 및 리벳 등 체결작업을 수행할 수 있다. 3. 제품별로 소요되는 조정작업을 수행할 수 있다. 4. 작업 중 기구 및 회로의 파손을 최소화할 수 있다.

실기과목명	주요항목	세부항목	세세항목
		4. 동작 확인하기	1. 수리가 정상적으로 이루어졌는지 매뉴얼을 기초로 실제가동을 통하여 동작상태를 확인할 수 있다. 2. 수리가 불완전할 경우 점검 및 수리를 반복하여 완전히 동작하도록 할 수 있다. 3. 동작 확인과정에서 기구 및 회로의 파손을 최소화할 수 있다.
	3. 측정 및 시험	1. 규격 선정하기	1. 사용자의 요구 스펙에 맞는 규격을 선정할 수 있다. 2. 지정된 시험항목이 자체시험 가능한지, 외부기관에 의뢰해야 하는지를 판단할 수 있다. 3. 외부기관에 의뢰 시 해당시험을 수행할 수 있는 기관을 검색하고 해당기관의 장비가 사용자 요구사양을 만족하는지를 판단할 수 있다. 4. 사용자 요구사항이 측정불가시 대체규격을 검색하고 적용할 수 있다.
		2. 시험 실시하기	1. 선정된 규격에 따라 검증을 위한 시험항목을 선정할 수 있다. 2. 선정된 시험항목에 적합한 시험방법을 선정할 수 있다. 3. 시험을 실시할 대상이 시험을 위한 보조기구(JIG)를 요할 시 보조기구를 설계하거나 기존 보조기구(JIG) 등을 수정 적용할 수 있다. 4. 선정된 시험항목과 방법에 따라 시험을 실시할 수 있다. 5. 자료화를 위한 시험결과물을 수집, 분석할 수 있다.
		3. 자료화 및 결과 정리하기	1. 수집된 자료를 바탕으로 전기적 시험성적서를 작성할 수 있다. 2. 수집된 자료를 바탕으로 기계적 시험성적서를 작성할 수 있다. 3. 수집된 자료를 바탕으로 환경 시험성적서를 작성할 수 있다. 4. 수집된 자료를 설계·수정 과정에 반영할 수 있다. 5. 관련된 결과물을 요구되는 형태의 양식으로 작성할 수 있다.

20. 전기·전자

전자기기기능사

출제기준(필기)

직무 분야	전기·전자	중직무 분야	전자	자격 종목	전자기기기능사	적용 기간	2013. 1. 1 ~ 2016. 12. 31

○직무내용 : 각종 전자기기를 분해, 조립, 조정, 수리하고 자동화 설비의 계측제어장치의 조작, 보수, 관리 등 업무 수행

필기검정방법	객관식	문제수	60	시험시간	1시간

필기과목명	문제수	주요항목	세부항목	세세항목
전기전자공학, 전자계산기일반, 전자측정, 전자기기 및 음향영상기기	60	1. 직·교류회로	1. 직류회로	1. 직·병렬회로 2. 회로망 해석의 정리, 응용
			2. 교류회로	1. 교류회로해석 및 표시법, 계산의 기초
		2. 전원회로의 기본	1. 전원회로	1. 정류회로 2. 평활회로 3. 정전압전원회로
		3. 각종 증폭회로	1. 증폭회로	1. 각종 증폭회로 2. 연산증폭회로
		4. 발진 및 펄스회로	1. 발진 및 변·복조회로	1. 발진회로 2. 변·복조회로
			2. 펄스회로	1. 펄스발생의 기본 2. 펄스응용회로의 기본 3. 멀티바이브레이터 회로
		5. 논리회로	1. 조합논리회로	1. 수의 진법 및 코드화 2. 기본 조합논리회로
			2. 순서논리회로	1. 기본 플립플롭동작
		6. 반도체	1. 반도체의 개요	1. 반도체의 종류 2. 반도체의 성질 3. 반도체의 재료 4. 전자의 개념

필기과목명	문제수	주요항목	세부항목	세세항목
			2. 반도체 소자	1. 다이오드 2. BJT 3. FET 4. 특수반도체소자(광전소자, 사이리스터 등)
			3. 집적회로	1. 집적회로의 개념 2. 집적회로의 종류
		7. 컴퓨터의 구조 일반	1. 컴퓨터의 기본적 구조	1. CPU(중앙처리장치)의 구성 2. 기억장치 3. 입·출력장치
		8. 자료의 표현과 연산	1. 자료의 표현	1. 자료의 구조 2. 자료의 표현방식
			2. 연산	1. 산술연산 2. 논리연산
		9. 소프트웨어 일반	1. 소프트웨어의 개념과 종류	1. 프로그래밍 개념 및 순서도 작성
		10. 마이크로프로세서	1. 마이크로프로세서 구조 및 응용	1. 구조와 특징 2. 명령어(instruction)형식 및 데이터 형식 3. 주소지정방식 4. 서브루틴과 스택
		11. 측정오차	1. 측정과 오차	1. 전기표준기 2. 측정방법과 오차
		12 전자계측기기	1. 지시계기	1. 지시계기의 구성요소 2. 각종 지시계기의 용도와 특성 3. 지시계기의 측정범위 확대
			2. 오실로스코프	1. 오실로스코프의 원리 및 구성 2. 주기와 주파수 및 파형의 측정
			3. 반도체소자시험기	1. 반도체소자시험기의 용도와 특성
			4. 패턴발생기	1. 패턴 발생기의 용도와 특성

필기과목명	문제수	주요항목	세부항목	세세항목
		13. 직·교류의 측정	1. 전압측정	1. 직·교류의 전압측정
			2. 전류측정	1. 직·교류의 전류측정
			3. 전력측정	1. 전력계의 기본원리 및 전력측정
		14. 브리지회로	1. 각종 브리지의 기본원리	1. 각종 브리지회로의 기본원리 및 사용법
		15. 고주파 펄스 측정, 잡음 측정	1. 주파수의 측정	1. 고주파 측정의 기본원리 및 사용법 2. 잡음 측정의 기본원리 및 방법
		16. 발진기	1. 발진기의 기본원리 및 사용법	1. 표준신호발생기(S.S.G) 2. 저주파발진기(audio oscillator) 3. 소인발생기(sweep generator) 4. 패턴발생기(pattern generator)
		17. 디지털계기	1. 디지털계측	1. 각종 디지털계측기 사용법
		18. 응용기기	1. 고주파가열기	1. 고주파가열기의 종류, 기본원리
			2. 초음파응용기기	1. 초음파응용기기의 종류, 기본원리
			3. 의용전자기기	1. 의용전자기기의 종류, 기본원리
		19. 자동제어기	1. 자동제어의 개념	1. 자동제어의 개념 및 제어계의 구성
			2. 신호변환 및 검출기	1. 신호변환 및 검출방법
			3. 서보기구	1. 서보기구의 기본원리
			4. 자동조정기구	1. 자동조정기구의 종류 및 기본원리
		20. 전파응용기기	1. 전파항법응용기기	1. 전파항법응용기기의 원리 및 특성
		21. 전자현미경	1. 전자현미경의 원리	1. 전자현미경의 원리 및 구조
		22. 반도체 응용	1. 전자냉동	1. 전자냉동의 원리 및 응용
			2. 태양전지	1. 태양전지의 원리 및 응용

필기과목명	문제수	주요항목	세부항목	세세항목
			3. LED	1. LED의 원리 및 응용
		23. R/TV	1. AM/FM 수신기	1. AM/FM 수신기의 원리, 동작 및 특성
			2. TV(수상기)	1. TV(수상기)의 동작원리 및 특성
			3. R/TV용 급전선 및 안테나	1. R/TV용 급전선 및 안테나의 종류와 특성
		24. 멀티미디어기록 및 재생장치	1. 기록·재생원리 및 회로, 부품의 동작	1. 기록·재생의 원리 2. 기록·재생 장치의 동작원리
		25. Audio system	1. 스피커와 마이크로폰	1. 스피커와 마이크로폰의 원리 및 특징
			2. 증폭기의 종류(Main, Tone, EQ)	1. 증폭기의 기본원리(Main, Tone, EQ)
			3. CD/DVD 플레이어	1. CD/DVD 플레이어의 기본원리 및 특징
			4. Audio System의 기본원리	1. Audio System의 기본원리 및 특징

출제기준(실기)

직무 분야	전기·전자	중직무 분야	전자	자격 종목	전자기기기능사	적용 기간	2013. 1. 1 ~ 2016. 12. 31

○직무내용 : 각종 전자기기를 분해, 조립, 조정, 수리하고 자동화 설비의 계측제어장치의 조작, 보수, 관리 등 업무 수행

○수행준거 : 1. 각종 회로의 기본이 되는 회로스케치를 할 수 있다.
2. 정류특성이 좋은 직류성분을 얻는 정류회로의 평활회로를 설계할 수 있다.
3. IC 사용한 정전압회로의 제작, 조정 및 전원회로의 부하 변동률, 맥동률 등을 측정할 수 있다.
4. 트랜지스터, 저항, 콘덴서 등을 이용하여 증폭회로와 발진회로를 제작할 수 있다.
5. OP 앰프를 제작할 수 있고, 각 점에 흐르는 전류와 전압 및 가상 접지에 대한 개념을 알 수 있다.
6. 각종 부품과 측정기를 사용하여 펄스회로를 제작하고, 회로의 특성을 측정할 수 있다.
7. 각종 전자장치 등의 고장수리를 할 수 있다.
8. 기타 아날로그 및 디지털회로를 이해하고 조립할 수 있다.

실기검정방법	작업형	시험시간	4시간30분 정도

실기과목명	주요항목	세부항목	세세항목
전자기기 및 음향영상 기기작업	1. 전자기기(음향영상 기기) 점검 및 수리	1. 고장요소 확인하기	1. 해당 제품의 고장증상에 대해 청취하고, 실제 제품의 상태를 확인할 수 있다. 2. 제품의 점검과 수리에 필요한 재료 및 부품을 확보할 수 있다. 3. 회로도 및 조립도를 기초로, 고장개소를 파악하기 위하여 점검 순서와 방법을 결정할 수 있다. 4. 회로고장의 경우, 파악된 고장 개소의 상태를 파악하기 위하여 측정기를 사용하여 측정할 수 있다. 5. 기구고장의 경우, 파손 및 동작 불량개소를 파악할 수 있다. 6. 점검결과를 기초로 어느 정도의 작업시간과 비용이 소요되는지 판단할 수 있다.
		2. 분해 및 조립하기	1. 작업지시서를 확인하고 분해 및 수리작업에 착수할 수 있다. 2. 해당제품의 매뉴얼, 도면 등을 바탕으로 분해 및 조립작업을 실시할 수 있다. 3. 분해작업의 수행 시 작업에 적합한 공간을 확보할 수 있다.
		3. 수리하기	1. 점검결과를 기초로 고장난 부품, 어셈블리(Ass'y), 모듈의 교체를 수행할 수 있다. 2. 부품교체에 따르는 납땜, 나사 및 리벳 등 체결작업을 수행할 수 있다.

실기과목명	주요항목	세부항목	세세항목
			3. 제품별로 소요되는 조정작업을 수행할 수 있다. 4. 작업 중 기구 및 회로의 파손을 최소화할 수 있다.
		4. 동작 확인하기	1. 수리가 정상적으로 이루어졌는지 매뉴얼을 기초로 실제 가동을 통하여 동작상태를 확인한다. 2. 수리가 불완전할 경우 점검 및 수리를 반복하여 완전히 동작하도록 한다. 3. 동작 확인과정에서 기구 및 회로의 파손을 최소화할 수 있다.
	2. 전자응용기기 조립	1. PCB 조립하기	1. PCB 제작 완료 후 BBT 검사를 수행하여 단선, 단락 등 불량률 저감활동을 수행할 수 있다
		2. 보드 조립하기	1. 작업지시서에 따라 조립할 수 있다. 2. 부품조립 시 발생된 문제사항 등을 개선에 반영할 수 있다.
		3. 테스트하기	1. 육안검수를 시행하여 납땜 불량, 단선, 단락 등 불량을 찾아 수리할 수 있다. 2. 전원을 넣기 전에 전원 단락 검사를 하여 전원투입시 전원단락에 의한 부품파괴, PCB 절연파괴 등을 미연에 방지할 수 있다. 3. 설계목표대로 정상동작하는지 확인할 수 있다. 4. 비정상적인 동작이 확인될 경우 측정장비 등을 이용하여 수리할 수 있다. 5. 테스트 시 이상동작과 불량 원인, 대처방안에 대하여 보고서를 작성할 수 있다.
		4. 수정 및 테스트 완료하기	1. 설계내용의 변경사항이 발견될 경우 즉각 반영할 수 있다. 2. 정상적으로 조립이 완료되었으면 신뢰성, 호환성, 전자파(EMI, EMC 등) 인증에 필요한 테스트를 시행할 수 있다. 3. 인증절차에 따라 테스트와 수정작업을 수행할 수 있다.

20. 전기·전자

전자기사

출제기준(필기)

직무 분야	전기·전자	중직무 분야	전자	자격 종목	전자기사	적용 기간	2013. 01. 01~2016. 12. 31

○직무내용 : 전자에 관한 공학적 기술이론지식을 바탕으로 전자기기 회로의 설계, 제작, 측정, 유지보수 등의 작업 전반을 관리에 대한 직무 수행

필기검정방법	객관식	문제수	100	시험시간	2시간30분

필기과목명	문제수	주요항목	세부항목	세세항목
전기자기학	20	1. 진공중 정전계	1. 정전기 및 정전유도	1. 정전기의 개념 2. 대전현상 3. 도체와 부도체 4. 전기량 5. 정전유도 등
			2. 전계	1. 전계의 정의 2. 전계의 세기 3. 진공중에 있는 점전하에 의한 전계 등
			3. 전기력선	1. 전기력선의 정의 2. 전기력선의 성질 3. 전기력선의 방정식 4. 전기력선의 밀도 등
			4. 전하	1. 전하의 성질 2. 검전기 3. 쿨롱의 법칙 4. 진공유전율 등
			5. 전위	1. 전위 및 전위차의 정의 2. 보존장 3. 등전위면 4. 전위경도 5. 푸아송·라플라스의 방정식 등
			6. 가우스의 정리	1. 가우스 정리의 정의 2. 입체각 3. 전계의 발산정리 4. 전기력선의 발산 등

필기과목명	문제수	주요항목	세부항목	세세항목
			7. 전기쌍극자	1. 전기쌍극자의 정의 2. 전기쌍극자에 의한 전위 3. 전기쌍극자에 의한 전계 4. 전기이중층 등
		2. 진공중 도체계	1. 도체계의 전하 및 전위분포	1. 도체계에 있어서의 대전 현상 등 2. 전하 및 전위분포의 일의성 3. 중첩의 원리
			2. 전위계수, 용량계수 및 유도계수	1. 전위계수, 용량계수 및 유도계수의 정의 2. 전위계수의 성질 및 계산 3. 용량계수 및 유도계수의 성질 및 계산
			3. 도체계의 정전에너지	1. 도체계의 전정 에너지 2. 도체면에 작용하는 힘
			4. 정전용량	1. 정전용량의 정의 2. 정전용량과 전위계수, 용량계수 및 유도계수와의 관계 3. 콘덴서의 정의 및 접속 4. 콘덴서에 축적된 정전에너지 5. 등가용량
			5. 도체간에 작용하는 정전력	1. 도체간에 작용하는 정전력 2. 도체계가 가진 정전에너지
			6. 정전차폐	1. 정전차폐
		3. 유전체	1. 분극도와 전계	1. 유전체의 유전율 및 비유전율 2. 전기분극 3. 분극의 세기
			2. 전속밀도	1. 전속 2. 분극과 전속밀도
			3. 유전체내의 전계	1. 유전체내의 전계 2. 유전체 중의 전계와 가우스 정리 3. 유전체의 절연파괴
			4. 경계조건	1. 두 종류의 유전체내의 경계조건 2. 전속 및 전기력선의 굴절 3. 유전율과 전속밀도와의 관계

필기과목명	문제수	주요항목	세부항목	세세항목
			5. 정전용량	1. 유전체를 가진 도체계의 정전용량
			6. 전계의 에너지	1. 유전체내의 도체계의 에너지 2. 유전체내의 정전에너지
			7. 유전체 사이의 힘	1. 유전체내의 도체 표면에 작용하는 힘 2. 유전체에 작용하는 힘
			8. 유전체의 특수현상	1. 접촉전기 2. 파이로 전기 3. 압전기
		4. 전계의 특수해법 및 전류	1. 전기 영상법	1. 전기 영상법 2. 도체평면과 점전하 3. 접지구형 도체와 점전하 4. 절연구형 도체와 점전하 5. 유전체와 점전하 6. 평등전계내의 유전체구 7. 2개의 도체구
			2. 정전계의 2차원 문제	1. 2차원 전계의 성질 2. 전기력선과 등전위선과의 관계
			3. 전류에 관련된 제현상	1. 전류와 전류밀도 2. 옴의 법칙 3. 키르히호프의 법칙 4. 중첩의 정리 5. 상반(가역) 정리 6. 등가전원 정리 7. 전력, 줄열 8. 열전현상 9. 전류의 화학작용
			4. 컨덕턴스 및 도전율	1. 저항률 2. 저항의 온도계수 3. 컨덕턴스 4. 도전율
		5. 자계	1. 자석과 자기유도	1. 자성체 2. 자기유도 3. 쿨롱의 법칙

필기과목명	문제수	주요항목	세부항목	세세항목
			2. 자계 및 자위	1. 자계 2. 자위 3. 자화 4. 자속과 자속밀도 5. 자계에너지
			3. 자기쌍극자	1. 자기쌍극자의 자계 2. 판자석 및 등가판자석
			4. 자계와 전류사이의 힘	1. 전류의 자기작용 2. 비오·사바르의 법칙 3. 암페어의 오른손법칙 4. 직선 전류에 의한 자계 5. 원형 전류 중심축상의 자계 6. 솔레노이드에 의한 자계 7. 진공중에 있는 원형코일 중심축상의 자속밀도 8. 벡터의 적 9. 암페어의 주회적분법칙 10. 주회적분법칙에 의한 자속분포 계산 11. 벡터의 회전 12. 평행 전류간의 작용력 13. 자계중의 전류에 작용하는 힘 14. 전류에 의한 기계적 일과 기계적 동력
			5. 분포전류에 의한 자계	1. 스토크스의 정리 2. 플레밍의 법칙 3. 로렌츠의 법칙 4. 핀치효과 및 홀 효과
		6. 자성체와 자기회로	1. 자화의 세기	1. 자화작용 2. 자화의 세기 3. 자화전류
			2. 자속밀도 및 자속	1. 자성체가 있는 자계 2. 자속분포의 법칙 3. 벡터 포텐셜 4. 정자계와 정전계 5. 자극

필기과목명	문제수	주요항목	세부항목	세세항목
			3. 투자율과 자화율	1. 투자율 2. 자화곡선 3. 자화율
			4. 경계면의 조건	1. 자계의 경계면 조건 2. 자속밀도의 경계면 조건 3. 자속선의 굴절법칙
			5. 감자력과 자기차폐	1. 감자력 2. 감자율 3. 자기차폐
			6. 자계의 에너지	1. 자계의 에너지 밀도
			7. 강자성체의 자화	1. 자화곡선 2. 히스테리시스 곡선 3. 히스테리시스 손실
			8. 자기회로	1. 기자력 2. 투자율 3. 자기저항 4. 누설자속 5. 자기회로의 옴의 법칙 6. 자기회로의 키르히호프 법칙 7. 공극을 가진 자기회로 8. 포화특성 철심의 자기회로
			9. 영구자석	1. 감자력 2. 자화의 세기 3. 보자력 4. 자석재료
		7. 전자유도 및 인덕턴스	1. 전자유도 현상	1. 자속변화에 의한 기전력 발생 2. 전자유도법칙 3. 패러데이의 법칙 4. 와전류 5. 표피효과
			2. 자기 및 상호유도작용	1. 자기유도작용 2. 상호유도작용
			3. 자계에너지와 전자유도	1. 자계에너지와 전자유도

필기과목명	문제수	주요항목	세부항목	세세항목
			4. 도체의 운동에 의한 기전력	1. 렌츠의 법칙 2. 플레밍의 오른손법칙 3. 자계속을 운동하는 도체에 생기는 기전력 4. 도체의 운동과 자속의 시간적 변화가 있는 경우의 기전력
			5. 전류에 작용하는 힘	1. 전류에 작용하는 힘 2. 자속변화
			6. 전자유도에 의한 전계	1. 전자유도에 의한 전계
			7. 도체내의 전류분포	1. 일정주파수의 교류일 때 2. 표피효과 3. 도체표면에 평행한 자계일 때 4. 표피효과를 고려할 수 있는 한계
			8. 전류에 의한 자계에너지	1. 자계에너지 2. 전류에 의한 자계에너지
			9. 인덕턴스	1. 자기인덕턴스와 상호인덕턴스 2. 노이만의 공식 3. 상호인덕턴스의 상반성 4. 누설자속과 결합계수 5. 인덕턴스의 계산 6. 기하학적 평균거리
		8. 전자계	1. 변위전류	1. 변위전류
			2. 맥스웰의 방정식	1. 맥스웰의 전자파방정식 2. 인가전압이 있는 경우의 전자파 방정식
			3. 전자파 및 평면파	1. 전자파 2. 평면파 3. 파동방정식 4. 전파속도 5. 도체내의 전자파 6. 전자파의 방사 7. 전자파의 반사와 굴절 8. 전자파의 전송선로 9. 포인팅벡터

필기과목명	문제수	주요항목	세부항목	세세항목
			4. 경계조건	1. 경계면에 전류가 존재하지 않을 때 2. 완전 도체 표면
			5. 전자계에서의 전압	1. 전압의 정의 2. 평행도체에 있어서의 전압 3. 단위 길이당 전압강하 4. 도체전류의 변화
			6. 전자와 하전입자의 운동	1. 전자와 하전입자의 운동
			7. 방전현상	1. 방전현상

필기과목명	문제수	주요항목	세부항목	세세항목
회로이론	20	1. 회로이론	1. 회로망정리	1. 선형회로 2. 중첩의 원리 3. 테브난의 정리 4. 노턴의 정리 5. 회로망해석의 제법칙 및 응용 6. 회로망 토폴로지의 기초 7. 상대성과 유사성
			2. 과도현상	1. RC 과도현상 2. RL 과도현상 3. 직류강제함수에 의한 응답 4. 단위 계산
			3. 교류의 정상상태해석	1. 마디해석 2. 회로망정리의 페이저해석 3. 평균전력 4. 무효전력과 피상전력 5. 역률 6. 복소전력 7. 평균전력과 실효값 8. 전력측정 9. 다상회로
			4. 복소수와 회로망 함수	1. 전달함수 2. 감쇠정현파 3. 임피던스와 어드미턴스 4. 극점과 영점 5. 회로망함수와 고유응답 6. 진폭 및 위상응답 7. 필터 8. 공진 9. 각종 주파수 응답
			5. 유도 결합회로	1. 상호인덕턴스 2. 유도 결합회로 3. 철심변압기 4. 영상임피던스와 전력
			6. 4단자 회로망	1. 임피던스 매개변수 2. 어드미턴스 매개변수 3. 하이브리드 매개변수 4. 입·출력 임피던스 5. 매개변수간의 변환 6. 상태변수해석

필기과목명	문제수	주요항목	세부항목	세세항목
			7. Fourier해석 및 Laplace 변환	1. 삼각함수형 푸리에 급수 2. 대칭특성 3. 지수함수형 푸리에 급수 4. 주기적인 인가신호에 대한 응답 5. 주파수 스펙트럼 6. 푸리에 변환 7. 라플라스변환 8. 라플라스 역변환 9. 임펄스 함수 10. 라플라스 변환된 회로

필기과목명	문제수	주요항목	세부항목	세세항목
전자회로	20	1. 전원회로	1. 정류회로	1. 반파, 전파 및 배전압 정류회로의 기본 구성과 특징
			2. 평활회로	1. 평활회로
			3. SMPS회로	1. SMPS회로
		2. 증폭회로	1. 저주파 증폭회로	1. BJT회로 1) h 정수모델 2) 소신호 증폭 및 안정도 2. FET 회로 1) FET의 소신호 등가회로 2) FET 회로
			2. 고주파 증폭회로	1. 회로의 이득 계산 2. 저역, 고역의 특성
			3. 궤환 증폭회로	1. 부궤환의 장·단점과 특징 2. 궤환 증폭회로의 구성과 안정
			4. 전력증폭회로	1. Single 증폭회로의 동작점, 부하선, 효율 및 출력계산 2. Push-pull 증폭회로의 특징, 효율 및 출력 계산 3. 고효율 전력증폭회로
		3. 연산 증폭회로	1. 차동증폭회로 및 연산증폭회로의 응용	1. 직류 증폭회로의 Level shift 및 Drift 방지법 2. 연산증폭기의 특성 3. 부호변환기, 상수기, 이상기, 미분연산기, 적분연산기 및 가산기의 응용
		4. 발진회로	1. 발진회로 조건 및 특성	1. 발진조건과 주파수 안정 2. 각종 발진회로와 특성
		5. 변복조회로	1. 변조회로	1. 변조회로의 종류 및 특성
			2. 복조회로	1. 복조회로의 종류 및 특성
		6. 펄스회로	1. 펄스회로의 종류 및 특성	1. 멀티바이브레이터 2. 클리핑 회로 3. 클램핑 회로

필기과목명	문제수	주요항목	세부항목	세세항목
		7. 디지털회로	1. 게이트회로 및 불 대수의 응용	1. 기본논리결합과 진리표 2. 불 대수 3. 기본논리게이트 4. 논리회로의 특성 5. TTL과 CMOS의 결합 6. 기본논리연산
			2. 조합논리회로	1. 논리함수의 간략화 및 회로구성 2. 각종 조합논리회로
			3. 순서논리회로	1. RS 플립플롭 2. JK 플립플롭 3. T 플립플롭 4. D 플립플롭 5. 플립플롭의 여기표
			4. 계수기 회로	1. 동기식 계수기회로 2. 비동기식 계수기회로 3. 디지털계수기의 응용회로

필기과목명	문제수	주요항목	세부항목	세세항목
물리전자 공　학	20	1. 물리전자공학	1. 전자의 작용론	1. 전자계내에서 전자의 운동 2. 양자역학입문 3. Fermi Dirac의 분포함수 4. 금속의 일함수와 전자방출 5. 에너지대역(절연체, 반도체, 도체)의 구조 6. 이동도, 전도도, 확산
			2. 반도체이론	1. 반도체의 성질 2. PN접합의 성질
			3. 트랜지스터	1. 접합트랜지스터의 특성 2. 베이스전류 3. 트랜지스터의 잡음 4. 전송파라미터 5. 각종 접지시의 정특성 6. 차단주파수관계
			4. 특수반도체	1. 특수반도체의 원리 2. 특수반도체의 구조 및 특성

필기과목명	문제수	주요항목	세부항목	세세항목
전자계산기 일 반	20	1. 컴퓨터구조일반	1. 컴퓨터의 구조	1. 컴퓨터의 기본개념 2. 컴퓨터의 하드웨어 구성 3. 컴퓨터의 주기억장치 4. 컴퓨터 제어장치의 개념 5. 중앙처리장치(CPU)의 구성 및 개념
			2. 컴퓨터의 입·출력 장치 및 보조장치	1. 컴퓨터 시스템의 입·출력장치 2. 컴퓨터 시스템의 보조기억장치
		2. 자료의 표현과 연산	1. 자료의 표현	1. 자료의 구조 2. 비트의 물리적 표현 3. 수치 데이터의 표현 4. 문자 데이터의 표현
			2. 연산	1. 산술 연산 2. 논리 연산
		3. 소프트웨어	1. 소프트웨어의 개념과 종류	1. 프로그래밍 개념 2. 순서도 작성법
			2. 프로그램언어	1. 프로그램의 언어 개념 (BASIC, FORTRAN, C) 2. 각종 프로그램언어
		4. 마이크로프로세서	1. 마이크로프로세서 구조 및 응용	1. 구조와 특징 2. 명령어(Instruction)형식 3. DATA형식 4. 주소지정방식 5. 서브루틴과 스택

출제기준(실기)

직무 분야	전기·전자	중직무 분야	전자	자격 종목	전자기사	적용 기간	2013. 01. 01~2016. 12. 31

○직무내용 : 전자에 관한 공학적 기술이론지식을 바탕으로 전자기기 회로의 설계, 제작, 측정, 유지보수 등의 작업 전반을 관리에 대한 직무 수행

○수행준거 : 1. 회로를 조립하기 위한 기본단계인 회로스케치, 패턴설계 및 회로설계를 할 수 있다.
2. 기판을 설계하여 발진회로를 제작하고 수리, 조정 할 수 있다.
3. 각종 증폭회로를 조립하고, 이와 관련된 측정에 대한 지식을 알 수 있다.
4. IC를 사용한 정전압회로의 제작, 조정 및 전원회로의 부하 변동률, 맥동률 등을 측정할 수 있다.
5. 카운터 회로의 조립, 동작이해, 고장수리 등을 할 수 있다.
6. 연산회로의 조립 및 원리를 이해하고, 조립할 수 있다.
7. 기타 아날로그 및 디지털회로를 이해하고 조립할 수 있다.

실기검정방법	작업형	시험시간	6시간30분 정도

실기과목명	주요항목	세부항목	세세항목
전자회로설계 및 응용	1. 동작 및 신뢰성 시험	1. 규격 선정하기	1. 사용자의 요구 스펙에 맞는 규격을 선정할 수 있다. 2. 지정된 시험항목이 자체 시험 가능한지 외부 기관에 의뢰해야 하는지를 판단할 수 있다. 3. 외부 기관에 의뢰 시 해당 시험을 수행할 수 있는 기관을 검색하고 해당기관의 장비가 사용자 요구사양을 만족하는지를 판단할 수 있다. 4. 사용자 요구 사항이 측정 불가시 대체 규격을 검색하고 적용할 수 있다.
		2. 시험 실시하기	1. 선정된 규격에 따라 시험항목을 선정할 수 있다. 2. 선정된 시험 항목에 적합한 시험 방법을 선정할 수 있다. 3. 시험을 실시할 대상이 시험을 위한 보조기구(JIG)를 요할시 보조기구를 설계하거나 기존 보조기구(JIG) 등을 수정 적용할 수 있다. 4. 선정된 시험 항목과 방법에 따라 시험을 실시할 수 있다. 5. 자료화를 위한 시험 결과물을 수집, 분석 할 수 있다.
		3. 자료화 및 결과 정리하기	1. 수집된 자료를 바탕으로 전기적 시험 성적서를 작성할 수 있다. 2. 수집된 자료를 바탕으로 기계적 시험 성적서를 작성할 수 있다.

실기과목명	주요항목	세부항목	세세항목
	2. 디지털회로설계		3. 수집된 자료를 바탕으로 환경 시험 성적서를 작성할 수 있다. 4. 수집된 자료를 설계·수정 과정에 반영할 수 있다. 5. 관련된 결과물을 요구되는 형태의 양식으로 작성할 수 있다.
		1. 스펙 및 제약사항 검토하기	1. 사업자, 마케팅 부서로부터 제기된 요구사항을 분석하여 설계의 규격을 선정할 수 있다. 2. 커넥터, 배선, 입출력 규격 등 관련된 업체 표준을 분석하고, 설계 규격에 포함시킬 수 있다. 3. 인증이 필요한 경우, 관련 인증 규격을 충족할 수 있도록 설계규격을 선정할 수 있다. 4. 회로 설계 시 반영될 수 있도록 기구 형상 및 치수, 설치 환경 및 위치를 파악할 수 있다. 5. S/W가 필요한 경우 S/W 엔지니어와 필요사항을 협의할 수 있다
		2. 부품 선정하기	1. 스펙에 따라 필요한 핵심 및 주변 부품의 특성을 파악하고 선정할 수 있다. 2. 회사와의 관계, 양산 수준, 부품 수급의 안정성, 부품 납입가 등을 고려하여 부품업체를 선정할 수 있다. 3. 부품 및 재료의 단가, 수급동향, 특성 등의 정보를 수집하고 자료화할 수 있다. 4. 설계에 소요되는 샘플 부품을 결정하고 확보할 수 있다. 5. 요구 스펙이나 국제인증, 또는 국내 인증을 만족시킬 수 있는지 부품단위로 필요한 테스트를 수행할 수 있다.
		3. 회로도 제작하기	1. 목표로 한 제품에 대하여, 기능에 따른 블록 다이어그램을 작성할 수 있다. 2. 기능에 최적화된 schematic 및 회로도를 작성할 수 있다. 3. 시뮬레이션 프로그램을 통하여 회로의 동작이 스펙을 충족시키는지 검토하고 확인할 수 있다. 4. 완성된 또는 주어진 회로도를 분석하여 PCB 제작계획을 수립할 수 있다. 5. PCB 제작 공정에 대한 이해를 바탕으로, PCB를 제작 지시를 할 수 있다.

실기과목명	주요항목	세부항목	세세항목
		4. 설계 검증 및 수정하기	1. 테스트 결과를 통하여 설계 결과가 목적에 합당한지 파악할 수 있다. 2. 테스트 결과를 바탕으로 디버깅을 수행할 수 있다.
	3. 아날로그회로 설계	1. 스펙 및 제약사항 검토하기	1. 사업자, 마케팅 부서로부터 제기된 요구사항을 분석하여 설계의 규격을 선정할 수 있다. 2. 커넥터, 배선, 입출력 규격 등 관련된 업체 표준을 분석하고, 설계 규격에 포함시킬 수 있다. 3. 인증이 필요한 경우, 관련 인증 규격을 충족할 수 있도록 설계규격을 선정할 수 있다. 4. 회로 설계시 반영될 수 있도록 기구 형상 및 치수, 설치 환경 및 위치를 파악할 수 있다. 5. s/w가 필요한 경우 s/w 엔지니어와 필요사항을 협의할 수 있다.
		2. 부품 선정하기	1. 스펙에 따라 필요한 핵심 및 주변 부품의 특성을 파악하고 선정할 수 있다. 2. 회사와의 관계, 양산 수준, 부품 수급의 안정성, 부품 납입가 등을 고려하여 부품업체를 선정할 수 있다. 3. 부품 및 재료의 단가, 수급동향, 특성 등의 정보를 수집하고 자료화 할 수 있다. 4. 설계에 소요되는 샘플 부품을 결정하고 확보할 수 있다. 5. 요구 스펙이나 국제인증, 또는 국내 인증을 만족시킬 수 있는지 부품단위로 필요한 테스트를 수행할 수 있다.
		3. 회로도 및 PCB제작하기	1. 목표로 한 제품에 대하여, 기능에 따른 블록 다이어그램을 작성할 수 있다. 2. 기능에 최적화된 schematic 및 회로도를 작성할 수 있다 3. 시뮬레이션 프로그램을 통하여 회로의 동작이 스펙을 충족시키는지 검토하고 확인할 수 있다. 4. 완성된 또는 주어진 회로도를 분석하여 PCB 제작계획을 수립할 수 있다. 5. PCB 제작 공정에 대한 이해를 바탕으로, PCB 제작 지시를 할 수 있다.

실기과목명	주요항목	세부항목	세세항목
		4. 설계 검증 및 수정하기	1. 테스트 결과를 통하여 설계 결과가 목적에 합당한지 파악할 수 있다. 2. 테스트 결과를 바탕으로 디버깅을 수행할 수 있어야 한다.
	4. 아트워크	1. 회로분석하기	1. 회로도 및 발주 내용을 보고 어떤 목적으로 설계되었는지 파악할 수 있다. 2. 국외 안전규격인 UL, CPSA는 물론, 국내 전기취급규격을 이해하여 인쇄회로 기판의 신뢰도 및 안전성을 확보할 수 있다. 3. 주어진 회로도를 분석하여 일정 및 방법을 포함한 자신의 작업 계획을 수립할 수 있다. 4. Artwork 프로그램을 사용하여 주어진 요구사항에 맞는 작업을 신속, 정확히 수행할 수 있다. 5. 신속, 안전한 작업을 위하여 Artwork시 사용할 디자인 룰을 정의할 수 있다.
		2. 부품 선정 및 배치하기	1. 인쇄회로기판의 층 구성과 그 용도를 파악하여 Artwork 작업에 반영할 수 있다. 2. 주어진 치수 데이터를 가지고 실장 부품 라이브러리를 만들 수 있다. 3. 인쇄회로 기판의 신뢰도에 목적을 두고 회로 간 트러블이 일어나지 않도록 회로를 분할할 수 있다. 4. 조립시간, 신뢰성 및 전기적 특성을 고려하여 부품을 배치할 수 있다.
		3. 배선하기	1. 배선 허용 전류 용량을 파악하여, 이상 온도 및 기판 변색, 회로 특성에 손상을 주지 않도록 배선 두께를 결정할 수 있다. 2. 도체 저항에 대한 지식을 바탕으로 배선 설계를 실시하여 도체 저항에 의한 임피던스를 줄일 수 있다. 3. 도체 간격과 절연저항의 관계를 이해하고 배선을 하여야 고밀도 설계에 따른 노이즈를 줄일 수 있다. 4. 관련된 설계 도구를 사용하여 에러없이 배선을(또는 부품 배치를) 수행할 수 있다.

실기과목명	주요항목	세부항목	세세항목
		4. 설계 검증하기	1. 부품 간 트러블이 발생하지 않도록 디자인 룰에 의한 부품 간격이 제대로 되어 있는지 확인할 수 있다. 2. 디자인 룰에 의한 배선 두께 배선 간격이 제대로 설계되어야 배선 쇼트, 배선 열화 등을 피할 수 있다. 3. 디자인 룰에 반한 설계가 이루어졌을 경우, 이를 수정할 수 있다.

20. 전기·전자

전자산업기사

출제기준(필기)

직무분야	전기·전자	중직무분야	전자	자격종목	전자산업기사	적용기간	2013. 1. 1 ~ 2016. 12. 31

○직무내용 : 전자에 관한 기술기초이론지식 또는 숙련기능을 바탕으로 전자기기 회로의 설계, 제작, 측정, 유지보수 등의 작업 관리에 대한 직무 수행

필기검정방법	객관식	문제수	80	시험시간	2시간

필기과목명	문제수	주요항목	세부항목	세세항목
전자회로	20	1. 전원회로	1. 전원회로	1. 반파, 전파 및 배전압 정류회로의 기본구성 및 특징 2. 평활회로
		2. 증폭회로	1. 증폭회로의 기초	1. 반도체의 구조 및 특성 2. BJT회로의 구성과 특징 3. h 정수모델 4. 소신호 증폭 및 안정도 5. FET의 소신호 등가회로 6. FET의 회로
			2. 궤환증폭회로	1. 부궤환의 장·단점 2. 증폭기의 분류, 입·출력 임피던스 및 이득특성
			3. 연산증폭회로	1. 직류증폭회로의 Level shift 및 drift 방지법 2. 연산증폭기의 개념과 특징 3. 부호변환기, 상수기, 미분연산기, 적분 연산기 및 가산기의 응용
			4. 전력증폭회로	1. Single 증폭회로의 동작점, 부하선, 효율 및 출력계산 2. Push-pull 증폭회로의 특징, 종류 및 출력계산
		3. 발진 및 변조회로	1. 발진회로	1. 발진조건과 주파수 안정 2. 각종 발진회로와 특성
			2. 변조 및 복조회로	1. 변조회로 2. 복조회로
			3. 펄스회로	1. 각종 펄스회로

필기과목명	문제수	주요항목	세부항목	세세항목
전기자기학 및 회로이론	20	1. 진공중 정전계	1. 정전기 및 정전유도	1. 정전기의 개념 2. 대전현상 3. 도체와 부도체 4. 전기량 5. 정전유도 등
			2. 전계	1. 전계의 정의 2. 전계의 세기 3. 진공중에 있는 점전하에 의한 전계 등
			3. 전기력선	1. 전기력선의 정의 2. 전기력선의 성질 3. 전기력선의 방정식 4. 전기력선의 밀도
			4. 전하	1. 전하의 성질 2. 검전기 3. 쿨롱의 법칙 4. 진공유전율 등
			5. 전위	1. 전위 및 전위차의 정의 2. 보존장 3. 등전위면 4. 전위경도 5. 푸아송·라플라스의 방정식 등
			6. 가우스의 정리	1. 가우스 정리의 정의 2. 입체각 3. 전계의 발산정리 4. 전기력선의 발산 등
			7. 전기쌍극자	1. 전기쌍극자의 정의 2. 전기쌍극자에 의한 전위 3. 전기쌍극자에 의한 전계 4. 전기이중층 등
		2. 진공중 도체계	1. 도체계의 전하 및 전위분포	1. 도체계에 있어서의 대전 현상 등 2. 전하 및 전위분포의 일의성 3. 중첩의 원리

필기과목명	문제수	주요항목	세부항목	세세항목
			2. 전위계수, 용량계수 및 유도계수	1. 전위계수, 용량계수 및 유도계수의 정의 2. 전위계수의 성질 및 계산 3. 용량계수 및 유도계수의 성질 및 계산
			3. 도체계의 정전에너지	1. 도체계의 정전에너지 2. 도체면에 작용하는 힘
			4. 정전용량	1. 정전용량의 정의 2. 정전용량과 전위계수, 용량계수 및 유도 계수와의 관계 3. 콘덴서의 정의 및 접속 4. 콘덴서에 축적된 정전에너지 5. 등가용량
			5. 도체간에 작용하는 정전력	1. 도체간에 작용하는 정전력 2. 도체계가 가진 정전에너지
			6. 정전차폐	1. 정전차폐
		3. 유전체	1. 분극도와 전계	1. 유전체의 유전율 및 비유전율 2. 전기분극 3. 분극의 세기
			2. 전속밀도	1. 전속 2. 분극과 전속밀도
			3. 유전체내의 전계	1. 유전체내의 전계 2. 유전체 중의 전계와 가우스 정리 3. 유전체의 절연파괴
			4. 경계조건	1. 두 종류의 유전체내의 경계조건 2. 전속 및 전기력선의 굴절 3. 유전율과 전속밀도와의 관계
			5. 정전용량	1. 유전체를 가진 도체계의 정전용량
			6. 전계의 에너지	1. 유전체내의 도체계의 에너지 2. 유전체내의 정전에너지
			7. 유전체 사이의 힘	1. 유전체내의 도체 표면에 작용하는 힘 2. 유전체에 작용하는 힘

필기과목명	문제수	주요항목	세부항목	세세항목
			8. 유전체의 특수현상	1. 접촉전기 2. 파이로전기 3. 압전기
		4. 전계의 특수 해법 및 전류	1. 전기영상법	1. 전기영상법 2. 도체평면과 점전하 3. 접지구형 도체와 점전하 4. 절연구형 도체와 점전하 5. 유전체와 점전하 6. 평등전계내의 유전체구 7. 2개의 도체구
			2. 정전계의 2차원 문제	1. 2차원전계의 성질 2. 전기력선과 등전위선과의 관계
			3. 전류에 관련된 제현상	1. 전류와 전류밀도 2. 옴의 법칙 3. 키르히호프의 법칙 4. 중첩의 정리 5. 상반(가역) 정리 6. 등가 전원 정리 7. 전력, 줄열 8. 열전현상 9. 전류의 화학작용
			4. 컨덕턴스 및 도전율	1. 저항률 2. 저항의 온도계수 3. 컨덕턴스 4. 도전율
		5. 자계	1. 자석 및 자기유도	1. 자성체 2. 자기유도 3. 쿨롱의 법칙
			2. 자계 및 자위	1. 자계 2. 자위 3. 자화 4. 자속과 자속밀도 5. 자계에너지
			3. 자기쌍극자	1. 자기쌍극자의 자계 2. 판자석 및 등가판자석

필기과목명	문제수	주요항목	세부항목	세세항목
			4. 자계와 전류사이의 힘	1. 전류의 자기 작용 2. 비오·사바르의 법칙 3. 암페어의 오른손 법칙 4. 직선 전류에 의한 자계 5. 원형 전류 중심축상의 자계 6. 솔레노이드에 의한 자계 7. 진공중에 있는 원형코일 중심축상의 자속밀도 8. 벡터의 적 9. 암페어의 주회적분 법칙 10. 주회적분 법칙에 의한 자속분포 계산 11. 벡터의 회전 12. 평행 전류간의 작용력 13. 자계중의 전류에 작용하는 힘 14. 전류에 의한 기계적 일과 기계적 동력
			5. 분포전류에 의한 자계	1. 스토크스의 정리 2. 플레밍의 법칙 3. 로렌츠의 법칙 4. 핀치효과 및 홀 효과
		6. 자성체와 자기회로	1. 자화의 세기	1. 자화작용 2. 자화의 세기 3. 자화전류
			2. 자속밀도 및 자속	1. 자성체가 있는 자계 2. 자속분포의 법칙 3. 벡터 포텐셜 4. 정자계와 정전계 5. 자극
			3. 투자율과 자화율	1. 투자율 2. 자화곡선 3. 자화율
			4. 경계면의 조건	1. 자계의 경계면 조건 2. 자속밀도의 경계면 조건 3. 자속선의 굴절법칙
			5. 감자력과 자기차폐	1. 감자력 2. 감자율 3. 자기차폐

필기과목명	문제수	주요항목	세부항목	세세항목
			6. 자계의 에너지	1. 자계의 에너지 밀도
			7. 강자성체의 자화	1. 자화곡선 2. 히스테리시스 곡선 3. 히스테리시스 손실
			8. 자기회로	1. 기자력 2. 투자율 3. 자기저항 4. 누설자속 5. 자기회로의 옴의 법칙 6. 자기회로의 키르히호프 법칙 7. 공극을 가진 자기회로 8. 포화특성 철심의 자기회로
			9. 영구자석	1. 감자력 2. 자화의 세기 3. 보자력 4. 자석재료
		7. 전자유도 및 인덕턴스	1. 전자유도 현상	1. 자속변화에 의한 기전력 발생 2. 전자유도법칙 3. 패러데이의 법칙 4. 와전류 5. 표피효과
			2. 자기 및 상호유도작용	1. 자기유도작용 2. 상호유도작용
			3. 자계에너지와 전자유도	1. 자계에너지와 전자유도
			4. 도체의 운동에 의한 기전력	1. 렌츠의 법칙 2. 플레밍의 오른손 법칙 3. 자계속을 운동하는 도체에 생기는 기전력 4. 도체의 운동과 자속의 시간적 변화가 있는 경우의 기전력
			5. 전류에 작용하는 힘	1. 전류에 작용하는 힘 2. 자속변화
			6. 전자유도에 의한 전계	1. 전자유도에 의한 전계

필기과목명	문제수	주요항목	세부항목	세세항목
			7. 도체내의 전류분포	1. 일정주파수의 교류일 때 2. 표피효과 3. 도체표면에 평행한 자계일 때 4. 표피효과를 고려할 수 있는 한계
			8. 전류에 의한 자계 에너지	1. 자계에너지 2. 전류에 의한 자계에너지
			9. 인덕턴스	1. 자기인덕턴스와 상호인덕턴스 2. 노이만의 공식 3. 상호인덕턴스의 상반성 4. 누설자속과 결합계수 5. 인덕턴스의 계산 6. 기하학적 평균거리
		8. 전자계	1. 변위전류	1. 변위전류
			2. 맥스웰의 방정식	1. 맥스웰의 전자파 방정식 2. 인가전압이 있는 경우의 전자파 방정식
			3. 전자파 및 평면파	1. 전자파 2. 평면파 3. 파동방정식 4. 전파속도 5. 도체내의 전자파 6. 전자파의 방사 7. 전자파의 반사와 굴절 8. 전자파의 전송선로 9. 포인팅벡터
			4. 경계조건	1. 경계면에 전류가 존재하지 않을 때 2. 완전 도체 표면
			5. 전자계에서의 전압	1. 전압의 정의 2. 평행도체에 있어서의 전압 3. 단위 길이당 전압강하 4. 도체전류의 변화
			6. 전자와 하전입자의 운동	1. 전자와 하전입자의 운동
			7. 방전현상	1. 방전현상

필기과목명	문제수	주요항목	세부항목	세세항목
		9. 회로이론	1. 회로망정리	1. 선형회로 2. 중첩의 정리 3. 테브난의 정리 4. 노턴의 정리 5. 회로망해석의 제법칙 및 응용 6. 회로망 토폴로지의 기초 7. 상대성과 유사성
			2. 과도현상	1. RC 과도현상 2. RL 과도현상 3. 직류강제함수에 의한 응답 4. 단위 계단
			3. 교류의 정상상태 해석	1. 마디해석 2. 회로망정리의 페이저해석 3. 평균전력 4. 무효전력과 피상전력 5. 역률 6. 복소전력 7. 평균전력과 실효값 8. 전력측정 9. 다상회로
			4. 복소수와 회로망 함수	1. 전달함수 2. 감쇄정현파 3. 임피던스와 어드미턴스 4. 극점과 영점 5. 회로망함수와 고유응답 6. 진폭 및 위상응답 7. 필터 8. 공진 9. 각종 주파수 응답
			5. 유도 결합회로	1. 상호인덕턴스 2. 철심 변압기 3. 영상임피던스와 전력
			6. 4단자 회로망	1. 임피던스 매개변수 2. 어드미턴스 매개변수 3. 하이브리드 매개변수 4. 입·출력임피던스 5. 매개변수간의 변환 6. 상태변수해석

필기과목명	문제수	주요항목	세부항목	세세항목
			7. Fourier 해석 및 Laplace 변환의 기초	1. 삼각함수형 푸리에 급수 2. 대칭 특성 3. 지수함수형 푸리에 급수 4. 주기적인 인가신호에 대한 응답 5. 주파수 스펙트럼 6. 푸리에 변환 7. 라플라스 변환 8. 라플라스 역변환 9. 임펄스 함수 10. 라플라스 변환된 회로

필기과목명	문제수	주요항목	세부항목	세세항목
전자계산기 일 반	20	1. 컴퓨터 구조일반	1. 컴퓨터의 구조	1. 컴퓨터의 기본개념 2. 컴퓨터의 하드웨어 구성 3. 컴퓨터의 주기억장치 4. 컴퓨터 제어장치의 개념 5. 중앙처리장치(CPU)의 구성 및 개념
			2. 컴퓨터의 입·출력장치 및 보조장치	1. 컴퓨터시스템의 입·출력 장치 2. 컴퓨터시스템의 보조기억장치
		2. 자료의 표현과 연산	1. 자료의 표현	1. 자료의 구조 2. 비트의 물리적 표현 3. 수치 데이터의 표현 4. 문자 데이터의 표현
			2. 연산	1. 산술 연산 2. 논리 연산
		3. 소프트웨어	1. 소프트웨어의 개념과 종류	1. 프로그래밍 개념 2. 순서도 작성법
			2. 프로그램언어	1. 프로그래밍의 언어 개념 (BASIC, FORTRAN, C) 2. 각종 프로그램언어
		4. 마이크로프로세서	1. 마이크로프로세서 구조 및 응용	1. 구조와 특징 2. 명령어(Instruction)형식 3. DATA형식 4. 주소지정방식 5. 서브루틴과 스택
		5. 논리회로	1. 기본 논리회로	1. 불 대수 2. 논리게이트
			2. 조합회로	1. 산술 논리 연산회로 2. 인코더 및 디코더 3. 멀티플렉서, 디멀티플렉서
			3. 순서논리회로	1. 플립플롭 회로 2. 비동기식 계수기 3. 동기식 계수기

필기과목명	문제수	주요항목	세부항목	세세항목
전자계측	20	1. 계측기의 구조원리 및 사용	1. 반도체 소자시험	1. 반도체 소자의 특성 시험
			2. 오실로스코프	1. 오실로스코프의 사용법 2. 전압, 주파수, 위상의 측정 3. 펄스의 측정 4. 소자의 특성측정 5. 디지털스토리지스코프 사용 및 측정
			3. 각종 발진기 및 펄스발생기	1. 저주파 정현파발생기 2. 함수발생기 3. 펄스발생기 4. 고주파발생기 5. 스위프발생기 6. 주파수합성기
			4. 디지털 계측기	1. 디지털 계측기의 종류 및 특징
			5. 각종 브리지	1. 교류브리지 2. 캐패시턴스 브리지 3. 인덕턴스 브리지 4. 기타 각종 브리지
			6. 측정용 보조기기	1. 측정용 보조기기 종류 및 특징
		2. 측정	1. 직·교류의 측정	1. 직류의 측정 2. 교류의 측정
			2. 펄스측정	1. 각종 펄스 파형측정
			3. 주파수측정	1. 주파수측정 2. 고조파 및 잡음 측정
			4. 전력측정	1. 각종 전력측정
			5. 각종 회로의 특성측정	1. 각종 전자 및 통신 회로의 특성측정 2. 기타 응용회로의 특성측정
			6. 기본소자의 특성측정	1. 각종 기본소자의 특성측정

출제기준(실기)

직무 분야	전기·전자	중직무 분야	전자	자격 종목	전자산업기사	적용 기간	2013. 1. 1 ~ 2016. 12. 31

○직무내용 : 전자에 관한 기술기초이론지식 또는 숙련기능을 바탕으로 전자기기 회로의 설계, 제작, 측정, 유지보수 등의 작업 관리에 대한 직무 수행

○수행준거 : 1. 회로를 조립하기 위한 기본단계인 회로스케치를 할 수 있다.
2. 발진회로를 제작하고 수리, 조정할 수 있다.
3. 각종 증폭회로를 조립하고, 이와 관련된 측정에 대한 지식을 알고 있다.
4. IC를 사용한 정전압회로의 제작, 조정 및 전원회로의 부하 변동률, 맥동률 등을 측정할 수 있다.
5. 카운터 회로의 조립, 동작이해, 고장수리 등을 할 수 있다.
6. 연산회로의 조립 및 원리를 이해하고, 조립할 수 있다.
7. 기타 아날로그 및 디지털회로를 이해하고 조립할 수 있다.

실기검정방법	작업형	시험시간	4시간30분 정도

실기과목명	주요항목	세부항목	세세항목
전자회로설계 및 계측작업	1. 동작 및 신뢰성 시험	1. 규격 선정하기	1. 사용자의 요구 스펙에 맞는 규격을 선정할 수 있다. 2. 지정된 시험항목이 자체 시험 가능한지 외부 기관에 의뢰해야 하는지를 판단할 수 있다. 3. 외부 기관에 의뢰 시 해당시험을 수행할 수 있는 기관을 검색하고 해당기관의 장비가 사용자 요구사양을 만족하는지를 판단할 수 있다. 4. 사용자 요구 사항이 측정 불가시 대체 규격을 검색하고 적용할 수 있다.
		2. 시험 실시하기	1. 선정된 규격에 따라 시험항목을 선정할 수 있다. 2. 선정된 시험 항목에 적합한 시험 방법을 선정할 수 있다. 3. 시험을 실시할 대상이 시험을 위한 보조기구(JIG)를 요할시 보조기구를 설계하거나 기존 보조기구(JIG) 등을 수정 적용할 수 있다. 4. 선정된 시험 항목과 방법에 따라 시험을 실시할 수 있다. 5. 자료화를 위한 시험 결과물을 수집, 분석할 수 있다.
		3. 자료화 및 결과 정리하기	1. 수집된 자료를 바탕으로 전기적 시험 성적서를 작성할 수 있다. 2. 수집된 자료를 바탕으로 기계적 시험 성적서를 작성할 수 있다.

실기과목명	주요항목	세부항목	세세항목
			3. 수집된 자료를 바탕으로 환경 시험 성적서를 작성할 수 있다. 4. 수집된 자료를 설계·수정 과정에 반영할 수 있다. 5. 관련된 결과물을 요구되는 형태의 양식으로 작성할 수 있다.
	2. 디지털회로설계	1. 부품 선정하기	1. 스펙에 따라 필요한 핵심 및 주변 부품의 특성을 파악하고 선정할 수 있다. 2. 회사와의 관계, 양산 수준, 부품 수급의 안정성, 부품 납입가 등을 고려하여 부품업체를 선정할 수 있다. 3. 부품 및 재료의 단가, 수급동향, 특성 등의 정보를 수집하고 자료화할 수 있다. 4. 설계에 소요되는 샘플 부품을 결정하고 확보할 수 있다. 5. 요구 스펙이나 국제인증, 또는 국내 인증을 만족시킬 수 있는지 부품단위로 필요한 테스트를 수행할 수 있다.
		2. 회로도 제작하기	1. 목표로 한 제품에 대하여, 기능에 따른 블록 다이어그램을 작성할 수 있다. 2. 기능에 최적화된 schematic 및 회로도를 작성할 수 있다. 3. 시뮬레이션 프로그램을 통하여 회로의 동작이 스펙을 충족시키는지 검토하고 확인할 수 있다. 4. 완성된 또는 주어진 회로도를 분석하여 PCB 제작계획을 수립할 수 있다. 5. PCB 제작 공정에 대한 이해를 바탕으로, PCB를 제작을 할 수 있다.
		3. 설계 검증 및 수정하기	1. 테스트 결과를 통하여 설계 결과가 목적에 합당한지 파악할 수 있다. 2. 테스트 결과를 바탕으로 디버깅을 수행할 수 있다.
	3. 아날로그회로 설계	1. 부품 선정하기	1. 스펙에 따라 필요한 핵심 및 주변 부품의 특성을 파악하고 선정할 수 있다. 2. 회사와의 관계, 양산 수준, 부품 수급의 안정성, 부품 납입가 등을 고려하여 부품업체를 선정할 수 있다. 3. 부품 및 재료의 단가, 수급동향, 특성 등의 정보를 수집하고 자료화 할 수 있다.

실기과목명	주요항목	세부항목	세세항목
			4. 설계에 소요되는 샘플 부품을 결정하고 확보할 수 있다. 5. 요구 스펙이나 국제인증, 또는 국내 인증을 만족시킬 수 있는지 부품단위로 필요한 테스트를 수행할 수 있다.
		2. 회로도 및 PCB제작하기	1. 목표로 한 제품에 대하여, 기능에 따른 블록 다이어그램을 작성할 수 있다. 2. 기능에 최적화된 schematic 및 회로도를 작성할 수 있다. 3. 시뮬레이션 프로그램을 통하여 회로의 동작이 스펙을 충족시키는지 검토하고 확인할 수 있다. 4. 완성된 또는 주어진 회로도를 분석하여 PCB 제작계획을 수립할 수 있다. 5. PCB 제작 공정에 대한 이해를 바탕으로, PCB 제작을 할 수 있다.
		3. 설계 검증 및 수정하기	1. 테스트 결과를 통하여 설계 결과가 목적에 합당한지 파악할 수 있다. 2. 테스트 결과를 바탕으로 디버깅을 수행할 수 있다.

20. 전기·전자

전자캐드기능사

출제기준(필기)

직무분야	전기·전자	중직무분야	전자	자격종목	전자캐드기능사	적용기간	2013. 1. 1 ~ 2016. 12. 31

○직무내용 : 전자, 통신 및 컴퓨터 등의 기기 및 제품의 설계와 제작을 위하여 전자 회로를 설계하고, 전자회로도의 표현, 부품목록표(BOM) 작성, 인쇄회로기판 설계, 회로의 제작 및 시험 등을 컴퓨터 설계(CAD) 프로그램을 활용해서 처리하는 직무

필기검정방법	객관식	문제수	60	시험시간	1시간

필기과목명	문제수	주요항목	세부항목	세세항목
전기전자공학	60	1. 직·교류회로	1. 직류회로	1. 직·병렬회로 2. 회로망 해석의 정리, 응용
			2. 교류회로	1. 교류회로해석 및 표시법, 계산의 기초
		2. 전원회로의 기본	1. 전원회로	1. 정류회로 2. 평활회로 3. 정전압 전원회로
		3. 각종 증폭회로	1. 증폭회로	1. 각종 증폭회로 2. 연산증폭회로
		4. 발진 및 펄스회로	1. 발진 및 변·복조회로	1. 발진회로 2. 변·복조회로
			2. 펄스회로	1. 펄스발생의 기본 2. 펄스응용회로의 기본 3. 멀티바이브레이터 회로
		5. 논리회로	1. 조합논리회로	1. 수의 진법 및 코드화 2. 기본 조합논리회로
			2. 순서논리회로	1. 기본 플립플롭 동작
		6. 반도체	1. 반도체의 개요	1. 반도체의 종류 2. 반도체의 성질 3. 반도체의 재료 4. 전자의 개념

필기과목명	문제수	주요항목	세부항목	세세항목
			2. 반도체 소자	1. 다이오드 2. BJT 3. FET 4. 특수반도체소자 　(광전소자, 사이리스터 등)
			3. 집적회로	1. 집적회로의 개념 2. 집적회로의 종류

필기과목명	문제수	주요항목	세부항목	세세항목
전자계산기일반		1. 컴퓨터의 구조 일반	1. 컴퓨터의 기본적 구조	1. 중앙처리장치(CPU)의 구성 2. 기억장치 3. 입·출력장치
		2. 자료의 표현과 연산	1. 자료의 표현	1. 자료의 구조 2. 자료의 표현방식
			2. 연산	1. 산술연산 2. 논리연산
		3. 소프트웨어 일반	1. 소프트웨어의 개념과 종류	1. 프로그래밍 개념 및 순서도 작성
		4. 마이크로 프로세서	1. 마이크로프로세서 구조 및 응용	1. 구조와 특징 2. 명령어(Instruction)형식 및 데이터 형식 3. 주소지정방식 4. 서브루틴과 스택

필기과목명	문제수	주요항목	세부항목	세세항목
전자제도(CAD) 이론		1. 제도규약	1. 전자제도 통칙	1. 한국산업규격(KS)과 표준화 2. 한국산업규격(KS)의 부분별 분류 3. 전자제도의 개요
			2. 도면의 표시방법	1. 도면의 개요 및 구비조건 2. 도면의 크기와 양식 및 척도
		2. 전자부품	1. 전자부품의 기호 및 표시법	1. 전자부품의 기호 2. 논리소자의 기호
			2. 전자부품의 식별 방법	1. 전자부품의 식별 2. 반도체 집적회로(IC) 등의 패키지 형태 및 특징
			3. 전자부품의 판독법	1. 전자·통신용 부품의 정격과 공칭 및 특성의 표시 2. 색과 문자에 의한 정격 및 허용 오차의 표시법
		3. 회로도면의 설계	1. 설계용도에 따른 도면의 분류	1. 회로도면 및 각종 도면의 작성 방법 2. 회로도면 및 각종 도면의 작성 시 고려사항
			2. 회로도면의 설계방법	1. 설계방법의 분류기준 2. 단일도면과 평면구조도면, 단순 및 복합계층 구조도면
		4. 인쇄회로기판 제작공정	1. 인쇄회로기판의 종류 및 특성	1. 인쇄회로기판의 장·단점 2. 인쇄회로기판의 구성 및 패턴의 전기적 특성 3. 인쇄회로기판의 재질 및 적층 형태에 따른 분류 및 특징
			2. PCB 설계기준 및 제작공정	1. 전자 CAD의 종류 및 장·단점 2. 회로설계 및 PCB 설계 순서 3. 인쇄회로기판(PCB)의 제작과정
			3. PCB 설계 시 고려사항	1. 부품의 실장과 배치, 노이즈 등에 대한 대책
			4. PCB 발주 시 고려사항	1. PCB 특성에 따른 발주 시 고려사항

필기과목명	문제수	주요항목	세부항목	세세항목
			5. 데이터파일의 종류와 취급	1. 회로도면 설계시의 데이터 파일 2. PCB 설계시의 데이터 파일
			6. PCB 특성 및 시험방법	1. PCB의 전기적 특성과 특성시험의 종류와 방법
		5. CAD 일반	1. CAD시스템	1. 기능에 따른 CAD 프로그램 2. 데이터 저장장치의 종류와 특징 3. 입·출력 인터페이스 파일의 종류와 특징
			2. CAD시스템의 입·출력장치	1. CAD시스템 입·출력 장치의 종류와 특징
			3. CAD시스템에 의한 도형처리	1. CAD 시스템 좌표계의 종류와 특징 및 도형의 작성과 편집 2. 형상 모델링의 종류와 특징

출제기준(실기)

직무분야	전기·전자	중직무분야	전자	자격종목	전자캐드기능사	적용기간	2013. 1. 1 ~ 2016. 12. 31

○직무내용 : 전자, 통신 및 컴퓨터 등의 기기 및 제품의 설계와 제작을 위하여 전자 회로를 설계하고, 전자회로도의 표현, 부품목록표(BOM) 작성, 인쇄회로기판 설계, 회로의 제작 및 시험 등을 컴퓨터 설계(CAD) 프로그램을 활용해서 처리하는 직무

○수행준거 : 1. 전자제도 작업에 필요한 회로정보를 파악하고 효율적인 PCB 설계 계획을 수립할 수 있다.
    2. 회로 및 PCB 도면의 설계에 필요한 부품을 생성하고, 부품의 배치와 배선을 할 수 있다.
    3. 부품이 배치와 배선이 완료된 도면에 각종 문자 정보를 삽입하고, 부품 참조번호를 갱신할 수 있다.
    4. 설계 규칙에 따라 부품배치, 배선, 문자삽입 등을 검토하여 도면을 수정 및 보완할 수 있다.
    5. 완성된 도면을 이용하여 인쇄회로기판 제조에 사용될 자료를 생성하고, 관련된 도면을 출력할 수 있다.

실기검정방법	작업형	시험시간	4시간정도

실기과목명	주요항목	세부항목	세세항목
전자제도 CAD 작업	1. 설계계획	1. 회로분석하기	1. 회로의 기능과 용도를 파악할 수 있다. 2. 세부 회로분석을 통해 전자제도 작업 시 고려해야 할 주요 특성(전원, 주파수, 인터페이스 등)을 파악할 수 있다. 3. 설계(의뢰)자와의 협의를 통해 전자제도 작업 시 고려해야할 사항 및 기타 요구사항 등을 파악할 수 있다. 4. 부품 데이터 시트(Data Sheet) 등 설계에 필요한 자료를 확보할 수 있다.
		2. PCB(인쇄회로기판) 설계 계획하기	1. PCB설계를 위한 기본사항(재질, 층수, 전원활용, 보드 크기, 배선두께 및 이격거리 등)을 결정할 수 있다. 2. 기타 설계 요구조건 충족을 위한 작업방법을 결정 할 수 있다. 3. 설계일정 및 담당자별 업무 등을 결정 할 수 있다.
	2. 회로도면 설계	1. 부품생성 및 편집하기	1. 회로설계에 필요한 부품이 라이브러리에 존재하는지를 확인할 수 있다. 2. 생성하고자 하는 부품의 데이터 시트(Data Sheet)를 확인할 수 있다. 3. 새로운 라이브러리를 생성하거나 기존 라이브러리를 열어 부품을 생성할 수 있다. 4. 도면의 설계종류(단일도면, 평면도면, 계층구조도면)를 결정할 수 있다.

실기과목명	주요항목	세부항목	세세항목
		2. 부품배치 및 배선하기	1. 회로도면의 설계에 필요한 라이브러리를 등록(설정)할 수 있다. 2. 부품 기호와 전원기호 등을 불러 배치 할 수 있다. 3. 부품기호와 전원기호 등의 배선을 실시 할 수 있다. 4. 배선 시 접속점 등의 누락 여부를 확인할 수 있다.
		3. 오류분석하기	1. 회로도면의 오류검사를 위한 창을 열어 오류검사에 대한 설정을 확인할 수 있다. 2. 오류검사를 실시하여 오류내용을 확인 후 수정할 수 있다. 3. 오류가 없는 회로도면의 설계가 되도록 반복하여 오류를 수정할 수 있다.
		4. 부품목록표 생성하기	1. 부품의 참조번호(Reference)와 부품의 값(Value)을 갱신할 수 있다. 2. 부품의 풋 프린트(Footprint)를 입력할 수 있다. 3. 회로도면에 적용된 부품의 목록과 수량 등의 부품목록표 파일을 생성 할 수 있다.
		5. Netlist생성/PCB 변환하기	1. Netlist 생성을 위한 창을 열어 Netlist 형식 등을 설정할 수 있다. 2. Netlist 파일을 생성하거나, PCB 변환 파일을 생성할 수 있다.
	3. 인쇄회로기판(PCB) 설계	1. 기구도면 작성/불러오기	1. 기구도면을 보고 PCB 외형을 그릴지 불러오기 기능으로 변환할지 판단할 수 있다. 2. 기구도면의 중요치수(고정 홀, 주요부품 위치)를 파악할 수 있다. 3. 기구도면의 원, 호, 직선을 구현할 수 있다. 4. 고정 홀, 기구관련 위치를 작성할 수 있다.
		2. 부품생성하기	1. 회로도를 참고하여 설계에 필요한 PCB용 부품의 유·무를 파악할 수 있다. 2. 필요한 부품이 DIP/SMD 인지를 구별할 수 있다. 3 데이터 시트(Data Sheet)를 참고하여 필요한 부품을 제작할 수 있다. 4. 부품의 중요 치수 및 PAD의 치수를 설계규정에 준거하여 제작할 수 있다. 5. 부품을 라이브러리에 사용할 수 있도록 등록, 작성할 수 있다.

실기과목명	주요항목	세부항목	세세항목
		3. 부품 배치하기	1. 위치 지정부품이 있는지 파악할 수 있다.(커넥터, 스위치, 표시부 등) 2. 부품금지구역 및 높이 제한구역을 판단할 수 있다. 3. 회로도를 참고로 최단, 최적의 배치를 할 수 있다. 4. 부품의 치우침 PCB 공간의 활용을 고려할 수 있다. 5. 중요 NET, 신호흐름 및 전원의 분포를 파악하여 배치를 조정할 수 있다.
		4. 배선작업하기	1. 중요라인을 판단할 수 있다.(페어라인, 클록, 전원선, 고속데이터 신호전송라인) 2. 적층구조 및 설계규칙을 정의할 수 있다. 3. 회로도를 참고하여 배선을 완성할 수 있다. 4. 고정 홀 및 기구에 간섭이 없도록 조정할 수 있다. 5. 실드라인을 처리할 수 있다.
		5. 카파작업하기	1. 기구도면을 참고하여 카파 금지구역을 판단할 수 있다. 2. 카파를 이용할 전원을 선택 판단할 수 있다. 3. 지정된 전원 및 그라운드 카파를 생성할 수 있다. 4. 고정 홀, 금지구역에 금지영역을 추가 생성할 수 있다.
		6. 실크 작업하기	1. 부품의 실크 정렬 방향을 정할 수 있다. 2. 부품의 실크 및 필요한 텍스트 기호를 추가할 수 있다. 3. 실크 중복 및 부품 패드에 간섭이 없도록 조정할 수 있다. 4. PCB의 이력을 표시하고 회로명을 기입할 수 있다.
		7. 설계규칙 검사하기	1. 설계 규칙을 점검하고 수치가 적정한지를 판단할 수 있다. 2. 설계규칙 검사항목을 선정할 수 있다. 3. 위배된 설계 규칙을 판단하고 수정할 수 있다.

실기과목명	주요항목	세부항목	세세항목
	4. 제조자료생성	1. 거버/ODB++데이터생성/출력하기	1. PCB 층수 및 부품 타입, 기타 제조 조건 등을 고려하여 제작에 필요한 데이터를 결정할 수 있다. 2. 생성할 데이터 형식에 적합하게 환경을 설정할 수 있다. 3. PCB 제조에 필요한 데이터를 생성할 수 있다. 4. 생성한 데이터의 오류 여부를 점검하고, 필요시 수정작업을 실시할 수 있다. 5. PCB 제조 데이터를 출력할 수 있다.
		2. 부품목록표 출력하기	1. 부품목록표를 생성할 수 있다. 2. 부품목록표의 오류여부를 점검하고, 필요시 수정작업을 실시하여 보완할 수 있다. 3. 완성된 부품목록표를 출력할 수 있다.

국가기술자격 출제기준 Ⅱ

21 정보통신

정보보안기사
정보보안산업기사

21. 정보통신

정보보안기사

출제기준(필기)

직무 분야	정보통신	중직무 분야	정보기술	자격 종목	정보보안기사	적용 기간	2013. 1. 1 ~ 2016. 12. 31

○직무내용 : 시스템과 응용 서버, 네트워크 장비 및 보안장비에 대한 전문지식과 운용기술을 갖추고 네트워크/어플리케이션 분야별 보안업무 및 보안정책수립과 보안대책 구현, 정보보호 관련 법규 준수 여부를 판단하는 등의 업무 수행

필기검정방법	객관식	문제수	100	시험시간	2시간30분

필기과목명	문제수	주요항목	세부항목	세세항목
시스템 보안	20문	1. 운영체제	1. 운영체제 개요	1. 운영체제의 주요기능 2. 운영체제의 구조 3. 운영체제의 기술발전 흐름
			2. 운영체제의 주요 구성기술	1. 프로세스 관리 2. 기억장치 관리 3. 파일 시스템 관리 4. 분산 시스템
			3. 운영체제 사례별 특징과 주요 기능	1. 유닉스 2. 윈도우 3. 리눅스 4. 보안운영체제 특징
		2. 클라이언트 보안	1. 윈도우 보안	1. 설치 및 관리 2. 공유자료 관리 3. 바이러스와 백신 4. 레지스트리 활용
			2. 인터넷 활용 보안	1. 웹브라우저 보안 2. 메일 클라이언트 보안
			3. 공개 해킹도구에 대한 이해와 대응	1. 트로이목마 S/W 2. 크래킹 S/W 3. 키로그 S/W
			4. 도구활용 보안관리	1. 클라이언트 보안도구 활용 2. 클라이언트 방화벽 운영
		3. 서버보안	1. 인증과 접근통제	1. 계정과 패스워드 보호 2. 파일 시스템 보호 3. 시스템 파일 설정과 관리 4. 시스템 접근통제 기술

필기과목명	문제수	주요항목	세부항목	세세항목
			2. 보안관리	1. 운영체제 설치 2. 시스템 최적화 3. 시스템 로그 설정과 관리 4. 서버 해킹 원리 이해 5. 서버관리자의 업무
			3. 서버보안용 S/W 설치 및 운영	1. 시스템 취약점 점검도구 2. 시스템 침입 탐지 시스템 3. 무결성 점검도구 4. 접근통제 및 로깅도구 5. 스캔 탐지도구 6. 로깅 및 로그분석도구

필기과목명	문제수	주요항목	세부항목	세세항목
네트워크 보안	20문	1. 네트워크 일반	1. OSI 7 Layer	1. 각 레이어의 기능 및 역할 2. 레이어별 네트워크 장비
			2. TCP/IP 일반	1. IPv4, IPv6 Addressing 2. 서브네팅 설계 및 활용 3. CIDR, LSM 4. 데이터 캡슐화 5. 포트주소 의미와 할당 원칙 6. IP, ARP, IGMP, ICMP, UDP, TCP 등 각 프로토콜의 원리 및 이해 7. Broadcast 및 Multicast 이해
			3. Unix/Windows 네트워크 서비스	1. DNS, DHCP, SNMP, Telnet, FTP, SMTP 등 각종 서비스의 원리 및 이해 2. Workgroup 과 Domain 3. 터미널서비스 등 각종 원격관리 서비스 4. 인터넷공유 및 NAT 원리, 활용
		2. 네트워크 활용	1. IP Routing	1. IP Routing 종류 및 프로토콜
			2. 네트워크 장비 이해	1. 랜카드, 허브, 스위치 및 브리지 기능 2. VLAN 구성 및 관리 3. 라우터 설정 4. 네트워크 장비를 이용한 네트워크 구성
			3. 무선통신	1. 이동/무선통신 보안
			4. 네트워크기반 프로그램 활용	1. Ping, Traceroute 등 네트워크기반 프로그램의 활용 2. Netstat, Tcpdump 등 활용 3. 네트워크 패킷분석 및 이해 4. 네트워크 문제의 원인분석과 장애처리
		3. 네트워크 기반 공격 이해	1. 서비스 거부(DoS) 공격	1. 각종 DoS 공격원리와 대처 방법 2. SYN flooding, smurfing 등 각종 flooding 공격의 원리, 대처
			2. 분산 서비스 거부 공격	1. DDoS 공격 원리 및 대처 방법

필기과목명	문제수	주요항목	세부항목	세세항목
			3. 네트워크 스캐닝	1. Remote finger printing 2. IP 스캔, 포트스캔
			4. IP spoofing, Session hijacking	1. IP spoofing 과 Session hijacking의 원리 및 실제
			5. 스니핑 및 암호화 프로토콜	1. 스니핑 공격 원리와 대처 방법
			6. 원격접속 및 공격	1. 각종 공격의 인지 및 이해 2. Trojan, Exploit 등 식별, 대처
		4. 네트워크 장비 활용 보안기술	1. 침입탐지시스템(IDS)의 이해	1. 원리, 종류, 작동방식, 특징, 단점 2. False Positive / Negative 이해
			2. 침입 차단시스템(Firewall)의 이해	1. 원리, 종류, 작동방식, 특징, 단점
			3. 가상사설망(VPN)의 이해	1. 원리, 작동방식, 특징, 구성, 단점
			4. 라우터보안 설정	1. 라우터 자체 보안설정
			5. 각 장비의 로그 및 패킷 분석을 통한 공격방식의 이해 및 대처	1. 호스트, IDS, 방화벽, 라우터 등 각종 네트워크 장비 로그 및 패킷 분석
		5. 네트워크 보안 동향	1. 최근 네트워크 침해사고 이해	1. 분산반사 서비스 거부 공격 2. 봇넷을 이용한 공격
			2. 최근 네트워크 보안 솔루션	1. 역추적시스템 2. 침입방지시스템 3. ESM 4. NAC

필기과목명	문제수	주요항목	세부항목	세세항목
어플리케이션 보안	20문	1. 인터넷 응용 보안	1. FTP 보안	1. FTP 개념 2. FTP 서비스 운영 3. FTP 공격 유형 4. FTP 보안대책
			2. MAIL 보안	1. MAIL 개념 2. MAIL 서비스 운영 3. MAIL 서비스 공격유형 4. SPAM 대책 5. 악성 MAIL 및 웜 대책 6. MAIL 보안 기술
			3. Web 보안	1. WEB 개념 2. WEB 서비스 운영 3. WEB 로그 보안 4. WEB 서비스공격 유형 5. WEB 보안 개발 6. WEB 방화벽
			4. DNS 보안	1. DNS 개념 2. DNS 서비스 운영 3. DNS 보안 취약성 4. DNSSEC 기술
			5. DB 보안	1. DB 데이터 보안 2. DB 관리자 권한 보안 3. DBMS 운영 보안 4. DB 보안 개발
		2. 전자상거래 보안	1. 전자상거래 보안	1. 지불게이트웨이 2. SET 프로토콜 3. SSL 프로토콜 4. OTP
			2. 전자상거래 프로토콜	1. 전자지불 방식별 특징 2. 전자지불/화폐 프로토콜 3. 전자입찰 프로토콜 4. 전자투표 프로토콜
			3. 무선 플랫폼에서의 전자상거래 보안	1. 무선플랫폼에서의 전자상거래 보안
			4. 전자상거래 응용보안	1. e-biz를 위한 ebXML 보안

필기과목명	문제수	주요항목	세부항목	세세항목
		3. 기타 어플리케이션 보안	1. 응용프로그램 보안개발방법	1. 취약점 및 버그방지 개발 방법
			2. 보안기술	1. SSO 2. HSM 3. DRM

필기과목명	문제수	주요항목	세부항목	세세항목
정보보안 일반	20문	1. 보안요소 기술	1. 인증기술	1. 사용자 인증기술 2. 메시지출처 인증기술 3. 디바이스 인증기술 4. Kerberos 프로토콜
			2. 접근통제정책	1. 접근통제정책 구성요소 2. 임의적 접근통제정책 3. 강제적 접근통제정책 4. 역할기반 접근통제정책 5. 접근통제행렬과 AC
			3. 키 분배 프로토콜	1. KDC 기반 키 분배 2. Needham-Schroeder 프로토콜 3. Diffie-Hellman 프로토콜 4. RSA 이용 키 분배 방법
			4. 전자서명과 공개키 기반구조(PKI)	1. 전자인증서 구조 2. 전자서명 보안 서비스 3. PKI 구성방식(계층, 네트워크) 4. CRL 구조 및 기능 5. OCSP 동작절차 6. 전자서명 관련법규
		2. 암호학	1. 암호 알고리즘	1. 암호 관련용어 2. 암호 공격방식 3. 대칭키, 공개키 암호시스템 특징 4. 대칭키, 공개키 암호시스템 활용 5. 스트림 암호 6. 블록 암호 7. 블록 암호공격 8. 인수분해 기반 공개키 암호방식 9. 이산로그 기반 공개키 암호방식
			2. 해쉬함수와 응용	1. 해쉬함수 일반 2. 전용 해쉬함수별 특징 3. 메시지 인증 코드(MAC) 4. 전자서명 5. 은닉서명 6. 이중서명

필기과목명	문제수	주요항목	세부항목	세세항목
정보보안 관리 및 법규	20문	1. 정보보호 관리	1. 정보보호관리 개념	1. 정보보호의 목적 및 특성 2. 정보보호와 비즈니스 3. 정보보호관리의 개념
			2. 정보보호 정책 및 조직	1. 정보보호 정책의 의미 및 유형 2. 정보보호 정책수립 절차 3. 조직 체계와 역할/책임
			3. 위험관리	1. 위험관리 전략 및 계획수립 2. 위험분석 3. 정보보호 대책 선정 및 계획서 작성
			4. 대책구현 및 운영	1. 정보보호 대책 구현 2. 정보보호 교육 및 훈련 3. 컴퓨터/네트워크 보안운영
			5. 업무연속성 관리	1. 업무지속성 관리체계 2. 업무연속성 계획수립 3. 업무연속성 유지관리
			6. 관련 표준/지침	1. 국제/국가 표준 2. 인증체계
		2. 정보보호 관련 법규	1. 정보통신망 이용촉진 및 정보보호 등에 관한 법률 ※ 개인정보보호 기타 정보보호 관련조항에 한정	1. 용어의 정의 2. 정보통신망이용촉진 및 정보보호 등 시책 3. 개인정보 보호 4. 정보통신망의 안정성 확보 5. 정보통신망 침해행위
			2. 정보통신기반 보호법	1. 용어의 정의 2. 주요정보통신기반시설 보호체계 3. 주요정보통신기반시설의 지정과 취약점 분석 4. 주요정보통신기반시설의 보호 및 침해 사고의 대응
			3. 정보통신산업 진흥법	1. 지식정보보안컨설팅 전문업체
			4. 전자서명법	1. 용어의 정의 2. 전자서명의 효력 3. 공인인증기관 4. 공인인증서

필기과목명	문제수	주요항목	세부항목	세세항목
			5. 개인정보보호법	1. 용어의 정의 2. 개인정보 보호위원회 3. 개인정보의 수집, 이용, 제공 등 단계별 보호기준 4. 고유 식별정보의 처리제한 5. 영상정보처리기기의 설치 제한 6. 개인정보 영향평가제도 7. 개인정보 유출사실의 통지·신고 제도 8. 정보주체의 권리 보장 9. 개인정보 분쟁조정위원회

출제기준(실기)

직무분야	정보통신	중직무분야	정보기술	자격종목	정보보안기사	적용기간	2013. 1. 1 ~ 2016. 12. 31

○직무내용 : 시스템과 응용 서버, 네트워크 장비 및 보안장비에 대한 전문지식과 운용기술을 갖추고 네트워크/어플리케이션 분야별 보안업무 및 보안정책수립과 보안대책 구현, 정보보안 관련 법규 준수 여부를 판단하는 등의 업무 수행

○수행준거 : 1. 안전한 소프트웨어 개발방법을 이해하고 응용할 수 있다.
2. 보안요소기술들을 활용하여 보안제품 및 솔루션을 개발할 수 있다.
3. 보안정책 집행을 위해 운영체제, 네트워크 장비, 보안장비를 설정할 수 있다.
4. 시스템 로그 및 패킷 로그를 분석하여 침입 원인을 식별하고 보완할 수 있다.
5. 해킹 기술과 정보보호 대응기술에 대한 최신 경향을 파악할 수 있다.
6. 조직의 비즈니스 수행과 관련된 정보보호 법령들을 파악할 수 있다.

실기검정방법	필답형	시험시간	3시간정도

실기과목명	주요항목	세부항목	세세항목
정보보안실무	1. 시스템 및 네트워크 보안특성 파악	1. 운영체제별 보안특성 파악하기	1. 조직의 보안목표 문서와 IT환경 설계도를 수집할 수 있다. 2. IT환경을 구성하고 있는 개인용 PC 또는 서버에 설치된 운영체제 및 버전정보를 파악할 수 있다. 3. 운영체제 및 버전별로 제공되는 보안서비스, 보안정책 설정, 보안 취약점들을 파악할 수 있다. 4. 내부 사용자와 네트워크 사용자에게 공유되는 객체들의 정보를 수집하고 보안목표에 따라 보안정책이 적절히 설정되었는지 점검할 수 있다. 5. 운영체제별로 동작하는 악성코드의 종류 및 특징을 파악할 수 있다. 6. 운영체제별로 동작하는 악성코드의 종류 및 특징을 파악할 수 있다. 7. 운영체제에서 생성되는 로그 파일 관리가 적절히 설정되어 있는지 점검 할 수 있다. 8. 보안 운영체제가 제공하는 보안서비스 ACL 강제적 접근 통제정책 설정방법을 파악할 수 있다.
		2. 프로토콜 특징 및 취약점 파악하기	1. OSI 7계층 및 TCP/IP 프로토콜 구성, 각 계층별 기능, 동작구조를 이해할 수 있다.

실기과목명	주요항목	세부항목	세세항목
			2. TCP/IP 각 계층에서 처리하는 PDU 구조 및 PDU 헤더별 필드 기능을 이해할 수 있다. 3. ARP, RARP 프로토콜 동작절차와 취약점을 이해할 수 있다. 4. IP, ICMP, IGMP 및 각 Routing 프로토콜 동작절차 및 취약점을 이해할 수 있다. 5. TCP, UDP, SSL, IPSec 프로토콜의 동작절차와 취약점을 이해할 수 있다. 6. 서비스 거부 공격 및 DDos, DRDoS 공격 절차를 이해할 수 있다. 7. 무선 프로토콜 동작 구조 및 보안 취약점을 이해할 수 있다.
		3. 서비스별 보안특성 파악하기	1. 조직의 보안목표 문서와 IT환경 설계도, 네트워크 구성도를 수집할 수 있다. 2. FTP 서비스 동작절차, 환경 설정 및 보안 취약점을 이해할 수 있다. 3. MAIL 서비스 동작절차, 환경 설정 및 보안 취약점을 이해할 수 있다. 4. 웹 서비스 동작절차, 환경 설정 및 보안 취약점을 이해할 수 있다. 5. DNS 서비스 동작절차, 환경 설정 및 보안 취약점을 이해할 수 있다. 6. DB 보안 서비스, 환경 설정 및 보안 취약점을 이해할 수 있다. 7. 전자서명, 공개키 기반 구조 구성 및 보안 특성을 이해할 수 있다.
		4. 보안장비 및 네트워크 장비 보안특성 파악하기	1. 조직의 보안목표 문서와 IT환경 설계도, 네트워크 구성도를 수집할 수 있다. 2. NIC, 허브, 스위치, 브리지 장비의 동작 절차를 이해할 수 있다. 3. VLAN 보안 서비스 및 설정 방법을 이해할 수 있다. 4. 라우터 설정 절차 및 트래픽 통제 기능을 이해할 수 있다. 5. F/W, IDS, IPS 보안 장비의 보안 서비스 및 설정 방법을 이해할 수 있다. 6. NAT 종류 및 동작 절차를 이해할 수 있다. 7. VPN 구현 방법 및 동작 절차를 이해할 수 있다.

실기과목명	주요항목	세부항목	세세항목
		5. 관리대상 시스템 및 네트워크 구조 파악하기	1. 조직의 보안목표 문서와 IT환경 설계도, 네트워크 구성도를 수집할 수 있다. 2. 조직의 보안대상 관리시스템과 네트워크 장비를 파악할 수 있다. 3. 네트워크 구성도를 분석하여 사용 중인 IP 주소, 서브넷 정보를 파악 할 수 있다. 4. SNMP를 이용한 원격관리기능 또는 스캐닝 도구를 이용하여 관리대상 시스템이 제공하는 서비스를 파악 할 수 있다.
	2. 취약점 점검 및 보완	1. 운영체제 및 버전별 취약점 점검, 보완하기	1. 조직의 보안목표 문서와 IT환경 설계도를 수집할 수 있다. 2. 운영체제별 보안관리 매뉴얼이나 해당 운영체제 제조사 사이트를 게시된 보안 관리방법과 보안 취약점 정보를 수집할 수 있다. 3. 불필요한 계정이 존재하는지, 악성코드가 설치되어 있는지 점검·보완할 수 있다. 4. 공유 폴더에 적절한 접근통제가 보안목표에 적합한지 점검하며, 폴더가 불필요하게 공유되어 있지 않는지 점검·보완할 수 있다. 5. 운영체제별 보호 대상 객체(파일, 디렉터리) 권한 설정이 보안목표에 따라 설정되어 있는지 점검·보완 할 수 있다. 6. 운영체제별 이벤트 로그정보 생성과 관리가 보안목표에 따라 설정되어 있는지 점검·보완할 수 있다. 7. 운영체제 종류 및 버전 정보가 불필요하게 노출되어 있지 않은지 점검·보완할 수 있다. 8. 원격접속 및 원격관리 기능이 보안목표에 따라 설정되어 있는지 점검·보완 할 수 있다.
		2. 서비스 버전별 취약점 점검, 보완하기	1. 조직의 보안목표 문서와 IT환경 설계도를 수집할 수 있다. 2. 조직에서 제공하지 않는 서비스가 동작하고 있는지 점검한 후 제거 할 수 있다. 3. 파일서버, FTP 서버에 권한이 없는 사용자가 접근할 수 있게 설정되어 있는지, 각 사용자별로 접근할 수 있는 파일/ 디렉터리가 적절히 설정되어 있는지 점검 할 수 있다. 4. 메일 서버 설정에서 스팸 메일 릴레이가 허용되어 있는지, 메일 송수신 프로토콜(SMTP, POP, IMAP) 보안 설정이 적절한지 점검할 수 있다.

실기과목명	주요항목	세부항목	세세항목
			5. 웹 서버 설정에서 다양한 공격 유형들(XSS, SQL Injection, 관리자 접근권한설정 등)과 관리자 접근권한 공격으로부터 적절히 보호되고 있는지 점검할 수 있다. 6. DNS 서버 설정에서 불필요한 명령어 수행이 허가되어 있지 않은지, DNS 보안조치(DNSSEC 등)가 적절히 설정되어 있는지 점검할 수 있다. 7. DB 서버 설정에서 중요 정보가 암호화되어 저장되고 있는지, DB 객체(테이블, 칼럼, 뷰 등)별 접근통제가 적절히 설정되어 있는지 점검할 수 있다.
		3. 보안장비 및 네트워크 장비 취약점 점검 보완하기	1. 조직의 보안목표 문서와 IT환경 설계도, 네트워크 구성도를 수집할 수 있다. 2. 스위치, 라우터 장비의 관리자 계정 보안이 적절히 설정되어 있는지 점검할 수 있다. 3. F/W 장비 및 라우터의 보안 설정(IP별 통제, Port별 통제, 사용자 ID별 통제 등)이 보안목표에 따라 적절히 설정되어 있는지 점검할 수 있다. 4. IDS 보안 설정이 보안목표에 따라 적절히 설정되어 있는지 점검할 수 있다. 5. IPS 보안 설정이 보안목표에 따라 적절히 설정되어 있는지 점검할 수 있다. 6. NAT 설정이 보안목표에 따라 적절히 설정되어 있는지 점검할 수 있다. 7. 무선접속 장비가 보안목표에 따라 암호화 및 접근통제가 적절히 설정되어 있는지 확인할 수 있다.
		4. 취약점 점검 및 보완 사항 이력관리하기	1. 조직의 보안목표 문서와 IT환경 설계도, 네트워크 구성도를 수집할 수 있다. 2. 운영체제별 보안점검 내용과 방법(도구), 발견된 보안취약점 및 보완 사항을 기록할 수 있다. 3. 조직에서 사용중인 주요 서비스에 대해 수행한 보안점검 내용과 방법(도구), 발견된 보안 취약점 및 보완 사항을 기록할 수 있다. 4. 유·무선 네트워크 장비에 대해 수행한 보안점검 내용과 방법(도구), 발견된 보안 취약점 및 보완 사항을 기록 할 수 있다. 5. 보안장비에 대해 수행한 보안점검 내용과 방법(도구), 발견된 보안 취약점 및 보완 사항을 기록할 수 있다.

실기과목명	주요항목	세부항목	세세항목
	3. 관제 및 대응	1. 운영체제별 로그정보 점검하기	1. 조직의 보안목표 문서와 IT환경 설계도를 수집할 수 있다. 2. 운영체제 및 버전별로 생성되는 로그정보 저장위치를 파악하고 로그 내용을 분석할 수 있다. 3. 운영체제에서 제공되는 로그정보 관리 도구를 이용하여 로그정보의 생성수준, 로그정보 구성요소, 로그정보 저장위치 및 저장공간 등을 설정할 수 있다. 4. 조직의 보안목표에 따라 운영체제별 로그정보가 적절히 생성되며 관리되고 있는지 점검할 수 있다.
		2. 서비스별 로그정보 점검하기	1. 조직의 보안목표 문서와 IT환경 설계도를 수집할 수 있다. 2. 주요 서비스(FTP, MAIL, WWW, DNS, 보완DB 등) 및 버전별로 생성되는 로그정보 저장위치를 파악하고 로그 내용을 분석할 수 있다. 3. 주요 서비스별로 제공되는 로그정보 관리도구를 이용하여 로그정보의 생성수준, 로그정보 구성요소, 로그정보 저장위치 및 저장 공간 등을 설정할 수 있다. 4. 조직의 보안목표에 따라 주요 서비스별 로그정보가 적절히 생성되며 관리되고 있는지 점검할 수 있다.
		3. 보안장비 및 네트워크 장비 로그정보 점검하기	1. 조직의 보안목표 문서와 IT환경 설계도, 네트워크 구성도를 수집할 수 있다. 2. 유·무선 네트워크 장비(스위치, 라우터, 무선접속 AP 등)별로 생성되는 로그정보 저장위치를 파악하고 로그내용을 분석할 수 있다. 3. 주요 보안장비(F/W, IDS, IPS) 별로 생성되는 로그정보 저장위치를 파악하고 로그 내용을 분석할 수 있다. 4. 유·무선 네트워크 장비별로 제공되는 로그정보 관리 도구를 이용하여 로그정보의 생성수준, 로그정보 구성요소, 로그정보 저장위치 및 저장공간 등을 설정할 수 있다. 5. 주요 보안장비별로 제공되는 로그정보 관리 도구를 이용하여 로그정보의 생성수준, 로그정보 구성요소, 로그정보 저장위치 및 저장 공간 등을 설정할 수 있다.

실기과목명	주요항목	세부항목	세세항목
			6. 조직의 보안목표에 따라 네트워크 장비/ 보안장비별 로그정보가 적절히 생성되며 관리되고 있는지 점검할 수 있다.
		4. 로그정보 통합 및 연관성 점검하기	1. 조직의 보안목표 문서와 IT환경 설계도, 네트워크 구성도를 수집할 수 있다. 2. 시스템별, 주요 서비스별, 유·무선 네트워크 장비별, 보안장비별 보안로그 정보를 통합할 수 있다. 3. 시간대별로 통합 보안로그를 정렬하여 내·외부 공격 시도 및 침투 여부를 점검할 수 있다. 4. IP 주소를 기준으로 통합 보안로그를 검색하여 내·외부 공격 시도 및 침투 여부를 점검할 수 있다. 5. 통합 보안로그를 점검하여 관리자 계정의 불법 접근 및 변경 여부를 점검할 수 있다.
		5. 데이터 백업, 증거 수집 및 침입자 추적하기	1. 조직의 보안목표 문서와 IT환경 설계도, 네트워크 구성도를 수집할 수 있다. 2. 통합 보안로그 분석과정에서 침입 시도 또는 침입이 발견된 경우 침입 대상 시스템 및 장비의 주요 정보 및 보안 설정 정보를 백업할 수 있다. 3. 침입대상 시스템을 대상으로 삭제 또는 변경된 파일에 대한 복구 작업을 수행할 수 있다. 4. 침입자로 의심되는 사용자 및 발신지 IP를 이용하여 통합 보안로그에서 침입자의 침입 경로를 추적할 수 있다.
	4. 정보보호계획 수립	1. IT현황 및 자산 파악하기	1. 조직의 보안목표 문서와 IT환경 설계도, 네트워크 구성도를 수집할 수 있다. 2. 보호대상 정보자산에 대한 비밀성, 무결성, 가용성 측면의 중요도를 평가할 수 있다. 3. 보호대상 정보 자산의 기능과 저장 위치, 그리고 각 정보 자산에 접근할 수 있는 사용자 또는 역할에 대한 정보를 수집, 분석할 수 있다.
		2. 자산별 취약점 분석하기	1. 조직의 비즈니스목표, IT환경 설계도, 네트워크 구성도 및 내·외부 보안 위협에 대한 정보를 수집할 수 있다. 2. 조직의 H/W 자산(PC, 서버, 네트워크 및 보안장비), S/W자산(운영체제, 상용 및 자가개발 패키지), 정보자산(기업정보 및 고객정보)을 조사하고 식별할 수 있다.

실기과목명	주요항목	세부항목	세세항목
			3. 조직의 비즈니스 목표를 기준으로 보호대상 자산별 중요도를 결정할 수 있다. 4. IT환경을 구성하는 서버, 개인용 PC에 설치된 운영체제별로 취약점을 분석할 수 있다. 5. IT환경을 구성하는 상용 패키지 및 자사 개발 패키지에 대한 취약점을 분석할 수 있다.
		3. 취약점 점검보고서 작성하기	1. 조직의 비즈니스 목표, IT 환경 설계도, 네트워크 구성도 및 내·외부 보안 위협 및 취약점 분석 결과 정보를 수집할 수 있다. 2. 조직의 H/W 자산(PC, 서버, 네트워크 및 보안장비)에 대한 중요도, 내·외부 위협 및 취약점 분석 내용을 정리할 수 있다. 3. 조직의 S/W 자산(운영체제, 상용 및 자가 개발 패키지)에 대한 중요도, 내·외부 위협 및 취약점 분석내용을 정리할 수 있다. 4. 조직의 정보 자산(기업정보 및 고객정보)에 대한 중요도, 내·외부 위협 및 취약점 분석 내용을 정리할 수 있다.

21. 정보통신

정보보안산업기사

출제기준(필기)

직무분야	정보통신	중직무분야	정보기술	자격종목	정보보안산업기사	적용기간	2013. 1. 1 ~ 2016. 12. 31

○직무내용 : 시스템과 응용 서버, 네트워크 장비 및 보안장비에 대한 전문지식과 운용기술을 갖추고 시스템/네트워크/어플리케이션 분야별 기초 보안업무를 수행

필기검정방법	객관식	문제수	80	시험시간	총 2시간

필기과목명	문제수	주요항목	세부항목	세세항목
시스템 보안	20문	1. 운영체제	1. 운영체제 개요	1. 운영체제의 주요기능 2. 운영체제의 구조 3. 운영체제의 기술발전 흐름
			2. 운영체제의 주요 구성 기술	1. 프로세스 관리 2. 기억장치 관리 3. 파일 시스템 관리 4. 분산 시스템
			3. 운영체제 사례별 특징과 주요 기능	1. 유닉스 2. 윈도우 3. 리눅스 4. 보안운영체제 특징
		2. 클라이언트 보안	1. 윈도우 보안	1. 설치 및 관리 2. 공유자료 관리 3. 바이러스와 백신
			2. 인터넷 활용 보안	1. 웹브라우저 보안 2. 메일 클라이언트 보안
			3. 공개 해킹도구에 대한 이해와 대응	1. 트로이목마 S/W 2. 크래킹 S/W 3. 키로그 S/W
			4. 도구활용 보안관리	1. 클라이언트용 보안도구 활용
		3. 서버보안	1. 인증과 접근통제	1. 계정과 패스워드 보호 2. 파일 시스템 보호 3. 시스템 파일 설정과 관리 4. 시스템 접근통제 기술
			2. 서버보안용 S/W 설치 및 운영	1. 시스템 취약점 점검 도구 2. 시스템 침입 탐지 시스템 3. 무결성 점검 도구

필기과목명	문제수	주요항목	세부항목	세세항목
네트워크 보안	20문	1. 네트워크 일반	1. OSI 7 layer	1. 각 레이어의 기능 및 역할 2. 레이어별 네트워크장비
			2. TCP / IP 일반	1. IPv4, IPv6 Addressing 2. 서브네팅 설계 및 활용 3. CIDR, LSM 4. 데이터 캡슐화 5. 포트주소 의미와 할당 원칙 6. IP, ARP, IGMP, ICMP, UDP, TCP등 각 프로토콜의 원리 및 이해 7. Broadcast 및 Multicast 이해
			3. Unix / Windows 네트워크 서비스	1. DNS, DHCP, SNMP, Telnet, FTP, SMTP 등 각종 서비스의 원리 및 이해 2. Workgroup 과 DOMAIN 3. 터미널서비스 등 각종 원격관리서비스 4. 인터넷공유 및 NAT 원리, 활용
		2. 네트워크 활용	1. IP Routing	1. IP Routing
			2. 네트워크장비 이해	1. 랜카드, 허브, 스위치 및 브리지 2. 라우터 설정 명령어의 이해
			3. 네트워크기반 프로그램 활용	1. Ping, Traceroute 등 네트워크기반 프로그램의 활용 2. Netstat, Tcpdump등 활용
		3. 네트워크 기반 공격 이해	1. 서비스 거부(Dos) 공격	1. 각종 DoS 공격원리와 대처방법 2. SYN flooding, smurfing 등 각종 flooding 공격의 원리, 대처
			2. 분산서비스 거부 공격	1. DDoS 공격 원리 및 대처방법
			3. 네트워크 스캐닝	1. Remote finger printing 2. IP 스캔, 포트스캔
			4. IP spoofing, Session hijacking	1. IP spoofing 과 Session hijacking의 원리 및 실제
			5. 스니핑 및 암호화 프로토콜	1. 스니핑 공격 원리와 대처방법

필기과목명	문제수	주요항목	세부항목	세세항목
			6. 원격접속 및 공격	1. 각종 공격의 인지 및 이해 2. Trojan, Exploit 등 식별, 대처
		4. 네트워크 장비활용 보안기술	1. 침입탐지시스템(IDS)의 이해	1. 원리, 종류, 작동방식, 특징, 단점 2. False Positive/Negative 이해
			2. 침입 차단시스템 (Firewall)의 이해	1. 원리, 종류, 작동방식, 특징, 단점
			3. 라우터보안 설정	1. 라우터 자체 보안설정

필기과목명	문제수	주요항목	세부항목	세세항목
어플리케이션 보안	20문	1. 인터넷 응용 보안	1. FTP 보안	1. FTP 개념 2. FTP 서비스운영 3. FTP 공격유형 4. FTP 보안대책
			2. MAIL 보안	1. MAIL 개념 2. MAIL 서비스운영 3. MAIL 서비스공격유형
			3. Web 보안	1. WEB 개념 2. WEB 서비스운영 3. WEB 로그보안
			4. DNS 보안	1. DNS 개념 2. DNS 서비스운영 3. DNS 보안취약성
			5. DB 보안	1. DB 데이터보안 2. DB 관리자 권한보안 3. DBMS 운영보안
		2. 전자상거래 보안	1. 전자상거래 보안	1. 지불게이트웨이 2. SET 프로토콜 3. SSL 프로토콜 4. OTP
			2. 전자상거래 프로토콜	1. 전자지불 방식별 특징 2. 전자지불/화폐 프로토콜 3. 전자입찰 프로토콜 4. 전자투표 프로토콜

필기과목명	문제수	주요항목	세부항목	세세항목
정보보호 일반	20문	1. 보안요소 기술	1. 인증기술	1. 사용자 인증기술 2. 메시지출처 인증기술 3. 디바이스 인증기술
			2. 접근통제정책	1. 접근통제정책 구성요소 2. 임의적 접근통제정책 3. 강제적 접근통제정책 4. 역할기반 접근통제정책 5. 접근통제행렬과 AC
			3. 키분배 프로토콜	1. KDC 기반 키 분배 2. Diffie-Hellman 프로토콜 3. RSA 이용 키분배방법
			4. 전자서명과 공개키 기반구조(PKI)	1. 전자인증서 구조 2. 전자서명 보안서비스 3. PKI 구성방식(계층, 네트워크) 4. 전자서명 관련법규
		2. 암호학	1. 암호 알고리즘	1. 암호 관련용어 2. 암호 공격방식 3. 대칭키, 공개키 암호시스템 특징 4. 대칭키, 공개키 암호시스템 활용 5. 스트림암호 6. 블록암호 7. 블록암호 공격 8. 인수분해 기반 공개키 암호 방식
			2. 해쉬함수와 응용	1. 해쉬함수 일반 2. 전용 해쉬함수별 특징 3. 메시지 인증 코드(MAC) 4. 전자서명

출제기준(실기)

직무 분야	정보통신	중직무 분야	정보기술	자격 종목	정보보안산업기사	적용 기간	2013. 1. 1 ~ 2016. 12. 31

○직무내용 : 시스템과 응용 서버, 네트워크 장비 및 보안장비에 대한 전문지식과 운용기술을 갖추고 네트워크/어플리케이션 분야별 보안업무 분야의 기초적인 업무 수행

○수행준거 : 1. 운영체제, 네트워크 장비 및 보안장비의 보안관련 명령을 활용할 수 있다.
              2. 보안요소기술들을 활용한 보안제품 및 솔루션 동작원리를 파악할 수 있다.
              3. 보안정책 집행을 위해 운영체제, 네트워크 장비, 보안장비를 설정할 수 있다.
              4. 시스템 로그 및 패킷 로그를 분석하여 침입상황을 식별할 수 있다.
              5. 해킹 기술과 정보보호 대응기술에 대한 최신 경향을 파악할 수 있다.

실기검정방법	필답형	시험시간	2시간30분

실기과목명	주요항목	세부항목	세세항목
정보보안 실무	1. 시스템 및 네트워크 보안특성 파악	1. 운영체제별 보안특성 파악하기	1. 조직의 보안목표 문서와 IT환경 설계도를 수집할 수 있다. 2. IT환경을 구성하고 있는 개인용 PC 또는 서버에 설치된 운영체제 및 버전정보를 파악할 수 있다. 3. 운영체제 및 버전별로 제공되는 보안서비스, 보안정책 설정, 보안 취약점들을 파악할 수 있다. 4. 내부 사용자와 네트워크 사용자에게 공유되는 객체들의 정보를 수집하고 보안목표에 따라 보안정책이 적절히 설정되었는지 점검할 수 있다. 5. 운영체제별로 동작하는 악성코드의 종류 및 특징을 파악할 수 있다. 6. 운영체제별로 동작하는 악성코드의 종류 및 특징을 파악할 수 있다. 7. 운영체제에서 생성되는 로그 파일 관리가 적절히 설정되어 있는지 점검 할 수 있다. 8. 보안 운영체제가 제공하는 보안서비스 ACL 강제적 접근 통제정책 설정방법을 파악할 수 있다.
		2. 프로토콜 특징 및 취약점 파악하기	1. OSI 7계층 및 TCP/IP 프로토콜 구성, 각 계층별 기능, 동작구조를 이해할 수 있다. 2. TCP/IP 각 계층에서 처리하는 PDU 구조 및 PDU 헤더별 필드 기능을 이해할 수 있다 3. ARP, RARP 프로토콜 동작절차와 취약점을 이해할 수 있다.

실기과목명	주요항목	세부항목	세세항목
			4. IP, ICMP, IGMP 및 각 Routing 프로토콜 동작절차 및 취약점을 이해할 수 있다. 5. TCP, UDP, SSL, IPSec 프로토콜의 동작절차와 취약점을 이해할 수 있다. 6. 서비스 거부 공격 및 DDos, DRDoS 공격 절차를 이해할 수 있다. 7. 무선 프로토콜 동작 구조 및 보안 취약점을 이해할 수 있다.
		3. 서비스별 보안특성 파악하기	1. 조직의 보안목표 문서와 IT환경 설계도, 네트워크 구성도를 수집할 수 있다. 2. FTP 서비스 동작절차, 환경 설정 및 보안 취약점을 이해할 수 있다. 3. MAIL 서비스 동작절차, 환경 설정 및 보안 취약점을 이해할 수 있다. 4. 웹 서비스 동작절차, 환경 설정 및 보안 취약점을 이해할 수 있다. 5. DNS 서비스 동작절차, 환경 설정 및 보안 취약점을 이해할 수 있다. 6. DB 보안 서비스, 환경 설정 및 보안 취약점을 이해할 수 있다. 7. 전자서명, 공개키 기반 구조 구성 및 보안 특성을 이해할 수 있다.
		4. 보안장비 및 네트워크 장비 보안특성 파악하기	1. 조직의 보안목표 문서와 IT환경 설계도, 네트워크 구성도를 수집할 수 있다. 2. NIC, 허브, 스위치, 브리지 장비의 동작 절차를 이해할 수 있다. 3. VLAN 보안 서비스 및 설정 방법을 이해할 수 있다. 4. 라우터 설정 절차 및 트래픽 통제 기능을 이해할 수 있다. 5. F/W, IDS, IPS 보안 장비의 보안 서비스 및 설정 방법을 이해할 수 있다. 6. NAT 종류 및 동작 절차를 이해할 수 있다. 7. VPN 구현 방법 및 동작 절차를 이해할 수 있다.
		5. 관리대상 시스템 및 네트워크 구조 파악하기	1. 조직의 보안목표 문서와 IT환경 설계도, 네트워크 구성도를 수집할 수 있다. 2. 조직의 보안대상 관리시스템과 네트워크 장비를 파악할 수 있다. 3. 네트워크 구성도를 분석하여 사용 중인 IP 주소, 서브넷 정보를 파악할 수 있다.

실기과목명	주요항목	세부항목	세세항목
	2. 취약점 점검 및 보완	1. 운영체제 및 버전별 취약점 점검, 보완하기	4. SNMP를 이용한 원격관리기능 또는 스캐닝 도구를 이용하여 관리대상 시스템이 제공하는 서비스를 파악할 수 있다. 1. 조직의 보안목표 문서와 IT환경 설계도를 수집할 수 있다. 2. 운영체제별 보안관리 매뉴얼이나 해당 운영체제 제조사 사이트를 게시된 보안 관리방법과 보안 취약점 정보를 수집할 수 있다. 3. 불필요한 계정이 존재하는지, 악성코드가 설치되어 있는지 점검·보완할 수 있다. 4. 공유 폴더에 적절한 접근통제가 보안목표에 적합한지 점검하며, 폴더가 불필요하게 공유되어 있지 않은지 점검·보완할 수 있다. 5. 운영체제별 보호 대상 객체(파일, 디렉터리) 권한 설정이 보안목표에 따라 설정되어 있는지 점검·보완할 수 있다. 6. 운영체제별 이벤트 로그정보 생성과 관리가 보안목표에 따라 설정되어 있는지 점검·보완할 수 있다. 7. 운영체제 종류 및 버전 정보가 불필요하게 노출되어 있지 않은지 점검·보완할 수 있다. 8. 원격접속 및 원격관리 기능이 보안목표에 따라 설정되어 있는지 점검·보완 할 수 있다.
		2. 서비스 및 버전별 취약점 점검, 보완하기	1. 조직의 보안목표 문서와 IT환경 설계도를 수집할 수 있다 2. 조직에서 제공하지 않는 서비스가 동작하고 있는지 점검한 후 제거할 수 있다. 3. 파일서버, FTP 서버에 권한이 없는 사용자가 접근할 수 있게 설정되어 있는지, 각 사용자별로 접근할 수 있는 파일/ 디렉터리가 적절히 설정되어 있는지 점검할 수 있다. 4. 메일 서버 설정에서 스팸 메일 릴레이가 허용되어 있는지, 메일 송수신 프로토콜(SMTP, POP, IMAP) 보안 설정이 적절한지 점검할 수 있다. 5. 웹 서버 설정에서 다양한 공격 유형들(XSS, SQL Injection, 관리자 접근권한설정 등)과 관리자 접근권한 공격으로부터 적절히 보호되고 있는지 점검할 수 있다.

실기과목명	주요항목	세부항목	세세항목
			6. DNS 서버 설정에서 불필요한 명령어 수행이 허가되어 있지 않은지, DNS 보안조치(DNSSEC 등)가 적절히 설정되어 있는지 점검할 수 있다. 7. DB 서버 설정에서 중요 정보가 암호화되어 저장되고 있는지, DB 객체(테이블, 칼럼, 뷰 등)별 접근통제가 적절히 설정되어 있는지 점검할 수 있다.
		3. 보안장비 및 네트워크 장비 취약점 점검 보완하기	1. 조직의 보안목표 문서와 IT환경 설계도, 네트워크 구성도를 수집할 수 있다. 2. 스위치, 라우터 장비의 관리자 계정 보안이 적절히 설정되어 있는지 점검할 수 있다. 3. F/W 장비 및 라우터의 보안 설정(IP별 통제, Port별 통제, 사용자 ID 별 통제 등)이 보안목표에 따라 적절히 설정되어 있는지 점검할 수 있다. 4. IDS 보안 설정이 보안목표에 따라 적절히 설정되어 있는지 점검할 수 있다. 5. IPS 보안 설정이 보안목표에 따라 적절히 설정되어 있는지 점검할 수 있다. 6. NAT 설정이 보안목표에 따라 적절히 설정되어 있는지 점검할 수 있다. 7. 무선접속 장비가 보안목표에 따라 암호화 및 접근통제가 적절히 설정되어 있는지 확인할 수 있다.
		4. 취약점 점검 및 보완 사항 이력관리하기	1. 조직의 보안목표 문서와 IT환경 설계도, 네트워크 구성도를 수집할 수 있다. 2. 운영체제별 보안점검 내용과 방법(도구), 발견된 보안취약점 및 보완 사항을 기록할 수 있다. 3. 조직에서 사용 중인 주요 서비스에 대해 수행한 보안점검 내용과 방법(도구), 발견된 보안취약점 및 보완 사항을 기록할 수 있다. 4. 유·무선 네트워크 장비에 대해 수행한 보안점검 내용과 방법(도구), 발견된 보안취약점 및 보완 사항을 기록할 수 있다. 5. 보안장비에 대해 수행한 보안점검 내용과 방법(도구), 발견된 보안취약점 및 보완 사항을 기록할 수 있다.

실기과목명	주요항목	세부항목	세세항목
	3. 관제 및 대응	1. 운영체제별 로그정보 점검하기	1. 조직의 보안목표 문서와 IT환경 설계도를 수집할 수 있다. 2. 운영체제 및 버전별로 생성되는 로그정보 저장위치를 파악하고 로그 내용을 분석할 수 있다. 3. 운영체제에서 제공되는 로그정보 관리도구를 이용하여 로그정보의 생성수준, 로그정보 구성요소, 로그정보 저장위치 및 저장공간 등을 설정할 수 있다. 4. 조직의 보안목표에 따라 운영체제별 로그정보가 적절히 생성되며 관리되고 있는지 점검할 수 있다.
		2. 서비스별 로그정보 점검하기	1. 조직의 보안목표 문서와 IT환경 설계도를 수집할 수 있다. 2. 주요 서비스(FTP, MAIL, WWW, DNS, 보안 DB 등) 및 버전별로 생성되는 로그정보 저장위치를 파악하고 로그 내용을 분석할 수 있다. 3. 주요 서비스별로 제공되는 로그정보 관리도구를 이용하여 로그정보의 생성수준, 로그정보 구성요소, 로그정보 저장위치 및 저장공간 등을 설정할 수 있다. 4. 조직의 보안목표에 따라 주요 서비스별 로그정보가 적절히 생성되며 관리되고 있는지 점검할 수 있다.
		3. 보안장비 및 네트워크 장비 로그정보 점검하기	1. 조직의 보안목표 문서와 IT환경 설계도, 네트워크 구성도를 수집할 수 있다. 2. 유·무선 네트워크 장비(스위치, 라우터, 무선접속 AP 등)별로 생성되는 로그정보 저장위치를 파악하고 로그내용을 분석할 수 있다. 3. 주요 보안장비(F/W, IDS, IPS) 별로 생성되는 로그정보 저장위치를 파악하고 로그 내용을 분석할 수 있다. 4. 유·무선 네트워크 장비별로 제공되는 로그정보 관리 도구를 이용하여 로그정보의 생성수준, 로그정보 구성요소, 로그정보 저장위치 및 저장공간 등을 설정할 수 있다. 5. 주요 보안장비별로 제공되는 로그정보 관리도구를 이용하여 로그정보의 생성수준, 로그정보 구성요소, 로그정보 저장위치 및 저장공간 등을 설정할 수 있다.

실기과목명	주요항목	세부항목	세세항목
		4. 로그정보 통합 및 연관성 점검하기	6. 조직의 보안목표에 따라 네트워크 장비/ 보안장비별 로그정보가 적절히 생성되며 관리되고 있는지 점검할 수 있다. 1. 조직의 보안목표 문서와 IT환경 설계도, 네트워크 구성도를 수집할 수 있다. 2. 시스템별, 주요 서비스별, 유·무선 네트워크 장비별, 보안장비별 보안로그 정보를 통합할 수 있다. 3. 시간대별로 통합 보안로그를 정렬하여 내·외부 공격 시도 및 침투 여부를 점검할 수 있다. 4. IP 주소를 기준으로 통합 보안로그를 검색하여 내·외부 공격 시도 및 침투 여부를 점검할 수 있다. 5. 통합 보안로그를 점검하여 관리자 계정의 불법 접근 및 변경 여부를 점검할 수 있다.
		5. 데이터 백업, 증거 수집 및 침입자 추적하기	1. 조직의 보안목표 문서와 IT환경 설계도, 네트워크 구성도를 수집할 수 있다. 2. 통합 보안로그 분석과정에서 침입 시도 또는 침입이 발견된 경우 침입 대상 시스템 및 장비의 주요 정보 및 보안 설정 정보를 백업할 수 있다. 3. 침입대상 시스템을 대상으로 삭제 또는 변경된 파일에 대한 복구 작업을 수행할 수 있다. 4. 침입자로 의심되는 사용자 및 발신지 IP를 이용하여 통합 보안로그에서 침입자의 침입 경로를 추적할 수 있다.

국가기술자격 출제기준 Ⅱ

22 식품가공

제과기능장
제과기능사
제빵기능사

22. 식품가공

제과기능장

출제기준(필기)

직무 분야	식품가공	중직무 분야	제과·제빵	자격 종목	제과기능장	적용 기간	2013.01.01~2017.12.31

○직무내용 : 제과·제빵에 관한 재료 및 제법의 전문지식을 바탕으로 위생적이고 영양적인 최상의 빵, 과자 제품을 제조하고 생산전반을 관리하는 직무

필기검정방법	객관식	문제수	60	시험시간	1시간

필기과목명	문제수	주요항목	세부항목	세세항목
제과·제빵이론, 재료과학, 식품위생학, 영양학 및 기타 제과·제빵에 관한 사항	60	1. 제과이론	1. 배합표 작성과 배합률 조정	1. 배합표 작성과 배합률 조정
			2. 반죽과 믹싱	1. 반죽과 믹싱
			3. 반죽온도 및 비중	1. 반죽온도 및 비중
			4. 성형	1. 성형
			5. 패닝	1. 패닝
			6. 굽기	1. 굽기
			7. 튀김	1. 튀김
			8. 찜	1. 찜
			9. 아이싱 및 토핑	1. 아이싱 및 토핑
			10. 장식 및 포장	1. 장식 및 포장
			11. 반죽형 케이크 제조이론	1. 반죽형 케이크 제조이론
			12. 거품형 케이크 제조이론	1. 거품형 케이크 제조이론
			13. 시퐁형 및 기타 과자류 제조이론	1. 시퐁형 및 기타 과자류 제조이론
			14. 디저트	1. cold/hot 디저트

필기과목명	문제수	주요항목	세부항목	세세항목
			15. 화과자	1. 화과자
			16. 공예	1. 초콜릿공예, 설탕공예 등
			17. 충전물 및 기타	1. 충전물 및 기타
			18. 제품평가 및 관리	1. 제품평가 및 관리
			19. 제과기기 및 도구, 장비	1. 제과기기 및 도구, 장비
			20. 제품의 특징	1. 제품의 물리화학적인 특성 및 형태
		2. 제빵이론	1. 배합표 작성과 배합률 조정	1. 배합표 작성과 배합률 조정
			2. 반죽과 믹싱	1. 반죽과 믹싱
			3. 반죽온도 조절	1. 반죽온도 조절
			4. 1차 발효	1. 1차 발효
			5. 성형(분할, 둥글리기, 중간발효, 휴지, 정형 등)	1. 성형(분할, 둥글리기, 중간발효, 휴지, 정형 등)
			6. 비용적 및 패닝	1. 비용적 및 패닝
			7. 2차 발효	1. 2차 발효
			8. 굽기	1. 굽기
			9. 냉각 및 포장	1. 냉각 및 포장
			10. 식빵류(곡물, 건포도 등) 제조이론	1. 식빵류(곡물, 건포도 등) 제조이론
			11. 과자빵류 제조이론	1. 과자빵류 제조이론
			12. 하스(Hearth) 브레드류 제조이론	1. 하스(Hearth) 브레드류 제조이론

필기과목명	문제수	주요항목	세부항목	세세항목
			13. 건강빵	1. 건강빵 제조이론
			14. 기타 빵류 제조법	1. 기타 빵류 제조법
			15. 제품평가 및 관리	1. 제품평가 및 관리
			16. 냉동반죽	1. 냉동반죽
			17. 제빵기기 및 도구, 장비	1. 제빵기기 및 도구, 장비
			18. 제품의 특징	1. 제품의 물리화학적인 특성 및 형태
		3. 재료과학	1. 기초과학(탄수화물, 지방, 단백질, 효소 등)	1. 탄수화물 2. 지방 3. 단백질 4. 효소
			2. 밀가루 및 가루제품	1. 밀가루 및 가루제품
			3. 감미제	1. 감미제
			4. 유지, 유지제품 및 계면활성제	1. 유지, 유지제품 및 계면활성제
			5. 우유 및 유제품	1. 우유 및 유제품
			6. 계란 및 계란제품	1. 계란 및 계란제품
			7. 이스트	1. 이스트
			8. 팽창제	1. 팽창제
			9. 물	1. 물
			10. 코코아 및 초콜릿	1. 코코아 및 초콜릿
			11. 과실류 및 주류	1. 과실류 및 주류
			12. 향료 및 향신료	1. 향료 및 향신료
			13. 안정제	1. 안정제

필기과목명	문제수	주요항목	세부항목	세세항목
			14. 물리화학적 시험	1. 물리화학적 시험
			15. 기타 재료	1. 기타 재료
		4. 식품위생학	1. 식중독	1. 세균성 식중독 2. 자연독 식중독 3. 화학적 식중독 4. 곰팡이독소 5. 알레르기 식중독
			2. 감염병	1. 경구 감염병 2. 인수공통 감염병 3. 기생충병
			3. 식품첨가물	1. 식품첨가물의 특징 및 조건 2. 식품첨가물의 사용기준
			4. 식품위생관련법규	1. 식품위생관련법규
			5. 식품위생관리	1. HACCP, PL법 등의 개념
			6. 포장 및 용기위생	1. 포장재별 특성과 위생
			7. 소독과 살균	1. 소독과 살균
		5. 영양학	1. 탄수화물의 영양	1. 탄수화물의 분류 2. 탄수화물의 기능 3. 탄수화물의 소화, 흡수, 대사 4. 탄수화물과 건강
			2. 지방의 영양	1. 지방의 분류 2. 지방의 기능 3. 지방의 소화, 흡수, 대사 4. 지방과 건강
			3. 단백질의 영양	1. 단백질의 분류 2. 단백질의 기능 3. 단백질의 소화, 흡수, 대사 4. 단백질과 건강
			4. 비타민의 영양	1. 비타민의 분류 2. 비타민의 기능 3. 비타민의 대사 4. 비타민과 건강

필기과목명	문제수	주요항목	세부항목	세세항목
			5. 무기질의 영양	1. 무기질의 분류 2. 무기질의 기능 3. 무기질의 대사 4. 무기질과 건강
			6. 특이식관리	1. 특이식관리(식이요법 등)
			7. 에너지대사	1. 에너지대사
			8. 영양소의 결핍증과 과잉증	1. 영양소의 결핍증과 과잉증
		6. 제과·제빵 현장실무	1. 작업계획서 작성	1. 작업계획서 작성
			2. 제품품질 및 공정관리	1. 제품품질 및 공정관리
			3. 베이커리 경영	1. 구매 및 검수, 판매, 재고, 노무등의 생산관리 2. 원가관리 3. 신제품개발 4. 제품구성하기 5. 제품표현방식 고려하기 6. 배합표 관리하기

출제기준(실기)

직무 분야	식품가공	중직무 분야	제과·제빵	자격 종목	제과기능장	적용 기간	2013.01.01~2017.12.31

○직무내용 : 제과·제빵에 관한 재료 및 제법의 전문지식을 바탕으로 위생적이고 영양적인 최상의 빵, 과자 제품을 제조하고 생산 전반을 관리하는 직무
○수행준거 : 1. 제과·제빵 제품 제조에 필요한 재료의 배합표를 작성할 수 있다.
    2. 재료를 계량하고 각종 기계 및 기구를 사용할 수 있다.
    3. 믹싱, 발효, 성형, 굽기, 장식 등의 공정을 거쳐 제과·제빵 제품을 만들 수 있다.
    4. 제과·제빵에 관한 최상급 기능을 가지고 생산관리를 할 수 있다.

실기검정방법	작업형	시험시간	7시간 정도

실기과목명	주요항목	세부항목	세세항목
제과 및 제빵작업 (제과작업)	1. 케이크류 제조	1. 계량 및 반죽하기	1. 소비자 기호, 생산비용을 고려해 배합률을 결정할 수 있다. 2. 케이크팬 용적을 고려하여 반죽량을 계산할 수 있다 3. 배합표에 따라 제품별로 소요되는 각 재료를 계량할 수 있다 4. 믹싱기 속도, 반죽온도, 재료 투입순서 등 주어진 조건에 따라 반죽할 수 있다 5. 반죽의 적절성을 판단하고 문제가 발생한 경우 조치할 수 있다.
		2. 패닝하기	1. 제품에 맞추어 반죽을 분할하거나 혼합 가공할 수 있다. 2. 팬에 반죽이 붙지 않도록 처리할 수 있다. 3. 원하는 모양의 케이크가 나오도록 알맞은 팬에 넣을 수 있다.
		3. 굽기	1. 작업장에서 사용되는 오븐의 점검과 조작을 할수 있다. 2. 케이크의 크기를 고려하여 구울 수 있다. 3. 제품의 종류와 특징에 따라 적합하게 구워졌는지 확인 판단 할 수 있다. 4. 굽는 동안 마무리 작업을 준비할 수 있다.
		4. 냉각 및 포장하기	1. 완료된 제품의 맛과 형태의 유지, 수분 증발을 방지하며 냉각시킬 수 있다. 2. 제품에 따라 필요한 자르기, 시럽이나 잼바르기, 아이싱, 데커레이션 등의 가공을 할 수 있다. 3. 제품 이동시에도 모양이 흐트러지지 않도록 포장할 수 있다 4. 제품의 품질 유지를 위해 유통기한, 제조일시를 표시하여 포장할 수 있다.

실기과목명	주요항목	세부항목	세세항목
	2. 특수케이크류제조	1. 계량 및 반죽하기	1. 소비자 기호, 생산비용을 고려해 배합률을 결정할 수 있다. 2. 제품별로 소요되는 각 재료를 계량할 수 있다. 3. 믹싱기 속도, 반죽 온도, 재료 투입 순서 등 조건에 따라 반죽할 수 있다. 4. 주재료의 특성과 제조방법을 고려하여 반죽의 적정성을 판단할 수 있다. 5. 굽기/찌기/굳히기 등 제조 공정에 따라 재료의 양을 조정할 수 있다
		2. 패닝 및 성형하기	1. 굽기/찌기/굳히기 공정에서 형태, 색상이 정확히 나올 수 있도록 제품 별로 패닝 및 성형할 수 있다. 2. 제품 특성에 맞추어 반죽을 분할하거나 혼합 가공할 수 있다. 3. 반죽이 붙지 않도록 처리할 수 있다. 4. 제품에 따라, 이미 만들어 놓은 부분들을 순서에 맞추어 제조할 수 있다.
		3. 굽기/찌기/굳히기	1. 특수케이크 제작에 사용되는 장비를 점검하고 조작을 할 수 있다. 2. 제품별로 적합한 온·습도 및 시간 조건에 따라 반죽을 굽거나 찌거나 굳힐 수 있다. 3. 제품의 종류와 특징에 따라 적합하게 굽기/찌기/굳히기 작업이 완료되었는지 확인, 판단할 수 있다 4. 굽기 및 굳히기 전후에 필요한 작업을 수행할 수 있다. 5. 제품원료 및 고객 요구에 적합한 장식을 할 수 있다.
		4. 냉각 및 포장하기	1. 완성된 제품의 맛과 형태를 유지하며 냉각할 수 있다. 2. 제품에 따라 필요한 자르기, 충전하기, 아이싱 및 데커레이션을 할 수 있다. 3. 케이크의 모양과 온도가 유지되도록 포장할 수 있다. 4. 제품의 품질 유지를 위해 유통기한, 제조일시를 표시하여 포장할 수 있다.
	3. 페이스트리, 파이류 제조	1. 계량 및 반죽하기	1. 소비자 기호, 생산비용을 고려해 배합률을 결정할 수 있다. 2. 제품 별로 소요되는 각 재료를 계량할 수 있다.

실기과목명	주요항목	세부항목	세세항목
			3. 차가운 상태를 유지하며 반죽할 수 있다. 4. 성형에 적절한 탄력과 점성을 가졌는지 판단하고, 조치할 수 있다. 5. 유지가 나오지 않고 성형이 쉽도록 충분히 휴지시킬 수 있다. 6. 제품 제조에 필요한 페이스트리용 버터나 충전물 등을 준비할 수 있다.
		2. 성형하기	1. 덧가루를 적절히 사용하여 밀어 펴기를 할 수 있다. 2. 두께가 균일하게 밀어 펼 수 있다. 3. 필요한 경우 외형 유지를 위해 성형 전·후에 휴지시킬 수 있다. 4. 접거나 재단해서 모양을 만들어 패닝할 수 있다. 5. 제품의 특성별로 충전물 양을 알맞게 조정할 수 있다.
		3. 굽기	1. 제품에 따라 굽는 온도를 조절할 수 있다. 2. 골고루 구워지도록 굽는 도중에 점검할 수 있다. 3. 적합하게 구워졌는지 확인, 판단할 수 있다.
		4. 냉각 및 포장하기	1. 완성된 제품의 맛과 형태를 유지하며 냉각할 수 있다. 2. 제품에 따라 냉각된 제품에 충전 또는 토핑할 수 있다. 3. 제품의 품질 유지를 위해 유통기한, 제조일시를 표시하여 포장할 수 있다.
	4. 쿠키류 제조	1. 계량 및 반죽하기	1. 소비자 기호, 생산비용을 고려해 배합률을 결정할 수 있다. 2. 제품별로 소요되는 각 재료를 계량할 수 있다. 3. 글루텐 형성이 억제되도록 밀가루를 섞을 수 있다. 4. 성형에 적합한 상태로 반죽할 수 있다.
		2. 성형하기	1. 반죽이 팬에 달라붙지 않게 처리할 수 있다. 2. 필요한 경우 냉장고나 냉동고에 두어 휴지시킬 수 있다. 3. 크기와 모양 간격을 고려하여 팬 위에 배치할 수 있다.

실기과목명	주요항목	세부항목	세세항목
		3. 굽기	1. 오븐을 예열시켜 준비할 수 있다. 2. 쿠키 전체의 색깔이 고르게 되도록 구워낼 수 있다.
		4. 냉각 및 포장하기	1. 구워진 쿠키를 바로 냉각시킬 수 있다. 2. 제품 취급시 부스러지지 않도록 주의하여 다룰 수 있다. 3. 제품이 눅눅해지지 않도록 포장할 수 있다. 4. 제품의 품질 유지를 위해 유통기한, 제조일시를 표시하여 포장할 수 있다.
	5. 튀김, 찜과자류 제조	1. 계량 및 반죽하기	1. 소비자 기호, 생산비용을 고려해 배합률을 결정할 수 있다. 2. 제품 별로 소요되는 각 재료를 계량할 수 있다. 3. 적정한 글루텐 형성이 되었을 때 반죽을 완료할 수 있다. 4. 건조를 방지하며 휴지시킬 수 있다.
		2. 성형하기	1. 성형에 용이할 정도로 분할할 수 있다. 2. 적정한 두께로 밀어 펴기를 하여 원하는 모형으로 성형할 수 있다. 3. 필요한 경우 온·습도를 조절하여 휴지를 할 수 있다.
		3. 튀기기	1. 제품별로 알맞은 온도에서 튀겨낼 수 있다. 2. 양면이 고른 색상을 갖고 고르게 튀기도록 조치할 수 있다. 3. 기름의 산패여부를 판단하여 깨끗한 기름에서 튀길 수 있다.
		4. 찌기	1. 제품별로 알맞은 스팀온도(증기압력)에서 찔 수 있다. 2. 제품이 붙지 않도록 간격을 조정할 수 있다.
		5. 냉각 및 포장하기	1. 토핑이나 충전물 등을 준비할 수 있다. 2. 냉각시켜 마무리작업을 할 수 있다. 3. 토핑이나 충전물이 흐르지 않도록 주의하여 포장할 수 있다. 4. 제품의 품질 유지를 위해 유통기한, 제조일시를 표시하여 포장할 수 있다

실기과목명	주요항목	세부항목	세세항목
	6. 디저트류 제조	1. 계량 및 반죽하기	1. 소비자 기호, 생산비용을 고려해 배합률을 결정할 수 있다. 2. 제품 별로 소요되는 각 재료를 계량할 수 있다 3. 부재료를 사용에 알맞도록 준비할 수 있다. 4. 머랭, 크림, 소스 등 기본재료를 준비하여 제품 제조에 사용할 수 있다.
		2. 찬 디저트 만들기	1. 각 제품 종류에 따라 정확한 제조법과 배합표를 적용할 수 있다. 2. 가열 공정이 필요한 제품의 경우, 오븐, 가스레인지를 사용하여 제조할 수 있다. 3. 제품의 풍미, 형태, 색상을 배려하여 냉각, 냉장을 할 수 있다.
		3. 더운 디저트 만들기	1. 각 제품 종류에 따라 정확한 제조법과 배합표를 적용할 수 있다. 2. 제품 별로 필요한 굽기, 삶아내기, 튀기기, 팬에 익히기 등의 조리방법을 활용하여 제품을 완성할 수 있다. 3. 굽기, 튀기기 삶아내기 등의 조리를 안전하게 수행할 수 있다.
		4. 포장 및 담아내기	1. 제품의 서빙에 필요한 집기, 포장재를 미리 준비할 수 있다. 2. 제품 별로 서빙에 적합하도록 가미(소스)하여 장식하고, 접시에 담아 낼 수 있다. 3. 시간 경과에 따른 변질 또는 풍미 저하를 고려하여, 보관, 담아내기, 포장 등을 결정하고 수행할 수 있다. 4. 제품의 품질 유지를 위해 유통기한, 제조일시를 표시하여 포장할 수 있다.
	7. 화과자류 제조	1. 계량 및 반죽하기	1. 소비자 기호, 생산비용을 고려해 배합률을 결정할 수 있다. 2. 배합표에 따라 찹쌀가루 등의 재료를 계량할 수 있다. 3. 용도에 맞게 호화시킬 수 있다. 4. 알맞은 점도로 익혀 식지 않게 준비할 수 있다. 5. 머랭을 익힌 반죽에 넣어 매끄럽고 균일한 반죽을 만들 수 있다.

실기과목명	주요항목	세부항목	세세항목
		2. 충전물 만들기	1. 각각의 원료를 사용하여 여러 종류의 앙금을 만들 수 있다. 2. 한천의 특성을 알고, 성형에 맞는 양갱을 만들 수 있다. 3. 양갱은 여러 가지 모양틀을 사용하여 다양하게 만들 수 있다.
		3. 성형하기	1. 반죽을 봉 모양으로 만들어 일정한 크기로 분할할 수 있다. 2. 반죽과 앙금의 비율을 조절할 수 있다. 3. 반죽이 균일한 두께를 갖도록 고르게 늘릴 수 있다. 4. 소도구를 사용하여 여러 가지 모양을 만들 수 있다.
		4. 굽기, 찌기, 삶기, 굳히기	1. 제품별로 적합한 온·습도 및 시간, 조건에 따라 익혀낼 수 있다. 2. 제품의 종류와 특징에 따라 적합하게 익었는가를 판단할 수 있다. 3. 제품 종류에 따라 장식을 할 수 있다.
		5. 냉각 및 포장하기	1. 완성된 제품의 맛과 형태를 유지하여 냉각할 수 있다. 2. 모양이 흐트러지지 않게 포장할 수 있다. 3. 색상과 모양을 고려하여 배열·포장할 수 있다. 4. 제품의 품질 유지를 위해 유통기한, 제조일시를 표시하여 포장할 수 있다.
	8. 초콜릿류 제조	1. 재료 및 작업준비하기	1. 소비자 기호, 생산비용을 고려해 배합률을 결정할 수 있다. 2. 초콜릿 등 제품 별로 소요되는 각 재료를 준비할 수 있다. 3. 부재료, 충전물 등을 제품종류에 따라 준비, 가공할 수 있다. 4. 초콜릿을 올바른 방법으로 템퍼링 할 수 있다.
		2. 성형하기	1. 몰드를 사용하거나 수작업으로 초콜릿을 성형할 수 있다. 2. 몰드의 온도를 적절하게 유지하고 기포가 생기지 않도록 몰딩 할 수 있다. 3. 초콜릿에 부재료, 충전물을 넣거나 코팅할 수 있다. 4. 제품에 따라 냉각과 코팅을 반복할 수 있다. 5. 제품 특성에 맞게 장식을 할 수 있다.

실기과목명	주요항목	세부항목	세세항목
		3. 냉각 및 포장하기	1. 완성된 제품의 맛과 형태를 유지하며 냉각할 수 있다. 2. 시간 경과에 따른 변질 또는 블룸현상을 고려하여, 담아내기, 포장, 저장을 할 수 있다. 3. 제품의 품질 유지를 위해 유통기한, 제조일시를 표시하여 포장할 수 있다.
	9. 과자공예	1. 구상하기	1. 계절, 행사 특성 등을 감안하여 공예품의 형태, 색상, 구성, 규모를 결정할 수 있다. 2. 전체 공예품을 완성할 수 있도록 작업 계획을 수립할 수 있다 3. 국·내외 작품과 경향을 조사하여 활용할 수 있다.
		2. 원재료 준비하기	1. 설탕 시럽, 파스티야주, 마지팬 등을 배합비에 맞추어 배합, 준비할 수 있다. 2. 중탕 기법 등 필요한 재료 특성을 얻기 위하여 가열과 혼합을 할 수 있다. 3. 준비된 재료, 반죽을 추후 활용할 수 있도록 보존처리 할 수 있다. 4. 원재료 준비 과정에서 이물질이 반입되지 않도록 주의를 기울일 수 있다.
		3. 세공하기	1. 사용 가능한 착색제를 이용하여 필요한 색을 입힐 수 있다. 2. 반죽에 형틀을 사용하거나 수작업으로 필요한 형태로 성형할 수 있다. 3. 커터, 디바이더, 조각칼 등을 사용하여 재료를 자르거나, 깎아낼 수 있다. 4. 분무, 표면 다듬기 등 기법을 활용하여 제품의 질감을 표현할 수 있다. 5. 제품 세공과 관련하여 발생 될 수 있는 이물질문제, 변질 등을 예방할 수 있다.
		4. 디스플레이하기	1. 완성된 구성품을 조립, 접착하여 전체적인 모양을 구성할 수 있다. 2. 완성품의 장기 보존 등을 위한 처리 방법을 활용할 수 있다.
	10. 데커레이션 케이크	1. 아이싱, 코팅	1. 각종 케이크시트를 이용하여 아이싱, 코팅 할 수 있다
		2. 코팅장식 등	1. 각종 장식물을 이용하여 데커레이션케이크를 만들 수 있다

실기과목명	주요항목	세부항목	세세항목
(제빵작업)	11. 식빵류 제조	1. 반죽 및 1차 발효하기	1. 소비자 기호, 생산비용을 고려해 배합률을 결정 할 수 있다. 2. 제품 별로 소요되는 각 재료를 계량할 수 있다. 3. 믹싱기 속도, 반죽 온도, 재료 투입 순서 등 주어진 조건에 따라 반죽을 준비할 수 있다. 4. 주어진 발효 조건에 맞추어 발효를 할 수 있다. 5. 반죽과 발효 과정에서 반죽의 적절성을 판단, 조치할 수 있다.
		2. 성형 및 2차 발효하기	1. 덧가루 사용을 최소화하여 반죽을 분할·둥글리기 할 수 있다. 2. 필요한 경우 중간 발효 및 2차 발효를 진행할 수 있다. 3. 팬에 넣거나 모양을 만들어 조건에 맞게 2차 발효를 시킬 수 있다. 4. 팬의 크기에 알맞게 반죽량을 조절할 수 있다.
		3. 굽기	1. 반죽이 되거나 진 정도, 빵의 크기, 발효상태에 따라 굽는 시간과 온도를 조절할 수 있다. 2. 오븐의 밑불과 윗불 온도차를 고려하여 균일하게 구워낼 수 있다. 3. 굽기 전후에 수행되는 작업을 실시할 수 있다. 4. 구워진 식빵이 알맞은 부피와 기공분포, 모양을 갖추었는지 평가 대처할 수 있다.
		4. 냉각 및 포장하기	1. 제품을 최적상태로 냉각하여 포장할 수 있다. 2. 형태를 유지하며 잘라 포장할 수 있다. 3. 제품의 품질 유지를 위해 유통기한, 제조일시를 표시하여 포장할 수 있다.
	12. 과자빵류 제조	1. 반죽 및 1차 발효하기	1. 소비자 기호, 생산비용을 고려해 배합률을 결정할 수 있다. 2. 제품별로 소요되는 각 재료를 정확히 계량, 배합할 수 있다. 3. 믹싱기 속도, 반죽 온도, 재료투입 순서 등 주어진 조건에 따라 반죽할 수 있다. 4. 주어진 발효 조건에 맞추어 발효시킬 수 있다. 5. 반죽과 발효 과정에서 반죽의 적절성을 판단, 조치할 수 있다.
		2. 충전물 및 토핑 준비하기	1. 제품의 종류에 알맞은 충전물과 토핑 재료를 준비 할 수 있다.

실기과목명	주요항목	세부항목	세세항목
			2. 충전물과 토핑을 제조방법에 따라 만들 수 있다. 3. 만들어진 충전물이나 토핑이 남는 경우 보관할 수 있다.
		3. 충전·토핑 및 2차 발효하기	1. 종류와 모양에 따라 분할 무게, 크기를 달리하여 분할 할 수 있다. 2. 빵의 양과 크기에 따라 알맞은 양의 충전물을 넣거나 토핑 할 수 있다. 3. 모양과 크기에 따라 2차 발효를 하여 발효가 적정하게 이뤄졌는지 판단할 수 있다.
		4. 굽기	1. 빵의 크기, 발효상태, 반죽 상태에 따라 굽는 시간과 온도를 조절할 수 있다. 2. 오븐 내부 위치에 따른 온도 편차를 고려하여 빵의 색깔을 맞춰 적절한 시점에 팬의 위치를 바꿀 수 있다. 3. 굽기 전후에 필요한 작업을 수행할 수 있다. 4. 구워진 과자빵이 알맞은 색상, 기공분포, 부드러운 조직, 모양을 갖췄는지 판단하고 대처할 수 있다.
		5. 냉각 및 포장하기	1. 제품을 최적상태로 냉각하여 포장할 수 있다. 2. 냉각이 된 빵에 충전물을 넣을 수 있다. 3. 충전물이 포장에 묻지 않도록 포장할 수 있다. 4. 제품의 품질 유지를 위해 유통기한, 제조일시를 표시하여 포장할 수 있다.
	13. 특수빵류 제조	1. 반죽 및 1차 발효하기	1. 주재료의 특성을 고려한 배합표를 작성할 수 있다. 2. 배합표에 따라 재료를 계량할 수 있다. 3. 실내온도, 주재료온도, 기계 마찰 계수를 고려하여 사용할 물의 온도를 계산할 수 있다. 4. 제품에 따라 건과 및 너트류를 전처리할 수 있다. 5. 순서에 맞춰 재료를 넣고 속도를 조절하여 반죽할 수 있다. 6. 제품 및 주재료의 특성에 따라 적정상태로 발효시킬 수 있다. 7. 필요한 경우 편치 할 수 있다.

실기과목명	주요항목	세부항목	세세항목
		2. 성형 및 2차 발효하기	1. 제품에 따라 크기별로 분할하여 둥글리기를 할 수 있다. 2. 필요한 경우 중간발효하고 모양을 내어 패닝할 수 있다. 3. 적당한 간격으로 반죽을 팬에 배열할 수 있다. 4. 2차발효 후 반죽표피에 모양을 내거나 토핑을 할 수 있다.
		3. 굽기	1. 오븐 온도 편차를 고려하여 균일한 색상으로 구워낼 수 있다. 2. 스팀 오븐을 사용할 수 있다.
		4. 냉각 및 포장하기	1. 제품을 최적상태로 냉각하여 포장을 할 수 있다. 2. 형태를 유지하며 잘라 개별 포장을 할 수 있다. 3. 제품의 품질 유지를 위해 유통기한, 제조일시를 표시하여 포장을 할 수 있다.
	14. 페이스트리류 제조	1. 반죽 및 1차 발효하기	1. 주재료의 특성을 고려한 배합표를 작성할 수 있다. 2. 제품 별로 소요되는 각 재료를 정확히 계량할 수 있다. 3. 믹싱기 속도, 반죽 온도, 재료 투입 순서 등 주어진 조건에 따라 반죽할 수 있다. 4. 반죽과 발효 과정에서 반죽의 적절성을 판단, 조치할 수 있다. 5. 제품 제조에 필요한 페이스트리용 버터를 준비할 수 있다.
		2. 밀기 접기 및 2차 발효하기	1. 제품에 맞추어 반죽을 적정량으로 분할할 수 있다. 2. 밀어 펴기와 유지 싸기, 휴지를 반복할 수 있다. 3. 크기와 재단 형태에 따라 다양한 모양으로 만들 수 있다. 4. 유지가 빠져나오지 않도록 저온으로 2차 발효를 시킬 수 있다.
		3. 굽기	1. 충전물을 넣거나 토핑하여 표피에 계란물을 발라 구워낼 수 있다. 2. 오븐 온도 편차를 고려하여 균일한 색상으로 구워낼 수 있다. 3. 구워진 페이스트리를 평가하고 대처할 수 있다

실기과목명	주요항목	세부항목	세세항목
	15. 조리빵류 제조	4. 냉각 및 포장하기	1. 제품을 최적상태로 냉각하여 포장을 할 수 있다. 2. 냉각이 된 빵에 내용물을 충전하거나 토핑을 할 수 있다. 3. 충전물이나 토핑물이 포장에 묻지 않도록 포장을 할 수 있다. 4. 제품의 품질 유지를 위해 유통기한, 제조일시를 표시하여 포장을 할 수 있다.
		1. 반죽 및 1차 발효하기	1. 충전물과 어울리는 빵류를 선택하여 배합표에 따라 재료를 정확히 계량할 수 있다. 2. 믹싱기 속도, 반죽 온도, 재료 투입순서 등 주어진 조건에 따라 반죽을 준비할 수 있다. 3. 주어진 발효 조건에 맞추어 발효시킬 수 있다.
		2. 충전물 만들기	1. 충전에 필요한 재료를 계량할 수 있다. 2. 소스를 선택하여 준비할 수 있다. 3. 오븐, 팬, 찜기, 튀김기 등을 이용하여 미리 가공할 수 있다.
		3. 성형 및 2차 발효하기	1. 반죽을 알맞은 크기로 분할할 수 있다. 2. 성형 시 충전물을 넣거나, 토핑하여 모양을 만들 수 있다. 3. 2차 발효를 할 수 있다.
		4. 굽기	1. 오븐 온도 편차를 고려하여 균일한 색상으로 구워낼 수 있다. 2. 표피에 토핑물을 올려 구워낼 수 있다. 3. 충전물이 흘러내리지 않도록 구워낼 수 있다.
		5. 냉각 및 충전물 넣기	1. 제품을 최적상태로 냉각하여 포장을 할 수 있다. 2. 형태를 유지하며 빵을 자를 수 있다. 3. 빵에 습기가 배어들지 않도록 충전물을 넣을 수 있다. 4. 제품에 따라 조리된 빵을 다시 굽거나 그릴링 할 수 있다. 5. 충전물이 흘러나오지 않도록 포장을 할 수 있다. 6. 제품의 품질 유지를 위해 유통기한, 제조일시를 표시하여 포장을 할 수 있다.

실기과목명	주요항목	세부항목	세세항목
	16. 튀김빵류 제조	1. 반죽 및 1차 발효하기	1. 주재료의 특성을 고려한 배합표를 작성할 수 있다. 2. 배합표에 따라 정확하게 계량할 수 있다. 3. 사용할 물의 온도를 계산할 수 있다. 4. 반죽온도를 맞출 수 있다. 5. 발효 과정에서 반죽의 적절성을 판단, 조치할 수 있다.
		2. 성형 및 2차 발효하기	1. 반죽을 알맞은 크기로 분할할 수 있다. 2. 중간발효를 시키거나 충전물을 넣을 수 있다. 3. 원하는 모양으로 만들 수 있다. 4. 적당한 크기로 발효를 시킬 수 있다.
		3. 튀기기	1. 튀기기 전 표피를 건조시킬 수 있다. 2. 적정한 튀김 온도와 시간, 투입시점을 알고 튀겨낼 수 있다. 3. 앞·뒤 색상이 균일하게 되도록 튀겨낼 수 있다.
		4. 충전물과 토핑 만들기	1. 충전물과 토핑 재료를 계량·제조할 수 있다. 2. 온도를 일정하게 유지하면서 제품에 글레이즈 할 수 있다. 3. 제품에 따라 토핑 할 수 있다.
		5. 냉각 및 포장하기	1. 기름이 흘러 나오지 않도록 최적상태로 냉각시킬 수 있다. 2. 충전물이나 토핑물이 포장에 묻지 않도록 포장을 할 수 있다. 3. 제품의 품질 유지를 위해 유통기한, 제조일시를 표시하여 포장을 할 수 있다.
	17. 찜빵류 제조	1. 반죽 및 발효하기	1. 주재료의 특성을 고려한 배합표를 작성할 수 있다. 2. 제품 별로 소요되는 각 재료를 정확히 계량할 수 있다. 3. 믹싱기 속도, 반죽 온도, 재료 투입 순서 등 주어진 조건에 따라 반죽할 수 있다. 4. 주어진 발효 조건에 맞추어 발효할 수 있다.
		2. 성형하기	1. 제품에 맞추어 반죽을 분할할 수 있다. 2. 필요에 따라 중간 발효할 수 있다. 3. 알맞은 양의 충전물을 넣거나 성형할 수 있다. 4. 제품의 종류에 따라 토핑 할 수 있다.
		3. 찌기	1. 찜가공을 위하여 팬 또는 찜기를 점검, 준비할 수 있다.

실기과목명	주요항목	세부항목	세세항목
			2. 제품끼리 달라붙지 않게 배열할 수 있다. 3. 제품별로 주어진 온도와 시간, 조건에 따라 반죽을 찔 수 있다.
		4. 냉각 및 포장하기	1. 제품을 최적상태로 냉각하여 포장을 할 수 있다. 2. 제품의 품질 유지를 위해 유통기한, 제조일시를 표시하여 포장을 할 수 있다.
	18. 빵공예	1. 구상하기	1. 계절, 행사 특성 등을 감안하여 빵 공예의 형태, 색상, 구성, 규모를 결정할 수 있다. 2. 전체 공예품을 완성할 수 있도록 작업 계획을 수립할 수 있다 3. 국·내외 작품과 경향을 조사하여 구상에 참조, 활용할 수 있다.
		2. 원재료 준비하기	1. 반죽을 배합비에 맞추어 준비할 수 있다. 2. 필요한 재료특성을 얻기 위하여 가열과 혼합을 할 수 있다. 3. 준비된 재료, 반죽을 재활용할 수 있도록 보존처리 할 수 있다. 4. 원재료 준비 과정에서 이물질이 반입되지 않도록 주의를 기울일 수 있다.
		3. 세공하기	1. 사용 가능한 착색제를 이용하여 착색할 수 있다. 2. 반죽을 필요한 형태로 성형할 수 있다. 3. 커터, 디바이더, 조각칼 등을 사용하여 재료를 자르거나, 꼬거나, 깎아낼 수 있다. 4. 분무, 표면 다듬기 등 기법을 활용하여 제품의 질감을 표현할 수 있다. 5. 제품 세공과 관련하여 발생될 수 있는 이물질 문제, 변질 등을 예방할 수 있다.
		4. 굽기	1. 제품별로 주어진 온·습도 및 시간, 조건에 따라 반죽을 구울 수 있다. 2. 제품의 종류와 특징에 따라 적합하게 구워졌는가를 확인, 판단할 수 있다. 3. 다듬기, 자르기 등 구운 후에 소요되는 가공작업을 수행할 수 있다.
		5. 완성하기	1. 완성된 구성품을 조립, 접착하여 전체적인 모양을 구성할 수 있다. 2. 완성품의 장기 보존 등을 위한 처리 방법을 활용할 수 있다.

22. 식품가공

제과기능사

출제기준(필기)

직무분야	식품가공	중직무분야	제과·제빵	자격종목	제과기능사	적용기간	2013.01.01~2017.12.31

○직무내용 : 제과·제빵에 관한 재료 및 제법의 지식을 바탕으로 하여 위생적이고 영양적인 빵, 과자 제품을 제조하는 직무

필기검정방법	객관식	문제수	60	시험시간	1시간

필기과목명	문제수	주요항목	세부항목	세세항목
제조이론, 재료과학, 영양학, 식품위생학	60	1. 식품의 변질	1. 미생물에 의한 변질	1. 미생물의 종류 및 특성 2. 미생물에 의한 식품의 오염 3. 소독과 살균 4. 교차오염
			2. 변질의 개념	1. 변질, 부패, 산패 등의 특징 2. 변질 억제
		2. 식품과 감염병	1. 감염병의 개요	1. 감염병 발생 조건 2. 감염병 발생 과정 3. 법정 감염병
			2. 경구감염병	1. 경구감염병의 특징 및 발생양상 2. 경구감염병의 예방대책
			3. 인수공통감염병	1. 중요한 인수공통감염병의 특징 2. 인수공통감염병 예방대책
			4. 식품과 기생충병	1. 기생충의 특징 및 예방대책
			5. 위생동물	1. 위생동물의 식품 위해성
		3. 식중독	1. 식중독의 종류, 특성 및 예방방법	1. 세균성 식중독 2. 자연독 식중독 3. 화학성 식중독 4. 곰팡이 독소 5. 알레르기 식중독
		4. 식품첨가물	1. 식품의 첨가물	1. 식품첨가물의 의의 및 조건 2. 식품첨가물의 사용기준
		5. 식품위생	1. 식품위생관련법규	1. 식품위생법관련법규

필기과목명	문제수	주요항목	세부항목	세세항목
			2. 식품위생관리	1. HACCP, PL법 등의 개념 및 의의
			3. 포장 및 용기위생	1. 포장재별 특성과 위생
		6. 탄수화물	1. 탄수화물의 분류	1. 탄수화물의 분류
			2. 탄수화물의 영양	1. 탄수화물의 영양적 기능 2. 탄수화물의 소화, 흡수, 대사
			3. 탄수화물 급원 식품	1. 탄수화물의 급원 식품 및 특성
		7. 지방질	1. 지방질의 분류	1. 지방질의 분류
			2. 지방질의 영양	1. 지방질의 영양적 기능 2. 지방질의 소화, 흡수, 대사
			3. 지방질의 급원 식품	1. 지방질의 급원식품 및 특성
		8. 단백질	1. 단백질의 분류	1. 단백질의 분류
			2. 단백질의 영양	1. 단백질의 영양적 기능 2. 단백질의 소화, 흡수, 대사
			3. 단백질 급원 식품	1. 단백질의 급원 식품 및 특성
		9. 무기질, 비타민, 물	1. 무기질	1. 무기질의 종류 및 기능 2. 무기질의 급원 식품 및 특성
			2. 비타민	1. 비타민의 종류 및 기능 2. 비타민의 급원 식품 및 특성
			3. 물	1. 물의 영양적 기능
		10. 영양과 건강	1. 질병과 영양	1. 식생활과 질병(과잉증, 결핍증 등) 2. 영양섭취기준 3. 특이식관리(식사요법 등)
			2. 에너지 대사	1. 기초대사량, 활동대사량 등 에너지 대사
		11. 기초과학	1. 탄수화물의 재료적 특성	1. 탄수화물의 종류와 특징

필기과목명	문제수	주요항목	세부항목	세세항목
			2. 지방질의 재료적 특성	1. 지방질의 특징 2. 제과·제빵용 유지의 특징
			3. 단백질의 재료적 특성	1. 단백질의 종류와 특징
			4. 효소	1. 효소의 성질 2. 제빵에 관계하는 효소
		12. 제과·제빵 재료일반	1. 밀가루 및 가루제품	1. 밀알의 구조 및 특성 2. 제분 3. 밀가루의 성분(수분, 단백질 등) 4. 밀가루의 표백과 숙성 5. 밀가루 저장과 프리믹스 6. 기타가루
			2. 감미제	1. 제품별 특성 2. 제과·제빵에서의 기능
			3. 유지와 유지제품	1. 제품별 특성 2. 제과·제빵에서의 기능
			4. 우유와 유제품	1. 우유와 유제품의 특징 2. 제과·제빵에서의 기능
			5. 계란과 계란제품	1. 계란과 계란제품의 특징 2. 제과·제빵에서의 기능
			6. 이스트 및 기타 팽창제	1. 이스트 및 기타 팽창제의 특징 2. 제과·제빵에서의 기능
			7. 물	1. 물의 경도 2. 제과·제빵에서의 기능
			8. 초콜릿	1. 초콜릿의 일반적인 특징 2. 초콜릿 제조방법 및 템퍼링 3. 제과·제빵에서의 기능 4. 초콜릿의 보관방법과 결점(블룸) 5. 코코아
			9. 과실류 및 주류	1. 과실류 및 주류의 특징 2. 제과·제빵에서의 기능

필기과목명	문제수	주요항목	세부항목	세세항목
			10. 기타	1. 유화제, 향료, 향신료, 안정제 등의 첨가물
			11. 품질관리용 기구 및 기계	1. 품질관리용 기구 및 기계
		13. 제과이론	1. 배합표 작성과 배합률 조정	1. 배합표 작성과 배합률 조정
			2. 재료의 계량	1. 재료의 계량
			3. 반죽과 믹싱	1. 반죽과 믹싱
			4. 반죽온도의 조절	1. 반죽온도의 조절
			5. 반죽비중 조절	1. 반죽비중 조절
			6. 패닝(반죽 채우기)	1. 패닝(반죽 채우기)
			7. 성형	1. 성형
			8. 굽기	1. 굽기
			9. 튀김(frying)	1. 튀김(frying)
			10. 찜(steaming)	1. 찜(steaming)
			11. 장식(decoration) 및 포장	1. 장식(decoration) 및 포장
			12. 제품평가 및 관리	1. 제품평가 및 관리
			13. 공장설비 관련 사항	1. 공장설비 관련 사항
			14. 생산관리	1. 구매, 판매, 재고, 노무관리 2. 원가 관리 3. 신제품개발
			15. 제과 기계	1. 제과기계관리 및 사용법
			16. 제품의 특징	1. 제품의 전형적인 특성 및 형태

필기과목명	문제수	주요항목	세부항목	세세항목
		14. 제빵이론	1. 배합표 작성과 배합률 조정	1. 배합표 작성과 배합률 조정
			2. 재료의 계량	1. 재료의 계량
			3. 반죽과 믹싱	1. 반죽과 믹싱
			4. 반죽온도의 조절	1. 반죽온도의 조절
			5. 1차 발효	1. 1차 발효
			6. 성형(분할, 둥글리기, 중간발효, 정형 등)	1. 성형(분할, 둥글리기, 중간발효, 정형 등)
			7. 패닝(반죽 채우기)	1. 패닝(반죽 채우기)
			8. 2차 발효	1. 2차 발효
			9. 굽기	1. 굽기
			10. 냉각 및 포장	1. 냉각 및 포장
			11. 제품평가 및 관리	1. 제품평가 및 관리 2. 빵의 노화
			12. 냉동반죽	1. 냉동반죽
			13. 제빵기계	1. 제빵기계관리 및 사용법
			14. 제품의 특징	1. 제품의 전형적인 특성 및 형태

출제기준(실기)

직무분야	식품가공	중직무분야	제과·제빵	자격종목	제과기능사	적용기간	2013.01.01~2017.12.31

○직무내용 : 제과·제빵에 관한 재료 및 제법의 지식을 바탕으로 하여 위생적이고 영양적인 빵, 과자 제품을 제조하는 직무
○수행준거 : 1. 제품 제조에 필요한 재료의 배합표를 작성할 수 있다.
　　　　　　2. 재료를 계량하고 각종 제과용 기계 및 기구를 사용할 수 있다.
　　　　　　3. 믹싱, 성형, 굽기, 장식 등의 공정을 거쳐 각종 제과제품을 만들 수 있다.

실기검정방법	작업형	시험시간	2 ~ 4시간 정도

실기과목명	주요항목	세부항목	세세항목
제과작업	1. 케이크류 제조	1. 계량 및 반죽하기	1. 소비자 기호, 생산비용을 고려해 배합률을 결정할 수 있다. 2. 케이크팬 용적을 고려하여 반죽량을 계산할 수 있다. 3. 배합표에 따라 제품별로 소요되는 각 재료를 계량할 수 있다. 4. 믹싱기 속도, 반죽 온도, 재료 투입순서 등 주어진 조건에 따라 반죽할 수 있다. 5. 반죽의 적절성을 판단하고 문제가 발생한 경우 조치할 수 있다.
		2. 패닝하기	1. 제품에 맞추어 반죽을 분할하거나 혼합 가공할 수 있다. 2. 팬에 반죽이 붙지 않도록 처리할 수 있다. 3. 원하는 모양의 케이크가 나오도록 알맞은 팬에 넣을 수 있다.
		3. 굽기	1. 작업장에서 사용되는 오븐의 점검과 조작을 할 수 있다. 2. 케이크의 크기를 고려하여 구울 수 있다. 3. 제품의 종류와 특징에 따라 적합하게 구워졌는지 확인 판단 할 수 있다. 4. 굽는 동안 마무리 작업을 준비할 수 있다.
		4. 냉각 및 포장하기	1. 완성된 제품의 맛과 형태의 유지, 수분 증발을 방지하며 냉각시킬 수 있다. 2. 제품에 따라 필요한 자르기, 시럽이나 잼바르기, 아이싱, 데커레이션 등의 가공을 할 수 있다. 3. 제품 이동시에도 모양이 흐트러지지 않도록 포장할 수 있다.

실기과목명	주요항목	세부항목	세세항목
			4. 제품의 품질 유지를 위해 유통기한, 제조일시를 표시하여 포장할 수 있다.
	2. 특수케이크류 제조	1. 계량 및 반죽하기	1. 소비자 기호, 생산비용을 고려해 배합률을 결정할 수 있다. 2. 제품별로 소요되는 각 재료를 계량할 수 있다. 3. 믹싱기 속도, 반죽 온도, 재료 투입 순서 등 조건에 따라 반죽할 수 있다. 4. 주재료의 특성과 제조방법을 고려하여 반죽의 적정성을 판단할 수 있다. 5. 굽기/찌기/굳히기 등 제조 공정에 따라 재료의 양을 조정할 수 있다.
		2. 패닝 및 성형하기	1. 굽기/찌기/굳히기 공정에서 형태, 색상이 정확히 나올 수 있도록 제품 별로 패닝 및 성형할 수 있다. 2. 제품 특성에 맞추어 반죽을 분할하거나 혼합 가공할 수 있다. 3. 반죽이 붙지 않도록 처리할 수 있다. 4. 제품에 따라, 이미 만들어 놓은 부분들을 순서에 맞추어 제조할 수 있다.
		3. 굽기/찌기/굳히기	1. 특수케이크 제작에 사용되는 장비를 점검하고 조작할 수 있다. 2. 제품별로 적합한 온·습도 및 시간, 조건에 따라 반죽을 굽거나 찌거나 굳힐 수 있다. 3. 제품의 종류와 특징에 따라 적합하게 굽기/찌기/굳히기 작업이 완료되었는지 확인 판단할 수 있다. 4. 굽기 및 굳히기 전후에 필요한 작업을 수행할 수 있다. 5. 제품원료 및 고객 요구에 적합한 장식을 할 수 있다.
		4. 냉각 및 포장하기	1. 완성된 제품의 맛과 형태를 유지하며 냉각할 수 있다. 2. 제품에 따라 필요한 자르기, 충전하기, 아이싱 및 데커레이션을 할 수 있다. 3. 케이크의 모양과 온도가 유지되도록 포장할 수 있다. 4. 제품의 품질 유지를 위해 유통기한, 제조일시를 표시하여 포장할 수 있다.

실기과목명	주요항목	세부항목	세세항목
	3. 페이스트리, 파이류 제조	1. 계량 및 반죽하기	1. 소비자 기호, 생산비용을 고려해 배합률을 결정할 수 있다. 2. 제품별로 소요되는 각 재료를 계량할 수 있다. 3. 차가운 상태를 유지하며 반죽할 수 있다. 4. 성형에 적절한 탄력과 점성을 가졌는지 판단하고, 조치할 수 있다. 5. 유지가 나오지 않고, 성형이 쉽도록 충분히 휴지시킬 수 있다. 6. 제품 제조에 필요한 페이스트리용 버터나 충전물 등을 준비할 수 있다.
		2. 성형하기	1. 덧가루를 적절히 사용하여 밀어 펴기를 할 수 있다. 2. 두께가 균일하게 밀어 펼 수 있다. 3. 필요한 경우 외형 유지를 위해 성형 전·후에 휴지시킬 수 있다. 4. 접거나 재단해서 모양을 만들어 패닝할 수 있다. 5. 제품의 특성별로 충전물 양을 알맞게 조정할 수 있다.
		3. 굽기	1. 제품에 따라 굽는 온도를 조절할 수 있다. 2. 골고루 구워지도록 굽는 도중에 점검할 수 있다. 3. 적합하게 구워졌는지 확인·판단할 수 있다.
		4. 냉각 및 포장하기	1. 완성된 제품의 맛과 형태를 유지하며 냉각할 수 있다. 2. 제품에 따라 냉각된 제품에 충전 또는 토핑할 수 있다. 3. 제품의 품질 유지를 위해 유통기한, 제조일시를 표시하여 포장할 수 있다.
	4. 쿠키류 제조	1. 계량 및 반죽하기	1. 소비자 기호, 생산비용을 고려해 배합률을 결정할 수 있다. 2. 제품별로 소요되는 각 재료를 계량할 수 있다. 3. 글루텐 형성이 억제되도록 밀가루를 섞을 수 있다. 4. 성형에 적합한 상태로 반죽할 수 있다.
		2. 성형하기	1. 반죽이 팬에 달라붙지 않게 처리할 수 있다. 2. 필요한 경우 냉장고나 냉동고에 두어 휴지시킬 수 있다. 3. 크기와 모양 간격을 고려하여 팬 위에 배치할 수 있다.

실기과목명	주요항목	세부항목	세세항목
		3. 굽기	1. 오븐을 예열시켜 준비할 수 있다. 2. 쿠키 전체의 색깔이 고르게 되도록 구워낼 수 있다.
		4. 냉각 및 포장하기	1. 구워진 쿠키를 바로 냉각시킬 수 있다. 2. 제품 취급 시 부스러지지 않도록 주의하여 다룰 수 있다. 3. 제품이 눅눅해지지 않도록 포장할 수 있다. 4. 제품의 품질 유지를 위해 유통기한, 제조일시를 표시하여 포장할 수 있다.
	5. 튀김, 찜과자류 제조	1. 계량 및 반죽하기	1. 소비자 기호, 생산비용을 고려해 배합률을 결정할 수 있다. 2. 제품 별로 소요되는 각 재료를 계량할 수 있다. 3. 적정한 글루텐 형성이 되었을 때 반죽을 완료할 수 있다. 4. 건조를 방지하며 휴지시킬 수 있다.
		2. 성형하기	1. 성형에 용이할 정도로 분할 할 수 있다. 2. 적정한 두께로 밀어 펴기를 하여 원하는 모형으로 성형할 수 있다. 3. 필요한 경우 온·습도를 조절하여 2차발효 또는 휴지를 할 수 있다.
		3. 튀기기	1. 제품별로 알맞은 온도에서 튀겨낼 수 있다. 2. 양면이 고른 색상을 갖고 고르게 튀기도록 조치할 수 있다. 3. 기름의 산패여부를 판단하여 깨끗한 기름에서 튀길 수 있다.
		4. 찌기	1. 제품별로 알맞은 스팀온도(증기압력)에서 찔 수 있다. 2. 제품이 붙지 않도록 간격을 조정할 수 있다.
		5. 냉각 및 포장하기	1. 토핑이나 충전물 등을 준비할 수 있다. 2. 냉각시켜 마무리작업을 할 수 있다. 3. 토핑이나 충전물이 흐르지 않도록 주의하여 포장할 수 있다. 4. 제품의 품질 유지를 위해 유통기한, 제조일시를 표시하여 포장할 수 있다

22. 식품가공

제빵기능사

출제기준(필기)

직무 분야	식품가공	중직무 분야	제과·제빵	자격 종목	제빵기능사	적용 기간	2013.01.01~2017.12.31

○직무내용 : 제과·제빵에 관한 재료 및 제법의 지식을 바탕으로 하여 위생적이고 영양적인 빵, 과자제품을 제조하는 직무

필기검정방법	객관식	문제수	60	시험시간	1시간

필기과목명	문제수	주요항목	세부항목	세세항목
식품위생학 영양학 재료과학 제조이론 등	60	1. 식품의 변질	1. 미생물에 의한 변질	1. 미생물의 종류 및 특성 2. 미생물에 의한 식품의 오염 3. 소독과 살균 4. 교차오염
			2. 변질의 개념	1. 변질, 부패, 산패 등의 특징 2. 변질 억제
		2. 식품과 감염병	1. 감염병의 개요	1. 감염병 발생 조건 2. 감염병 발생 과정 3. 법정 감염병
			2. 경구감염병	1. 경구감염병의 특징 및 발생양상 2. 경구감염병의 예방대책
			3. 인수공통감염병	1. 중요한 인수공통감염병의 특징 2. 인수공통감염병 예방대책
			4. 식품과 기생충병	1. 기생충의 특징 및 예방대책
			5. 위생동물	1. 위생동물의 식품 위해성
		3. 식중독	1. 식중독의 종류, 특성 및 예방방법	1. 세균성 식중독 2. 자연독 식중독 3. 화학성 식중독 4. 곰팡이 독소 5. 알레르기 식중독
		4. 식품첨가물	1. 식품의 첨가물	1. 식품첨가물의 특징 및 조건 2. 식품첨가물의 사용기준
		5. 식품위생	1. 식품위생관련법규	1. 식품위생법 관련법규

필기과목명	문제수	주요항목	세부항목	세세항목
			2. 식품위생관리	1. HACCP, PL법 등의 개념 및 의의
			3. 포장 및 용기위생	1. 포장재별 특성과 위생
		6. 탄수화물	1. 탄수화물의 분류	1. 탄수화물의 분류
			2. 탄수화물의 영양	1. 탄수화물의 영양적기능 2. 탄수화물의 소화, 흡수, 대사
			3. 탄수화물 급원 식품	1. 탄수화물의 급원 식품 및 특성
		7. 지방질	1. 지방질의 분류	1. 지방질의 분류
			2. 지방질의 영양	1. 지방질의 영양적 기능 2. 지방질의 소화, 흡수, 대사
			3. 지방질의 급원 식품	1. 지방질의 급원식품 및 특성
		8. 단백질	1. 단백질의 분류	1. 단백질의 분류
			2. 단백질의 영양	1. 단백질의 영양적 기능 2. 단백질의 소화, 흡수, 대사
			3. 단백질 급원 식품	1. 단백질의 급원 식품 및 특성
		9. 무기질, 비타민, 물	1. 무기질	1. 무기질의 종류 및 기능 2. 무기질의 급원 식품 및 특성
			2. 비타민	1. 비타민의 종류 및 기능 2. 비타민의 급원 식품 및 특성
			3. 물	1. 물의 영양적 기능
		10. 영양과 건강	1. 질병과 영양	1. 식생활과 질병(과잉증, 결핍증 등) 2. 영양섭취기준 3. 특이식관리(식사요법 등)
			2. 에너지 대사	1. 기초 대사량, 활동 대사량 등 에너지 대사
		11. 기초과학	1. 탄수화물의 재료적 특성	1. 탄수화물의 종류와 특징

필기과목명	문제수	주요항목	세부항목	세세항목
			2. 지방질의 재료적 특성	1. 지방질의 특징 2. 제과·제빵용 유지의 특징
			3. 단백질의 재료적 특성	1. 단백질의 종류와 특징
			4. 효소	1. 효소의 성질 2. 제빵에 관계하는 효소
		12. 제과·제빵 재료일반	1. 밀가루 및 가루제품	1. 밀알의 구조 및 특성 2. 제분 3. 밀가루의 성분(수분, 단백질 등) 4. 밀가루의 표백과 숙성 5. 밀가루 저장과 프리믹스 6. 기타가루
			2. 감미제	1. 제품별 특성 2. 제과·제빵에서의 기능
			3. 유지와 유지제품	1. 제품별 특성 2. 제과·제빵에서의 기능
			4. 우유와 유제품	1. 우유와 유제품의 특징 2. 제과·제빵에서의 기능
			5. 계란과 계란제품	1. 계란과 계란제품의 특징 2. 제과·제빵에서의 기능
			6. 이스트 및 기타 팽창제	1. 이스트 및 기타 팽창제의 특징 2. 제과·제빵에서의 기능
			7. 물	1. 물의 경도 2. 제과·제빵에서의 기능
			8. 초콜릿	1. 초콜릿의 일반적인 특징 2. 초콜릿 제조방법 및 템퍼링 3. 제과·제빵에서의 기능 4. 초콜릿의 보관방법과 결점(블룸) 5. 코코아
			9. 과실류 및 주류	1. 과실류 및 주류의 특징 2. 제과·제빵에서의 기능

필기과목명	문제수	주요항목	세부항목	세세항목
			10. 기타	1. 유화제, 향료, 향신료, 안정제 등의 첨가물
			11. 품질관리용 기구 및 기계	1. 품질관리용 기구 및 기계
		13. 제과이론	1. 배합표 작성과 배합률 조정	1. 배합표 작성과 배합률 조정
			2. 재료의 계량	1. 재료의 계량
			3. 반죽과 믹싱	1. 반죽과 믹싱
			4. 반죽온도의 조절	1. 반죽온도의 조절
			5. 반죽비중 조절	1. 반죽비중 조절
			6. 패닝(반죽채우기)	1. 패닝(반죽 채우기)
			7. 성형	1. 성형
			8. 굽기	1. 굽기
			9. 튀김(frying)	1. 튀김(frying)
			10. 찜(steaming)	1. 찜(steaming)
			11. 장식(decoration) 및 포장	1. 장식(decoration) 및 포장
			12. 제품평가 및 관리	1. 제품평가 및 관리
			13. 공장설비 관련 사항	1. 공장설비 관련 사항
			14. 생산관리	1. 구매, 판매, 재고, 노무관리 2. 원가 관리 3. 신제품개발
			15. 제과 기계	1. 제과기계관리 및 사용법
			16. 제품의 특징	1. 제품의 전형적인 특성 및 형태

필기과목명	문제수	주요항목	세부항목	세세항목
		14. 제빵이론	1. 배합표 작성과 배합률 조정	1. 배합표 작성과 배합률 조정
			2. 재료의 계량	1. 재료의 계량
			3. 반죽과 믹싱	1. 반죽과 믹싱
			4. 반죽온도의 조절	1. 반죽온도의 조절
			5. 1차 발효	1. 1차 발효
			6. 성형(분할, 둥글기기, 중간발효, 정형 등)	1. 성형(분할, 둥글기기, 중간발효, 정형 등)
			7. 패닝(반죽채우기)	1. 패닝(반죽 채우기)
			8. 2차 발효	1. 2차 발효
			9. 굽기	1. 굽기
			10. 냉각 및 포장	1. 냉각 및 포장
			11. 제품평가 및 관리	1. 제품평가 및 관리 2. 빵의 노화
			12. 냉동반죽	1. 냉동반죽
			13. 제빵기계	1. 제빵기계관리 및 사용법
			14. 제품의 특징	1. 제품의 전형적인 특성 및 형태

출제기준(실기)

직무 분야	식품가공	중직무 분야	제과·제빵	자격 종목	제빵기능사	적용 기간	2013.01.01~2017.12.31

○직무내용 : 제과·제빵에 관한 재료 및 제법의 지식을 바탕으로 하여 위생적이고 영양적인 빵, 과자 제품을 제조하는 직무

○수행준거 : 1. 각 제빵 제품 제조에 필요한 재료의 배합표를 작성할 수 있다.
      2. 재료를 계량하고 각종 제빵용 기계 및 기구를 사용할 수 있다.
      3. 믹싱, 발효, 성형, 굽기, 장식 등의 공정을 거쳐 각종 빵류 제품을 만들 수 있다.

실기검정방법		작업형		시험시간	2~4시간 정도

실기과목명	주요항목	세부항목	세세항목
제빵작업	1. 식빵류 제조	1. 반죽 및 1차 발효하기	1. 소비자 기호, 생산비용을 고려해 배합률을 결정할 수 있다. 2. 제품 별로 소요되는 각 재료를 계량할 수 있다. 3. 믹싱기 속도, 반죽 온도, 재료 투입 순서 등 주어진 조건에 따라 반죽을 준비할 수 있다. 4. 주어진 발효 조건에 맞추어 발효를 할 수 있다. 5. 반죽과 발효 과정에서 반죽의 적절성을 판단, 조치할 수 있다.
		2. 성형 및 2차 발효하기	1. 덧가루 사용을 최소화하여 반죽을 분할·둥글리기 할 수 있다. 2. 필요한 경우 중간 발효 및 2차 발효를 진행할 수 있다. 3. 팬에 넣거나 모양을 만들어 조건에 맞게 2차 발효를 시킬 수 있다. 4. 팬의 크기에 알맞게 반죽량을 조절할 수 있다.
		3. 굽기	1. 반죽이 되거나 진 정도, 빵의 크기, 발효상태에 따라 굽는 시간과 온도를 조절할 수 있다. 2. 오븐의 밑불과 윗불 온도차를 고려하여 균일하게 구워낼 수 있다. 3. 굽기 전후에 수행되는 작업을 실시할 수 있다. 4. 구워진 식빵이 알맞은 부피와 기공분포, 모양을 갖추었는지 평가하고 대처할 수 있다.
		4. 냉각 및 포장하기	1. 제품을 최적상태로 냉각하여 포장할 수 있다. 2. 형태를 유지하며 잘라 포장할 수 있다. 3. 제품의 품질 유지를 위해 유통기한, 제조일시를 표시하여 포장할 수 있다.

실기과목명	주요항목	세부항목	세세항목
	2. 과자빵류 제조	1. 반죽 및 1차 발효하기	1. 소비자 기호, 생산비용을 고려해 배합률을 결정할 수 있다. 2. 제품별로 소요되는 각 재료를 정확히 계량, 배합할 수 있다. 3. 믹싱기 속도, 반죽 온도, 재료투입 순서 등 주어진 조건에 따라 반죽할 수 있다. 4. 주어진 발효 조건에 맞추어 발효시킬 수 있다. 5. 반죽과 발효 과정에서 반죽의 적절성을 판단, 조치할 수 있다.
		2. 충전물 및 토핑 준비하기	1. 제품의 종류에 알맞은 충전물과 토핑 재료를 준비 할 수 있다. 2. 충전물과 토핑을 제조방법에 따라 만들 수 있다. 3. 만들어진 충전물이나 토핑이 남는 경우 보관 할 수 있다.
		3. 충전·토핑 및 2차 발효하기	1. 종류와 모양에 따라 분할 무게, 크기를 달리하여 분할 할 수 있다. 2. 빵의 양과 크기에 따라 알맞은 양의 충전물을 넣거나 토핑 할 수 있다. 3. 모양과 크기에 따라 2차 발효를 하여 발효가 적정하게 이뤄졌는지 판단할 수 있다.
		4. 굽기	1. 빵의 크기, 발효상태, 반죽 상태에 따라 굽는 시간과 온도를 조절할 수 있다. 2. 오븐 내부 위치에 따른 온도 편차를 고려하여 빵의 색깔을 맞춰 적절한 시점에 팬의 위치를 바꿀 수 있다. 3. 굽기 전후에 필요한 작업을 수행할 수 있다. 4. 구워진 과자빵이 알맞은 색상, 기공분포, 부드러운 조직, 모양을 갖췄는지 판단하고 대처할 수 있다.
		5. 냉각 및 포장하기	1. 제품을 최적상태로 냉각하여 포장할 수 있다. 2. 냉각이 된 빵에 충전물을 넣을 수 있다. 3. 충전물이 포장에 묻지 않도록 포장할 수 있다. 4. 제품의 품질 유지를 위해 유통기한, 제조일시를 표시하여 포장할 수 있다.
	3. 특수빵류 제조	1. 반죽 및 1차 발효하기	1. 주재료의 특성을 고려한 배합표를 작성할 수 있다. 2. 배합률에 따라 재료를 계량할 수 있다.

실기과목명	주요항목	세부항목	세세항목
			3. 실내온도, 주재료온도, 기계 마찰 계수를 고려하여 사용할 물의 온도를 계산할 수 있다. 4. 제품에 따라 건과 및 너트류를 전처리할 수 있다. 5. 순서에 맞춰 재료를 넣고 속도를 조절하여 반죽할 수 있다. 6. 제품 및 주재료의 특성에 따라 적정상태로 발효시킬 수 있다. 7. 필요한 경우 펀치할 수 있다.
		2. 성형 및 2차 발효하기	1. 제품에 따라 크기별로 분할하여 둥글리기를 할 수 있다. 2. 필요한 경우 중간발효하고 모양을 내어 패닝할 수 있다. 3. 적당한 간격으로 반죽을 팬에 배열할 수 있다. 4. 2차 발효 후 반죽표피에 모양을 내거나 토핑을 할 수 있다.
		3. 굽기	1. 오븐 온도 편차를 고려하여 균일한 색상으로 구워낼 수 있다. 2. 스팀 오븐을 사용할 수 있다.
		4. 냉각 및 포장하기	1. 제품을 최적상태로 냉각하여 포장을 할 수 있다. 2. 형태를 유지하며 잘라 개별 포장을 할 수 있다. 3. 제품의 품질 유지를 위해 유통기한, 제조일시를 표시하여 포장을 할 수 있다
	4. 페이스트리류 제조	1. 반죽 및 1차 발효하기	1. 주재료의 특성을 고려한 배합표를 작성할 수 있다. 2. 제품 별로 소요되는 각 재료를 정확히 계량할 수 있다. 3. 믹싱기 속도, 반죽 온도, 재료 투입 순서 등 주어진 조건에 따라 반죽할 수 있다. 4. 반죽과 발효 과정에서 반죽의 적절성을 판단, 조치할 수 있다. 5. 제품 제조에 필요한 페이스트리용 버터를 준비할 수 있다.
		2. 밀기 접기 및 2차 발효하기	1. 제품에 맞추어 반죽을 적정량으로 분할할 수 있다. 2. 밀어 펴기와 유지 싸기, 휴지를 반복할 수 있다. 3. 크기와 재단 형태에 따라 다양한 모양으로 만들 수 있다. 4. 유지가 빠져나오지 않도록 저온으로 2차 발효를 시킬 수 있다.

실기과목명	주요항목	세부항목	세세항목
		3. 굽기	1. 충전물을 넣거나 토핑하여 표피에 계란물을 발라 구워낼 수 있다. 2. 오븐 온도 편차를 고려하여 균일한 색상으로 구워낼 수 있다. 3. 구워진 페이스트리를 평가하고 대처할 수 있다
		4. 냉각 및 포장하기	1. 제품을 최적상태로 냉각하여 포장을 할 수 있다. 2. 냉각이 된 빵에 내용물을 충전하거나 토핑을 할 수 있다. 3. 충전물이나 토핑물이 포장에 묻지 않도록 포장을 할 수 있다. 4. 제품의 품질 유지를 위해 유통기한, 제조일시를 표시하여 포장을 할 수 있다.
	5. 조리빵류 제조	1. 반죽 및 1차 발효하기	1. 충전물과 어울리는 빵류를 선택하여 배합표에 따라 재료를 정확히 계량할 수 있다. 2. 믹싱기 속도, 반죽 온도, 재료 투입순서 등 주어진 조건에 따라 반죽을 준비할 수 있다. 3. 주어진 발효 조건에 맞추어 발효시킬 수 있다.
		2. 충전물 만들기	1. 충전에 필요한 재료를 계량할 수 있다. 2. 소스를 선택하여 준비할 수 있다. 3. 오븐, 팬, 찜기, 튀김기 등을 이용하여 미리 가공할 수 있다.
		3. 성형 및 2차 발효하기	1. 반죽을 알맞은 크기로 분할할 수 있다. 2. 성형 시 충전물을 넣거나, 토핑하여 모양을 만들 수 있다. 3. 2차 발효를 할 수 있다.
		4. 굽기	1. 오븐 온도 편차를 고려하여 균일한 색상으로 구워낼 수 있다. 2. 표피에 토핑물을 올려 구워낼 수 있다. 3. 충전물이 흘러내리지 않도록 구워낼 수 있다.
		5. 냉각 및 충전물 넣기	1. 제품을 최적상태로 냉각하여 포장을 할 수 있다. 2. 형태를 유지하며 빵을 자를 수 있다. 3. 빵에 습기가 배어들지 않도록 충전물을 넣을 수 있다. 4. 제품에 따라 조리된 빵을 다시 굽거나 그릴링 할 수 있다.

실기과목명	주요항목	세부항목	세세항목
	6. 튀김빵류 제조		5. 충전물이 흘러나오지 않도록 포장을 할 수 있다. 6. 제품의 품질 유지를 위해 유통기한, 제조일시를 표시하여 포장을 할 수 있다.
		1. 반죽 및 1차 발효하기	1. 주재료의 특성을 고려한 배합표를 작성할 수 있다. 2. 배합표에 따라 정확하게 계량할 수 있다. 3. 사용할 물의 온도를 계산할 수 있다. 4. 반죽온도를 맞출 수 있다. 5. 발효 과정에서 반죽의 적절성을 판단, 조치할 수 있다.
		2. 성형 및 2차 발효하기	1. 반죽을 알맞은 크기로 분할할 수 있다. 2. 중간발효를 시키거나 충전물을 넣을 수 있다. 3. 원하는 모양으로 만들 수 있다. 4. 적당한 크기로 발효를 시킬 수 있다.
		3. 튀기기	1. 튀기기 전 표피를 건조시킬 수 있다. 2. 적정한 튀김 온도와 시간, 투입시점을 알고 튀겨낼 수 있다. 3. 앞·뒤 색상이 균일하게 튀겨낼 수 있다.
		4. 충전물과 토핑 만들기	1. 충전물과 토핑 재료를 계량·제조할 수 있다. 2. 온도를 일정하게 유지하면서 제품에 글레이즈할 수 있다. 3. 제품에 따라 토핑할 수 있다.
		5. 냉각 및 포장하기	1. 기름이 흘러 나오지 않도록 최적상태로 냉각시킬 수 있다. 2. 충전물이나 토핑물이 포장에 묻지 않도록 포장을 할 수 있다. 3. 제품의 품질 유지를 위해 유통기한, 제조일시를 표시하여 포장을 할 수 있다.

국가기술자격 출제기준 Ⅱ

23 인쇄·목재·가구·공예

가구제작기능사
목공예기능사
귀금속가공기능장
귀금속가공산업기사
귀금속가공기능사
보석가공기능사
보석감정기능사
도자기공예기능사
석공예기능사

23. 인쇄·목재·가구·공예

가구제작기능사

출제기준(필기)

직무 분야	인쇄·목재· 가구·공예	중직무 분야	목재·가구· 공예	자격 종목	가구제작기능사	적용 기간	2013.1.1~2017.12.31

○직무내용 : 목재나 금속, 플라스틱재의 자재와 부속품을 가공하고 조립하여 제작도면과 시방서에 따라 재료 절단, 가공, 연마, 도장, 조립 등을 거친 후 사용하기 편리하고 아름다운 각종 가구를 제작하는 등의 직무 수행

필기검정방법	객관식	문제수	60	시험시간	1시간

필기과목명	문제수	주요항목	세부항목	세세항목
가구제도, 가구재료, 가구공작	60	1. 가구 제도	1. 제도용구 및 재료	1. 제도용구의 종류 및 사용법 2. 제도용 재료의 종류, 규격 및 특성
			2. 제도의 요소	1. 제도의 일반통칙, 도면의 크기와 척도 2. 선과 문자, 치수단위와 치수기입법, 표시기호
			3. 도면의 종류 및 작도법	1. 도면의 종류(사용목적, 도면내용에 따른 분류) 2. 도면의 종류(작성방법, 도면성격에 따른 분류) 3. 도면의 작도법
			4. 투상도 및 투시도	1. 도면의 투상법, 정투상법 2. 축측투상법, 사투상법 3. 투시도의 원리 4. 투시도의 종류
			5. 각종 가구 치수에 관한 사항	1. 책상, 의자 2. 각종 수납장
			6. 조형의 요소와 원리	1. 조형의 요소 2. 조형의 원리
		2. 가구재료	1. 목재	1. 목재의 조직, 성분 2. 목재의 성질, 강도 3. 목재의 제재 4. 목재의 건조 5. 목재의 방부법 6. 목재의 방화법 7. 죽재

필기과목명	문제수	주요항목	세부항목	세세항목
			2. 목재제품	1. 합판 2. 섬유판 3. 집성목재 4. 기타 가구용 목제품
			3. 금속재 및 비철금속	1. 강 2. 알루미늄 3. 동 4. 동합금
			4. 합성수지재	1. 합성수지의 종류, 특성 2. 합성수지의 용도 3. 합성수지 제품
			5. 접착제 및 가구용 접합철물	1. 각종 철물류 2. 접합재료 및 접착제
		3. 가구공작	1. 목공용 공구	1. 목공구의 종류 2. 목공구의 구조 3. 목공구의 손질 4. 목공구의 용도 5. 목공구의 사용법
			2. 목공용 기계	1. 목공기계의 종류 2. 목공기계의 구조 3. 목공기계의 용도 4. 목공기계의 운전 5. 목공기계의 조작법
			3. 가구작업순서 및 방법	1. 가구의 작업순서 2. 가구의 작업방법
			4. 각종 가구의 접합법	1. 이음의 종류 2. 이음의 가공법 3. 맞춤의 종류 4. 맞춤의 가공법 5. 쪽매의 종류 6. 쪽매의 가공법 7. 못의 사용법 8. 접착제의 사용법
			5. 가구의 조립 및 마무리	1. 조립 2. 마무리

필기과목명	문제수	주요항목	세부항목	세세항목
			6. 안전 및 위생	1. 안전에 관한 사항 2. 위생에 관한 사항
			7. 가구적산	1. 가구제작의 적산 및 견적에 관한 사항

출제기준(실기)

직무분야	인쇄·목재·가구·공예	중직무분야	목재·가구·공예	자격종목	가구제작기능사	적용기간	2013.1.1~2017.12.31

○직무내용 : 목재나 금속, 플라스틱재의 자재와 부속품을 가공하고 조립하여 제작도면과 시방서에 따라 재료 절단, 가공, 연마, 도장, 조립 등을 거친 후 사용하기 편리하고 아름다운 각종 가구를 제작하는 등의 직무 수행

○수행준거 : 1. 가구소재의 마름질 작업을 할 수 있다.
             2. 소품가구 가공작업을 할 수 있다.
             3. 가구 조립작업을 할 수 있다.

실기검정방법	작업형		시험시간	5시간 정도

실기과목명	주요항목	세부항목	세세항목
가구제작 작업	1. 주문자 상담	1. 자재종류 및 마무리방법 설정하기	1. 주문자가 원하는 제품제작에 필요한 자재의 종류에 관한 정보와 소요량을 계산할 수 있다.
	2. 장비 및 공구 준비하기	1. 목재가공기계 준비하기	1. 작업도면에 따라 가구제작에 필요한 목재가공용 기계를 선정할 수 있다. 2. 선정된 기계의 작동 및 안전 상태를 확인하고 이상시 조치 할 수 있다.
		2. 수공구 준비하기	1. 도면에 따라 가공에 필요한 수공구의 종류와 상태를 파악할 수 있다. 2. 수공구의 상태에 따라 작업이 가능하도록 개별 공구를 작업에 적합한 상태로 준비할 수 있다.
		3. 측정공구 준비하기	1. 작업계획에 따라 가구제작에 필요한 측정공구의 종류를 구별하고 준비할 수 있다. 2. 측정공구의 정밀도 확인방법에 따라 측정공구의 정밀도 확인할 수 있다.
	3. 세공작업	1. 성형기계 가공 작업하기	1. 성형기계의 제원과 특성에 따라 기계 및 날물을 조작할 수 있다. 2. 치구 및 날물의 기능에 따라 마모량을 예상하여 작업에 반영할 수 있다. 3. 작업지시서에 따라 성형기계를 선택할 수 있다. 4. 제작도면에서 요구하는 크기와 형태에 따라 가공작업을 할 수 있다.
		2. 보링기계 가공 작업하기	1. 보링기계의 제원과 특성에 따라 기계 및 날물을 조작할 수 있다. 2. 치구 및 날물의 기능에 따라 마모량을 예상하여 작업에 반영할 수 있다. 3. 작업 지시서에 따라 보링기계를 선택할 수 있다. 4. 제작도면에서 요구하는 위치 및 크기와 깊이에 따라 구멍을 가공 작업할 수 있다.

실기과목명	주요항목	세부항목	세세항목
		3. 접착기계 가공 작업하기	1. 접착기계의 제원과 특성에 따라 용도에 적합한 접착제를 선정할 수 있다. 2. 접착물의 형상. 상태. 온도. 습도. 함수율 등의 여건에 따라 피착재에 접착제를 골고루 도포할 수 있다. 3. 접착 방해인자를 사전에 체크하여 제거할 수 있다. 4. 작업지시서에 따라 접착물의 강도와 내구성이 유지되도록 접착기계로 붙이는 작업을 할 수 있다.
	4. 조립작업	1. 부자재 준비하기	1. 작업도면에 따라 부자재를 선정하여 수급할 수 있다. 2. 작업공정에 따라 부자재를 적재적소에 작업이 편리하게 배치할 수 있다.
		2. 반제품 준비하기	1. 작업도면에 따라 필요한 반제품을 수급할 수 있다. 2. 작업공정에 따라 부자재를 적재적소에 작업이 편리하게 배치할 수 있다. 3. 반제품 품질상태 검사방법에 따라 반제품의 불량 유무를 파악하여 반품이나 보수 등의 조치를 취할 수 있다.
		3. 각종 철물달기	1. 도면에 따라 각종 철물의 부착 위치를 정확하게 알 수 있다. 2. 도면에 따라 문 경첩을 달 수 있다. 3. 도면에 따라 서랍 레일을 설치 할 수 있다. 4. 도면에 따라 손잡이를 정해진 위치에 부착할 수 있다.
		4. 완제품 조립하기	1 완제품 조립공정에 따라 반제품에 조립을 위한 하드웨어를 필요한 위치에 끼우거나 부착할 수 있다. 2 조립공정의 특성에 따라 조립을 위한 지그를 제작할 수 있다. 3 조립 상태의 이상 유무를 파악하고 조치를 취할 수 있다. 4 조립 후 완제품의 직각유무를 파악하여 맞지 않을 경우 수정할 수 있다.

23. 인쇄·목재·가구·공예

목공예기능사

출제기준(필기)

직무분야	인쇄·목재·가구·공예	중직무분야	목재·가구·공예	자격종목	목공예기능사	적용기간	2013.1.1~2017.12.31

○직무내용 : 목재 및 목재질 재료와 목공예용 기계·공구를 이용하여 각종 마름질작업, 기본작업, 맞춤작업, 조각기법 등의 작업을 통해 생활 목공예 품을 만드는 작업을 수행

필기검정방법	객관식	문제수	60	시험시간	1시간

필기과목명	문제수	주요항목	세부항목	세세항목
공예 디자인, 목공예 재료, 목공예	60	1. 디자인 일반	1. 디자인의 의미, 성립 조건 등에 관한 사항	1. 디자인의 의미 2. 디자인의 성립 조건
			2. 디자인(공예)의 분류 및 특징에 관한 사항	1. 디자인(공예)의 분류 2. 디자인(공예)의 특징
		2. 디자인 요소	1. 형	1. 점, 선, 면, 방향, 형, 명암, 텍스츄어
		3. 디자인 원리	1. 조화	1. 유사, 대비
			2. 통일	1. 통일, 주도와 종속
			3. 균형, 비례	1. 대칭, 비대칭
			4. 율동	1. 점증, 반복
			5. 강조	1. 강조
		4. 공예사	1. 우리나라 공예문화의 시대 특징	1. 삼국시대 이전 2. 삼국시대 및 가야시대 3. 고려시대 4. 조선시대 5. 현대
			2. 현대 디자인사에 대한 일반 지식	1. 우리나라 디자인사 2. 동양 디자인사 3. 서양 디자인사
		5. 색의 기본	1. 색을 지각하는 기본 원리에 관한 일반 지식	1. 색의 대비, 색의 동화와 잔상 2. 색의 진출과 후퇴, 팽창과 수축
			2. 색의 분류	1. 무채색, 유채색

필기과목명	문제수	주요항목	세부항목	세세항목
			3. 색의 3속성	1. 색상, 명도, 채도
		6. 색의 혼합	1. 색의 혼합	1. 원색 2. 색광혼합 3. 색료혼합 4. 중간혼합 5. 보색
		7. 색의 표시방법	1. 현색계, 표색계, 관용색명, 일반색명	1. 색 이름에 의한 표색법
			2. 표색계	1. 먼셀 표색계 2. 오스트발트 표색계
		8. 색의 지각적인 효과	1. 색의 대비	1. 대비현상
			2. 색의 지각적 효과	1. 동화현상 2. 색의 명시성과 유목성 3. 색의 진출, 후퇴성과 팽창, 수축성
		9. 색의 감정적인 효과	1. 색의 감정적 효과	1. 색채의 온도감 2. 색채의 중량감 3. 색채의 강약감 4. 색채의 흥분·진정
		10. 색채의 조화	1. 색의 조화	1. 배색의 종류 2. 배색 방법 3. 배색의 조화
		11. 제도의 기본	1. 도면의 분류	1. 평면도, 입면도, 단면도 등
			2. 제도용구 및 사용법	1. 제도판, 제도기, 제도용 필기도구, 제도용지 등
		12. 제도의 표시	1. 선의 종류와 용도	1. 선의 종류와 용도
			2. 기호 및 치수, 문자	1. 치수 넣기, 문자, 축척, 단면표시 등
			3. 제도의 순서 등	1. 도면 작도순서 등
		13. 평면도법	1. 원, 타원, 다각형 그리기 등 평면도법에 관한 사항	1. 선, 각, 다각형 등의 특성 및 표준 작도 2. 원과 원호, 접촉형, 면적 등의 특성 및 표준 작도 3. 평면도법 등

필기과목명	문제수	주요항목	세부항목	세세항목
		14. 투상도법 및 투시도법	1. 투상도법의 종류 및 특성, 표준작도법	1. 투상도법의 특성 및 표준작도법 2. 정투상도법, 사투상법, 등각투상법 3. 부등각투상법 등
			2. 투시도법의 종류 및 특성, 표준작도법	1. 투시도법의 종류 　- 1점 투시도 　- 2점 투시도 　- 3점 투시도 2. 투시도법의 특성 3. 투시도 표준작도법
		15. 목재 일반	1. 목재의 분류, 종류 및 특성	1. 목재의 분류와 수목의 성장과 구분 2. 목재의 이용과 벌채 3. 목재의 장·단점과 우리나라 식물분포
			2. 목재의 종류와 용도	1. 국내·외산 목재 2. 용도별 주요 목재의 종류
		16. 목재의 구조와 조직	1. 목재의 가시적 구조	1. 목재의 결 2. 나이테 3. 목재의 질 4. 목재의 흠 5. 목재의 색깔과 변재 6. 목재의 광택 7. 목재의 향기와 맛 8. 나무의 구성과 조직
			2. 목재의 현미경적 구조	1. 세포 2. 침엽수, 활엽수의 구조 3. 목재의 화학적 성질
		17. 목재의 성질	1. 목재의 무게와 비중	1. 목재의 중량과 비중
			2. 함유수분 및 수분팽창	1. 함유수분 2. 수축과 팽창 3. 목재의 강도(인장, 압축, 전단, 휨 등) 4. 기타 성질(열전도율, 연소 등) 5. 비중과 강도, 함수율과 강도, 경도 등
		18. 목재의 건조	1. 건조의 목적	1. 건조의 요소 2. 건조 전 처리 3. 목재의 보존

필기과목명	문제수	주요항목	세부항목	세세항목
			2. 천연건조의 방법	1. 자연건조 방법 및 특성

			3. 인공건조의 종류 및 특성	1. 인공건조의 종류 및 특성
				  ○ 증기건조, 훈연건조, 전열건조
				  ○ 진공건조, 고주파건조, 약품건조 등

		19. 목재질 재료	1. 목재질 재료의 종류 및 특성	1. 합판 2. 집성목재 3. 섬유판 4. 기타 신소재(웨이퍼보드, LVL 등)
			2. 제작과정	1. 무늬목 2. 멜라민 및 기타 표면제 3. 목재의 규격 및 취급단위
		20. 대나무와 등재료	1. 대나무 종류 및 특성	1. 성질, 벌채, 건조, 가공방법 등
			2. 등나무의 종류 및 특성	1. 등나무의 종류 및 특성
		21. 목재의 시험	1. 비중, 함수율, 관계습도, 수축팽창 등	1. 비중 2. 함수율 3. 관계습도 4. 수축팽창 5. 목재의 시험에 관한 일반지식
		22. 목공예용 도장재료	1. 목재 바탕조정	1. 수지분 제거 2. 갈라짐, 벌레구멍, 틈 메우기 3. 사포질하기 4. 눈메움하기
			2. 도료의 분류 및 안료, 용제, 첨가제 등	1. 유성도료, 합성수지도료, 섬유소계 도료, 수성도료, 특수도료 등 2. 무기안료, 유기안료 3. 스테인 등
			3. 목재용 상도도장 재료	1. 상도도장 등
		23. 착색제, 표백제, 연마제, 접착제	1. 목재용 착색제의 종류 및 특성	1. 수성스테인 2. 유성스테인 3. N.G.R 스테인

필기과목명	문제수	주요항목	세부항목	세세항목
			2. 목재용 표백제의 종류 및 특성	1. 아염소산타트륨법 2. 과산화수소액법
			3. 목재의 연마제의 종류 및 특성	1. 사포질하기 2. 물연마
			4. 접착제의 종류 및 특성	1. 아교 2. 카세인 접착제 3. 페놀, 요소, 에폭시수지 접착제 4. 초산비닐수지계 접착제 5. 멜라민, 레조르시놀수지 접착제
			5. 못의 종류 및 특성	1. 못 2. 나무못 3. 나사못
		24. 목공예 일반	1. 한국목공예사	1. 삼국 이전의 목칠공예 2. 삼국 시대의 목칠공예 3. 통일 신라의 목칠공예 4. 고려의 목칠공예 5. 조선의 목칠공예 6. 근대 이후의 한국 목공예
			2. 목공예품의 종류 및 특징	1. 목공예와 생활 2. 목공예의 종류 및 특징
		25. 측정공구 사용법	1. 목공예 측정공구 사용법	1. 측정기구의 종류와 용도 2. 측정기구의 선택과 관리법
		26. 마름질 작업	1. 가공형태별 마름질 기법	1. 자르기 작업 2. 대패질 작업
		27. 톱의 사용법	1. 톱의 종류 및 특징, 표준 사용법	1. 양날톱 2. 등대기톱 3. 쥐꼬리톱 4. 실톱 등
			2. 톱니의 종류와 기능	1. 켜는톱니 2. 자르는톱니 3. 막니

필기과목명	문제수	주요항목	세부항목	세세항목

		28. 대패의 사용법	1. 대패의 종류 및 특징, 표준사용방법	1. 대패의 구조와 사용법
				2. 대패의 종류와 기능
				   ○ 평대패
				   ○ 배대패
				   ○ 턱대패
				   ○ 남경대패, 홈대패 등

		29. 조각도의 사용법	1. 조각도의 종류 및 특징, 표준사용방법	1. 조각칼의 구조와 사용법
				2. 조각칼의 종류와 기능
				   ○ 삼각칼
				   ○ 둥근칼
				   ○ 평칼
				   ○ 창칼 등

		30. 끌의 사용법	1. 끌류의 종류 및 특징, 표준사용방법	1. 끌의 특징과 사용법
				2. 끌의 종류
				   ○ 구멍파기용 : 평끌, 홈끌 등
				   ○ 다듬질용 : 세모끌, 인두끌 등
				   ○ 둥근끌

		31. 기타 목공예용 수공구의 특징, 표준사용방법	1. 기타 수공구 종류와 특징, 표준사용방법	1. 망치, 드라이버, 송곳, 죔쇠 등 2. 기타 목공예용 수공구 표준사용법
		32. 목공예용 전동공구 및 기계 사용법	1. 전동공구의 종류 및 특징, 사용법	1. 휴대용전기톱 2. 휴대용전기대패 3. 휴대용 루터 4. 휴대용 체인톱 등
			2. 목공예용 기계의 종류 및 특징, 사용법	1. 둥근톱기계 2. 때톱기계 3. 실톱기계 4. 손밀이 대패기계 5. 루터기계 등
		33. 맞춤 및 접합	1. 각종 맞춤방법의 종류 및 특징, 사용법	1. 반턱, 홈, 장부맞춤 2. 연귀, 사개, 주먹장 맞춤 3. 쪽매맞춤 4. 꽂음촉 맞춤 등
			2. 접착제 및 못류에 의한 접합기법	1. 못 2. 나사못 3. 나무못 4. 아교, 카세인 5. 화학접착제 등

필기과목명	문제수	주요항목	세부항목	세세항목
		34. 조각	1. 음각, 양각, 투각기법	1. 음각 2. 양각 3. 투각 4. 상감
			2. 입체조각(환조)기법	1. 입체조각(환조)기법
		35. 끝맺음 작업	1. 사포 작업방법	1. 사포작업
			2. 착색 및 표백작업방법	1. 착색 및 표백작업

			3. 목제품의 도장방법의 종류, 특징, 표준작업 방법	1. 목제품의 도장방법의 종류 및 특징
				  ○ 붓칠
				  ○ 분무기칠(뿜칠)
				  ○ 솜뭉치칠 등

		36. 안전	1. 목공예 작업 안전	1. 목공예 작업 안전
			2. 일반안전에 관한 사항	1. 전기, 화재, 유해물질, 보호구 등

출제기준(실기)

직무 분야	인쇄·목재· 가구·공예	중직무 분야	목재·가구· 공예	자격 종목	목공예기능사	적용 기간	2013.1.1~2017.12.31

○직무내용 : 목재 및 목재질 재료와 목공예용 기계·공구를 이용하여 각종 마름질작업, 기본작업, 맞춤작업, 조각기법 등의 작업을 통해 생활 목공예 품을 만드는 작업을 수행
○수행준거 : 1. 기공구 사용을 할 수 있다.
              2. 주어진 도면에 의한 가공을 정확하게 할 수 있다.

실기검정방법	작업형	시험시간	6시간 정도

실기과목명	주요항목	세부항목	세세항목
목공예 작업	1. 장비 및 공구준비	1. 목재가공기계 준비하기	1. 대형루터 매뉴얼에 따라 비트를 교체할 수 있다. 2. 둥근톱기계 매뉴얼에 따라 톱날을 교체할 수 있다. 3. 대패기계 매뉴얼에 따라 날을 교체하고 정반 수평을 조정 할 수 있다. 4. 톱기계 매뉴얼에 따라 날을 교체할 수 있다.
		2. 수공구 준비하기	1. 수공구대패를 교정하고 날물을 연마하여 준비할 수 있다. 2. 수공구 끝, 조각칼을 교정하고 날을 연마하여 준비할 수 있다. 3. 기타 수공구를 교정하고 준비할 수 있다.
	2. 작업관리	1. 세부공정 계획하기	1. 도면을 파악하여 작업의 범위를 분석 할 수 있다. 2. 계약내용 중에 제작 상의 주의사항이 있는지를 조사할 수 있다. 3. 설계도에 따라 산출된 작업량에 의거하여 각 공정별 작업공기를 계획할 수 있다 4. 설계도에 명시된 주요부위의 제작 방법을 해석할 수 있다. 5. 전체 공정표에 따라 전후 작업관계를 고려하여 공정표를 작성할 수 있다.
		2. 작업공정 관리하기	1. 공정표에 따라 작업진행 사항을 분석하고 적절히 대처할 수 있다. 2. 공정에 따른 자재수급 상태를 파악하여 필요 자재의 투입 일정을 계획 할 수 있다.

실기과목명	주요항목	세부항목	세세항목
		3. 이상발생 조치하기	1. 공정상 이상 유무를 파악하고 분석할 수 있다. 2. 분석된 원인에 따라 이상 발생 부분을 조치할 수 있다. 3. 작업 공정상 이상 유무를 확인하여 원인을 분석 할 수 있다. 4. 이상발생 원인에 따라 보고서를 작성할 수 있다.
	3. 세공작업	1. 성형기계 사용하기	1. 작업내용에 부합하는 날물을 선택하여 루터비트를 안전하게 장착할 수 있다. 2. 루터작업에 필요한 지그를 만들고 안전장치를 설치할 수 있다. 3. 루터를 사용하여 도면의 요구대로 몰딩과 곡선 및 원형가공을 안전하게 할 수 있다. 4. 톱기계의 날을 선택하여 실톱기계에 정확하게 장착할 수 있다. 5. 톱기계를 사용하여 도면의 요구대로 부재를 곡선 또는 직선으로 정확하게 오릴 수 있다. 6. 손실톱을 사용하여 도면의 요구대로 부재를 곡선 또는 직선으로 정확하게 오릴 수 있다.
		2. 보링기계 사용하기	1. 작업내용에 부합하는 날물을 선택하여 보링기계에 안전하게 장착할 수 있다. 2. 보링기계를 사용하여 정해진 위치에 정해진 크기와 깊이로 구멍을 안전하게 가공할 수 있다.
		3. 기본작업하기(톱, 대패, 끌작업 등)	1. 목공예 작업을 위한 여러 종류의 톱을 사용할 수 있다. 2. 목공예 작업을 위한 대패를 종류별 사용할 수 있다. 3. 목공예 작업을 위한 종류별 끌을 사용할 수 있다.
		4. 접합가공하기(나무못, 접합제류)	1. 나무못 등을 사용하여 목공예품을 접합가공 할 수 있다. 2. 접착제 등을 사용하여 목공예품을 접합가공 할 수 있다.
		5. 맞춤가공하기(반턱, 사개연귀, 장부, 꽃음촉, 주먹장맞춤 등)	1. 반턱맞춤으로 목공예품을 제작할 수 있다. 2. 사개맞춤으로 목공예품을 제작할 수 있다. 3. 연귀맞춤으로 목공예품을 제작할 수 있다. 4. 장부맞춤으로 목공예품을 제작할 수 있다. 5. 꽃음촉맞춤으로 목공예품을 제작할 수 있다. 6. 주먹장맞춤으로 목공예품을 제작할 수 있다.

실기과목명	주요항목	세부항목	세세항목
	4. 조각작업	1. 부조하기	1. 작업 내용에 부합된 재료를 절단· 가공 할 수 있다. 2. 도면에 따라 공구를 선택하여 조각칼을 연마 할 수 있다. 3. 주어진 도면에 따라 밑그림을 정확하게 그릴 수 있다. 4. 도면 형상의 선과 면에 따라 조각칼을 선정 할 수 있다. 5. 문양에 따라 조각칼을 사용하여 높이와 낮김 부분을 조각할 수 있다. 6. 깎아낼 부분을 조각할 수 있다. 7. 도면에 따라 평면상에 있어서의 원근효과를 분석하여 표현 할 수 있다.
		2. 투조하기	1. 도면 작업 내용에 따라 부합된 날물을 선택하여 장착할 수 있다. 2. 드릴을 사용하여 조각 하려는 형상의 배경을 정확하게 뚫어낼 수 있다. 3. 도면의 내용에 따라 필요 없는 면을 실톱이나 실톱기계를 사용하여 직선, 곡선을 정확하게 절단할 수 있다. 4. 조각칼을 사용하여 도면의 요구대로 문양의 원근감을 살려 사실감 있게 표현할 수 있다.
		3. 환조하기	1. 도면에 따라 길이, 넓이, 두께를 고려하여 스케치할 수 있다. 2. 도면에 따라 형상에 맞는 조각칼을 선정하여 연마할 수 있다. 3. 도면에 따라 양감, 운동감, 질감을 고려하여 절단 가공할 수 있다. 4. 도면에 따라 조각칼을 사용하여 입체감 있게 조각할 수 있다.
	5. 상감작업	1. 상감재 준비하기	1. 도면에 따라 목재를 구분하여 선택할 수 있다. 2. 도면에 따라 부재를 구분하여 둥근 톱으로 안전하게 절단. 가공할 수 있다. 3. 둥근톱, 손밀이대패를 사용하여 도면의 요구대로 상감부재를 안전하게 절단 가공 할 수 있다. 4. 둥근톱을 사용하여 상감 깊이보다 1mm 더 두껍게 안전하게 가공할 수 있다.

실기과목명	주요항목	세부항목	세세항목
		2. 직선 상감하기	1. 손대패를 사용하여 도면의 요구대로 상감부재를 균일하게 마름질 할 수 있다. 2. 그무개를 사용하여 도면의 치수에 맞게 직선 금긋기를 할 수 있다. 3. 평칼을 사용하여 금 긋기와 홈파기를 정확하게 할 수 있다. 4. 연귀 마구리대를 사용하여 45° 부재를 정확히 대패질할 수 있다. 5. 평칼을 사용하여 상감부재 밑면 모서리를 정확하게 모따기 할 수 있다. 6. 상감할 홈에 접착제를 바르고 상감재 밑면만 들어가게 조립할 수 있다. 7. 평칼, 대패를 사용하여 도면의 요구대로 바탕재 위로 튀어나온 상감재를 정확하게 다듬을 수 있다.
		3. 곡선 상감하기	1. 도면에 따라 부재를 치수대로 안전하게 마름질 할 수 있다. 2. 도면에 따라 바탕재 위에 먹지를 대고 정확하게 문양을 그릴 수 있다. 3. 도면에 따라 상감재와 바탕재의 나뭇결 방향이 일치하게 구분하여 준비할 수 있다. 4. 실톱 날을 선택하여 실톱대에 정확하게 장착하고 도면의 요구대로 부재를 직선 또는 곡선으로 정확하게 오릴 수 있다. 5. 바탕재 위에 상감재를 놓고 칼금을 사용하여 정확하게 그리고 조각칼을 선택하여 칼금보다 0.5mm 정도 안쪽으로 정확하게 문양을 찍을 수 있다. 6. 도면의 요구에 따라 대패를 사용하여 바탕재와 일치되게 깨끗하게 대패질 할 수 있다.

23. 인쇄·목재·가구·공예

귀금속가공기능장

출제기준(필기)

직무 분야	인쇄·목재· 가구·공예	중직무 분야	목재·가구· 공예	자격 종목	귀금속가공기능장	적용 기간	2013.1.1~2017.12.31

○직무내용 : 귀금속가공에 관한 이론적 지식과 최상급 숙련기능을 바탕으로 실제 귀금속 가공을 하거나 산업현장에서 작업관리, 지도 및 감독, 현장훈련, 경영층과 생산계층을 유기적으로 결합시켜 주는 현장의 중간관리자 직무를 수행

필기검정방법	객관식	문제수	60	시험시간	1시간

필기과목명	문제수	주요항목	세부항목	세세항목
금속 공예사, 공예 디자인, 색채, 귀금속 감정, 귀금속 재료, 금속 가공법, 작업안전 및 보석 일반에 관한 사항	60	1. 장신구사	1. 삼국시대 이전의 장신구	1. 신석기, 청동기, 낙랑군 등 삼국시대 이전의 공예 및 장신구
			2. 삼국시대 장신구	1. 삼국시대 장신구의 종류, 특징에 관한 사항
			3. 고려시대 장신구	1. 고려시대 장신구의 종류, 특징에 관한 사항
			4. 조선시대 장신구	1. 조선시대 장신구의 종류, 특징에 관한 사항
			5. 동서양 장신구	1. 동서양 장신구에 대한 일반적 특징에 관한 사항
		2. 공예디자인	1. 근대 디자인사	1. 근대 디자인사에 대한 일반적 지식
			2. 공예의 특징	1. 공예의 개념, 정의와 종류 및 특징
			3. 디자인의 특징	1. 디자인의 개념, 정의와 분류 및 특징
			4. 디자인 요소	1. 디자인 요소(점, 선, 면, 형, 질감 등)
			5. 디자인의 원리	1. 디자인의 원리(통일과 변화, 조화, 균제 등)
			6. 주얼리 디자인	1. 주얼리 디자인에 관한 지식 및 CAD에 관한 일반적 지식
		3. 공예제도	1. 선의 종류와 용도	1. 선의 종류와 용도 및 치수 넣기, 문자, 축척, 단면 표시 등

필기과목명	문제수	주요항목	세부항목	세세항목
			2. 평면도법	1. 선, 각, 다각형, 원 등 평면도법에 관한 작도 방법
			3. 정투상법	1. 정투상법에 관한 전반적 지식
			4. 사투상, 등각투상, 부등각투상	1. 사투상, 등각투상, 부등각투상 등에 관한 사항
			5. 입체의 절단도법, 전개도법	1. 입체의 절단도법, 전개도법 등에 관한 사항
			6. 투시도법	1. 투시도법의 종류, 특성 작도법 및 관련된 기호에 관한 지식
		4. 색채	1. 색의 기본원리	1. 색의 기본원리에 관한 지식
			2. 색의 혼합	1. 색의 혼합, 표시방법 등에 관한 사항
			3. 색의 효과	1. 색의 기본적 효과와 감정적인 효과
			4. 색의 기능	1. 색의 기능(대비, 명시성, 무게감 등)
			5. 색의 배색	1. 색의 배색효과에 관한 사항
		5. 보석재료 및 가공기법	1. 보석의 특징	1. 결정의 종류 및 특성, 보석의 광학적 성질 및 물리적 성질에 관한 일반 지식
			2. 무기질 보석의 특징	1. 무기질 보석재료의 종류 및 특성에 관한 일반 지식
			3. 유기질 보석의 특징	1. 유기질 보석재료의 종류 및 특성에 관한 일반 지식
			4. 합성 및 모조보석의 특징	1. 합성 및 모조보석의 종류 및 특성
			5. 보석의 연마제, 절삭제, 광택제	1. 보석의 연마제, 절삭제, 광택제 등에 관한 일반 지식
			6. 캐보션의 특징 및 연마 기법	1. 캐보션의 종류 및 특성, 연마 기법에 관한 일반 지식

필기과목명	문제수	주요항목	세부항목	세세항목
			7. 구형연마기법	1. 구형연마기법
			8. 패싯팅의 특징 및 연마 기법	1. 패싯팅의 종류 및 특성, 연마 기법에 관한 일반 지식
			9. 기타 연마기법	1. 기타 연마기법에 관한 일반 지식
		6. 귀금속 재료 및 가공기법	1. 금속재료의 특징	1. 금속재료의 분류 및 성질, 구조, 조직에 관한 사항
			2. 비금속재료의 특징	1. 비금속재료의 분류 및 성질, 구조, 조직에 관한 사항
			3. 칠보재료	1. 칠보재료에 관한 일반 지식
			4. 땜재료	1. 귀금속가공 땜재료에 관한 일반 지식
			5. 광택 및 착색재료, 기타 약품류	1. 광택 및 착색재료에 관한 지식 2. 기타 세척제, 부식제, 약품류 등
			6. 측정공구류	1. 귀금속가공 측정공구류의 종류 및 사용 방법
			7. 기초 가공방법	1. 자르기, 뚫기, 줄질 등의 기초 가공 방법
			8. 열처리 작업	1. 열처리 작업 및 기공구 사용, 규격 재료 가공 등
			9. 합금 및 합금방법	1. 합금 및 합금방법에 관한 지식
			10. 단금, 조금, 상감	1. 단금, 조금, 상감 등에 관한 종류 및 기법
			11. 용접, 땜기법, 접합 기법	1. 용접, 땜기법, 접합기법과 기공구 사용법
			12. 주모형 제작	1. 주모형 제작에 관한 지식
			13. 주조방법	1. 주조방법의 종류 및 특성, 기법, 기공구 사용법

필기과목명	문제수	주요항목	세부항목	세세항목
			14. WAX CARVING	1. WAX CARVING의 종류 및 특성, 기법, 기공구 사용법
			15. 표면처리기법	1. 표면처리기법(세척, 연마, 광택 도금 등)
			16. 안전사항	1. 귀금속작업 안전에 관한 사항 2. 화공약품 분리 수거처리에 관한 사항
			17. 일반안전	1. 일반안전(전기, 화재, 유해물질, 보호구 등)
		7. 보석 및 귀금속 감별, 감정	1. 감정서 및 관련 법규	1. 국내외 감정자격, 감정서 작성요령, 귀금속보석 관련 법규 등에 관한 일반 지식
			2. 귀금속 품위	1. 귀금속 품위, 육안 및 물리적 귀금속 감정, 귀금속 회수 및 분석 방법 등에 관한 사항
			3. 보석감별 장비 및 기구	1. 보석감별 장비 및 기구사용에 관한 일반 지식
			4. 유기질 보석의 감별	1. 유기질 보석의 감별에 관한 일반 지식
			5. 무기질 보석의 감별	1. 무기질 보석의 감별에 관한 일반 지식
			6. 4C에 의한 다이아몬드 감정	1. 4C에 의한 다이아몬드 감정 일반 상식

출제기준(실기)

직무 분야	인쇄·목재· 가구·공예	중직무 분야	목재·가구· 공예	자격 종목	귀금속가공기능장	적용 기간	2013.1.1~2017.12.31

○직무내용 : 귀금속가공에 관한 이론적 지식과 최상급 숙련기능을 바탕으로 실제 귀금속 가공을 하거나 산업현장에서 작업관리, 지도 및 감독, 현장훈련, 경영층과 생산계층을 유기적으로 결합시켜 주는 현장의 중간관리자 직무를 수행

○수행준거 : 1. 귀금속세공작업을 할 수 있다.
      2. 귀금속 특수가공기법을 할 수 있다.
      3. 재료의 원가 계산 및 작업계획을 세울 수 있다.

실기검정방법	작업형	시험시간	7시간정도

실기과목명	주요항목	세부항목	세세항목
귀금속 가공 작업	1 도면해독	1. 도면 판독하기	1. 도면에 표기된 각종 기호와 선의 의미를 파악할 수 있다. 2. 도면을 보는 위치에 따라 삼각도법의 종류별로 분류하여 판독할 수 있다. 3. 실척(1:1), NS, 축척, 배척도면을 통해 제품의 크기를 파악할 수 있다. 4. 도면의 축척을 실척(1:1)으로 환산하여 전체적인 형태를 결정할 수 있다. 5. 도면을 보고 평면도, 정면도, 측면도, 좌우측면도를 구분하여 적용기법을 파악할 수 있다. 6. 도면을 보고 입체표현정도를 파악할 수 있다. 7. 도면을 보고 작업에 대한 문제점을 예상하여 사전조치를 취할 수 있다.
		2. 표면의 표현방법 파악하기	1. 도면을 통해 광택이나 다양한 기법을 이용한 무광 표현을 파악할 수 있다. 2. 도면을 통해 도금, 착색 등의 기타 제품의 표면 표현방법을 파악할 수 있다 3. 도면을 통해 제품의 재질, 칼라, 특성을 파악하여 가공방법을 결정할 수 있다. 4. 도면을 보고 작업에 대한 문제점을 예상하고 사전 조치를 취할 수 있다.
	2. 세공작업	1. 세공작업 준비하기	1. 보유 생산 설비를 활용하여 장비, 공구, 재료를 선정하고 작업 준비사항을 확인할 수 있다 2. 작업방법에 따라 장비, 세공공구 및 재료를 준비할 수 있다.

실기과목명	주요항목	세부항목	세세항목
		2. 보석(난)집 및 보석물림자리 만들기	1. 보석이 손상되지 않도록 규격에 맞는 보석(난)집을 제작할 수 있다. 2. 고객의 요구조건이나 디자인에 맞는 기법으로 물림자리를 만들 수 있다.
		3. 형태 만들기	1. 디자인에 따른 모양을 만들기 위해 일감을 재단할 수 있다. 2. 재단된 일감을 디자인에 맞추어 형태를 만들 수 있다. 3. 대칭, 비대칭, 양감을 고려하여 장신구의 형태를 만들 수 있다. 4. 고객의 요구사항이나 디자인의도에 맞게 표현을 할 수 있다.
		4. 문양 조각하기	1. 세공품의 모양을 내기 위해 문양에 맞는 조각 도구를 선택할 수 있다. 2. 고객의 요구사항이나 디자인의도에 맞게 문양을 조각할 수 있다.
		5. 표면 세공작업하기	1. 디자인의 외관모양을 고려한 문양을 선택하여 여러 기법으로 문양을 넣을 수 있다. 2. 고객의 요구조건이나 디자인에 맞은 기법으로 보석 물림자리를 만들 수 있다. 3. 고객의 요구조건이나 디자인에 맞는 방법으로 표면의 질감을 낼 수 있다.
		6. 보조선 넣기	1. 장신구의 입체표현을 위한 높이 조정을 위해 보조선을 넣을 수 있다.
		7. 세팅하기	1. 완성된 보석 난집 난발에 알 물림도구를 이용하여 가공한 각종 보석을 세팅할 수 있다.
		8. 세공작업 상태 확인하기	1. 디자인과, 고객의 요구조건과 맞는지 세공품의 용접상태나 미관, 대칭, 사이즈 등을 정밀 검사할 수 있다. 2. 완성품의 이상 시 원인을 파악하여 이상조치 요령에 따라 조치를 취할 수 있다. 3. 작업 상태를 확인하여 수리, 폐기 등을 보고하고 처리할 수 있다.
	3. 왁스작업	1. 왁스(Wax)작업 준비하기	1. 작업방법에 따라 공구와 장비 및 재료를 준비할 수 있다. 2. 왁스(Wax)의 특성을 파악하여 제품의 용도 맞게 왁스(Wax)를 결정할 수 있다.

실기과목명	주요항목	세부항목	세세항목
		2. 보석(난)집 및 보석물림자리 만들기	1. 고객의 요구사항이나 디자인에 맞게 전기인두로 부분작업을 하여 왁스(Wax)를 붙일 수 있다. 2. 보석의 종류와 컷팅을 고려하여 규격에 맞는 보석(난)집을 제작할 수 있다. 3. 보석의 둘레를 측정하여 줄질 작업 후 난집을 용접할 수 있다. 4. 왁스(Wax)패턴 부분에 보석이 물릴 수 있도록 보석물림 자리를 만들고 보석을 물릴 수 있다.
		3. 왁스(Wax) 작업하기	1. 왁스(Wax)의 특성을 파악하여 도면에 따라 왁스(Wax)원형작업을 할 수 있다. 2. 상하·좌우 대칭을 고려하여 반지, 목걸이, 귀걸이, 브로치 등 여러 가지 형태를 제작할 수 있다. 3. 문양에 적절한 조각도와 여러 가지 공구를 사용하여 정밀하게 문양을 만들 수 있다. 4. 율동감, 양감, 질감을 살려 여러 형태의 문양을 음각, 양각으로 표현하고, 다양한 형태를 투각으로 표현할 수 있다. 5. 앞면의 형태를 따라 일정한 두께로 뒷면과 앞면의 형태를 갖추어 뒷면을 파낼 수 있다. 6. 융점이 낮은 왁스(Wax)를 사용하여 신속하게 땜 작업을 할 수 있다. 7. 제품의 각 부위 부분별 음각과 양각의 특징에 따라 광택을 낼 수 있다.
		4. 보조선 만들기	1. 작품의 후면 부분에 적당한 굵기의 보조선을 만들 수 있다.
		5. 두께 측정하기	1. 제품의 각 부위 부분별 제작 방법에 따라서 두께를 결정할 수 있다. 2. 두께측정용 눈금게이지를 사용하여 세팅 부위의 두께를 일정하게 유지할 수 있다.
		6. 왁스(Wax)상태 확인하기	1. 디자인 도안의 의도대로 제작되었는지 크기, 두께, 대칭, 표면상태 등을 검사 할 수 있다 2. 작업물 이상 시 원인을 파악하여 디자인이나 재료의 변경 등 필요사항을 변경할 수 있다. 3. 작업 상태를 확인하여 보완, 폐기 등을 보고하고 처리할 수 있다.

실기과목명	주요항목	세부항목	세세항목
	4. 표면작업	1. 표면처리하기	1. 금속 본래의 색상을 나타내고 광택효과를 위해 버핑 작업이나 전해연마 작업을 할 수 있다.
		2. 광택작업하기	1. 표면 상태를 파악하여 공구를 선택할 수 있다. 2. 광내는 기법을 습득하여 단계별로 조각 및 표면 부위의 광을 낼 수 있다.
		3. 세척하기	1. 수산화나트륨 용액에 담그고 열을 가하여 모델링과 물질을 제거할 수 있다. 2. 초음파 세척기에 물을 넣고 세척액을 혼합하여 세척 온도를 맞출 수 있다. 3. 작업시 필요조건에 따라 세척방법을 선택하여 세척할 수 있다. 4. 세척 후 물기와 세척액을 제거하고 주의 사항에 따라 보관할 수 있다.

23. 인쇄·목재·가구·공예

귀금속가공산업기사

출제기준(필기)

직무 분야	인쇄·목재· 가구·공예	중직무 분야	목재·가구· 공예	자격 종목	귀금속가공산업기사	적용 기간	2013.1.1~2017.12.31

○직무내용 : 세공할 모양, 형태에 따라 금, 은, 백금 등의 귀금속과 보석광물, 합성석 및 모조석을 소재로 금속용 수공구 및 동력공구를 사용하여 반지, 목걸이, 귀걸이 등 신변 장신구, 식탁용품 및 예술품을 디자인·제작하고 수리하는 직무를 수행

필기검정방법	객관식	문제수	80	시험시간	2시간

필기과목명	문제수	주요항목	세부항목	세세항목
장신구 디자인론	20	1. 디자인 일반	1. 디자인의 의미	1. 디자인의 의미, 성립조건 등에 관한 사항
			2. 디자인의 분류	1. 디자인의 분류 및 특징
		2. 디자인의 요소와 원리	1. 디자인의 요소와 원리	1. 디자인의 요소 2. 디자인의 원리 3. 디자인의 요소와 원리의 적용
		3. 장신구사	1. 한국의 장신구사	1. 신석기, 청동기, 낙랑군 등 삼국시대 이전의 공예 및 장신구 2. 삼국시대 장신구의 종류, 특징에 관한 사항 3. 고려시대 장신구의 종류, 특징에 관한 사항 4. 조선시대 장신구의 종류, 특징에 관한 사항
			2. 서양장신구사	1. 서양장신구사에 관한 사항
		4. 색의 기본원리	1. 색의 기본원리	1. 색을 지각하는 기본원리에 관한 일반지식
			2. 색의 3속성	1. 색의 분류 및 색의 3속성
		5. 색의 혼합 및 색의 표시방법	1. 색의 혼합	1. 색의 혼합
			2. 색의 표시방법	1. 현색계, 표색계, 관용색명, 일반 색명 2. 먼셀의 표색계
		6. 색의 지각적인 효과 및 감정적인 효과	1. 색의 대비	1. 색의 대비
			2. 색의 시각적 효과	1. 동화, 잔상, 명시도, 주목성, 진출과 후퇴, 팽창과 수축 등

필기과목명	문제수	주요항목	세부항목	세세항목
			3. 색의 감정	1. 온도감과, 중량감, 홍분과 침정, 색의 경연감 등 색의 감정에 관한 일반지식
		7. 색채조화	1. 색채의 조화와 배색	1. 색채의 조화와 배색이론에 관한 이론지식
		8. 제도일반	1. 선의 종류와 제도방법	1. 선의 종류와 용도, 기호 및 치수, 제도문자, 제도의 순서 등에 관한 사항
		9. 투상도법	1. 투상도법	1. 투상도법의 종류 및 특성, 표준 작도법
		10. 투시도법	1. 투시도법	1. 투시도법의 종류 및 특성, 표준 작도법
		11. 장신구디자인	1. 장신구의 특징	1. 장신구의 종류 및 특성, 용도, 활용도법, 규격 등에 관한사항
			2. 장신구 디자인 방법	1. 장신구 디자인 과정 및 제작방법에 관한 지식

필기과목명	문제수	주요항목	세부항목	세세항목
보석재료 및 가공기법	20	1. 보석의 특징	1. 보석의 물리적 성질	1. 결정의 종류 및 특성과 물리적 성질
			2. 보석의 광학적 성질	1. 보석의 광학적 성질 및 특수효과
		2. 무기질	1. 무기질 보석의 특징	1. 무기질 보석의 종류 및 특성
		3. 유기질	1. 유기질 보석의 특징	1. 유기질 보석의 종류 및 특성
		4. 합성 및 모조 보석	1. 합성보석의 특징	1. 합성보석의 종류 및 특성
			2. 모조보석의 특징	1. 모조보석의 종류 및 특성
			3. 접합석의 특징	1. 접합석의 종류 및 특성
		5. 연마제, 절삭제, 광택제	1. 연마재료의 특징	1. 연마재료의 종류 및 특성
			2. 절삭재료의 특징	1. 절삭재료의 종류 및 특성
			3. 광택제의 특징	1. 광택제와 광판의 종류 및 특성
		6. 보석가공 측정 공구사용법	1. 보석가공 측정공구의 특징	1. 보석가공 측정공구의 종류 및 특징, 표준사용법
		7. 보석의 절단기법	1. 원석의 재단방법	1. 원석의 검사 및 재단방법
			2. 대절단기법	1. 원석의 종류에 따른 대절단기법 및 기구 사용법
			3. 소절단기법	1. 형태그리기 및 소절단기법과 기구 사용법
		8. 캐보션 연마기법	1. 캐보션의 표준 연마기법	1. 캐보션의 종류 및 특징, 표준 연마기법, 기구 사용법
		9. 구형 연마기법	1. 구형 연마기법	1. 초음파 천공, 구형 연마기법, 텀블링, 기타 연마기법 및 기구 사용법
		10. 패싯팅 연마기법	1. 패싯팅의 표준 연마기법	1. 패싯팅의 종류 및 특징, 표준 연마기법, 기구 사용법
		11. 기타 연마기법	1. 기타 연마기법의 특징	1. 보석 조각 및 기타 보석 연마기법 2. 보석 검사방법 및 재가공방법

필기과목명	문제수	주요항목	세부항목	세세항목
귀금속재료 및 가공기법	20	1. 금속재료 일반	1. 금속재료의 특징	1. 금속재료의 분류 및 금속의 성질
			2. 금속의 구조 및 조직	1. 금속의 구조 및 조직에 관한사항
		2. 귀금속 재료	1. 귀금속 재료의 특징	1. 귀금속 재료의 종류 및 특성
		3. 비철금속재료	1. 비철금속재료의 특징	1. 비철금속재료의 종류 및 특성
		4. 칠보재료	1. 칠보재료의 특징	1. 칠보재료의 종류 및 특성
		5. 땜재료	1. 귀금속가공 땜재료의 특징	1. 귀금속가공 땜재료의 종류 및 특성
		6. 표면처리재료	1. 광택재료의 특징	1. 광택재료의 종류 밀 특성
			2. 착색재료 및 기타 약품류	1. 착색재료의 종류 및 특성
				2. 기타 세척제, 부식제, 약품류 등의 종류 및 특성
		7. 귀금속가공 측정공구 사용법 및 기초가공법	1. 귀금속가공 측정공구의 특징	1. 귀금속가공 측정공구의 종류 및 특성
			2. 귀금속 가공방법	1. 자르기, 뚫기, 줄질 등의 가공방법 및 기공구 사용법
		8. 열처리 및 재료 가공기법	1. 열처리작업	1. 열처리작업 및 기공구 사용법
			2. 재료 가공기법	1. 규격에 따른 재료 가공 및 기공구 사용법
		9. 합금	1. 합금 및 합금 방법	1. 합금 및 합금방법에 관한 지식
		10. 단금, 조금, 상감기법	1. 단금기법	1. 단금기법 및 기공구 사용법
			2. 조금기법	1. 조금기법 및 기공구 사용법
			3. 상감기법	1. 상감기법 및 기공구 사용법
		11. 접합가공	1. 용접과 땜기법	1. 용접, 땜기법 및 기공구 사용법
			2. 기타 접합가공 기법	1. 기타 접합가공 기법 및 기공구 사용법
		12. 정밀주조기법	1. 주조방법의 특징	1. 주조방법의 종류 및 특성, 기법, 기공구 사용법

필기과목명	문제수	주요항목	세부항목	세세항목
		13. WAX CARVING	1. WAX CARVING	1. WAX CARVING의 종류 및 특성, 기법, 기공구 사용법
		14. 표면처리 기법	1. 세척, 연마, 광택	1. 세척, 연마, 광택 작업방법 및 기구 사용법
			2. 착색제 사용법	1. 착색제 사용법 및 기구 사용법
			3. 도금기법의 특징	1. 도금기법의 종류 및 특성, 기법, 기공구 사용법
		15. 귀금속 품위	1. 귀금속 품위 감정	1. 귀금속 품위에 관한 지식 2. 육안 및 물리적, 화학적 귀금속 감정에 관한 지식
			2. 귀금속 회수 및 분석방법	1. 귀금속 회수 및 분석방법에 관한 지식
		16. 작업 안전	1. 귀금속 작업 안전	1. 귀금속 작업 안전에 관한 사항 2. 화공약품 분리 수거처리에 관한 사항
			2. 일반 안전	1. 일반 안전(전기, 화재, 유해물질, 보호구 등)에 관한 사항

필기과목명	문제수	주요항목	세부항목	세세항목
보석감별 및 감정	20	1. 감정일반	1. 감정 자격	1. 국내외 감정 자격에 관한 지식
			2. 감정서 작성	1. 감정서 작성에 관한 일반 지식
			3. 귀금속 보석 관련 법규	1. 귀금속 보석 관련 법규에 관한 지식
		2. 보석 감별법	1. 유색석 감별 장비	1. 유색석 감별 장비 및 기구 사용에 관한 일반지식
			2. 무기질보석과 유기질보석의 감별	1. 무기질보석과 유기질보석의 감별에 관한 일반지식 2. 인조보석의 감별에 관한 지식
		3. 보석 감정법	1. 다이아몬드 감정 장비	1. 다이아몬드 감정 장비 및 기구 사용에 관한 일반 지식
			2. 4C에 의한 다이아몬드 감정	1. 4C에 의한 다이아몬드 감정에 관한 일반 지식

출제기준(실기)

직무 분야	인쇄·목재· 가구·공예	중직무 분야	목재·가구· 공예	자격 종목	귀금속가공산업기사	적용 기간	2013.1.1~2017.12.31

○직무내용 : 세공할 모양, 형태에 따라 금, 은, 백금 등의 귀금속과 보석광물, 합성석 및 모조석을 소재로 금속용 수공구 및 동력공구를 사용하여 반지, 목걸이, 귀걸이 등 신변 장신구, 식탁용품 및 예술품을 디자인·제작하고 수리하는 직무를 수행

○수행준거 : 1. 장신구를 디자인 할 수 있다.
　　　　　　 2. 귀금속 세공작업을 할 수 있다.

실기검정방법	작업형	시험시간	6시간 30분 정도

실기과목명	주요항목	세부항목	세세항목
귀금속 공예 실무	1 도면해독	1. 도면 판독하기	1. 도면에 표기된 각종 기호와 선의 의미를 파악할 수 있다. 2. 도면을 보는 위치에 따라 삼각도법의 종류별로 분류하여 판독할 수 있다. 3. 실척(1:1), NS, 축척, 배척도면을 통해 제품의 크기를 파악할 수 있다. 4. 도면의 축척을 실척(1:1)으로 환산하여 전체적인 형태를 결정할 수 있다. 5. 도면을 보고 평면도, 정면도, 측면도, 좌우측면도를 구분하여 적용기법을 파악할 수 있다. 6. 도면을 보고 입체표현정도를 파악할 수 있다. 7. 도면을 보고 작업에 대한 문제점을 예상하여 사전조치를 취할 수 있다.
		2. 표면의 표현방법 파악하기	1. 도면을 통해 광택이나 다양한 기법을 이용한 무광 표현을 파악할 수 있다. 2. 도면을 통해 도금, 착색 등의 기타 제품의 표면 표현방법을 파악할 수 있다 3. 도면을 통해 제품의 재질, 칼라, 특성을 파악하여 가공방법을 결정할 수 있다. 4. 도면을 보고 작업에 대한 문제점을 예상하고 사전 조치를 취할 수 있다.
		3. 장신구 CAD 디자인하기	1. 컴퓨터를 이용한 장신구를 디자인할 수 있다.
	2. 세공작업	1. 세공작업 준비하기	1. 보유 생산 설비를 활용하여 장비, 공구, 재료를 선정하고 작업 준비사항을 확인할 수 있다. 2. 작업방법에 따라 장비, 세공공구 및 재료를 준비할 수 있다.

실기과목명	주요항목	세부항목	세세항목
		2. 보석(난)집 및 보석물림자리 만들기	1. 보석이 손상되지 않도록 규격에 맞는 보석(난)집을 제작할 수 있다. 2. 고객의 요구조건이나 디자인에 맞는 기법으로 물림자리를 만들 수 있다.
		3. 형태 만들기	1. 디자인에 따른 모양을 만들기 위해 일감을 재단할 수 있다. 2. 재단된 일감을 디자인에 맞추어 형태를 만들 수 있다. 3. 대칭, 비대칭, 양감을 고려하여 장신구의 형태를 만들 수 있다. 4. 고객의 요구사항이나 디자인의도에 맞게 표현을 할 수 있다.
		4. 문양 조각하기	1. 세공품의 모양을 내기 위해 문양에 맞는 조각 도구를 선택할 수 있다. 2. 고객의 요구사항이나 디자인의도에 맞게 문양을 조각할 수 있다.
		5. 표면 세공작업하기	1. 디자인의 외관모양을 고려한 문양을 선택하여 여러 기법으로 문양을 넣을 수 있다. 2. 고객의 요구조건이나 디자인에 맞는 기법으로 보석 물림자리를 만들 수 있다. 3. 고객의 요구조건이나 디자인에 맞는 방법으로 표면의 질감을 낼 수 있다.
		6. 보조선 넣기	1. 장신구의 입체표현을 위한 높이 조정을 위해 보조선을 넣을 수 있다.
		7. 세팅하기	1. 완성된 보석 난집 난발에 알 물림도구를 이용하여 가공한 각종 보석을 세팅할 수 있다.
		8. 세공작업 상태 확인하기	1. 디자인과, 고객의 요구조건과 맞는지 세공품의 용접상태나 미관, 대칭, 사이즈 등을 정밀 검사를 할 수 있다. 2. 완성품의 이상 시 원인을 파악하여 이상조치 요령에 따라 조치를 취할 수 있다. 3. 작업 상태를 확인하여 수리, 폐기 등을 보고하고 처리할 수 있다.

23. 인쇄·목재·가구·공예

귀금속가공기능사

출제기준(필기)

직무분야	인쇄·목재·가구·공예	중직무분야	목재·가구·공예	자격종목	귀금속가공기능사	적용기간	2013.1.1~2017.12.31

○직무내용 : 귀금속 및 보석의 종류와 특성 등 관련 지식을 바탕으로 제작도면 또는 고객의 요청에 따라 각종 수공구와 장비를 이용하여 각종 귀금속 장신구를 가공 및 제작·수리 직무를 수행

필기검정방법	객관식	문제수	60	시험시간	1시간

필기과목명	문제수	주요항목	세부항목	세세항목
공예 디자인, 귀금속재료, 귀금속가공	60	1. 금속재료	1. 금속의 특징	1. 금속재료의 분류 2. 금속의 일반적 성질
		2. 귀금속재료	1. 귀금속재료의 특징	1. 귀금속재료의 종류 2. 귀금속재료의 특성
		3. 비철금속재료	1. 비철금속재료의 특징	1. 비철금속재료의 종류 2. 비철금속재료의 특성
		4. 합금재료	1. 합금재료의 특징	1. 합금기술에 관한 일반지식 2. 합금재료의 특성
		5. 칠보재료	1. 칠보재료의 특징	1. 칠보재료의 종류 2. 칠보재료의 특성
		6. 표면처리재료	1. 표면처리재료의 특징	1. 연마 및 광택재료의 종류 2. 연마 및 광택재료의 특성 3. 착색 및 표면보호제의 종류 4. 착색 및 표면보호제의 특성
			2. 도금재료의 특징	1. 도금재료에 관한 일반지식
		7. 땜 재료	1. 땜 재료의 특징	1. 땜 재료의 종류 2. 땜 재료의 특성
		8. 귀금속가공재료	1. 세척제, 부식제의 특징	1. 세척제, 부식제의 종류 2. 세척제, 부식제의 특성
			2. 귀금속가공 약품류, 연료 등의 특징	1. 귀금속가공 약품류, 연료 등의 종류 2. 귀금속가공 약품류, 연료 등의 특성

필기과목명	문제수	주요항목	세부항목	세세항목
		9. 보석재료	1. 보석의 종류 및 특징에 관한 일반 지식	1. 보석의 종류 2. 보석의 특징에 관한 일반 지식 3. 보석의 감정 및 감별에 관한 일반 지식
		10. 귀금속가공, 측정공구	1. 귀금속가공, 측정공구 사용법	1. 귀금속가공, 측정공구의 종류 및 특징 2. 귀금속가공, 측정공구의 표준 사용법
		11. 마름질 작업	1. 마름질 작업방법	1. 형태별, 가공종류에 따른 마름질 작업방법
		12. 기초 가공	1. 자르기(절금)의 표준작업방법	1. 자르기(절금)의 표준작업방법 및 기공구 사용법
			2. 뚫기의 표준작업방법	1. 뚫기의 표준작업방법 및 기공구 사용법
			3. 줄질의 표준작업방법	1. 줄질의 표준작업방법 및 기공구 사용법
		13. 열처리 및 재료 가공기법	1. 열처리작업방법	1. 열처리작업방법 및 기공구 사용법
			2. 규격에 따른 재료 가공방법	1. 규격에 따른 재료가공 방법 및 기공구 사용법
		14. 단금작업 기법	1. 단금의 표준작업 방법	1. 단금의 표준작업방법 및 기공구 사용법
		15. 조금 및 상감작업 기법	1. 조금의 표준작업 방법	1. 조금의 표준작업방법 및 기공구 사용법
			2. 상감의 표준작업 방법 및 기공구 사용법	1. 상감의 표준작업방법 및 기공구 사용법
		16. 접합가공	1. 땜의 표준작업 방법	1. 땜의 표준작업방법 및 기공구 사용법
		17. 정밀주조기법	1. 주조방법의 종류 및 특성, 표준작업방법, 기공구사용법	1. 주조방법의 종류 및 특성 2. 주조방법의 표준작업 및 기공구 사용법

필기과목명	문제수	주요항목	세부항목	세세항목
			2. 주조작업에 관한 일반사항	1. 주모형 제작, 사출, 왁스패턴 세우기, 매몰소성 등 주조작업에 관한 일반사항
			3. 금속의 합금 및 용해방법	1. 금속의 합금, 용해방법 및 기공구 사용 등에 관한 일반지식
		18. WAX CARVING	1. WAX CARVING작업	1. WAX CARVING의 표준작업 및 기공구 사용법
		19. 표면처리기법	1. 세척, 연마, 광택 작업방법	1. 세척, 연마, 광택 작업방법 및 기공구 사용법
			2. 착색, 표면보호제 사용방법	1. 착색, 표면보호제 사용방법 및 기공구 사용법
			3. 도금의 성질	1. 도금의 종류 및 방법에 관한 일반지식
		20. 귀금속 품위	1. 귀금속품위 규정	1. 귀금속품위 규정에 관한 지식
		21. 안전	1. 안전사항	1. 귀금속공예 작업안전에 관한 일반지식 2. 일반안전(전기, 화재, 보호구, 유해물질, 보호구 등)에 관한 일반지식 3. 화공약품 분리 수거처리에 관한 일반지식
		22. 디자인일반	1. 디자인의 의미, 성립 조건 등에 관한 사항	1. 디자인의 의미 2. 디자인의 성립 조건
			2. 디자인(공예)의 분류 및 특징에 관한 사항	1. 디자인(공예)의 분류 2. 디자인(공예)의 특징
			3. 디자인 실무	1. 상품기획 작업 2. 업무에 따른 분석과 전문지식
		23. 디자인의 요소	1. 형	1. 점, 선, 면, 방향, 형, 명암, 텍스츄어
		24. 디자인의 원리	1. 조화	1. 유사, 대비

필기과목명	문제수	주요항목	세부항목	세세항목
			2. 통일	1. 통일, 주도와 종속
			3. 균형, 비례	1. 대칭, 비대칭
			4. 율동	1. 점증, 반복
			5. 강조	1. 강조
		25. 공예사	1. 우리나라 공예 문화의 시대 특징	1. 삼국시대 이전 2. 삼국시대 및 가야시대 3. 고려시대 4. 조선시대 5. 현대
			2. 현대 디자인사에 대한 일반지식	1. 우리나라 디자인사 2. 동양 디자인사 3. 서양 디자인사
		26. 색의기본	1. 색을 지각하는 기본 원리에 관한 일반지식	1. 색의 대비, 색의 동화와 잔상 2. 색의 진출과 후퇴, 팽창과 수축
			2. 색의분류	1. 무채색, 유채색
			3. 색의 3속성	1. 색상, 명도, 채도
		27. 색의 혼합	1. 색의혼합	1. 원색 2. 색광혼합 3. 색료혼합 4. 중간혼합 5. 보색
		28. 색의 표시방법	1. 현색계, 표색계, 관용 색명, 일반 색명	1. 색 이름에 의한 표색법
			2. 표색계	1. 먼셀 표색계 2. 오스트발트 표색계
		29. 색의 지각적인 효과	1. 색의 대비	1. 대비현상
			2. 색의 지각적 효과	1. 동화현상 2. 색의 명시성과 유목성 3. 색의 진출 후퇴성과 팽창 수축성

필기과목명	문제수	주요항목	세부항목	세세항목
		30. 색의 감정적인 효과	1. 색의 감정적 효과	1. 색채의 온도감 2. 색채의 중량감 3. 색채의 강약감 4. 색채의 흥분·진정
		31. 색채의 조화	1. 색의 조화	1. 배색의 종류 2. 배색방법 3. 배색의 조화

출제기준(실기)

직무 분야	인쇄·목재· 가구·공예	중직무 분야	목재·가구· 공예	자격 종목	귀금속가공기능사	적용 기간	2013.1.1~2017.12.31

○직무내용 : 지급된 재료를 이용하여 주어진 도면과 제시한 치수에 맞게 각종 수공구와 장비를 이용하여 귀금속을 제작하는 직무를 수행

○수행준거 : 1. 요구 도면을 판독 할 수 있다.
      2. 기초가공작업을 할 수 있다.
      3. 세공작업을 할 수 있다.
      4. 마감작업을 할 수 있다.

실기검정방법	작업형	시험시간	6시간정도

실기과목명	주요항목	세부항목	세세항목
귀금속 가공 작업	1 도면해독	1. 도면 판독하기	1. 도면에 표기된 각종 기호와 선의 의미를 파악할 수 있다. 2. 도면을 보는 위치에 따라 삼각도법의 종류별로 분류하여 판독할 수 있다. 3. 실척(1:1), NS, 축척, 배척도면을 통해 제품의 크기를 파악할 수 있다. 4. 도면의 축척을 실척(1:1)으로 환산하여 전체적인 형태를 결정할 수 있다. 5. 도면을 보고 평면도, 정면도, 측면도, 좌우측면도를 구분하여 적용기법을 파악할 수 있다. 6. 도면을 보고 입체표현정도를 파악할 수 있다. 7. 도면을 보고 작업에 대한 문제점을 예상하여 사전조치를 취할 수 있다.
		2. 표면의 표현방법 파악하기	1. 도면을 통해 광택이나 다양한 기법을 이용한 무광 표현을 파악할 수 있다. 2. 도면을 통해 도금, 착색 등의 기타 제품의 표면 표현방법을 파악할 수 있다 3. 도면을 통해 제품의 재질, 칼라, 특성을 파악하여 가공방법을 결정할 수 있다. 4. 도면을 보고 작업에 대한 문제점을 예상하고 사전 조치를 취할 수 있다.
	2 세공작업	1. 세공작업 준비하기	1. 보유 생산 설비를 활용하여 장비, 공구, 재료를 선정하고 작업 준비사항을 확인할 수 있다 2. 작업방법에 따라 장비, 세공공구 및 재료를 준비할 수 있다.

실기과목명	주요항목	세부항목	세세항목
		2. 보석(난)집 및 보석물림자리 만들기	1. 보석이 손상되지 않도록 규격에 맞는 보석(난)집을 제작할 수 있다. 2. 고객의 요구조건이나 디자인에 맞는 기법으로 물림자리를 만들 수 있다.
		3. 형태 만들기	1. 디자인에 따른 모양을 만들기 위해 일감을 재단할 수 있다. 2. 재단된 일감을 디자인에 맞추어 형태를 만들 수 있다. 3. 대칭, 비대칭, 양감을 고려하여 장신구의 형태를 만들 수 있다. 4. 고객의 요구사항이나 디자인의도에 맞게 표현을 할 수 있다.
		4. 문양 조각하기	1. 세공품의 모양을 내기 위해 문양에 맞는 조각 도구를 선택할 수 있다. 2. 고객의 요구사항이나 디자인의도에 맞게 문양을 조각할 수 있다.
		5. 표면 세공작업하기	1. 디자인의 외관모양을 고려한 문양을 선택하여 여러 기법으로 문양을 넣을 수 있다. 2. 고객의 요구조건이나 디자인에 맞은 기법으로 보석 물림자리를 만들 수 있다. 3. 고객의 요구조건이나 디자인에 맞는 방법으로 표면의 질감을 낼 수 있다.
		6. 보조선 넣기	1. 장신구의 입체표현을 위한 높이 조정을 위해 보조선을 넣을 수 있다.
		7. 세팅하기	1. 완성된 보석 난집 난발에 알 물림도구를 이용하여 가공한 각종 보석을 세팅할 수 있다.
		8. 세공작업 상태 확인하기	1. 디자인과, 고객의 요구조건과 맞는지 세공품의 용접상태나 미관, 대칭, 사이즈 등을 정밀검사할 수 있다. 2. 완성품의 이상 시 원인을 파악하여 이상조치 요령에 따라 조치를 취할 수 있다. 3. 작업 상태를 확인하여 수리, 폐기 등을 보고하고 처리할 수 있다.
	3 표면작업	1. 표면처리하기	1. 금속 본래의 색상을 나타내고 광택효과를 위해 버핑 작업이나 전해연마 작업을 할 수 있다.

실기과목명	주요항목	세부항목	세세항목
		2. 광택작업하기	1. 표면 상태를 파악하여 공구를 선택할 수 있다. 2. 광내는 기법을 습득하여 단계별로 조각 및 표면 부위의 광을 낼 수 있다.
		3. 세척하기	1. 수산화나트륨 용액에 담그고 열을 가하여 모델링과 물질을 제거할 수 있다. 2. 초음파 세척기에 물을 넣고 세척액을 혼합하여 세척 온도를 맞출 수 있다. 3. 작업시 필요조건에 따라 세척방법을 선택하여 세척할 수 있다. 4. 세척 후 물기와 세척액을 제거하고 주의 사항에 따라 보관할 수 있다.

23. 인쇄·목재·가구·공예

보석가공기능사

출제기준(필기)

직무 분야	인쇄·목재· 가구·공예	중직무 분야	목재·가구· 공예	자격 종목	보석가공기능사	적용 기간	2013.1.1~2017.12.31

○직무내용 : 각종 보석원석의 특성과 연마 형태를 분류하고 디자인하여 절단, 연마, 조각, 광택 등의 작업을 통해 아름답고 상품성 있게 가공 및 검사하는 직무를 수행

필기검정방법	객관식	문제수	60	시험시간	1시간

필기과목명	문제수	주요항목	세부항목	세세항목
보석재료, 보석가공, 보석감정	60	1. 보석일반	1. 결정의 특징	1. 결정의 종류 및 특성
			2. 보석의 광학적 효과	1. 보석의 특수 효과
		2. 무기질 보석 재료	1. 무기질 보석 재료의 특징	1. 무기질 보석 재료의 종류 및 특징
		3. 유기질 보석 재료	1. 유기질 보석 재료의 특징	1. 유기질 보석 재료의 종류 및 특징
		4. 합성보석재료	1. 합성보석의 특징	1. 합성보석의 종류 및 특징
		5. 모조보석재료	1. 모조보석의 특징	1. 모조보석의 종류 및 특징
			2. 접합석의 특징	1. 접합석의 종류 및 특징
		6. 연마 및 절삭 재료	1. 절삭재료의 특징	1. 절삭재료의 종류 및 특성, 재질, 규격
			2. 연마재료의 특징	1. 연마재료의 종류 및 특성, 재질, 규격
		7. 광택제	1. 광택제의 특징	1. 광택제의 종류 및 특성, 재질, 규격
			2. 광택판의 특징	1. 광택판의 종류 및 특성, 재질, 규격
		8. 디자인 일반	1. 한국의 장신구사	1. 한국의 장신구사에 대한 일반 지식
			2. 디자인의 요소와 원리	1. 디자인의 요소 2. 디자인의 원리

필기과목명	문제수	주요항목	세부항목	세세항목
		9. 색채	1. 색채 일반	1. 색의 분류 2. 색의 3속성 3. 색의 혼합 4. 색의 표시 방법 5. 색의 지각적인 효과와 감각적인 효과 6. 색채 조화에 대한 일반 지식
		10. 도법	1. 선의 종류	1. 선의 종류와 용도, 기호 및 치수, 제도문자, 제도의 순서 등에 관한 사항
			2. 평면도법	1. 평면도법
			3. 투상도법	1. 정투상도법 및 투상도법
		11. 보석가공 공구사용법	1. 보석가공 측정공구의 사용법	1. 보석가공 측정공구의 종류 및 특징, 표준사용기법
		12. 보석 절단기법	1. 대절단과 소절단 기법	1. 원석의 종류에 따른 대절단, 소절단 기법 및 기구 사용법
		13. 연마기법	1. 캐보션의 특징	1. 캐보션의 종류 및 특징, 표준 연마기법, 기구 사용법
			2. 패싯팅의 특징	1. 패싯팅의 종류 및 특징, 표준 연마기법, 기구 사용법
			3. 텀블링의 특징	1. 텀블링연마의 종류 및 특징
		14. 다이아몬드 가공기법	1. 다이아몬드 커팅의 특징	1. 다이아몬드 커팅의 종류 및 특징
		15. 보석 조각기법	1. 보석 조각기법	1. 보석 조각 방법의 종류 및 특징, 연마 기법, 기구 사용법
			2. 초음파 천공, 구형 연마 기법	1. 초음파 천공, 구형 연마기법의 종류 및 특징, 표준 연마기법, 기구 사용법
		16. 보석 검사	1. 완성품의 검사 방법	1. 완성품의 검사 방법 및 검사 작업에 관한 일반 지식
		17. 안전	1. 작업안전	1. 보석가공작업과 관련된 안전

필기과목명	문제수	주요항목	세부항목	세세항목
			2. 일반안전	1. 일반안전(전기, 화재, 유해물질, 보호구 등)에 관한 사항
			3. 연마제 처리	1. 연마제, 폐수에 관한 처리
		18. 감정 일반	1. 보석감별	1. 보석감별에 관한 일반지식
			2. 보석감정	1. 보석감정에 관한 일반지식
		19. 감별방법	1. 외관 감별방법	1. 외관 감별방법의 일반지식
			2. 중량에 의한 감별방법	1. 중량에 의한 감별방법에 관한 일반지식
			3. 비중에 의한 감별방법	1. 비중에 의한 감별방법에 관한 일반지식
		20. 굴절률 검사	1. 굴절률 감별 방법	1. 굴절률에 의한 감별방법에 관한 일반 지식
		21. 편광, 이색성, 확대검사	1. 편광 검사	1. 편광에 의한 감별방법에 관한 일반지식
			2. 이색성 검사	1. 이색성에 의한 감별방법에 관한 일반 지식
			3. 확대 검사	1. 확대에 의한 감별방법에 관한 일반지식
		22. 컬러필터, 형광, 흡수 스펙트럼 검사	1. 컬러필터 검사	1. 컬러필터에 의한 감별방법에 관한 일반 지식
			2. 형광 및 흡수 스펙트럼 검사	1. 형광 및 흡수 스펙트럼에 의한 감별방법에 관한 일반 지식
		23. 다이아몬드 감정	1. 4C에 의한 다이아몬드 감정	1. 4C에 의한 다이아몬드 감정에 관한 일반 지식

출제기준(실기)

직무 분야	인쇄·목재· 가구·공예	중직무 분야	목재·가구· 공예	자격 종목	보석가공기능사	적용 기간	2013.1.1~2017.12.31

○직무내용 : 각종 보석원석의 특성과 연마 형태를 분류하고 디자인하여 절단, 연마, 조각, 광택 등의 작업을 통해 아름답고 상품성 있게 가공 및 검사하는 직무를 수행
○수행준거 : 1. 요구도면을 판독할 수 있다.
     2. 재료 및 기공구의 올바른 선택을 할 수 있다.
     3. 보석가공 및 광택작업을 할 수 있다.

실기검정방법	작업형	시험시간	3시간 정도

실기과목명	주요항목	세부항목	세세항목
보석가공 작업	1. 고객 요구사항 분석	1. 도면 파악하기	1. 도면에 표기된 각종 기호들의 의미를 파악할 수 있다. 2. 도면을 보고 가공위치 및 가공방법을 파악할 수 있다. 3. 제품의 특성을 파악하고 보석규격을 검토할 수 있다. 4. 도면을 파악하고 분석하여 필요 공구, 작업 시간 등을 산출할 수 있다.
	2. 작업계획	1. 작업계획 수립하기	1. 주어진 자료를 검토하여 필요장비, 작업 기법, 작업 시간, 보석의 연마방향 등을 선정할 수 있다. 2. 작업요구사항 및 작업기법을 파악하여 작업 공정을 설계할 수 있다. 3. 정확한 작업계획 수립을 위해 공정별 생산능력과 설비별 생산능력을 산출, 결정할 수 있다.
	3. 재단	1. 원석마킹(Marking)하기	1. 작업지시서에 따라 원석 형태를 선별·분류할 수 있다. 2. 원석의 결정계 및 물리적 광학적 특성을 고려하여 마킹부분을 결정할 수 있다. 3. 금긋기 형태를 배열하여 원석 마킹에 따라 금긋기를 할 수 있다.
		2. 재단하기	1. 원석별 마킹에 따라 재단기 및 재단톱을 선정할 수 있다. 2. 원석의 크기·형태에 따라 원석별 대절단 및 소절단기를 선택할 수 있다.

실기과목명	주요항목	세부항목	세세항목
			3. 원석 형태 및 내포물을 검사하여 예상 소요량을 산출할 수 있다. 4. 마킹선을 따라 재단하고 재단석의 두께와 재단형태를 파악할 수 있다. 5. 재단이 잘못된 보석은 재사용 여부를 판단하여 크기 및 형태별로 재분류할 수 있다.
		3. 재단석 선별하기	1. 작업지시서에 따라 형태 및 크기별로 보석을 분류할 수 있다. 2. 재단석 내포물의 이상 유무를 확인하여 완제품 및 불량품을 구별할 수 있다. 3. 재단석 선별 기준표에 따라 재단석 등급을 선별할 수 있다. 4. 작업지시서에 따른 품질내용과 소요량을 확인할 수 있다.
	4. 모형잡기	1. 테이블 방향잡기	1. 원석의 광학적인 특수효과 등을 고려하여 테이블 방향을 확인할 수 있다. 2. 재단석의 형태 및 모양에 따라 테이블면과 큐렛면을 선정할 수 있다. 3. 템플릿과 강철자를 사용하여 테이블면에 금긋기를 할 수 있다.
		2. 그라인딩 작업하기	1. 연마기의 이상·유무를 확인하여 내용과 형태에 따라 연마기를 선정할 수 있다. 2. 수직형 연마기를 사용하여 브릴리언트 모형을 분류할 수 있다. 3. 연마기의 연마석을 활용하여 크라운면 모형을 둥글게 그라인딩 할 수 있다. 4. 원석 재료에 따라 연마석 입자 및 물 공급 그라인딩 작업을 분류할 수 있다. 5. 원석의 모양 크기, 내용에 따라 그라인딩 1차 연마와 2차 연마를 할 수 있다. 6. 연마한 원석을 관찰하여 상하좌우 형태를 확인하여 거들면의 크기를 결정할 수 있다. 7. 캐보션 연마와 패싯 연마의 그라인딩 작업 방법 및 공구를 선택하여 시행할 수 있다.
	5. 접착	1. 습기 제거하기	1. 알코올에 원석이 깨지지 않도록 열을 가하여 습기를 제거할 수 있다. 2. 돕스틱에 열을 가해 최적의 접착조건을 만들기 위해 온도를 설정할 수 있다. 3. 보석의 물리적 특성을 파악하여 열에 의한 색의 변색을 방지할 수 있다.

실기과목명	주요항목	세부항목	세세항목
		2. 접착제 선별하기	1. 보석의 형태 및 투명도에 따라서 접착제 종류를 선별할 수 있다. 2. 각각의 보석에 맞게 접착제 성분의 배합 규칙에 따라 접착제를 제조할 수 있다. 3. 접착 온도에 따라 각각의 접착제 특성을 파악할 수 있다.
		3. 접착봉 선택하기	1. 보석의 모형과 광학적 특성에 따라서 접착봉의 형태를 선별할 수 있다. 2. 접착봉의 크기 형태에 따라 크라운 연마봉과 퍼빌리언 연마봉, 원형, 팬시, 멜레형 접착봉을 구분할 수 있다. 3. 보석의 연마 형태에 따라 접착봉의 재질을 선택할 수 있다.
		4. 접착하기	1. 열에 의한 깨짐이 없도록 모형을 잡은 보석의 크기와 형태에 맞는 접착봉에 보석을 접착할 수 있다. 2. 작업 중 접착제가 떨어지지 않도록 온도를 조절할 수 있다. 3. 접착봉과 연마할 보석의 접착상태를 점검하여 이상 유무를 판단할 수 있다. 4. 접착된 보석의 면과 접착봉에 붙어있는 접착 재료의 밀착상태를 확인할 수 있다. 5. 접착봉에 부착된 형태별 보석의 접착상태를 검사할 수 있다.
	6. 연마(Facet)	1. 연마도구 선택 및 이상유무 확인하기	1. 작업지시서 내용에 따라 보석 형태에 맞는 연마기기 및 장비를 선정할 수 있다. 2. 연마기 세트를 점검하고, 핸드피스, 측정기구, 디스크판, 광판 등을 포함하여 안전사항의 이상 유무를 확인할 수 있다. 3. 보석디자인과 원석 형태의 크기에 따라 연마 형태를 확인하고 조정할 수 있다.
		2. 커팅하기	1. 가공방법 및 순서를 결정하고 작업일지를 기록할 수 있다. 2. 패싯 연마기를 사용하여 표준 브릴리언트, 오발형 컷, 변형 스텝 컷을 연마할 수 있다. 3. 보석의 연마는 메인각도를 중심으로 순서대로 연마 및 광택 작업을 할 수 있다. 4. 굴절률에 따라 연마각도의 구성을 파악하여 기본적인 특성을 기록·관리할 수 있다.

실기과목명	주요항목	세부항목	세세항목
			5. 보석의 원석 무게와 형태를 최대한으로 살려 기본형 이외의 여러 가지 변형으로 혼합한 연마형으로 분류할 수 있다. 6. 보석의 연마의 자료로 활용하기 위하여 천연 및 합성보석의 연마각도 및 특징을 분석할 수 있다.
		3. 도면과 비교 후 수정·보완하기	1. 연마된 보석을 도면과 비교하여 대칭 및 높이, 앞·뒷면의 선의 정확도를 확인할 수 있다. 2. 치수측정 장비를 활용하여 치수와 동일각의 면 크기가 일정한지 확인할 수 있다. 3. 도면에 나타난 제품의 종류 및 형태를 확인하여 수정·보완할 수 있다. 4. 도면에 나타난 제품의 종류 및 형태를 확인하여 테이블크기, 대칭, 거들 두께 형태의 일그러짐, 면의 기울어짐 등을 구분하여 수리 및 수정·보완할 수 있다.
		4. 거들면 설정하기	1. 재단 원석을 활용하여 보석의 형태 분류는 거들 윤곽의 모양과 형태로 판단할 수 있다. 2. 작업표준서에 표기된 형태, 규격 등을 구분할 수 있다. 3. 재단석을 활용하여 원석이 접착된 스틱을 조형기 홈에 끼울 수 있다. 4. 접착된 재단석을 주어진 규격에 맞게 거들면을 조형할 수 있다.
		5. 광택작업 준비 및 작업하기	1. 광택 연마판의 종류와 용도에 대하여 광택의 기능과 연마 성능을 점검할 수 있다. 2. 광택 도구의 성질과 제품 경도를 파악하여 광택판과 광택제를 선택할 수 있다. 3. 광택 연마판의 사용방법을 숙지하고 금긋기 작업을 할 수 있다. 4. 광택약 제조방법 및 일반적인 사용기준을 분류할 수 있다. 5. 보석의 경도에 따라 광택제가 광택판의 회전 속도를 조절하여 사용할 수 있다.
		6. 광택상태 확인하기	1. 테이블, 스타면, 메인면, 어퍼거들면 등 보석용 루페를 사용하여 광택 상태를 확인할 수 있다. 2. 각 면의 이중각 및 미광 등을 확인하여 점검할 수 있다.

실기과목명	주요항목	세부항목	세세항목
			3. 크라운과 퍼빌리온선이 정확한지 선과 선을 확인할 수 있다. 4. 수리품, 재가공품, 원석불량 등으로 완제품 여부를 구분할 수 있다.
		7. 접착봉 분리하기	1. 계절과 실내온도에 따라 접착봉 분리방법을 선택할 수 있다. 2. 도구를 이용하여 접착제를 제거하여 접착봉을 분리할 수 있다. 3. 접착봉과 원석의 접착 및 분리 상태를 확인하고, 알코올 세척 후 점검할 수 있다.
	7. 검사	1. 세척 및 건조하기	1. 보석의 종류에 따라 세척방법과 세척제를 선정할 수 있다. 2. 보석의 종류에 따라 표면을 세척하여 완제품의 손상을 방지할 수 있다. 3. 세척 후 물기제거 작업을 할 수 있다.
		2. 최종 검사하기	1. 10배의 루페를 사용하여 고객의 요구사항이 반영되었는지 검사할 수 있다. 2. 검사도구를 사용하여 제품을 검사하고 완성품, 수리품, 부적합품을 선별할 수 있다. 3. 수리품 및 부적합품의 원인파악 및 대책을 수립할 수 있다.
		3. 육안 검사하기	1. 작업지시서에 따라 수량, 중량을 확인할 수 있다. 2. 작업지시서에 따라 원석외관의 형태, 면의 균형, 좌우 대칭을 검사할 수 있다. 3. 조명을 활용하여 표면상태, 재단 홈집의 파손 등이 있는지 확인할 수 있다. 4. 작업지시서에 따라 만들어졌는지 치수와 형태를 도면과 비교·판단할 수 있다. 5. 품질향상을 위해 검사기준표를 작성할 수 있다.

23. 인쇄·목재·가구·공예

보석감정기능사

출제기준(필기)

직무분야	인쇄·목재·가구·공예	중직무분야	목재·가구·공예	자격종목	보석감정기능사	적용기간	2013.1.1~2017.12.31

○직무내용 : 다양한 보석의 일반지식 및 감정과 감별방법, 귀금속에 대한 지식, 보석가공방법을 숙지하여 정확하고 효율적으로 다이아몬드감정 및 유색보석감별을 하는 직무를 수행

필기검정방법	객관식	문제수	60	시험시간	1시간

필기과목명	문제수	주요항목	세부항목	세세항목
보석학 일반, 다이아몬드 감정법, 보석 감별법, 보석 가공기법	60	1. 보석이론	1. 보석일반	1. 보석광상과 채광에 관한 일반지식 2. 보석의 산지에 대한 일반 지식
			2. 보석의 특성 및 성질	1. 결정의 특성 및 종류 2. 보석의 색과 화학성분 3. 보석의 물리적 광학적 성질 4. 보석의 특수효과
		2. 보석의 종류	1. 천연보석	1. 무기질 보석의 종류 및 특성 2. 유기질 보석의 종류 및 특성
			2. 합성석	1. 합성석에 관한 일반지식 2. 합성석의 종류 및 특성
			3. 모조석	1. 모조석의 종류 및 특성 2. 접합석의 종류 및 특성
			4. 인조석	1. 인조석에 관한 일반지식 2. 인조석의 종류 및 특성
			5. 처리석	1. 처리석에 관한 일반지식 2. 처리의 종류 및 특성
		3. 귀금속 일반	1. 귀금속 보석의 취급	1. 보석의 취급과 유의사항 2. 귀금속의 취급과 유의사항
			2. 귀금속 품위	1. 귀금속의 품위규정에 관한 일반 지식 2. 귀금속 합금에 관한 일반 지식
			3. 귀금속 보석 거래에 관한 지식	1. 귀금속 보석 거래에 관한 일반 지식 2. 주얼리 디스플레이

필기과목명	문제수	주요항목	세부항목	세세항목
		4. 다이아몬드 감정 일반	1. 다이아몬드 감정기구 및 일반지식	1. 다이아몬드 감정기구에 대한 일반 지식 2. 다이아몬드 감정 일반지식
		5. 4C	1. 클래리티 등급	1. 블레미시와 인클루전의 일반 지식 2. 클래리티 등급에 관한 일반 지식 3. 클래리티 등급의 방법과 순서 4. 작도에 관한 일반 지식
			2. 컬러 등급	1. 컬러 등급에 관한 일반지식 2. 컬러 등급의 방법과 순서
			3. 커트	1. 커트 등급의 일반지식 2. 프로포션에 관한 일반지식 3. 프로포션의 측정방법 4. 피니시에 관한 일반지식
			4. 캐럿 중량	1. 중량의 단위와 크기에 관한 일반 지식 2. 중량의 표시와 추정중량
		6. 보석 감별법	1. 일반적 외관 검사	1. 특수한 외관을 가진 보석의 시각적 감별 2. 색, 투명도, 광택, 프랙처, 특수효과 등에 의한 감별
			2. 편광과 다색성 검사	1. 편광기에 의한 감별 방법 및 기구 사용법 2. 이색경에 의한 감별 방법 및 기구 사용법
			3. 굴절률 검사	1. 굴절계의 사용법과 굴절률에 의한 감별방법
			4. 형광 검사	1. 형광기에 의한 감별방법 및 기구 사용법
			5. 비중 검사	1. 비중에 의한 감별방법 및 기구 사용법
			6. 흡수 스펙트럼	1. 분광기에 의한 감별방법 및 기구 사용법
			7. 확대 검사	1. 루페와 현미경 2. 확대 검사 방법

필기과목명	문제수	주요항목	세부항목	세세항목
			8. 기타 검사	1. 컬러필터 검사 2. 열반응 검사 3. 화학 검사 4. 조흔 검사 5. 자성 검사 6. 침적 검사 7. 레드링 검사 8. 정밀기기 분석
		7. 보석 가공 일반	1. 보석 가공	1. 보석가공에 관한 일반지식 2. 연마형태에 관한 일반지식
		8. 보석 연마	1. 캐보션 연마	1. 캐보션의 종류 및 특성 2. 캐보션의 연마에 관한 일반지식
			2. 패싯 연마	1. 패싯형의 종류 및 특성 2. 패싯형의 연마에 관한 일반 지식
			3. 기타 연마 형태	1. 조각하기 2. 천공하기 3. 가락지 만들기 4. 구(球)형 만들기 5. 텀블링
		9. 귀금속 가공	1. 귀금속 가공 및 장신구 일반	1. 난집의 종류 및 특성 2. 귀금속가공기법의 종류 및 특성 3. 장신구의 종류 및 특징

출제기준(실기)

직무 분야	인쇄·목재· 가구·공예	중직무 분야	목재·가구· 공예	자격 종목	보석감정기능사	적용 기간	2013.1.1~2017.12.31

○직무내용 : 다양한 보석의 일반지식 및 감정과 감별방법, 귀금속에 대한 지식, 보석가공방법을 숙지하여 정확하고 효율적으로 다이아몬드감정 및 유색보석감별을 하는 직무를 수행
○수행준거 : 1. 보석류에 대한 전문지식을 바탕으로 감정 및 감별기구를 효율적으로 사용할 수 있다.
            2. 보석류에 대한 전문지식을 바탕으로 정확하게 다이아몬드감정 및 유색보석감별을 수행할 수 있다.

실기검정방법	작업형	시험시간	2시간 정도

실기과목명	주요항목	세부항목	세세항목
보석감정 실무	1. 외관 검사	1. 검사조건 설정하기	1. 보석의 색, 중량, 연마형태, 사이즈를 확인하여 보석감별·감정지시서의 의뢰 보석임을 확인할 수 있다. 2. 보석감별·감정 검사 순서에 따라 보석감별·감정지시서의 내용을 파악하고, 검사방법 표준서에 따라 검사조건을 설정할 수 있다.
		2. 색 검사하기	1. 색 검사 표준광원을 이용하여 보석의 색을 검사할 수 있다. 2. 보석성질 표준서의 색상 표준서를 이용하여 색상을 결정할 수 있다.
		3. 투명도 검사하기	1. 투명도 검사 표준광원을 이용하여 투명도를 검사할 수 있다. 2. 보석성질 표준서의 투명도 표준서를 이용하여 투명도를 결정할 수 있다.
		4. 특수효과 검사하기	1. 특수효과 검사 표준광원을 이용하여 특수효과를 검사할 수 있다. 2. 보석성질 표준서의 특수효과 표준서를 이용하여 특수효과를 결정할 수 있다.
		5. 표면상태, 광택, 형태 검사하기	1. 표준광원을 이용하여 표면상태, 광택, 형태를 확인할 수 있다. 2. 보석성질 표준서를 활용하여 표면상태, 광택, 형태를 결정할 수 있다.
		6. 검사결과 기록하기	1. 검사에 사용된 보석성질 표준서를 파악하여 양식에 따라 검사결과를 작성할 수 있다. 2. 보석성질 표준서의 검사항목 중 추가 검사 필요시 재검사를 요청할 수 있다.

실기과목명	주요항목	세부항목	세세항목
	2. 광학특성 검사	1. 편광성 검사하기	1. 보석의 투명도를 검사하여 편광기를 이용하여 편광성을 검사할 수 있다. 2. 표준 보석성질표의 편광 반응표를 이용하여 편광성을 결정할 수 있다.
		2. 굴절률 측정하기	1. 보석의 연마형태 및 연마 상태에 따라 굴절률 측정방법을 선택할 수 있다. 2. 굴절률 측정방법(평면법, 스포트법)에 따라 굴절률을 측정할 수 있다. 3. 표준 굴절계를 사용하여 굴절률, 복굴절량, 단굴절성, 복굴절성을 결정할 수 있다.
		3. 분광성 검사하기	1. 분광성 검사조건을 확인하여 분광성을 검사할 수 있다. 2. 표준 보석성질표를 활용하여 분광성 검사치와 컷오프, 라인, 밴드로 결정할 수 있다.
		4. 다색성 검사하기	1. 다색성 검사조건을 확인하여 다색성을 검사할 수 있다. 2. 표준 보석성질표를 활용하여 다색성 검사 값을 무반응, 2색성, 3색성으로 결정할 수 있다.
		5. 형광성 검사하기	1. 형광성 검사조건을 확인하여 형광성의 장파, 단파 반응을 검사할 수 있다. 2. 표준 보석성질표를 활용하여 형광성 반응을 통한 형광, 색감과 강약, 인광을 결정할 수 있다.
		6. 첼시컬러필터 검사하기	1. 표준광원과 표준 첼시컬러필터를 이용하여 컬러필터 반응검사를 할 수 있다.
		7. 검사값 기록하기	1. 검사에 사용된 표준 보석성질표를 파악하여 광학특성 검사결과보고서를 작성할 수 있다. 2. 보석성질 표준서의 검사항목 중 추가 검사 필요시 재검사 여부를 판단할 수 있다.
	3. 물리·화학특성검사	1. 비중 검사하기	1. 보석의 표면상태 및 종류에 따라 비중 검사, 검사조건을 확인할 수 있다. 2. 정수법과 중액법을 표준 검사법에 따라 비중을 검사하여 검사값을 결정할 수 있다.
		2. 검사값 기록하기	1. 검사에 사용된 표준서를 파악하여 물리·화학 검사결과보고서를 작성할 수 있다. 2. 보석성질 표준서의 검사항목 중 추가 검사 필요시 재검사를 여부를 판단할 수 있다.

실기과목명	주요항목	세부항목	세세항목
	4. 확대 검사	1. 외부 검사하기	1. 외부확대 검사를 위한 확대기구 작동법과 조명법을 선정할 수 있다. 2. 보석의 외부확대 검사를 통하여 천연보석, 처리석 및 합성석 여부를 확인할 수 있다. 3. 외부확대 검사를 통하여 처리석으로 확인될 때 처리 방법에 대하여 확인할 수 있다.
		2. 내부 검사하기	1. 내부확대 검사를 위한 확대기구 작동법과 조명법을 선정할 수 있다. 2. 보석의 내부확대 검사를 통하여 천연보석, 처리석 및 합성석 여부를 확인할 수 있다. 3. 내부확대 검사를 통하여 처리석으로 확인될 때 처리 방법에 대하여 확인할 수 있다.
		3. 침적 검사하기	1. 보석의 침적확대 검사를 통하여 천연보석, 처리석 및 합성석 여부를 확인할 수 있다. 2. 보석의 침적확대 검사를 통하여 처리석으로 확인될 때 처리방법에 대하여 확인할 수 있다. 3. 침적확대 검사를 위한 확대기구 작동법과 조명법을 선정할 수 있다. 4. 보석의 굴절률에 따라 검사에 적합한 침적액을 선정할 수 있다.
		4. 검사값 기록하기	1. 작업표준서에 따라 외부, 내부, 침적확대 검사결과를 작성할 수 있다 2. 천연보석, 처리석 그리고 합성석 여부가 확인되지 않는 보석에 대하여 정밀기기분석을 제안하기 위한 검토를 할 수 있다.
	5. 다이아몬드 클래리티 (Clarity) 등급 구분	1. 확대기구 확인하기	1. 감정의뢰서에 따라 클래리티 검사에 필요한 확대기구 및 트위저와 검사 항목을 선정할 수 있다. 2. 확대기구에 관련 매뉴얼을 활용하여 목적에 맞도록 선택된 기구와 조명법을 선정할 수 있다.
		2. 외부·내부특징 검사하기	1. 다이아몬드의 상태에 따라 세척방법을 선택할 수 있다. 2. 클래리티 기준서에 따라 크라운의 테이블, 스타, 베즐, 어퍼거들 패싯과 퍼빌리언의 큘릿, 로우어거들, 메인 패싯 그리고 거들의 외부·내부를 검사할 수 있다. 3. 클래리티 기준서에 따라 착용 및 결정구조에 의한 연마 과정에서 생긴 블레미시로 나눌 수 있다.

실기과목명	주요항목	세부항목	세세항목
			4. 클래리티 기준서에 따라 완전히 내포된 결정구조 변형으로 인해 생긴 표면에서 스톤 내부로 연장된 인클루전으로 나눌 수 있다. 5. 검사결과를 통하여 검사결과를 작성할 수 있다. 6. 문제발생이 예상되는 항목에 대하여 재검사를 위한 검토할 수 있다.
		3. 작도, 사용용어 표시하기	1. 클래리티등급 기준서에 따라 목적에 부합하도록 작도할 수 있다. 2. 클래리티등급 기준서에 따라 작도의 대상과 사용용어를 표시할 수 있다.
		4. 클래리티(Clarity) 등급 결정하기	1. 클래리티등급 기준서를 기준으로 하여 등급 결정방법을 결정할 수 있다. 2. 클래리티등급 기준서에 따라 내부와 외부 특징 검사를 근거로 크기, 수, 위치, 성질, 선명도의 요소를 고려하여 등급을 결정할 수 있다. 3. 최종 결정하기 전에 10배의 루페를 사용하여 등급을 재확인할 수 있다. 4. 검사결과 보고서를 확인하여 등급결과 보고서를 작성할 수 있다.
	6. 다이아몬드 색 등급 구분	1. 광원 및 기준석 확인하기	1. 구매시방서와 입고서류에 광원과 기준석의 일치여부를 통해 적합여부를 판단할 수 있다. 2. 입고된 표준광원과 기준석이 요구된 품질에 만족하는지 중량, 외관, 치수에 따라 검사조건을 검토할 수 있다.
		2. 형광성 검사하기	1. 형광반응 기준서를 검토하여 검사방법 및 검사 기구를 점검할 수 있다. 2. 형광반응 기준서의 검사항목에 따라 장파 자외선에서 반응을 검사할 수 있다. 3. 검사결과를 통하여 검사결과를 작성할 수 있다.
		3. 색등급 결정하기	1. 색등급 기준서를 검토하여 검사항목과 검사방법을 결정할 수 있다. 2. 색등급 기준서에 따라 정해진 부위를 검사하여 색등급을 결정할 수 있다. 3. 검사전·후의 기준석과 검사석의 이상 유무를 확인할 수 있다. 4. 검사결과 보고서를 확인하여 등급결과를 작성할 수 있다.

실기과목명	주요항목	세부항목	세세항목
	7. 다이아몬드 커트 등급 구분	1. 장비 확인하기	1. 매뉴얼에 따라 확대기구와 측정 및 계측기구의 작동 여부를 점검할 수 있다. 2. 관련 매뉴얼에 따라 측정 목적에 맞도록 선정한 장비와 안전한 검사방법을 선택할 수 있다. 3. 정확한 측정치를 얻기 위해 측정 결과에 대한 오차 유무를 확인할 수 있다.
		2. 프로포션 측정하기	1. 커트등급 기준서에 따라 거들 직경의 최대·최소치, 총 깊이, 테이블, 스타 패싯 길이 퍼센트 및 크라운 각도, 크라운 높이 퍼센트를 측정 할 수 있다. 2. 커트등급 기준서에 따라 거들 두께, 거들 두께 퍼센트, 페인팅과 디깅아웃 검사를 할 수 있다. 3. 커트등급 기준서에 따라 퍼빌리언 깊이 퍼센트와 퍼빌리언 각도, 로우어 거들 패싯 퍼센트를 측정하고 큐릿 크기를 검사할 수 있다. 4. 검사결과를 통하여 검사결과를 작성할 수 있다.
		3. 피니시 검사하기	1. 커트등급 기준서에 따라 폴리시의 요소를 검사할 수 있다. 2. 커트등급 기준서에 따라 완벽하게 이상적인 대칭과 비교하여 대칭의 요소를 검사할 수 있다. 3. 검사결과를 통하여 검사결과를 작성할 수 있다.
		4. 커트등급 결정하기	1. 커트등급 기준서를 검토하여 검사항목을 점검할 수 있다. 2. 커트등급 기준서에 따라 프로포션, 폴리시와 대칭, 피니시 등급을 결정할 수 있다. 4. 커트등급 기준서에 따라 프로포션 등급과 피니시 등급을 고려하여 커트 종합 평가를 할 수 있다. 5. 검사결과 보고서를 확인하여 등급결과를 작성할 수 있다. 6. 문제발생이 예상되는 항목에 대하여 재검사를 위한 검토할 수 있다.

23. 인쇄·목재·가구·공예

도자기공예기능사

출제기준(필기)

직무 분야	인쇄·목재·가구·공예	중직무 분야	목재·가구·공예	자격 종목	도자기공예기능사	적용 기간	2013.1.1~2017.12.31

○직무내용 : 디자인 공예의 특징에 관한 사항을 이해하고 도자기 재료 및 도자기 제조용 기공구류를 이용한 제토, 성형, 소성으로, 제토기계, 성형용기계·기구 등의 사용법을 알고, 도자기 재료에 대한 지식과 주 기능의 조건을 재료 및 제품 특성에 따라 응용하여 일상생활에 활용할 수 있는 도자기를 제작하는 직무를 수행

필기검정방법	객관식	문제수	60	시험시간	1시간

필기과목명	문제수	주요항목	세부항목	세세항목
공예 디자인, 도자기 재료, 도자기 공예	60	1. 디자인 일반	1. 디자인의 의미, 성립 조건 등에 관한 사항	1. 디자인의 의미 2. 디자인의 성립 조건
			2. 디자인(공예)의 분류 및 특징에 관한 사항	1. 디자인(공예)의 분류 2. 디자인(공예)의 특징
		2. 디자인 요소	1. 형	1. 점, 선, 면, 방향, 형, 명암, 텍스츄어
		3. 디자인 원리	1. 조화	1. 유사, 대비
			2. 통일	1. 통일, 주도와 종속
			3. 균형, 비례	1. 대칭, 비대칭
			4. 율동	1. 점증, 반복
			5. 강조	1. 강조
		4. 공예사	1. 우리나라 공예문화의 시대 특징	1. 삼국시대 이전 2. 삼국시대 및 가야시대 3. 고려시대 4. 조선시대 5. 현대
			2. 현대 디자인사에 대한 일반지식	1. 우리나라 디자인사 2. 동양 디자인사 3. 서양 디자인사
		5. 색의기본	1. 색을 지각하는 기본 원리에 관한 일반 지식	1. 색의대비, 색의동화와 잔상 2. 색의 진출과 후퇴, 팽창과 수축

필기과목명	문제수	주요항목	세부항목	세세항목
			2. 색의 분류	1. 무채색, 유채색
			3. 색의 3속성	1. 색상, 명도, 채도
		6. 색의 혼합	1. 색의혼합	1. 원색 2. 색광혼합 3. 색료혼합 4. 중간혼합 5. 보색
		7. 색의 표시방법	1. 현색계, 표색계, 관용색명, 일반색명	1. 색이름에 의한 표색법
			2. 표색계	1. 먼셀 표색계 2. 오스트발트 표색계
		8. 색의 지각적인 효과	1. 색의대비	1. 대비현상
			2. 색의 지각적 효과	1. 동화현상 2. 색의 명시성과 유목성 3. 색의 진출 후퇴성과 팽창 수축성
		9. 색의 감정적인 효과	1. 색의 감정적 효과	1. 색채의 온도감 2. 색채의 중량감 3. 색채의 강약감 4. 색채의 흥분·진정
		10. 색채의 조화	1. 색의조화	1. 배색의 종류 2. 배색방법 3. 배색의 조화
		11. 제도의 기본	1. 도면의 분류	1. 평면도, 입면도, 단면도 등
			2. 제도용구 및 사용법	1. 제도판, 제도기, 제도용 필기도구, 제도용지 등
		12. 제도의 표시	1. 선의 종류와 용도	1. 선의 종류와 용도
			2. 기호 및 치수, 문자	1. 치수넣기, 문자, 축척, 단면표시 등
			3. 제도의 순서 등	1. 도면 작도순서 등

필기과목명	문제수	주요항목	세부항목	세세항목
		13. 평면도법	1. 원, 타원, 다각형그리기 등 평면도법에 관한 사항	1. 선, 각, 다각형 등의 특성 및 표준작도 2. 원과 원호, 접촉형, 면적 등의 특성 및 표준작도 3. 평면도법 등
		14. 투상도법 및 투시도법	1. 투상도법의 종류 및 특성, 표준작도법	1. 투상도법의 특성 및 표준작도법 2. 정투상법, 사투상법, 등각투상법, 3. 부등각투상법 등
			2. 투시도법의 종류 및 특성, 표준작도법	1. 투시도법의 종류 - 1점 투시도 - 2점 투시도 - 3점 투시도 2. 투시도법의 특성 3. 투시도 표준작도법
		15. 점토질 원료	1. 점토광물의 종류 및 특성	1. 카올리나이트 2. 벤토나이트 3. 견운모 4. 납석
			2. 점토의 종류 및 특성	1. 카올린(고령토) 2. 점토
		16. 장석질 원료	1. 장석의 종류	1. 칼륨 장석 2. 나트륨 장석 3. 칼슘 장석
			2. 장석의 성질과 이용	1. 장석의 특성
		17. 규산질 (실리카질)원료	1. 규산의 종류 및 특성	1. 종류(규석, 규사, 규조토, 화산재, 규암 등) 2. 규석의 성질 및 특성 3. 규석의 이용
		18. 석회질 원료	1. 석회질 원료의 종류 및 특성	1. 석회석 2. 규회석 3. 형석 4. 석회질 원료의 특성
		19. 원료조제	1. 원료의 조제(정제)	1. 수세 2. 수비 3. 분쇄 4. 입도분리 및 탈철

필기과목명	문제수	주요항목	세부항목	세세항목
		20. 유약	1. 유약의 종류	1. 생유 2. 프릿트유 3. 특수유
			2. 유약의 계산	1. 제겔식으로 조합비 계산 2. 조합비로 제겔식 계산
			3. 유약의 배합	1. 프릿트유의 배합 2. 기본유의 조합과 변화 3. 실투유와 유탁유의 차이 4. 색유와 착색제 5. 기타 유약제조 방법
		21. 안료	1. 도자기용 안료의 특성과 종류	1. 도자기용 안료의 특성 2. 염기성 원료 3. 산성원료 4. 유탁제 5. 착색제
		22. 내화물	1. 내화물의 종류 및 특성	1. 내화물의 종류 및 특성
			2. 내화물의 혼화제	1. 활석 2. 석영 3. 유리 4. 탄화규소 등
		23. 도자기 공예일반	1. 한국도자기 공예사의 일반지식	1. 토기, 토우, 와당, 와전 등 2. 삼국 및 가야시대의 토기 3. 고려시대의 도자기 4. 조선시대의 도자기 5. 현대의 도자기
			2. 도자기 종류 및 이용방법	1. 도자기의 종류 2. 도자기 이용방법
		24. 도자기 용구 사용법	1. 성형용, 시유용, 소성용 기공구 및 장비의 종류 및 특징 사용법	1. 성형용, 시유용, 소성용 기공구 및 장비의 종류 2. 성형용, 시유용, 소성용 기공구 및 장비의 특징 3. 성형용, 시유용, 소성용 기공구 및 장비의 표준사용법

필기과목명	문제수	주요항목	세부항목	세세항목
		25. 가압성형	1. 가압성형기법	1. 가압성형기법 2. 성형용 혼합물 준비 및 압력의 균일도 3. 압력의 크기 및 가압용 혼합물 4. 윤활제와 가소제 5. 그 밖의 성형
		26. 슬립주입 및 물레성형	1. 슬립주입 및 물레성형	1. 슬립주입 성형기법 2. 물레 성형기법
		27. 빚어 만들기	1. 빚어 만들기	1. 빚어 만들기 기법 2. 판밀어 만들기 기법 3. 말아쌓기 기법 등
		28. 원형제작 및 석고틀 제작법	1. 원형제작 및 석고틀 제작법	1. 원형만들기 작업방법 2. 가압형틀 만들기 3. 주입형틀 만들기
		29. 도자기 장식법	1. 도자기 장식법	1. 표면질감내기 2. 상감 3. 음각 4. 양각 5. 채식기법 6. 투각법 등
		30. 도자기 시유법	1. 도자기 시유법	1. 붓칠기법(솔질법) 2. 흘림기법(흐름법) 3. 담금기법 4. 분무기법 등
		31. 소성법	1. 소성법	1. 가마재임 기술 2. 도자기 소성
		32. 안전	1. 도자기제조 안전	1. 도자기 제조에 따른 작업안전 2. 안전일반(화재, 안전, 유해물질, 보호구 등)

출제기준(실기)

직무 분야	인쇄·목재· 가구·공예	중직무 분야	목재·가구· 공예	자격 종목	도자기공예기능사	적용 기간	2013.1.1~2017.12.31

○직무내용 : 디자인 공예의 특징에 관한 사항을 이해하고 도자기 재료 및 도자기 제조용 기공구류를 이용한 제토, 성형, 소성으로, 제토기계, 성형용기계·기구 등의 사용법을 알고, 도자기 재료에 대한 지식과 주 기능의 조건을 재료 및 제품 특성에 따라 응용하여 일상생활에 활용할 수 있는 도자기를 제작하는 직무를 수행
○ 수행준거 : 1. 도면파악 및 판독을 할 수 있다.
            2. 배분된 점토의 수분조정 작업과 점토의 반죽 및 물레성형작업을 할 수 있다.
            3. 굽깎기, 장식(상감)을 할 수 있다.

실기검정방법	작업형	시험시간	6시간 정도

실기과목명	주요항목	세부항목	세세항목
도자기 공예작업	1. 샘플제작	1. 도면 파악하기	1. 도자 제품 디자인과 제품 도면의 비교를 통해 잘못 기재된 부분과 치수가 있는지를 파악할 수 있다. 2. 도자 제품 도면을 통해 제품의 모양 및 크기 등의 형태를 판단하여 제품 디자인의 미흡한 부분을 파악할 수 있다.
	2. 원료준비	1. 소지원료 준비하기	1. 도자제품의 용도와 형태에 따라 제품의 특성에 맞는 소지원료를 선택할 수 있다. 2. 백자와 같은 밝은 색상의 도자제품을 만들기 위하여 백토, 고령토 등의 소지를 준비할 수 있다. 3. 청자와 같은 도자 제품을 만들기 위하여 청자 소지를 준비할 수 있다. 4. 분청사기와 같은 분청의 효과를 나타낼 수 있는 도자제품을 만들기 위하여 분청 소지를 준비할 수 있다. 5. 옹기와 같은 도자 제품을 만들기 위하여 옹기소지를 준비할 수 있다.
		2. 소지특성 파악하기	1. 소지의 철분 함유량에 따라 소지의 발색을 파악할 수 있다. 2. 소지의 발색에 따라 밝은 색상의 백자와 갈색 색상의 청자, 분청, 옹기소지 순으로 구분할 수 있다. 3. 철분의 함유량이 많을수록 소지의 발색이 짙어짐을 파악할 수 있다.
	3. 물레성형	1. 성형도구 준비하기	1. 물레성형에 필요한 도구를 준비할 수 있다.

실기과목명	주요항목	세부항목	세세항목
		2. 물레다루기	1. 작업장 여건을 고려하여 성형작업이 원활하도록 물레를 설치할 수 있다. 2. 물레작동방법에 따라 물레를 작동할 수 있다.
		3. 성형하기	1. 적당한 양의 소지를 사용하여 물레의 중심에 붙여 중심 잡기를 할 수 있다 2. 중심잡기를 통하여 성형된 원통형의 중심에 구멍을 만들 수 있다. 3. 물레의 원심력을 이용하여 두께가 일정한 원통형의 형태를 만들 수 있다. 4. 원통형태의 기벽을 밀어내거나 오므려서 작업지시서에 제시된 형태를 완성할 수 있다. 5. 완성된 형태의 밑 부분을 절단하여 굽 자리를 만들어 줄 수 있다. 6. 절단된 기물을 판에 이동하여 건조할 수 있다.
		4. 성형상태 확인하기	1. 성형 상태에 따라 변형된 형태를 바로 잡아 줄 수 있다. 2. 기벽에 묻은 이물질을 제거할 수 있다.
		5. 반건조하기	1. 기물의 변형을 최소화 할 수 있는 건조 환경을 조성할 수 있다. 2. 기물의 상하좌우가 고르게 건조되도록 건조 과정을 관리할 수 있다. 3. 굽깎기에 적정한 기물의 반 건조상태를 확인할 수 있다.
		6. 굽깎기	1. 반건조 기물을 뒤집어 물레위에 중심을 잡고 점토조각으로 물레판위에 고정시킬 수 있다. 2. 굽깎기 방법에 따라 기물바닥부위의 울퉁불퉁한 부분과 불필요한 외부모서리를 굽칼로 깎아 낼 수 있다. 3. 굽의 바깥 모서리의 윤곽을 기물의 형태와 자연스럽게 조화될 수 있도록 깎을 수 있다. 4. 기물의 형태에 따라 굽의 형태를 선택할 수 있다.
	4. 판성형	1. 성형도구 준비하기	1. 판성형에 필요한 도구를 파악하여 준비할 수 있다.
		2. 도판 밀기	1. 반죽한 점토를 절단끈을 이용하여 일정하게 잘라 점토판을 만들 수 있다. 2. 직물(흡습성이 있는 면직물류)을 이용하여 작업계획서에 따라 점토를 이어 붙일 수 있다.

실기과목명	주요항목	세부항목	세세항목
			3. 목재를 사용하여 점토판의 두께를 정확하게 할 수 있다. 4. 점토를 양 나무판 사이에 놓고 밀대를 이용하여 일정한 두께의 점토판을 만들 수 있다. 5. 원하는 형태와 용도에 맞게 일정한 크기로 점토판을 자를 수 있다.
		3. 반건조하기	1. 도판의 변형을 최소화할 수 있는 건조 환경을 조성할 수 있다. 2. 점토판의 변형을 막을 수 있도록 점토판을 관리할 수 있다. 3. 성형작업이 용이한 도판의 반 건조상태를 확인할 수 있다.
		4. 도판 재단하기	1. 반 건조 점토판을 도면의 형태에 따라 절단도구를 사용하여 재단할 수 있다. 2. 특수한 형태는 적절한 도구를 사용하여 재단할 수 있다.
		5. 성형하기	1. 도면의 형태에 따라 재단한 점토판을 접합슬립을 사용하여 접합할 수 있다. 2. 접합한 부분에 흙가래을 사용하여 접합력을 강화할 수 있다. 3. 작업지시서에 제시된 완성품의 모양에 따라 나무주걱 등으로 두드려 형태를 완성할 수 있다.
		6. 성형상태 확인하기	1. 절단 칼이나 끈 등을 이용하여 기물을 다듬고 깨끗이 정리할 수 있다.
	5. 장식	1. 조각도구 준비하기	1. 성형과 동시에 입체 조각물을 부착하기 위하여 빗칼, 붓, 물을 준비할 수 있다. 2. 음각, 양각, 상감, 투각기법에 따라 장식도구를 준비할 수 있다. 3. 압인기법을 위하여 다양한 문양의 도장을 준비할 수 있다. 4. 채색기법에 따라 채색안료와 세필붓, 평붓, 둥근붓 등 다양한 크기의 붓을 준비할 수 있다.
		2. 장식기법 선택하기	1. 도자기장식에서 활용되는 기법에 따라 명칭과 방법을 설명할 수 있다. 2. 장식계획서에서 요구하는 장식기법을 확인할 수 있다.

실기과목명	주요항목	세부항목	세세항목
		3. 시문하기	1. 입체 조각물을 빗칼, 이장을 활용하여 부착할 수 있다. 2. 음각, 양각, 상감, 투각기법에 따라 도구를 사용하여 장식할 수 있다. 3. 다양한 도장을 활용하여 압인할 수 있다. 4. 여러 색의 채색안료를 활용하여 장식할 수 있다.
		4. 장식상태 확인하기	1. 부착된 조각물이 안전하게 붙어있는지 확인할 수 있다. 2. 조각, 문양, 투각 등 시문된 상태를 확인할 수 있다. 3. 압인된 도장의 문양상태를 확인할 수 있다. 4. 채색안료의 농도, 그림상태, 전체구도를 확인할 수 있다.
	6. 작업장 환경 및 안전관리	1. 공구·도구 관리하기	1. 공구·도구의 훼손을 방지할 수 있도록 적합한 방법으로 세척·세정·건조할 수 있다. 2. 공구·도구의 특성에 따라 적합한 장소에 정리·정돈하여 보관 할 수 있다.
		2. 장비 관리하기	1. 각종 장비의 훼손을 방지할 수 있도록 사용 장비를 적합한 방법으로 세척·세정·건조할 수 있다.
		3. 작업자 안전관리	1. 작업실에서 발생하는 사고유형을 분류하여 사고 유형별 안전대책을 수립하고 긴급상황 발생시 대응할 수 있다. 2. 가마, 토련기, 전동물레 등 각종 장비의 사용 시 주의사항에 따라 장비 사용 시 발생할 수 있는 화상, 절단, 감전 등 안전사고를 예방할 수 있다. 3. 가마소성 시 화상예방에 적합한 안전장구를 착용하여 화상을 예방할 수 있다. 4. 각종 장비·공구·재료의 안전사고 발생예방 진단방법에 따라 위험요소를 진단하여 조치할 수 있다. 5. 작업자가 안전작업기준에 적합한 경험 및 능력을 가지고 있는지 확인 할 수 있어야 한다. 6. 작업근로자에게 작업정보와 안전작업요령에 대하여 교육을 시킬 수 있다. 7. 소방법에 따라 화재진압을 위한 소화장비를 준비하고 긴급상황 발생시 활용할 수 있다.

실기과목명	주요항목	세부항목	세세항목
		4. 작업장 정리·정돈하기	1. 재활용할 소지는 진공 토련하여 보관 할 수 있다. 2. 소지에 이물질이 들어가는 것을 방지하도록 작업장 바닥을 청결하게 할 수 있다. 3. 작업실의 쾌적한 환경유지를 위해 환기를 할 수 있다. 4. 수돗가에 흙물을 걸러낼 수 있는 흙통을 설치할 수 있다.

23. 인쇄·목재·가구·공예

석공예기능사

출제기준(필기)

직무 분야	인쇄·목재· 가구·공예	중직무분 야	목재·가구· 공예	자격 종목	석공예기능사	적용 기간	2013.1.1~2017.12.31

○직무내용 : 건축기념비 또는 조각품, 실내·외장식품 등의 장식적인 목적을 위해 화강암, 석회석, 대리석, 사암 및 그 밖의 암석을 디자인하고, 절단하거나 조각하여 모양을 만들고 끝손질을 하는 업무로 석재의 종류에 따른 성질을 파악, 손상 없이 작품을 제작하는 작업을 수행

필기검정방법	객관식	문제수	60	시험시간	1시간

필기과목명	문제수	주요항목	세부항목	세세항목
공예디자인, 석공예재료, 석공예	60	1. 디자인 일반	1. 디자인의 의미, 성립 조건 등에 관한 사항	1. 디자인의 의미 2. 디자인의 성립 조건
			2. 디자인(공예)의 분류 및 특징에 관한 사항	1. 디자인(공예)의 분류 2. 디자인(공예)의 특징
		2. 디자인 요소	1. 형	1. 점, 선, 면, 방향, 형, 명암, 텍스츄어
		3. 디자인 원리	1. 조화	1. 유사, 대비
			2. 통일	1. 통일, 주도와 종속
			3. 균형, 비례	1. 대칭, 비대칭
			4. 율동	1. 점증, 반복
			5. 강조	1. 강조
		4. 공예사	1. 우리나라 공예문화의 시대 특징	1. 삼국시대 이전 2. 삼국시대 및 가야시대 3. 고려시대 4. 조선시대 5. 현대
			2. 현대 디자인사에 대한 일반지식	1. 우리나라 디자인사 2. 동양 디자인사 3. 서양 디자인사
		5. 색의기본	1. 색을 지각하는 기본 원리에 관한 일반 지식	1. 색의대비, 색의동화와 잔상 2. 색의 진출과 후퇴, 팽창과 수축

필기과목명	문제수	주요항목	세부항목	세세항목
			2. 색의분류	1. 무채색, 유채색
			3. 색의 3속성	1. 색상, 명도, 채도
		6. 색의 혼합	1. 색의혼합	1. 원색 2. 색광혼합 3. 색료혼합 4. 중간혼합 5. 보색
		7. 색의 표시방법	1. 현색계, 표색계, 관용색명, 일반색명	1. 색이름에 의한 표색법
			2. 표색계	1. 먼셀 표색계 2. 오스트발트 표색계
		8. 색의 지각적인 효과	1. 색의대비	1. 대비현상
			2. 색의 지각적 효과	1. 동화현상 2. 색의 명시성과 유목성 3. 색의 진출 후퇴성과 팽창 수축성
		9. 색의 감정적인 효과	1. 색의 감정적 효과	1. 색채의 온도감 2. 색채의 중량감 3. 색채의 강약감 4. 색채의 흥분·진정
		10. 색채의 조화	1. 색의조화	1. 배색의 종류 2. 배색방법 3. 배색의 조화
		11. 제도의 기본	1. 도면의 분류	1. 평면도, 입면도, 단면도 등
			2. 제도용구 및 사용법	1. 제도판, 제도기, 제도용 필기도구, 제도용지 등
		12. 제도의 표시	1. 선의 종류와 용도	1. 선의 종류와 용도
			2. 기호 및 치수, 문자	1. 치수넣기, 문자, 축척, 단면표시 등
			3. 제도의 순서 등	1. 도면 작도순서 등

필기과목명	문제수	주요항목	세부항목	세세항목
		13. 평면도법	1. 원, 타원, 다각형그리기 등 평면도법에 관한 사항	1. 선, 각, 다각형 등의 특성 및 표준작도 2. 원과 원호, 접촉형, 면적 등의 특성 및 표준작도 3. 평면도법 등
		14. 투상도법 및 투시도법	1. 투상도법의 종류 및 특성, 표준작도법	1. 투상도법의 특성 및 표준작도법 2. 정투상도법, 사투상법, 등각투상법, 3. 부등각투상법 등
			2. 투시도법의 종류 및 특성, 표준작도법	1. 투시도법의 종류 - 1점 투시도 - 2점 투시도 - 3점 투시도 2. 투시도법의 특성 3. 투시도 표준작도법
		15. 암석의 분류	1. 암석의 분류 및 일반적 지식	1. 광물의 물리적 성질 2. 광물의 화학적 성질
			2. 암석의 조직, 구조, 성질	1. 화성암과 조직 2. 화성암의 종류와 분류 3. 용융과 결정작용 4. 변성암, 퇴적암
		16. 석재의 종류	1. 석재의 종류	1. 화성암류 2. 변성암류 3. 퇴적암류 등
			2. 석재의 특성	1. 강도 2. 내구성 3. 내화성 4. 내마멸성
		17. 가공석재 재료	1. 가공석재의 종류 및 특성, 규격	1. 채석의 고려사항 2. 채석방법 3. 건축석재, 석축재료 4. 건식용, 습식용 부자재 등
		18. 절단 및 연마재	1. 절단재료의 종류 및 특성, 주요성분	1. 갱소 2. 대형 다이아몬드 원형절삭기 3. 와이어 쇼우

필기과목명	문제수	주요항목	세부항목	세세항목
			2. 연마재료의 종류 및 특성, 주요성분	1. 다헤드 라인 자동연마기 2. 수동 연마기 3. 모터, 주속, 냉각수, 가압하중, 연마판
		19. 석재의 착색제, 발수 및 세척제, 접착제	1. 석재의 착색 및 발색 재료의 종류 및 특성	1. 석재의 착색 2. 석재의 발색 3. 표면처리
			2. 방수재료의 종류 및 특성	1. 석재의 방수
			3. 세척제의 종류 및 특성	1. 건·습식 방법 2. 철분에 의한 녹의 제거 3. 기름얼룩, 잉크의 제거
			4. 접착재료의 종류 및 특성	1. 에폭시접착제 2. 폴리에스테르 접착제 3. 백시멘트, 포틀랜드 시멘트
		20. 인공석재	1. 인공석재의 종류 및 특성	1. 인공석재의 종류 및 특성
		21. 석재 공구재	1. 석재가공용 공구류의 재질에 관한 사항	1. 수공구 - 측정공구 - 망치류 - 정류 - 기타 공구류 2. 기계공구 - 전동공구 - 에어공구 3. 가공 기계 - 활석 기계 - 표면가공 기계 - 재단 기계 - 특수가공 기계
		22. 석공예사	1. 한국금속공예사의 시대적 특징 및 대표 작품에 관한 사항	1. 삼국시대 이전의 석공예 2. 삼국시대의 석공예 3. 통일신라시대의 석공예 4. 고려시대의 석공예 5. 조선시대의 석공예 6. 근대의 석공예

필기과목명	문제수	주요항목	세부항목	세세항목
			2. 동서양 석공예의 시대적 특징 및 대표작품에 관한 일반지식	1. 중국의 석공예 2. 인도, 동남아시아의 석공예 3. 원시, 고대의 석공예 4. 중세, 르네상스의 석공예 5. 바로크, 로코코의 석공예 6. 19, 20세기의 석공예
		23. 기본작업 계획	1. 체적 및 무게계산, 원가계산방법	1. 체적 및 무게계산 2. 원가계산
			2. 작업계획에 관한 사항	1. 작업의 의미 2. 작업진행 순서 3. 설비의 보존
		24. 채석	1. 채석방법 및 채석에 관한 일반지식	1. 채석의 고려사항 2. 채석방법 3. 주요 채석용 장비
			2. 주요 채석용, 운반용 장비의 종류 및 특징, 사용방법	1. 석재의 운반작업 2. 운반용 중장비류
		25. 측정공구 사용기법	1. 석재용 측정 공구류의 종류 및 표준사용기법	1. 측정수공구
		26. 마름질 작업	1. 가공형태에 따른 마름질 작업방법	1. 석재의 마름질
			2. 재료의 결함 판별지식	1. 석재결을 파악하는 방법 2. 원석 준비와 판별
		27. 석재의 조각기법	1. 조각방법의 종류 및 특징	1. 조소기법 2. 석조각 방법 및 기법 3. 석조의 기법
			2. 조각용 기공구의 표준 사용법	1. 초경공구류 2. 기계공구류 3. 기타 공구류

		28. 석재의 절단기법	1. 절단 방법의 종류 및 특징	1. 절삭작업
				  - 다이아몬드 원형톱
				  - 다날절단기 등
				2. 조각작업

필기과목명	문제수	주요항목	세부항목	세세항목
			2. 절단용 기공구의 표준사용방법	1. 절단용 기공구의 표준사용방법
		29. 석재의 연마기법	1. 연마 방법의 종류 및 특징	1. 평면연마
			2. 연마용 기공구의 표준 사용기법	1. 곡면연마 2. 수동연마기에 의한 연마 처리법 3. 기타 처리법
		30. 표면처리방법	1. 세척, 표면처리에 관한 지식	1. 다듬기법
			2. 접착법, 석재품의 보존 등에 관한 사항	1. 접착과 보존 등에 관한 사항과 설치법 2. 세척방법
		31. 안 전	1. 석공예작업 안전	1. 석공예작업 안전에 관한 사항
			2. 산업안전에 관한 사항	1. 전기, 보호구, 직장환경, 재해발생 응급조치 등에 관한 사항

출제기준(실기)

직무 분야	인쇄·목재· 가구·공예	중직무 분야	목재·가구· 공예	자격 종목	석공예기능사	적용 기간	2013.1.1~2017.12.31

○직무내용 : 건축기념비 또는 조각품, 실내장식품 등의 장식적인 목적을 위해 화강암, 석회석, 대리석, 사암 및 그 밖의 암석을 디자인하고, 절단하거나 조각하여 모양을 만들고 끝손질을 하는 업무로 석재의 종류에 따른 성질을 파악, 손상 없이 작품을 제작하는 작업을 수행
○수행준거 : 1. 도면의 정확한 판독, 재료 결함판별 및 기공구의 선별, 절단작업, 연마 및 광내기 작업, 각종형태에 따른 가공기법을 적용 할 수 있다.
          2. 일반석공예품, 석재장식품, 정원조형품, 구조물 등을 원만하게 가공 할 수 있다.

실기검정방법		작업형	시험시간	6시간 정도

실기과목명	주요항목	세부항목	세세항목
석공예작업	1. 제품설계	1. 도면파악 및 상세도 그리기	1. 제시된 도면에 따라 축척을 확인하여 실물크기를 판단할 수 있다. 2. 표제난에 제시된 내용에 따라 제품의 용도, 재질, 납품기일, 수량을 파악할 수 있다. 3. 도면의 기재사항에 따라 재료시험여부, 가공, 보정 여유를 파악할 수 있다. 4. 도면작성 및 상세도 작성기법에 따라 제시된 도면의 상세도를 그릴 수 있다.
	2. 작업계획 수립	1. 작업순서 결정하기	1. 제시된 도면 형태에 따라 기준면을 정할 수 있다. 2. 기준면에 따라 전체적인 작업순서를 정할 수 있다.
		2. 공정계획하기	1. 수립된 작업순서에 따라 공정시간을 산출할 수 있다. 2. 전체적인 작업공정시간에 따라 공정별 기술자를 섭외할 수 있다. 3. 재료의 재질에 따라 공정시간을 조정할 수 있다.
		3. 작업지시서 작성하기	1. 작업방법과 공정 일정표에 따라 작업지시서를 작성할 수 있다. 2. 작업분량과 작업마감에 대한 설명서와 함께 작업도면도에 대한 내용을 작업지시서에 반영 할 수 있다.

실기과목명	주요항목	세부항목	세세항목
	3. 측정도구 제작	1. 게이지 제작하기	1. 작업계획서에 따라 게이지 제작에 필요한 적정한 재료 및 공구를 선정할 수 있다. 2. 게이지 제작기법에 따라 작업도면 및 형태를 고려한 게이지를 제작할 수 있다. 3. 작업도면 및 형태에 따라 제작된 게이지의 오차를 확인하여 수정·보완할 수 있다.
	4. 전통가공작업 준비	1. 전통기법 사용공구 준비하기	1. 전통기법의 특성에 따라 공정별 특성을 설명할 수 있다. 2. 전통기법에서 활용되는 공구에 따라 그 활용도를 설명할 수 있다. 3. 제품 생산에 맞게 작업대를 준비할 수 있다.
		2. 활석하기	1. 작업지시서에 따라 원석의 상태를 검토하여 작업장에 반입할 수 있다. 2. 석재 나누기도면에 따라 석재의 표면에 나누기 표시를 할 수 있다. 3. 전통기법에서의 돌나누기 방법에 따라 정, 망치, 쐐기를 활용하여 작품의 크기에 맞게 치수를 놓고 돌나누기(재단)를 할 수 있다.
		3. 기준면 정하기	1. 작품의 형태와 도면 상세도에 따라 재료의 적정성을 검토할 수 있다. 2. 재료를 검토한 결과에 따라 재료를 작업대에 설치할 수 있다. 3. 설치된 재료에 따라 작업을 효율적으로 하기 위해 기준면을 정할 수 있다.
		4. 먹줄놓기	1. 제시된 도면 형태에 따라 기준면을 중심으로 먹선 그리기를 할 수 있다. 2. 작업을 하는 도중 먹선 그리기를 작품의 난이도에 따라 여러 번 그리기에 필요한 중심선을 표시할 수 있다.
	5. 전통가공(치석)작업	1. 거친정 다듬질하기	1. 거친정 다듬질 방법에 따라 필요한 도구를 준비할 수 있다. 2. 제시된 형태와 도면에 따라 거친정 다듬질 방법을 선정할 수 있다. 3. 작업지시서에 따라 재료의 형태와 도면에 맞게 거친정 다듬질을 하기위한 떨이개질을 할 수 있다. 4. 거친정 다듬질 방법에 따라 떨이개질을 한 재료를 거친정 다듬질을 할 수 있다.

실기과목명	주요항목	세부항목	세세항목
		2. 고운정 다듬질하기	1. 재료의 크기에 따라 필요한 장비와 도구를 준비할 수 있다. 2. 작업지시서 및 제시된 형태와 도면에 따라 정 다듬질 방법을 선정할 수 있다. 3. 작업지시서에 따라 정으로 다듬질을 할 수 있다. 4. 작품의 마감 및 정밀도에 따라 표면을 다르게 정질 할 수 있다.
		3. 도드락 다듬질하기	1. 작업지시서에 따라 도드락 다듬질에 필요한 장비와 도구를 준비할 수 있다. 2. 제시된 형태와 도면에 따라 도드락 다듬질 방법을 선정할 수 있다. 3. 작업지시서에 따라 정다듬질 된 재료를 도드락 다듬질을 할 수 있다.
		4. 잔다듬 다듬질하기	1. 고운 도드락 다듬질을 한 재료에 전통 잔다듬(다데기) 날망치로 작업지시서에서 요구하는 방법에 따라 마감에 맞게 잔다듬질을 할 수 있다. 2. 작업지시서 및 마감설명서에 따라 거친 잔다듬 마감질과 고운 잔다듬 마감질을 할 수 있다.
		5. 연마(수마) 작업하기	1. 작업지시서에 따라 가공 된 작품을 가지고 먼저 거친 갈기를 한다. 2. 작업지시서에 따라 거친 갈기를 마친 후 물갈기를 할 수 있다. 3. 수마작업의 순서에 따라 갈기의 차이가 있음을 확인할 수 있다.
	6. 현대가공작업 준비	1. 현대기법 사용공구 준비하기	1. 작업지시서에 따라 작업에 필요한 그라인더 등 전동공구를 준비할 수 있다. 2. 작품과 마감에 맞게 에어툴 공구를 준비할 수 있다. 3. 작품에 맞게 작업대를 준비할 수 있다.
		2. 돌나누기(활석하기)	1. 작품의 크기에 맞게 치수를 놓고 돌나누기(재단)를 할 수 있다. 2. 작업지시서에 제시된 작품의 마감방법에 따라 돌나누기를 할 수 있다.

실기과목명	주요항목	세부항목	세세항목
	7. 현대가공작업	3. 기준면 정하기	1. 작품의 형태와 도면 상세도에 따라 재료의 적정성을 검토할 수 있다. 2. 재료를 검토한 결과에 따라 재료를 작업대에 설치할 수 있다. 3. 설치된 재료에 따라 작업을 효율적으로 하기 위해 기준면을 정할 수 있다.
		4. 먹선 그리기	1. 제시된 도면 형태에 따라 기준면을 중심으로 먹선 그리기를 할 수 있다. 2. 작업을 하는 도중 먹선 그리기를 작품의 난이도에 따라 여러 번 그리기에 필요한 중심선을 표시할 수 있다.
		1. 절삭하기	1. 작업지시서에 따라 준비된 공구를 이용하여 기준면을 중심으로 건석치기 절삭을 할 수 있다. 2. 도면 형태와 상세도에 따라 절삭형태를 잡아 작업을 할 수 있다. 3. 계획된 작업순서에 따라 절삭형태잡기 작업을 할 수 있다.
		2. 그라인더 형태잡기	1. 도면 형태와 상세도에 따라 절삭된 제품에 그라인더 형태잡기를 할 수 있다. 2. 작업지시서에 따라 그라인더 형태잡기를 하는 동안 제품의 마감을 고려하여 작업할 수 있다. 3. 제품의 형태에 따라 그라인더의 종류를 또한 그라인더의 날을 바꾸어 작업할 수 있다.
		3. 표면처리하기	1. 작품의 설치와 놓여지는 장소에 따라 표면처리의 마감을 다르게 할 수 있다. 2. 표면처리의 종류에 따라 적합한 공구를 사용할 수 있다. 3. 작품의 크기에 따라 연관된 표면처리를 할 수 있다.
	8. 조각	1. 활석하기	1. 작품의 크기에 맞게 치수를 놓고 돌나누기(재단)를 할 수 있다. 2. 도면에 제시된 제품의 형태에 따라 돌나누기를 할 수 있다.

실기과목명	주요항목	세부항목	세세항목
		2. 먹줄 놓기	1. 제시된 도면 형태에 따라 기준면을 중심으로 먹선 그리기를 할 수 있다. 2. 작업을 하는 도중 먹선 그리기를 제품의 특성에 따라 여러 번 그리기에 필요한 중심선을 표시할 수 있다.
		3. 초벌치기	1. 도면에서 제시한 제품에 따라 자거리를 할 수 있다. 2. 그라인더 사용방법에 따라 그라인더로 제품형태에 필요한 부분을 절단할 수 있다. 3. 날매사용방법에 따라 불필요한 부분을 제거할 수 있다. 4. 초벌치기 다듬기 방법에 따라 초벌 다듬기 공구를 사용하여 다듬기를 할 수 있다.
		4. 재벌치기	1. 재벌치기 공정별 특성에 따라 필요한 공구를 선택할 수 있다. 2. 재벌치기 공구활용법에 따라 재벌치기를 할 수 있다. 3. 작성도면에 따라 정확하게 형태를 잡을 수 있다.
		5. 세부 형태잡기	1. 도면에 따라 적합한조각도를 선택한다. 2. 도면에 제시된 모양에 따라 재료 표면에 조각할 모양을 옮겨 그릴 수 있다. 3. 조각 장비 및 공구의 매뉴얼에 따라 이상유무를 확인할 수 있다. 4. 디자인에 따라 조각장비와 공구를 사용하여 석재를 조각하여 세부 형태를 잡을 수 있다. 5. 도면에 따라 조각된 석재의 형태를 비교하여 수정·보완할 수 있다.
		6. 표면 처리하기	1. 작품의 설치와 놓여지는 장소에 따라 표면처리의 마감을 다르게 할 수 있다. 2. 표면처리의 종류에 따라 적합한 공구를 사용할 수 있다. 3. 작품의 크기에 따라 연관된 표면처리를 할 수 있다.
		7. 마감 검사하기	1. 작업지시서에 따라 열처리 및 약품처리 상태를 확인할 수 있다. 2. 마감검사 방법에 따라 자연석의 모양을 잘 표현하고 있는지 확인할 수 있다. 3. 도면에 따라 형태의 일치성, 홈집여부 및 마감상태를 확인하고 수정·보완할 수 있다.

실기과목명	주요항목	세부항목	세세항목
	9. 검사	1. 치수 검사하기	1. 도면에 제시된 축적에 따라 제품의 요구치수를 확인할 수 있다. 2. 도면에 따라 치수측정도구를 사용하여 치수를 검사할 수 있다.
		2. 형태 검사하기	1. 도면에 따라 제작된 완성품의 형태를 검사할 수 있다. 2. 형태 검사결과에 따라 수정여부 및 방법을 결정할 수 있다.
		3. 마감표면 검사하기	1. 작업지시서에 따라 열처리 및 약품처리 상태를 확인할 수 있다. 2. 마감검사 방법에 따라 자연석의 모양을 잘 표현하고 있는지 확인할 수 있다. 3. 도면에 따라 형태의 일치성, 홈집여부 및 마감상태를 확인하고 수정·보완할 수 있다.
	10. 안전관리	1. 공구·장비 관리하기	1. 장비매뉴얼에 따라 장비의 일상점검을 할 수 있다. 2. 작업공구의 특성에 따라 원활하게 활용가능토록 관리할 수 있다. 3. 공구·장비의 특성에 따라 적합한 장소에 적합한 방법으로 보관할 수 있다.
		2. 작업자 안전관리	1. 응급조치 요령에 따라 응급조치를 실시할 수 있다. 2. 작업자의 안전보건을 위한 관련법령에 따라 적합한 시설·장비 및 보호 장구를 준비하고 활용할 수 있다. 3. 산재예방에 관련한 통칙에 따라 안전보건교육을 실시할 수 있다.
		3. 작업장 정리·정돈하기	1. 작업장 정리정돈 방법에 따라 작업장을 정리·정돈할 수 있다. 2. 작업장 안전관리 통칙에 따라 위험요소를 찾아 개선할 수 있다. 3. 폐기물 처리지침에 따라 폐기물을 처리할 수 있다.

국가기술자격 출제기준 II

24 농림어업

식육처리기능사
축산기사
축산산업기사
축산기능사
식물보호기사
식물보호산업기사

24. 농림어업

식육처리기능사

출제기준(필기)

직무분야	농림어업	중직무분야	축산	자격종목	식육처리기능사	적용기간	2013.1.1~2017.12.31

○직무내용 : 식육 원료의 전문지식을 바탕으로 식육가공에 관한 숙련기능을 가지고 식육의 분할, 골발, 정형작업과 관련된 업무를 HACCP기준에 의거하여 위생적으로 처리하며, 그 원료육으로 육제품의 제조, 유통, 판매에 이르는 일련의 과정에서 부가가치를 창출하는 직무

필기검정방법	객관식	문제수	60	시험시간	1시간

필기과목명	문제수	주요항목	세부항목	세세항목
식육학 개론, 식육위생학, 식육가공 및 저장	60	1. 식육자원	1. 소, 돼지, 닭의 품종	1. 소, 돼지, 닭의 품종
			2. 식육 이용 현황	1. 식육 생산의 특성 2. 식육 소비의 특성
		2. 식육의 성상	1. 근육조직	1. 근육의 조직학적 성질
			2. 근육의 구성성분 및 식육의 영양적 특성	1. 근육의 구성성분 2. 식육의 영양적 특성
		3. 원료육의 생산	1. 생축의 도축전 취급	1. 생축의 도축전처리
			2. 도축공정 및 품질관리	1. 도축공정 2. 도축의 품질관리
			3. 지육의 관리	1. 지육의 냉각 2. 도체의 해동
			4. 지육의 분할	1. 지육의 분할
			5. 지육의 품질	1. 지육의 품질 2. 생산이력정보
			6. 식육의 부위별 수율 및 용도	1. 식육의 부위별 수율 및 용도
		4. 식육의 사후변화	1. 사후강직과 숙성	1. 사후강직과 숙성
			2. 육색 및 보수력	1. 육색 및 보수력
			3. 비정상육	1. 비정상육

필기과목명	문제수	주요항목	세부항목	세세항목
		5. 식육유통	1. 식육의 구매	1. 식육의 등급 및 규격
			2. 국산 및 수입식육의 유통	1. 국산 및 수입식육의 유통
			3. 부산물의 유통	1. 부산물 유통 특성
		6. 식육 및 육가공품 관련 미생물	1. 식육 및 육가공품 관련 미생물	1. 곰팡이 2. 세균 3. 효모 4. 식육 및 육가공품 관련 미생물의 증식에 영향을 미치는 인자 5. 미생물 증식억제를 위한 식육 및 육가공품의 저장
		7. 식육의 품질변화	1. 식육의 품질변화	1. 호기성부패 2. 혐기성부패 3. 신선육의 부패 4. 염지육의 부패
		8. 식육관련 식중독과 기생충	1. 식중독	1. 세균성식중독과 화학성식중독 등
			2. 기생충	1. 기생충
		9. 식육생산 공장 및 공정의 안전 위생 관리	1. 생축의 위생관리	1. 생축의 위생관리
			2. 지육의 위생관리	1. 지육의 위생관리
			3. 작업장 및 작업자의 안전·위생관리	1. 작업장의 안전·위생관리(시설, 설비, 도구 등) 2. 작업자의 안전·위생관리 3. HACCP 이해
			4. 축산물위생 관련 법규	1. 축산물위생 관련 법규
		10. 원료육의 가공특성	1. 원료육의 이화학적 특성	1. 보수성 2. 육색 3. 경도, 구조, 조직 4. 향미

필기과목명	문제수	주요항목	세부항목	세세항목
		11. 식육가공	1. 세절·혼합 및 유화	1. 세절 2. 혼합 3. 유화 4. 충전
			2. 건조와 훈연	1. 건조와 훈연
			3. 가열	1. 가열방법 2. 가열과 육질
			4. 식육 및 육제품의 포장	1. 포장의 목적과 기능 2. 포장재의 종류 및 특성 3. 포장방법
			5. 육가공 부재료	1. 식품첨가물의 종류와 용도, 사용기준 및 규격 2. 향신료 등 기타 부재료
		12. 식육가공제품	1. 포장육	1. 포장육의 종류와 가공방법
			2. 양념육류	1. 양념육류의 종류와 가공방법
			3. 분쇄가공품	1. 분쇄가공품의 종류와 가공방법
			4. 건조저장육류	1. 건조저장육류의 종류와 가공방법
			5. 햄류	1. 햄류의 종류와 가공방법
			6. 소시지류	1. 소시지류의 종류와 가공방법
			7. 베이컨	1. 베이컨의 종류와 가공방법
			8. 식육부산물	1. 식육부산물의 종류와 가공방법
		13. 식육의 저장 및 품질관리	1. 원료육 및 식육제품의 저장 2. 품질관리의 개요	1. 원료육 및 식육제품의 저장 1. 품질관리의 목적과 효과 2. 품질관리 검사의 종류와 검사방법
		14. 판매	1. 판매	1. 고객응대 및 원가계산 2. 판매장 운영 및 관리 3. 마케팅

출제기준(실기)

직무 분야	농림어업	중직무 분야	축산	자격 종목	식육처리기능사	적용 기간	2013.1.1~2017.12.31

○직무내용 : 식육 원료의 전문지식을 바탕으로 식육가공에 관한 숙련기능을 가지고 식육의 분할, 골발, 정형작업과 관련된 업무를 HACCP기준에 의거하여 위생적으로 처리하며, 그 원료육으로 육제품의 제조, 유통, 판매에 이르는 일련의 과정에서 부가가치를 창출하는 직무

○수행준거 : 1. 돈지육과 우지육을 분할, 발골, 정형할 수 있다.
2. 식육의 부위별 특성을 파악하여 부분육을 가공할 수 있다.
3. 육제품 가공 작업을 할 수 있다.

실기검정방법	필답형	시험시간	1시간 30분정도

실기과목명	주요항목	세부항목	세세항목
식육의 부위별 골발(骨拔) 및 정형 작업	1. 식육가공원료	1. 1차 분할하기	1. 제3번과 제4번 갈비뼈 사이를 절단할 수 있다. 2. 요추와 미추 사이를 절단할 수 있다.
		2. 2차 분할하기	1. 앞다리에서 앞다리, 목심, 갈비, 항정, 사태, 족을 분할할 수 있다. 2. 몸통에서 등심, 안심, 갈매기살, 등심덧살, 삼겹살을 분할할 수 있다. 3. 뒷다리에서 보섭살, 볼깃살, 설깃살, 도가니살, 사태, 족을 분할할 수 있다.
		3. 발골하기	1. 목심 부위 뼈를 제거할 수 있다. 2. 앞다리 부위 뼈를 제거할 수 있다. 3. 등심부위 뼈를 제거할 수 있다. 4. 삼겹부위 뼈를 제거할 수 있다. 5. 뒷다리부위 뼈를 제거할 수 있다.
		4. 부위별 정형하기	1. 각 부위육으로부터 지방층을 제거할 수 있다. 2. 살코기부분에 남아있는 지방육을 다시 한 번 제거할 수 있다. 3. 지방층에 붙어있는 살코기를 제거할 수 있다. 4. 살코기와 지방육이 함께 있는 부스러기육으로부터 지방층을 다시 한번 제거할 수 있다. 5. 지방 함량을 기준으로 용도별 육분류를 시행할 수 있다.
		5. 육분류하기	1. 눈으로 보이는 지방육 및 근막, 건 등의 완전 제거할 수 있다. 2. 눈으로 보이는 지방이 약간 있고, 근막, 건 등의 제거할 수 있다.

실기과목명	주요항목	세부항목	세세항목
			3. 눈으로 보이는 지방이 많고, 근막이나 건 등의 일부 제거 할 수 있다. 4. 돼지의 경우 항정을 분류할 수 있다 5. 실코기가 완전 제거된 지방육(지방함량 : 약 92%)을 분류할 수 있다
		6. 식육의 부위별 특성파악하기	1. 도축 후 식육의 온도변화를 측정할 수 있다. 2. 도축 후 식육의 pH 변화를 측정할 수 있다. 3. 식육의 초기오염도를 측정할 수 있다. 4. 식육의 저장온도와 저장방법을 설정할 수 있다. 5. 식육의 풍미·연도·보수력을 측정할 수 있다. 6. 변화 과정별 관능검사를 시행할 수 있다.
		7. 부분육 냉장·냉동 저장하기	1. 용도별 식육의 포장방법을 선택할 수 있다. 2. 용도별 식육의 냉장·냉동방법을 선택할 수 있다. 3. 냉장·냉동 조건을 설정할 수 있다. 4. 냉장·냉동 식육의 유통기한을 설정할 수 있다.
	2. 식육 및 부분육 판정하기	1. 우·돈육 식별하기	1. 우·돈육을 식별할 수 있다. 2. 우·소 분할육(39개)부위육을 식별하고 그 부위 명칭을 기록할 수 있다. 3. 돈·소 분할육(22개)부위육을 식별하고 그 부위명칭을 기록할 수 있다.
	3. 육제품가공	1. 원료육의 이화학적 특성 파악하기	1. 원료육 입고시 온도, pH, 외관검사를 시행할 수 있다. 2. 지방 함량에 따른 육분류 표준화 규격을 확보할 수 있다. 3. 육분류에 따른 지방 함량 수준을 구분할 수 있다. 4. 배합표에 의한 원료육을 계량할 수 있다. 5. 원료육의 온도는 0~2℃로 최대한 낮게 유지할 수 있다. 6. 원료육의 pH는 용도에 따라 선택할 수 있다. (염지용/유화용)
		2. 원·부재료 배합하기	1. 원료육을 계량할 수 있다. 2. 얼음/얼음물을 계량할 수 있다 3. 식품첨가물과 소금을 계량할 수 있다. 4. 향신료를 계량할 수 있다. 5. 부재료를 계량할 수 있다. 6. 투입순서와 시기에 맞춰 첨가할 수 있다.

실기과목명	주요항목	세부항목	세세항목
		3. 염지하기	1. 식염, 아질산염, 발색보조제, 향신료 등을 계량할 수 있다. 2. 염지 방법에 따라 복합염지제 또는 염지액을 만들 수 있다. 3. 염지용 원료육을 선별·계량할 수 있다. 4. 건염법으로 원료육의 표면을 염지제로 문지를 수 있다. 5. 습염법으로 원료육에 염지액을 주사할 수 있다. 6. 침지법으로 원료육을 염지액에 담가놓을 수 있다. 7. 염지 효과를 촉진시키기 위하여 마사지 또는 텀블링을 시킬 수 있다.
		4. 분쇄·혼합·유화·충전 하기	1. 기계 부품의 조립 상태를 확인할 수 있다. 2. 각 공정별 작업표준을 확인할 수 있다. 3. 원료육을 작은 크기로 분쇄할 수 있다. 4. 분쇄육에 식염, 얼음, 식품첨가물, 향신료 등을 투입하여 세절할 수 있다. 5. 분쇄육과 세절 유화물을 혼합할 수 있다. 6. 분쇄육, 유화물, 혼합육 등을 케이싱에 충전할 수 있다.
		5. 가열 및 훈연하기	1. 가공육의 심부온도를 올려 발색과정을 유발시킬 수 있다. 2. 가공육의 표면을 건조시킬 수 있다. 3. 연기 발생기를 작동시켜 연기를 제조할 수 있다. 4. 제품 표면에 연기 흐름을 발생시켜 훈연할 수 있다. 5. 연기를 모두 제거할 수 있다. 6. 가공육의 심부온도를 올려 살균효과를 높일 수 있다. 7. 설정된 심부온도에 맞추어 가열을 멈출 수 있다. 8. 가공육의 표면온도를 급속 냉각시킬 수 있다.
		6. 발효 및 건조하기	1. 건염법에 의한 발효숙성햄을 염지할 수 있다. 2. 발효건조소시지를 위하여 "원료육의 냉동 - 냉동육 세절 - 유산균 접종 - 식품첨가물 및 향신료 투입 - 입자 크기 조절 - 충전 - 냉훈·건조·발효 - 숙성과정을 수행할 수 있다. 3. 발효숙성햄을 위하여 "수세 - 건조 - 산화 - 냉훈 - 숙성과정을 수행할 수 있다.

실기과목명	주요항목	세부항목	세세항목
		7. 통조림화와 멸균하기	1. 완성품 또는 비가열 제품원료를 병/캔에 충전할 수 있다. 2. 탈기 후 밀봉할 수 있다. 3. 고온고압살균기(레토르트)에 넣고 가열할 수 있다. 4. F_0치를 측정하여 살균효과를 설정할 수 있다. 5. F_0치에 따른 유통기한을 구분하여 포장한다.
		8. 포장하기	1. 제품을 만들고 포장하여 상품화할 수 있다. 2. 통조림, 병조림, 레토르트파우치, 진공포장 등의 방법을 이용하여 식품의 유통기간을 늘일 수 있다. 3. 무균포장방법으로 식품의 열변질을 최소화할 수 있다. 4. 가스치환포장으로 식품에서 일어나는 산화와 부패를 억제할 수 있다.
	4. 위생관리 상태	1. 작업자 개인위생관리	1. 안전하고 위생적으로 작업할 수 있다.
		2. 식육의 위생적인 취급	1. 식육의 미생물 오염을 최소화하고 변질을 방지할 수 있는 위생적인 작업을 할 수 있다.
		3. 작업장 및 작업도구의 위생적인 관리	1. 작업장 및 작업도구의 위생적인 관리를 할 수 있다.
	5. 처리시 안전성	1. 안전보호장구 착용	1. 안전보호구를 착용하여 처리시 안전성 있게 작업할 수 있다.
		2. 안전한 작업자세 및 작업도구의 사용	1. 작업자세 및 작업도구의 사용을 안전하게 할 수 있다.
		3. 작업도구 및 작업장의 안전관리	1. 작업도구 및 작업장의 안전관리를 할 수 있다

24. 농림어업

축산기사

출제기준(필기)

직무분야	농림어업	중직무분야	축산	자격종목	축산기사	적용기간	2013.1.1~2017.12.31

○직무내용 : 축산에 관한 기술 이론과 지식을 바탕으로 가축의 육종 및 증식, 사양관리, 사료관리, 질병예방 관리, 축사시설 및 환경 관리, 축산물 가공 및 유통, 경영관리 등의 업무를 수행

필기검정방법	객관식	문제수	100	시험시간	2시간 30분

필기과목명	문제수	주요항목	세부항목	세세항목
가축육종학	20	1. 기본적 유전 현상	1. 유전 물질	1. 유전자의 구조와 기능 2. 유전자의 발현 과정 3. 염색체의 구조와 기능
			2. 유전자의 작용	1. 멘델의 유전 2. 대립 유전자 간의 상호 작용 3. 비대립 유전자간의 상호 작용 4. 유전자의 특수 작용 5. 유전자의 돌연 변이 6. 성 관련 유전 현상 7. 치사 유전자와 유전적 결함
			3. 염색체의 유전 현상	1. 연관과 교차 2. 염색체 지도 3. 염색체 이상에 의한 유전 현상 4. 성 결정과 간성
		2. 양적 형질의 유전과 변이	1. 집단의 유전적 구조	1. 집단의 유전적 평형 2. 유전자 빈도의 변화 요인
			2. 양적 형질의 변이 분석	1. 표현형가의 분할 2. 유전 분산과 환경 분산
			3. 유전 모수	1. 유전력의 정의와 이용 2. 유전력 추정 방법 3. 유전 상관 4. 반복력
		3. 선발	1. 선발의 의의와 효과	1. 선발의 의의와 종류 2. 유전적 개량량 3. 선발 효과를 크게 하는 방법 4. 선발과 환경

필기과목명	문제수	주요항목	세부항목	세세항목
			2. 단일 형질 개량을 위한 선발 방법	1. 개체의 능력에 근거한 선발 2. 선조의 능력에 근거한 선발 3. 방계 친척의 능력에 근거한 선발 4. 후대의 능력에 근거한 선발 5. 가계의 능력에 근거한 선발 6. 간접 선발
			3. 다수 형질 개량을 위한 선발 방법	1. 독립 도태법 2. 순차적 선발 3. 선발 지수법
		4. 교배 방법	1. 근친 교배	1. 근교계수와 혈연 계수 산출 2. 근친 교배의 유전적 효과 3. 근교 퇴화 현상 4. 근친 교배의 이용 5. 근교 계통의 육성
			2. 순종 교배	1. 근친 교배 2. 계통 교배 3. 이계 교배 4. 무작위 교배
			3. 잡종 교배	1. 잡종 교배의 유전적 효과 2. 잡종 강세 현상 3. 2품종 교배 4. 종료 교배 5. 윤환 교배 6. 종료 윤환교배 7. 누진 교배
		5. 축종별 육종	1. 한·육우	1. 경제 형질과 유전력 2. 개량 목표와 능력 검정 3. 종축의 평가와 선발
			2. 젖소	1. 경제 형질과 유전력 2. 개량 목표와 능력 검정 3. 종축의 평가와 선발
			3. 돼지	1. 경제 형질과 유전력 2. 개량 목표와 능력 검정 3. 종축의 평가와 선발
			4. 닭, 오리	1. 경제 형질과 유전력 2. 개량 목표와 능력 검정 3. 종축의 평가와 선발

필기과목명	문제수	주요항목	세부항목	세세항목
가축번식생리학	20	1. 생식 기관의 구조와 기능	1. 수컷의 생식 기관	1. 수컷 생식 기관의 발생 2. 수컷 생식 기관의 구조와 기능
			2. 암컷의 생식 기관	1. 암컷 생식 기관의 발생 2. 암컷 생식 기관의 구조와 기능
			3. 가금의 생식 기관	1. 수컷 생식 기관의 구조와 기능 2. 암컷 생식 기관의 구조와 기능
		2. 생식 세포의 형성과 생리	1. 정자 형성과 생리	1. 정자 형성 과정 2. 정자의 형태와 구조 3. 정자의 생리
			2. 난자 형성과 생리	1. 난자의 형성 과정 2. 난자와 난포의 구조 3. 난자의 생리
		3. 번식에 관련된 내분비 작용	1. 내분비의 개요	1. 내분비와 호르몬의 정의 2. 호르몬의 특성과 역할 3. 호르몬의 분류 4. 호르몬의 조절 기전
			2. 생식선 자극 호르몬	1. 시상하부 호르몬 2. 뇌하수체 호르몬 3. 태반성 호르몬
			3. 생식선 호르몬	1. 웅성 호르몬 2. 자성 호르몬
			4. 기타 번식 관련 호르몬	1. 프로스타글란딘 2. 기타 번식 관련 호르몬
		4. 가축의 번식 생리	1. 성 성숙	1. 성 성숙 과정과 변화 2. 성 성숙에 영향을 미치는 요인
			2. 발정	1. 성 주기의 길이와 지속 기간 2. 성 주기에 따른 생식기의 변화 3. 발정 징후 4. 분만 후 발정 재귀
			3. 교배	1. 가축의 성 행동 2. 교배 적기 3. 교배 방법

필기과목명	문제수	주요항목	세부항목	세세항목
			4. 수정	1. 정자와 난자의 이동 2. 생식 세포의 수정 능력 3. 수정 과정과 이상 수정
			5. 착상	1. 난할 과정과 수정란의 이동 2. 착상 전 자궁의 변화 3. 착상 과정
			6. 임신	1. 임신 가축의 생리적 변화 2. 태반의 형성 3. 태아의 발달 및 생리 4. 임신 진단
			7. 분만	1. 분만 개시 전 2. 분만 과정과 분만 관리
		5. 가축의 비유 생리	1. 유방의 구조와 발육	1. 유방의 기본 구조 2. 유선의 기본 구조 3. 유선의 발육과 퇴행
			2. 유즙 생성 및 분비	1. 유즙의 생성 과정 2. 유즙 분비 과정 3. 비유 유지와 비유 곡선
		6. 번식의 인위적 지배	1. 번식의 계절성 조절	1. 광선 조절에 의한 방법 2. 호르몬 처리에 의한 방법
			2. 발정 동기화	1. 발정 동기화의 이점 2. 발정 동기화의 구비 조건 3. 발정 동기화 방법
			3. 인공 수정	1. 인공 수정의 장·단점 2. 정액의 채취 3. 정액의 검사 4. 정액의 희석과 보존 5. 정액의 주입 6. 동결정액 제조와 활용
			4. 수정란 이식	1. 수정란 이식의 장·단점 2. 다배란 유기와 수정 3. 수정란의 채란과 검사 4. 수정란의 보존 5. 수정란의 이식

필기과목명	문제수	주요항목	세부항목	세세항목
			5. 분만 유기	1. 분만 유기의 필요성과 장·단점 2. 분만 유기 방법 3. 기타
			6. 기타의 인위적 지배	1. 체외 수정 2. 동물 복제
		7. 번식 장애	1. 수컷의 번식 장애	1. 정자 형성 장애 2. 정액과 정자의 이상 3. 교미 장애 4. 기타 번식 장애
			2. 암컷의 번식 장애	1. 난소 기능 장애 2. 수정 장애 3. 임신 이상 4. 분만 이상 5. 기타 번식 장애
			3. 전염성 번식 장애	1. 바이러스성 감염증 2. 세균성 감염증 3. 원충성 감염증 4. 진균성 감염증

필기과목명	문제수	주요항목	세부항목	세세항목
가축사양학	20	1. 사료 내의 영양소	1. 영양소의 종류와 생리적 기능	1. 영양소의 분류와 종류 2. 영양소의 생리적 기능과 역할 3. 영양소의 체내 대사 작용
			2. 사료의 영양 가치 평가	1. 소화율 2. 사료의 영양 가치 평가 방법 3. 사료 분석 방법 4. 사료의 품질 감정
		2. 소화 기관과 소화·흡수	1. 소화 기관의 구조와 기능	1. 단위 가축 2. 반추 가축 3. 가금
			2. 영양소의 소화 및 흡수	1. 탄수화물의 소화와 흡수 2. 단백질의 소화와 흡수 3. 지방의 소화와 흡수 4. 기타 영양소의 소화와 흡수
		3. 사료의 종류와 특성	1. 사료의 정의와 분류	1. 사료의 정의와 분류
			2. 농후 사료	1. 곡류 사료 2. 강피류 사료 3. 식물성 단백질 사료 4. 동물성 단백질 사료 5. 유지 사료 6. 기타 농후 사료
			3. 조사료	1. 조사료의 특성 2. 화본과 목초 3. 두과 목초 4. 사료작물 5. 기타 조사료
			4. 특수 사료	1. 광물질 사료 2. 비타민 및 아미노산 공급제 3. 호르몬 및 항생제 4. 기타 사료 첨가제
		4. 사료의 배합과 가공	1. 사료의 배합과 급여	1. 사료 배합율의 작성 2. 사료의 배합 방법 3. 사료의 급여 방법

필기과목명	문제수	주요항목	세부항목	세세항목
			2. 사료의 조리 가공	1. 농후 사료의 가공 방법 2. 조사료의 가공 방법
			3. 사료의 저장 이용	1. 배합 사료의 저장 방법 2. 건초 3. 사일리지
		5. 가축의 사양 원리	1. 사양 표준	1. 영양소 요구량과 표준 사양 2. 사양 표준의 종류 3. 사양 표준의 이용
			2. 생활 주기 단계별 사양	1. 유지 사양 2. 성장 사양 3. 축산물 생산 사양
		6. 축종별 사양 관리	1. 한·육우의 사양 관리	1. 송아지 및 육성우의 사양 관리 2. 비육우의 사양 관리 3. 번식우의 사양 관리
			2. 젖소의 사양 관리	1. 송아지 및 육성우의 사양 관리 2. 착유우의 사양 관리 3. 건유우의 사양 관리
			3. 돼지의 사양 관리	1. 자돈 및 육성돈의 사양 관리 2. 비육돈의 사양 관리 3. 번식돈의 사양 관리
			4. 닭의 사양 관리	1. 병아리의 사양 관리 2. 육계의 사양 관리 3. 산란계의 사양 관리

필기과목명	문제수	주요항목	세부항목	세세항목
사료작물학 및 초지학	20	1. 목초의 분류와 특성	1. 목초의 분류	1. 형태에 의한 분류 2. 생존 연한에 의한 분류 3. 이용 형태에 의한 분류 4. 식물학적 분류 등
			2. 목초의 형태적 특성	1. 화본과 목초의 형태적 특성 2. 두과 목초의 형태적 특성 3. 기타 목초의 형태적 특성
			3. 목초의 식별	1. 화본과 목초의 식별 2. 두과 목초의 식별 3. 기타 목초의 식별
			4. 주요 목초의 특성	1. 화본과 목초 2. 두과 목초 3. 기타 목초
		2. 초지 조성	1. 초지 조성과 자연 환경	1. 초지 조성의 입지적 조건 2. 자연 초지의 식생 3. 초지의 기후 환경 4. 초지의 토양 환경
			2. 경운 초지 조성	1. 경운 초지의 특성과 중요성 2. 입지 조건과 장애물 제거 3. 파종과 혼파 조합 4. 근류균의 접종과 종자 피복 5. 시비와 진압 6. 사후 관리
			3. 불경운 초지의 개량	1. 불경운 초지의 특성과 중요성 2. 적지 선정 및 목책 설치 3. 파종상의 준비 4. 파종과 혼파 조합 5. 근류균의 접종과 종자 피복 6. 시비 7. 파종 후 관리
			4. 초지 시설 및 농기계	1. 용수 및 배수 시설 2. 목책 3. 건물 및 부대 시설 4. 장애물 제거용 농기계 5. 경운 및 쇄토용 농기계 6. 시비 및 파종 작업기 7. 목초 수확용 농기계

필기과목명	문제수	주요항목	세부항목	세세항목
		3. 초지의 관리 및 이용	1. 초지의 관리	1. 초지 관리의 중요성 2. 조성 초기의 초지 관리 3. 채초 이용 시의 초지 관리 4. 방목 이용 시의 초지 관리 5. 초지의 시비 관리 6. 초지의 잡초 방제 7. 초지의 병충해 방제 8. 초지의 갱신
			2. 초지의 이용	1. 건초 조제 및 이용 2. 사일리지 조제 및 이용 3. 방목 이용 4. 목초에 의한 가축의 생리적 장애
		4. 사료 작물 재배	1. 사료 작물의 종류와 특성	1. 사료작물의 종류 2. 사료작물의 특성
			2. 사료 작물의 작부체계 및 재배 기술	1. 사료작물의 작부체계 2. 사료작물의 재배 기술
			3. 병충해 방제	1. 사료작물의 병충해 및 방제
		5. 사료 작물의 이용	1. 청예 이용	1. 초종별 이용 시기 2. 초종별 재생특성
			2. 건초제조	1. 조제 원리 2. 조제방법 3. 평가 및 급여
			3. 사일리지 제조	1. 조제 원리 2. 사일로 종류 및 조제방법 3. 평가 및 급여

필기과목명	문제수	주요항목	세부항목	세세항목
축산경영학 및 축산물가공학	20	1. 축산경영의 특징과 경영자원	1. 축산경영의 의의 및 특징	1. 축산 및 축산경영의 개념과 역할 2. 축산경영의 일반적 특징과 경제적 특징
			2. 경영자원의 유형과 특성	1. 축산경영자원(토지, 자본, 노동 등)의 특징 2. 축산경영의 입지조건 3. 자본재의 종류와 평가방법
		2. 축산경영 계획 및 조직화	1. 축산경영 계획수립	1. 축산경영 계획법의 종류와 계획의 과정 2. 목표이익·생산·판매·투자 계획 3. 경영내외부 환경분석 및 산업분석 등
			2. 축산경영 규모	1. 축산경영 규모의 개념과 척도 2. 적정규모와 경영규모 확대의 원리
			3. 축산경영 조직과 경영형태의 기본개념	1. 축산경영 조직화 원리 및 결정 조건 2. 경영형태 유형화 원리 및 결정 조건
		3. 축산경영관리	1. 축산경영자원 관리	1. 경영자원 관리 2. 투입요소 대체의 원리 및 투입요소 관리 등
			2. 경영기록	1. 생산 및 투입요소 기록관리 2. 회계 기록관리
			3. 최적생산수준	1. 생산 및 비용함수의 개념 2. 비용최소화의 기본원리 3. 이윤극대화의 기본원리 등
		4. 축산경영 분석 및 평가	1. 생산비와 경영비의 개념	1. 생산비 및 경영비의 개념 2. 생산비 및 경영비 비목 구성
			2. 경영분석의 유형과 특징	1. 축종별 경영진단 및 분석 2. 손익분기점 분석 3. 생산성 분석 및 진단지표 4. 안정성·효율성·수익성 분석 및 진단지표 등
			3. 경영평가	1. 경영계획의 평가방법 2. 평가결과의 비교방법

필기과목명	문제수	주요항목	세부항목	세세항목
		5. 축산물 유통	1. 축산물 유통의 특징	1. 마케팅의 개념과 역할 2. 축산물 유통의 기능과 특수성 3. 유통 비용과 마진 등
			2. 브랜드관리	1. 브랜드의 기본개념 2. 축산물 브랜드의 특징 3. 브랜드 형성 및 관리방법
			3. 축산물의 가격형성	1. 축산물 가격형성의 원리 2. 축산물 시장 개념과 종류 3. 축산물의 유통 경로 및 등급결정 구조 4. 생산 농가의 축산물 판매 관리 등
		6. 유가공	1. 유가공	1. 우유의 성분 및 재료 특성 2. 유가공품의 종류 및 가공·저장 방법(시유, 아이스크림, 버터, 발효유, 치즈, 연유, 분유 등)
		7. 육가공	1. 육가공	1. 식육의 성분과 근육조직의 구조 특성 2. 근육의 사후경직과 숙성 3. 육류가공품의 종류 및 가공·저장 방법(햄, 베이컨, 소시지 등)

출제기준(실기)

직무 분야	농림어업	중직무 분야	축산	자격 종목	축산기사	적용 기간	2013.1.1~2017.12.31

○직무내용 : 축산에 관한 기술 이론과 지식을 바탕으로 가축의 육종 및 증식, 사양관리, 사료관리, 질병예방 관리, 축사시설 및 환경 관리, 축산물 가공 및 유통, 경영관리 등의 기술업무를 수행

○수행준거 : 1. 가축을 이해라고 개량 및 번식시키고, 관리할 수 있다.
2. 고품질 축산물의 생산하여 관리할 수 있다.
3. 축산 시설, 환경, 장비를 관리를 통해 가축의 병, 기타 부산물인 축산 폐기물을 안전하게 처리할 수 있다.
4. 배합 사료 및 조사료를 생산 가공할 수 있다.
5. 원료 사료의 종류와 특성을 파악하고, 배합 사료를 제조 및 관리할 수 있다.
6. 사료의 영양 가치와 조성분을 분석 평가할 수 있다.
7. 축산농장의 경영을 계획하고, 설계하여 진단하고, 분석하여 축산물 유통과 수입 증대를 위해 경영관리를 할 수 있다.
8. 축산물 가공 및 유통업무를 수행할 수 있다.

실기검정방법	복합형	시험시간	6시간 정도 (필답형 2시간, 작업형 4시간 정도)

실기과목명	주요항목	세부항목	세세항목
축산실무	1. 경영관리	1. 경영계획하기	1. 축산물 수요·공급 현황 등 축산업에 대한 전망 자료를 활용할 수 있다. 2. 축산업 관련산업 현황 등을 활용하여 경쟁우위 확보를 위한 경영전략을 수립할 수 있다. 3. 환경조건을 고려한 경영입지를 결정할 수 있다. 4. 복합화, 비교우위 원리 등 경영형태 및 경영조직을 결정할 수 있다. 5. 손익분기점 분석 등 경영규모를 설정할 수 있다. 6. 한·육우경영계획을 수립하고, 활용할 수 있다. 7. 낙농경영계획을 수립하고, 활용할 수 있다. 8. 양돈경영계획을 수립하고, 활용할 수 있다. 9. 양계경영계획을 수립하고, 활용할 수 있다.
		2. 실행 및 관리하기	1. 축산경영자원의 특징을 파악하고 관리할 수 있다. 2. 생산요소의 대체관계를 고려하여 생산요소를 결합할 수 있다. 3. 비용최소화를 위한 생산요소 투입비율을 결정할 수 있다. 4. 표준화 등을 통해 작업방법을 개선할 수 있다. 5. 입식 및 출하시기를 조절할 수 있다. 6. 착유·번식·사육기록부, 개체별 이력서 등 생산성분석을 위한 기록장을 작성할 수 있다.

실기과목명	주요항목	세부항목	세세항목
		3. 경영분석 및 평가하기	7. 감가상각비 등 투입비용계산을 위한 기록장을 작성할 수 있다. 8. 손익계산서 및 대차대조표를 작성할 수 있다. 1. 축종별 토지·노동·자본생산성을 분석할 수 있다. 2. 축종별(축산물) 고정비·유동비 등 생산비 및 소득을 분석할 수 있다. 3. 축종별 경영 안정성을 분석할 수 있다. 4. 축종별 경영 효율성을 분석할 수 있다. 5. 축종별 경영 수익성을 분석할 수 있다.
		4. 축산유통하기	1. 축산물 유통의 특징을 분석할 수 있다. 2. 생축 및 축산물의 유통경로를 확인할 수 있다. 3. 유통경로별 유통비용과 마진을 분석할 수 있다. 4. 축산물별 등급결정구조를 고려할 수 있다. 5. 축산물 브랜드화 전략을 수립할 수 있다. 6. 생산농가의 축산물 판매관리를 할 수 있다.
	2. 사양관리	1. 한·육우사양관리하기	1. 어미소 상태, 분만실 준비 등 분만관리를 할 수 있다. 2. 체표면 건조 확인, 송아지 호흡 확인, 탯줄과 후산제거, 초유섭취 관리, 제각(뿔 없애기), 발굽손질, 코뚜레, 피모손질 등 송아지를 관리할 수 있다. 3. 이유방법, 이유사료, 이유시 점검사항 등을 이해하고 적정 이유시기 결정할 수 있다. 4. 한우 소화생리를 이해하고 우량 밑소 생산, 고급육 생산을 할 수 있다. 5. 육성우, 임신우, 분만우에 대한 생육·생리 단계별 적정 사료요구량 및 섭취량을 급여할 수 있다. 6. 번식우의 영양관리의 초점인 적정 신체충실지수를 유지관리 할 수 있다. 7. 비육 단계별 비육우 증체율과 사료효율증진을 위한 사료 첨가제를 적정 급여할 수 있다. 8. 우량후보축의 선발과 관리, 우사의 규모와 구조, 우군규모, 사양방법 및 사육우군의 강건성, 축주의 소에 대한 지식정도, 우군의 신체충실도, 번식우에 대한 기록관리, 사료의 종류와 급여방법, 철저한 분만관리 및 송아지의 관리 등을 종합적으로 판단하여 육성률을 높이기 위해 관리할 수 있다. 9. 체중(연령), 농후사료와 조사료 비율, 사료급여량 제한정도, 사료가공형태, 사료의 품질 등에 따라 사료급여횟수를 조절하여 관리할 수 있다.

실기과목명	주요항목	세부항목	세세항목
		2. 젖소사양관리하기	1. 분만 후 배꼽 처치, 초유급여, 인공포유, 질병 예방 등 신생송아지를 관리할 수 있다. 2. 젖소의 소화생리를 이해하고 생육단계별 사료관리, 임신우, 비유단계별, 건유우에 대한 적정 조·농 비율과 요구량 및 섭취량에 맞게 관리를 할 수 있다. 3. 사료섭취량, 미분해단백질 공급, 에너지보충, 반추위 기능 활성화 등 분만전·후 고능력우를 관리할 수 있다. 4. 육성우, 임신우, 분만우에 대한 생육·생리 단계별 적정 사료요구량 및 섭취량을 고려한 관리를 위해 연중 조사료 생산계획을 세우고 준비할 수 있다. 5. 더위에 대비한 사료관리, 발정관리, 유질관리 등 하절기 젖소관리를 할 수 있다. 6. 우군 개량목표에 따른 정액의 선택, 우량 후보축의 선발과 관리, 번식효율을 높이기 위한 예찰과 기록관리, 사료의 종류와 급여방법 등을 종합적으로 판단하여 번식률과 육성률을 높이기 위해 관리할 수 있다. 7. 올바른 착유방법 및 착유위생을 관리할 수 있다. 8. 올바른 착유시설 세척방법 등 착유시설을 점검할 수 있다. 9. 가축음용수의 수질, 급수조 설치 등 급수관리를 할 수 있다.
		3. 돼지사양관리하기	1. 규모에 맞게 모돈에 대한 후보돈 선택 및 구입기의 모돈관리, 임신기(임신초기, 임신중기, 임신말기)에 대한 모돈관리, 수유기의 모돈관리, 이유기의 모돈을 관리를 할 수 있다. 2. 초기 취약한 면역력 관리, 모유에서 사료로 교체되는 과정 관리, 환경관리 등 자돈에 대한 관리를 할 수 있다. 3. 육성 비육돈의 체중관리, 사육밀도, 등급, 육질 등에 대한 관리를 할 수 있다. 4. 고품질 안전 돈육생산을 위해 거세, 출하체중, 살코기 비율 등을 관리 할 수 있다. 5. 사료를 체중에 따라 가감 급여할 수 있다. 6. 배합사료 적정 사용비율을 관리할 수 있다.

실기과목명	주요항목	세부항목	세세항목
		4. 육계사양관리하기	1. 계사관리, 부리 및 볏 자르기가 포함된 육추관리 등 입추전 관리를 할 수 있다. 2. 병아리 도착전 관리, 병아리 도착시 관리, 백신분무, 기록관리 등 입추당일 관리를 할 수 있다. 3. 습도관리, 온도관리, 급수관리, 환기관리, 급여관리 등 2~7일령까지 관리를 할 수 있다. 4. 수의사, 기술지도요원 방문, 백신, 온도와 습도, 급수와 급여등 8~14일령까지 관리 할 수 있다. 5. 털갈이 시기, 사료교체, 2차 백신, 환기와 습도, 급수관리, 소독, 사료, 중량, 자기진단, 사양기록 등 15~28일령까지 관리를 할 수 있다. 6. 급여관리, 급수관리, 환기관리, 온·습도관리, 중량체크, 질병 및 안전관리 등 29일령~출하전까지 관리를 할 수 있다. 7. 출하일자, 출하시간, 출하관리, 출하후 관리 등 출하당일 관리를 할 수 있다.
		5. 산란계사양관리하기	1. 육추실 청소, 육추기구, 계사관리 등 입추전 관리를 할 수 있다. 2. 급수관리, 사료관리, 온도관리, 점등관리 등 입추당일 관리를 할 수 있다. 3. 기구, 병아리 풀기, 영양관리, 급수관리, 환기, 사료관리, 점등관리 등 0~4주령까지 관리를 할 수 있다. 4. 체중관리, 영양관리, 상품란 생산관리, 백신접종, 위생관리, 급여, 급수관리, 사료관리, 온도관리, 점등관리, 상태점검 등 4~16주령까지 및 28주령까지 관리를 할 수 있다 5. 이동, 체중관리, 영양관리, 낙각질, 급수관리, 사료관리, 점등관리, 상태점검 등 28주령 이후 관리를 할 수 있다.
		6. 기타 가축 사양관리하기	1. 말의 입식, 영양특성 및 행동특성 등을 이해하고 관리를 할 수 있다. 2. 염소(산양), 연양, 유산양, 노새, 당나귀 등 초식동물 관리를 할 수 있다. 3. 사슴, 토끼, 개 등의 입식, 영양특성 및 행동특성 등을 이해하고 관리를 할 수 있다. 4. 오리·꿩, 타조, 거위·칠면조 및 메추리 등 가금류에 대한 관리를 할 수 있다.

실기과목명	주요항목	세부항목	세세항목
			5. 관상용 조류에 대한 영양특성 및 행동특성 등을 이해하고 관리를 할 수 있다. 6. 꿀벌에 대한 영양특성 및 행동특성 등을 이해하고 관리를 할 수 있다. 7. 기타(오소리, 뉴트리아, 지렁이 등) 관리를 할 수 있다.
		7. 조사료생산 및 이용하기	1. 사료작물의 형태적, 유전적 특징을 알고 분류하고 식별할 수 있다. 2. 사료작물의 육종, 종자의 생산, 등급, 품질의 이해하여 필요한 종자를 구매하고 관리할 수 있다. 3. 사료작물의 파종량, 파종방법 등을 선택하여 파종할 수 있다. 4. 기후·토양 조건을 고려하여 토양개량 수준을 정하고 관리할 수 있다. 5. 작부체계의 의미, 선정시 고려사항, 지역별 작부체계 유형 등 지역별 작부체계를 활용하여 논(답리작)과 밭에서 양질의 조사료를 생산할 수 있다. 6. 기후 및 토양 환경을 이해하고 초종의 특성과 토양개량방법을 적용하여 경운초지, 불경운초지 및 임간초지를 조성할 수 있다. 7. 초지를 채초 및 방목으로 관리·이용할 수 있다. 8. 건초와 사일리지를 제조하여 이용할 수 있다. 9. 초지·사료작물의 잡초, 해충, 병해 등 초지를 보호하고 필요에 따라 갱신하고, 조사료관련 가축의 생리적 장애를 극복할 수 있다. 10. 초지·사료작물을 생산·관리·이용하는데 필요한 시설 및 기계들을 효율적으로 관리하고 이용할 수 있다.
		8. 질병·방역·위생 관리하기	1. 가축 질병을 조기에 발견하여 대처할 수 있다. 2. 소의 법정 감염병, 일반 감염병, 소화기계의 질병, 대사성 질병, 호흡기계의 질병, 순환기계의 질병, 비뇨기계의 질병, 생식기계의 질병을 발견하여 조치할 수 있다. 3. 젖소 유방의 질병, 다리 및 발굽질병의 질병, 눈의 질병, 기타의 질병, 중독, 기생충병을 발견하여 조치할 수 있다. 4. 돼지의 바이러스성, 세균성, 기생충병 등 감염병을 발견하여 조치할 수 있다. 5. 돼지의 영양장애 및 기타의 질병을 발견하여 조치할 수 있다.

실기과목명	주요항목	세부항목	세세항목
	3. 개량·번식관리	1. 소 개량 및 번식관리하기	6. 각종 가금류의 질병을 발견하여 조치할 수 있다. 7. 감염예방을 위하여 가축 및 축사의 소독을 실시할 수 있다. 8. 질병예방을 위하여 백신을 실시할 수 있다. 9. 폐사축에 대한 위생적인 처리를 할 수 있다. 1. 사육목적에 맞는 품종 선택을 할 수 있다. 2. 우수한 개체를 선발하여 이들 간 교배를 통하여 소의 능력을 개량할 수 있다 3. 번식 및 송아지생산기록에서 발생되는 부모 기록 및 출생일 등 혈통자료를 기록할 수 있다. 4. 인공수정, 임신상태, 분만 등 암소를 개량하기 위하여 농가보유축군 내의 번식능력 기록할 수 있다. 5. 생시 체중, 이유시 체중, 12개월 및 18개월 체중, 체위, 신체충실지수, 번식우 몸상태, 영양소와 번식우 등 발육자료를 기록할 수 있다. 6. 번식용 암송아지 고르기, 육성기 미경산우 사양관리, 번식적령기 등 육성우를 관리할 수 있다. 7. 한우 암소의 임신기간, 임신 중의 한우 암소 관리, 백신접종, 계획분만 등 임신우를 관리를 할 수 있다. 8. 분만 후 발정재귀, 분만 전·후 관리를 할 수 있다.
		2. 돼지 개량 및 번식관리하기	1. 사육목적에 맞게 품종선택을 할 수 있다. 2. 우수한 개체를 선발하여 이들 간 교배를 통하여 임신을 감정하고, 돼지의 능력을 개량할 수 있다. 3. 인공수정, 교배, 배란수 늘리는 방법 등을 관리할 수 있다. 4. 분만전(3주~5일전), 분만직전(5일전), 분만중, 분만후(72시간까지) 관리를 할 수 있다. 5. 초유의 급여, 철분공급, 포유 및 위탁포유 등 분만자돈을 관리할 수 있다. 6. 이유시기, 이유 전·후 온도관리, 포유관리, 설사 발생원인 및 대책 등 자돈을 관리할 수 있다. 7. 균일한 자돈 생산을 위한 사료급여를 할 수 있다. 8. 모돈군의 산차구성, 모돈군의 도태를 실시할 수 있다.

실기과목명	주요항목	세부항목	세세항목
			9. 이표찍기, 불까기(거세)를 할 수 있다.
			10. 정액생산과 교미를 위해 수퇘지를 관리할 수 있다.
		3. 가금 개량 및 번식관리하기	1. 사육목적에 맞게 품종선택을 할 수 있다.
			2. 우수한 개체를 선발하여 이들 간 교배를 통하여 가금의 능력을 개량할 수 있다.
			3. 부화전 종란을 크기별로 분류하고 불량란을 제거할 수 있다.
			4. 종란을 부화기의 배열판에 가지런히 배열할 수 있다.
			5. 규정된 온도, 습도, 환기를 부화기의 조정판에 맞출 수 있다.
			6. 일주일 후 수정여부를 검사할 수 있다.
			7. 부화기의 온도계, 습도계, 부화실 내의 환기 상태를 관찰할 수 있다.
			8. 주기적으로 종란을 굴려주고 일정기간이 지나면 발생기계로 옮겨줄 수 있다.
			9. 알에서 깨어 나오면 보온란을 인공부화실로 새끼를 옮길 수 있다.
			10. 성별, 등급을 구별하고 확인할 수 있도록 준비할 수 있다.
			11. 일정수량씩 상자에 넣어 포장할 수 있다.
			12 세균오염 방지를 위해 주기적으로 부화 실내를 소독하고 청소할 수 있다.
		4. 기타 가축개량 및 번식하기	1. 사육 목적에 맞게 말, 사슴, 산양, 면양, 개, 토끼의 품종을 선택하여 번식을 시킬 수 있다.
	4. 시설환경	1. 우사설치 및 관리하기	1. 지역 선정, 장소 선정, 축사 방위, 축사와 축사 간의 거리 등을 고려하여 사육시설 설치를 위한 입지를 선정할 수 있다.
			2. 온도, 습도, 환기, 사육 면적, 급수, 급여 시설 등을 고려하여 사육 시설을 배치할 수 있다.
			3. 자료 수집 및 준비, 예비 설계, 본 설계 등의 사육 시설 설계를 의뢰할 수 있다.
			4. 우사 내 온도, 습도, 환기 등 최적의 사육 환경 조건이 유지되고 있는 지를 확인할 수 있다.
			5. 사료 급여 장치와 급수기가 잘 작동되고 있는 지를 확인할 수 있다.
			6. 분뇨제거 장치가 잘 작동되고 있는지를 확인할 수 있다.

실기과목명	주요항목	세부항목	세세항목
			7. 착유장치가 잘 작동되고 있는지를 확인할 수 있다. 8. 우사 내 사육 환경 시설에 문제점이 발생한 경우 정상적으로 작동될 수 있도록 조치할 수 있다.
		2. 돈사설치 및 관리하기	1. 지역 선정, 장소 선정, 축사 방위, 축사와 축사 간의 거리 등을 고려하여 사육시설설치를 위한 입지를 선정할 수 있다. 2. 온도, 습도, 환기, 사육 면적, 급수, 급여 시설 등을 고려하여 사육 시설을 배치할 수 있다. 3. 자료 수집 및 준비, 예비 설계, 본 설계 등의 사육 시설 설계를 의뢰할 수 있다. 4. 돈사 내 온도, 습도, 환기 등 최적의 사육 환경 조건이 유지되고 있는 지를 확인할 수 있다. 5. 사료 급여 장치와 급수기가 잘 작동되고 있는 지를 확인할 수 있다. 6. 분뇨제거 장치가 잘 작동되고 있는지를 확인할 수 있다. 7. 돈사 내 사육 환경 시설에 문제점이 발생한 경우 정상적으로 작동될 수 있도록 조치할 수 있다.
		3. 계사설치 및 관리하기	1. 지역 선정, 장소 선정, 축사 방위, 축사와 축사 간의 거리 등을 고려하여 사육시설 설치를 위한 입지를 선정할 수 있다. 2. 온도, 습도, 환기, 사육 면적, 급수, 급여 시설 등을 고려하여 사육 시설을 배치할 수 있다. 3. 자료 수집 및 준비, 예비 설계, 본 설계 등의 사육 시설 설계를 의뢰할 수 있다. 4. 계사 내 온도, 습도, 환기, 조명 등 최적의 사육 환경 조건이 유지되고 있는 지를 확인할 수 있다. 5. 사료 급여 장치와 급수기가 잘 작동되고 있는 지를 확인할 수 있다. 6. 분뇨제거 장치가 잘 작동되고 있는지를 확인할 수 있다. 7. 계사 내 사육 환경 시설에 문제점이 발생한 경우 정상적으로 작동될 수 있도록 조치할 수 있다. 8. 부화시설이 잘 작동되고 있는지를 확인할 수 있다. 9. 집란, 선란시설이 잘 작동되고 있는지를 확인할 수 있다.

실기과목명	주요항목	세부항목	세세항목
		4. 가축분뇨처리하기	1. 축종별, 규모별 분뇨처리 방법을 결정할 수 있다. 2. 축산분뇨 배출시설에 대한 설치 허가요건을 검토할 수 있다. 3. 축산분뇨 처리시설을 설치할 수 있다. 4. 축산분뇨 처리시설을 운용할 수 있다. 5. 축산분뇨를 이용할 수 있다.
	5. 육가공	1. 도살하기	1. 계류, 기절, 방혈, 탈모, 박피, 머리·내장 분리, 2분할을 할 수 있다. 2. 도체를 위생적으로 세척할 수 있다. 3. 도체의 판정·방법 등을 확인할 수 있다. 4. 도축장의 위생관리기준을 점검할 수 있다. 5. 도체를 냉각시킬 수 있다.
		2. 지육관리하기	1. 도축시 지육에 대한 미생물 오염 방지를 위해 지육에 대한 미생물 검사 또는 검사성적서(기록)를 확인할 수 있다. 2. 도축시 지육에 대한 미생물 오염 방지를 위해 운반차량 및 중심부 온도를 확인할 수 있다. 3. 이물질(주사바늘 등)이 지육에 포함되지 않도록 검사할 수 있다.
		3. 발골·정형하기	1. 작업 전·중·후 세척 및 소독 실시할 수 있다. 2. 칼의 경우 수시로 소독을 실시할 수 있다. 3. 가공실 온도를 15℃이하로 유지·관리할 수 있다. 4. 정기적인 미생물검사(낙하균 포함)를 의뢰할 수 있다. 5. 이물질이 가공중 기계, 기구, 작업자 등에 의해 혼입되는 것을 방지할 수 있다. 6. sealing상태, 진공압, 열·냉수 온도 등 포장불량 제품을 확인할 수 있다. 7. 금속 등 이물질이 가공중 혼입 또는 원료육에 존재하는지 육안검사 또는 금속탐지기에 의한 검사를 할 수 있다.
		4. 육제품만들기	1. 원료육의 이화학적 특성을 파악할 수 있다. 2. 부재료를 첨가할 수 있다. 3. 염지를 할 수 있다. 4. 분쇄, 혼합, 유화, 충전을 할 수 있다. 5. 가열 및 훈연을 할 수 있다.

실기과목명	주요항목	세부항목	세세항목
		5. 완제품출고하기	1. 보관장의 온도를 유지·관리할 수 있다. 2. 완제품의 포장상태 등을 포함한 검사를 실시할 수 있다. 3. 출고 및 상차시 온도 및 시간 관리를 할 수 있다.
	6. 유가공	1. 원유수송 및 검사하기	1. 원유의 품질 등급기준을 이해하고 관리할 수 있다. 2. 비중검사를 실시하여 우유에 수분첨가를 검사할 수 있다. 3. 주정검사를 실시하여 이상유를 감별할 수 있다.
		2. 시유 만들기	1. 표준화 작업을 실시하며, 우유의 지방함량을 조절할 수 있다. 2. 시유제조 공정을 이해하고 관리할 수 있다.
		3. 유제품 만들기	1. 버터제조 공정을 이해하고 관리할 수 있다. 2. 스타터를 계대 배양하여 활성을 증가시킬 수 있다. 3. 박테리오파지의 감염을 예방하며 발효과정을 관리할 수 있다. 4. 치즈제조 공정을 이해하고 관리할 수 있다. 5. 치즈의 특성을 이해하고, 종류별로 분류할 수 있다. 6. 발효유의 특성을 이해하고 종류별로 분류할 수 있다. 7. 분유, 연유, 아이스크림의 제조공정을 이해하고 관리할 수 있다.
		4. 완제품 출고하기	1. 우유 및 유제품의 유통 중의 주의사항 등을 이해하고 관리할 수 있다.

24. 농림어업

축산산업기사

출제기준(필기)

직무분야	농림어업	중직무분야	축산	자격종목	축산산업기사	적용기간	2013.1.1~2017.12.31

○직무내용 : 축산에 관한 기술 이론과 지식을 바탕으로 가축의 육종 및 증식, 사양관리, 사료관리, 질병예방 관리, 축사시설 및 환경 관리, 경영관리 등의 업무를 수행.

필기검정방법	객관식	문제수	80	시험시간	2시간

필기과목명	문제수	주요항목	세부항목	세세항목
가축번식 육종학	20	1. 가축번식	1. 주요 성호르몬의 종류와 기능	1. 성선자극 호르몬의 주요 생리작용 2. 성선호르몬의 주요 생리작용
			2. 성 성숙과 번식적령	1. 가축의 성 성숙 2. 가축의 번식적령
			3. 수정과 배란	1. 발정징후와 주기 2. 수정 적기 3. 배란시기
			4. 임신 및 분만	1. 임신기간 및 임신진단 2. 분만징후 및 과정
			5. 번식장애	1. 번식장애의 원인 2. 번식장애의 유형
		2. 가축육종	1. 가축의 육종방법	1. 선발방법 2. 근친교배 3. 순종교배 4. 잡종강세
			2. 한우와 육우의 개량	1. 경제형질 2. 개량목표와 방법 3. 선발 및 교배 4. 능력검정 방법
			3. 젖소의 개량	1. 경제형질 2. 우량 젖소의 선발 3. 산유능력 검정
			4. 돼지의 개량	1. 경제형질 2. 우량 종돈의 개발 3. 종돈능력 검정
			5. 닭의 개량	1. 산란능력의 개량 2. 산육능력의 개량

필기과목명	문제수	주요항목	세부항목	세세항목
가축사양학	20	1. 가축에 필요한 영양소	1. 영양소의 종류와 생리적 기능	1. 영양소의 분류와 종류 2. 영양소의 생리적 기능과 역할 3. 영양소의 체내 대사 작용
			2. 사료의 영양 가치 평가	1. 소화율 2. 사료의 영양 가치 평가 방법 3. 사료 분석 방법 4. 사료의 품질 감정
		2. 소화 기관과 소화·흡수	1. 소화 기관의 구조와 기능	1. 단위 가축 2. 반추 가축 3. 가금
			2. 영양소의 소화 및 흡수	1. 탄수화물의 소화와 흡수 2. 단백질의 소화와 흡수 3. 지방의 소화와 흡수 4. 기타 영양소의 소화와 흡수
		3. 가축 사양의 원리	1. 사양 표준	1. 영양소 요구량과 표준 사양 2. 사양 표준의 종류 3. 사양 표준의 이용
			2. 유지사양	1. 유지에 필요한 에너지 2. 유지에 필요한 단백질
			3. 성장과 사양	1. 성장속도와 사료의 이용성 2. 성장에 필요한 에너지 3. 성장에 필요한 단백질 4. 성장중인 가축의 사양
			4. 번식사양	1. 종축의 사양 2. 임신에 필요한 단백질 3. 임신에 필요한 에너지 4. 임신중인 가축의 사양
		4. 종축별 사양 관리	1. 한·육우의 사양 관리	1. 송아지 및 육성우의 사양 관리 2. 비육우의 사양 관리 3. 번식우의 사양 관리
			2. 젖소의 사양 관리	1. 송아지 및 육성우의 사양 관리 2. 착유우의 사양 관리 3. 건유우의 사양 관리

필기과목명	문제수	주요항목	세부항목	세세항목
			3. 돼지의 사양 관리	1. 자돈 및 육성돈의 사양 관리 2. 비육돈의 사양 관리 3. 번식돈의 사양 관리
			4. 닭, 오리의 사양 관리	1. 병아리의 사양 관리 2. 육계의 사양 관리 3. 산란계의 사양 관리 4. 오리의 사양관리
		5. 사료의 종류와 특성	1. 사료의 정의와 분류	1. 사료의 정의와 분류
			2. 농후 사료	1. 곡류 사료 2. 강피류 사료 3. 식물성 단백질 사료 4. 동물성 단백질 사료 5. 유지 사료 6. 기타 농후 사료
			3. 조사료	1. 조사료의 특성 2. 화본과 목초 3. 두과 목초 4. 사료작물 5. 기타 조사료
			4. 특수 사료	1. 광물질 사료 2. 비타민 및 아미노산 공급제 3. 호르몬 및 항생제 4. 기타 사료 첨가제
			5. 사료의 영양가 표시법	1. 사료를 에너지가로 표시하는 방법 2. 사료를 단백질가로 표시하는 방법
			6. 사료의 배합과 가공	1. 사료의 배합과 급여 2. 사료의 조리 가공 3. 사료의 저장 이용

필기과목명	문제수	주요항목	세부항목	세세항목
축산경영학	20	1. 축산경영의 특징과 경영자원	1. 축산경영의 의의 및 특징	1. 축산 및 축산경영의 개념과 역할 2. 축산경영의 일반적 특징과 경제적 특징
			2. 경영자원의 유형과 특성	1. 축산경영자원(토지, 자본, 노동 등)의 특징 2. 축산경영의 입지조건 3. 자본재의 종류와 평가방법
		2. 축산경영 계획 및 조직화	1. 축산경영 계획수립	1. 축산경영 계획법의 종류와 계획의 과정 2. 목표이익·생산·판매·투자 계획 등
			2. 축산경영 규모	1. 축산경영 규모의 개념과 척도 2. 적정규모와 경영규모 확대의 원리
			3. 축산경영 조직과 경영형태의 기본개념	1. 축산경영 조직화 원리 및 결정 조건 2. 경영형태 유형화 원리 및 결정 조건
		3. 축산경영관리	1. 축산경영자원 관리	1. 경영자원 관리 2. 투입요소 대체의 원리 및 투입요소 관리 등
			2. 경영기록	1. 생산 및 투입요소 기록관리 2. 회계 기록관리
		4. 축산경영 분석 및 평가	1. 생산비와 경영비의 개념	1. 생산비 및 경영비의 개념 2. 생산비 및 경영비 비목 구성
			2. 경영분석의 유형과 특징	1. 축종별 경영진단 및 분석 2. 손익분기점 분석 3. 생산성 분석 및 진단지표 4. 안정성·효율성·수익성 분석 및 진단지표 등
			3. 경영평가	1. 경영계획의 평가방법 2. 평가결과의 비교방법
		5. 축산물 유통	1. 축산물 유통의 특징	1. 마케팅의 개념과 역할 2. 축산물 유통의 기능과 특수성 3. 유통 비용과 마진 등

필기과목명	문제수	주요항목	세부항목	세세항목
			2. 축산물의 가격형성	1. 축산물 가격형성의 원리 2. 축산물 시장의 개념과 종류 3. 축산물의 유통 경로 및 등급결정 구조 4. 생산 농가의 축산물 판매 관리 등

필기과목명	문제수	주요항목	세부항목	세세항목
사료작물학	20	1. 사료작물	1. 사료작물재배	1. 사료작물의 종류와 특성 2. 사료작물 종별 재배기술 3. 사료작물 작부체계(전작, 답리작, 기타) 4. 사료작물 병충해방제
			2. 사료작물의 이용	1. 청예 이용 2. 건초 이용 3. 사일리지(엔실리지) 이용 4. 방목 이용
		2. 목초류	1. 목초의 종류 및 특성	1. 목초의 종류 2. 목초의 특성
			2. 목초재배기술	1. 육종과 종자생산 2. 초지조성 3. 목초의 병충해 방제
			3. 목초이용 및 관리기술	1. 목초의 이용 2. 목초의 채초기술 3. 목초의 방목기술 4. 목초의 기초 생리

출제기준(실기)

직무 분야	농림어업	중직무 분야	축산	자격 종목	축산산업기사	적용 기간	2013.1.1~2017.12.31

○직무내용 : 축산에 관한 기술 이론과 지식을 바탕으로 가축의 육종 및 증식, 사양관리, 사료관리, 질병예방 관리, 축사시설 및 환경 관리, 경영관리 등의 기술업무를 수행.

○수행준거 : 1. 가축 종류별, 성장 단계별 사양관리와 사료의 생산 및 조제를 할 수 있다
           2. 축산분뇨 등 환경관리, 질병예방 및 위생관리를 할 수 있다.
           3. 사료의 종류 및 조성분을 조사하고 분석하여 영양 상태를 진단 할 수 있다.
           4. 경영장부의 비치 및 기록을 통하여 경영비 및 생산비를 분석하고 관리 할 수 있다.
           5. 축산물 가공 및 유통 관리 할 수 있다.

실기검정방법	복합형	시험시간	3시간 30분 정도 (필답형 1시간 30분, 작업형 2시간 정도)

실기과목명	주요항목	세부항목	세세항목
축산실무	1. 경영관리	1. 경영계획하기	1. 축산물 수요·공급 현황 등 축산업에 대한 전망 자료를 활용할 수 있다. 2. 환경조건을 고려한 경영입지를 결정할 수 있다. 3. 손익분기점 분석 등의 자료를 활용하여 경영규모를 설정할 수 있다. 4. 한·육우경영계획을 수립하고, 활용할 수 있다. 5. 낙농경영계획을 수립하고, 활용할 수 있다. 6. 양돈경영계획을 수립하고, 활용할 수 있다. 7. 양계경영계획을 수립하고, 활용할 수 있다.
		2. 실행 및 관리하기	1. 축산경영자원의 특징을 파악하고 관리할 수 있다. 2. 생산요소의 대체관계를 고려하여 생산요소를 결합할 수 있다. 3. 비용최소화를 위한 생산요소 투입비율을 결정할 수 있다. 4. 표준화 등을 통해 작업방법을 개선할 수 있다. 5. 입식 및 출하시기를 조절할 수 있다. 6. 착유·번식·사육기록부, 개체별 이력서 등 생산성분석을 위한 기록장을 작성할 수 있다. 7. 감가상각비 등 투입비용계산을 위한 기록장을 작성할 수 있다. 8. 손익계산서 및 대차대조표를 작성할 수 있다.
		3. 경영분석 및 평가하기	1. 축종별 토지·노동·자본생산성을 분석할 수 있다. 2. 축종별(축산물) 고정비·유동비 등 생산비 및 소득을 분석할 수 있다.

실기과목명	주요항목	세부항목	세세항목
			3. 축종별 경영 안정성을 분석할 수 있다. 4. 축종별 경영 효율성을 분석할 수 있다. 5. 축종별 경영 수익성을 분석할 수 있다.
		4. 축산유통하기	1. 축산물 유통의 특징을 분석할 수 있다. 2. 생축 및 축산물의 유통경로를 확인할 수 있다. 3. 유통경로별 유통비용과 마진을 분석할 수 있다. 4. 축산물별 등급결정구조를 고려할 수 있다. 5. 생산농가의 축산물 판매관리를 할 수 있다.
	2. 사양관리	1. 한·육우사양관리하기	1. 어미소 상태, 분만실 준비 등 분만관리를 할 수 있다. 2. 체표면 건조 확인, 송아지 호흡 확인, 탯줄과 후산제거, 초유섭취 관리, 제각(뿔 없애기), 발굽손질, 코뚜레, 피모손질 등 송아지를 관리할 수 있다. 3. 이유방법, 이유사료, 이유시 점검사항 등을 이해하고 적정 이유시기 결정할 수 있다. 4. 한우 소화생리를 이해하고 우량 밑소 생산, 고급육 생산을 할 수 있다. 5. 비육 단계별 비육우 증체율과 사료효율증진을 위한 사료 첨가제를 적정 급여할 수 있다. 6. 우량후보축의 선발과 관리, 우사의 규모와 구조, 우군규모, 사양방법 및 사육우군의 강건성, 축주의 소에 대한 지식정도, 우군의 신체충실도, 번식우에 대한 기록관리, 사료의 종류와 급여방법, 철저한 분만관리 및 송아지의 관리 등을 종합적으로 판단하여 육성률을 높이기 위해 관리할 수 있다. 7. 체중(연령), 농후사료와 조사료 비율, 사료급여량 제한정도, 사료가공형태, 사료의 품질 등에 따라 사료급여횟수를 조절하여 관리할 수 있다.
		2. 젖소사양관리하기	1. 분만 후 배꼽 처치, 초유급여, 인공포유, 질병예방 등 신생송아지를 관리할 수 있다. 2. 젖소의 소화생리를 이해하고 생육단계별 사료관리, 임신우, 비유단계별, 건유우에 대한 적정 조·농 비율과 요구량 및 섭취량에 맞게 관리를 할 수 있다. 3. 사료섭취량, 미분해단백질 공급, 에너지보충, 반추위 기능 활성화 등 분만전·후 고능력우를 관리를 할 수 있다.

실기과목명	주요항목	세부항목	세세항목
			4. 육성우, 임신우, 분만우에 대한 생육·생리 단계별 적정 사료요구량 및 섭취량을 고려한 관리를 위해 연중 조사료 생산계획을 세우고 준비할 수 있다. 5. 더위에 대비한 사료관리, 발정관리, 유질관리 등 하절기 젖소관리를 할 수 있다. 6. 우군 개량목표에 따른 정액의 선택, 우량 후보축의 선발과 관리, 번식효율을 높이기 위한 예찰과 기록관리, 사료의 종류와 급여방법 등을 종합적으로 판단하여 번식률과 육성률을 높이기 위해 관리할 수 있다. 7. 올바른 착유방법 및 착유위생을 관리할 수 있다. 8. 올바른 착유시설 세척방법 등 착유시설을 점검할 수 있다. 9. 가축음용수의 수질, 급수조 설치 등 급수관리를 할 수 있다.
		3. 돼지사양관리하기	1. 규모에 맞게 모돈에 대한 후보돈 선택 및 구입기의 모돈관리, 임신기(임신초기, 임신중기, 임신말기)에 대한 모돈관리, 수유기의 모돈관리, 이유기의 모돈을 관리할 수 있다. 2. 초기 취약한 면역력 관리, 모유에서 사료로 교체되는 과정 관리, 환경관리 등 자돈에 대한 관리를 할 수 있다. 3. 육성 비육돈의 체중관리, 사육밀도, 등급, 육질 등에 대한 관리를 할 수 있다. 4. 고품질 안전 돈육생산을 위해 거세, 출하체중, 살코기 비율 등을 관리 할 수 있다. 5. 사료를 체중에 따라 가감 급여할 수 있다. 6. 배합사료 적정 사용비율을 관리할 수 있다.
		4. 육계사양관리하기	1. 계사관리, 부리 및 볏 자르기가 포함된 육추관리 등 입추전 관리를 할 수 있다. 2. 병아리 도착전 관리, 병아리 도착시 관리, 백신분무, 기록관리 등 입추당일 관리를 할 수 있다. 3. 습도관리, 온도관리, 급수관리, 환기관리, 급여관리 등 2~7일령까지 관리를 할 수 있다. 4. 수의사, 기술지도요원 방문, 백신, 온도와 습도, 급수와 급여 등 8~14일령까지 관리 할 수 있다.

실기과목명	주요항목	세부항목	세세항목
			5. 털갈이 시기, 사료교체, 2차 백신, 환기와 습도, 급수관리, 소독, 사료, 중량, 자기진단, 사양기록 등 15~28일령까지 관리를 할 수 있다. 6. 급여관리, 급수관리, 환기관리, 온·습도관리, 중량체크, 질병 및 안전관리 등 29일령~출하전까지 관리를 할 수 있다. 7. 출하일자, 출하시간, 출하관리, 출하후 관리 등 출하당일 관리를 할 수 있다.
		5. 산란계사양관리하기	1. 육추실 청소, 육추기구, 계사관리 등 입추전 관리를 할 수 있다. 2. 급수관리, 사료관리, 온도관리, 점등관리 등 입추당일 관리를 할 수 있다. 3. 기구, 병아리 풀기, 영양관리, 급수관리, 환기, 사료관리, 점등관리 등 0~4주령까지 관리를 할 수 있다. 4. 체중관리, 영양관리, 상품란 생산관리, 백신접종, 위생관리, 급여, 급수관리, 사료관리, 온도관리, 점등관리, 상태점검 등 4~16주령까지 및 28주령까지 관리를 할 수 있다. 5. 이동, 체중관리, 영양관리, 낙각질, 급수관리, 사료관리, 점등관리, 상태점검 등 28주령 이후 관리를 할 수 있다.
		6. 기타 가축 사양관리하기	1. 말의 입식, 영양특성 및 행동특성 등을 이해하고 관리를 할 수 있다. 2. 염소(산양), 면양, 유산양, 노새, 당나귀 등 초식동물 관리를 할 수 있다. 3. 사슴, 토끼, 개 등의 입식, 영양특성 및 행동특성 등을 이해하고 관리를 할 수 있다. 4. 오리·꿩, 타조, 거위·칠면조 및 메추리 등 가금류에 대한 관리를 할 수 있다. 5. 관상용 조류에 대한 영양특성 및 행동특성 등을 이해하고 관리를 할 수 있다. 6. 꿀벌에 대한 영양특성 및 행동특성 등을 이해하고 관리를 할 수 있다. 7. 기타(오소리, 뉴트리아, 지렁이 등) 관리를 할 수 있다.
		7. 조사료생산 및 이용하기	1. 사료작물의 형태적, 유전적 특징을 알고 분류하고 식별할 수 있다. 2. 사료작물의 육종, 종자의 생산, 등급, 품질의 이해하여 필요한 종자를 구매하고 관리할 수 있다.

실기과목명	주요항목	세부항목	세세항목
			3. 사료작물의 파종량, 파종방법 등을 선택하여 파종할 수 있다. 4. 기후·토양 조건을 고려하여 토양개량 수준을 정하고 관리할 수 있다. 5. 작부체계의 의미, 선정시 고려사항, 지역별 작부체계 유형 등 지역별 작부체계를 활용하여 논(답리작)과 밭에서 양질의 조사료를 생산할 수 있다. 6. 기후 및 토양 환경을 이해하고 초종의 특성과 토양개량방법을 적용하여 경운초지, 불경운초지 및 임간초지를 조성할 수 있다. 7. 초지를 채초 및 방목으로 관리·이용할 수 있다. 8. 건초와 사일리지를 제조하여 이용할 수 있다. 9. 초지·사료작물의 잡초, 해충, 병해 등 초지를 보호하고 필요에 따라 갱신하고, 조사료관련 가축의 생리적 장애를 극복할 수 있다. 10. 초지·사료작물을 생산·관리·이용하는데 필요한 시설 및 기계들을 효율적으로 관리하고 이용할 수 있다.
		8. 질병·방역·위생관리 하기	1. 가축 질병을 조기에 발견하여 대처할 수 있다. 2. 소의 법정 감염병, 일반 감염병, 소화기계의 질병, 대사성 질병, 호흡기계의 질병, 순환기계의 질병, 비뇨기계의 질병, 생식기계의 질병을 발견하여 조치할 수 있다. 3. 젖소 유방의 질병, 다리 및 발굽질병의 질병, 눈의 질병, 기타의 질병, 중독, 기생충병을 발견하여 조치할 수 있다. 4. 돼지의 바이러스성, 세균성, 기생충병 등 감염병을 발견하여 조치할 수 있다. 5. 돼지의 영양장애 및 기타의 질병을 발견하여 조치할 수 있다. 6. 각종 가금류의 질병을 발견하여 조치할 수 있다. 7. 감염예방을 위하여 가축 및 축사의 소독을 실시할 수 있다. 8. 질병예방을 위하여 백신을 실시할 수 있다. 9. 폐사축에 대한 위생적인 처리를 할 수 있다.
	3. 개량·번식관리	1. 소 개량 및 번식관리하기	1. 사육목적에 맞는 품종 선택을 할 수 있다. 2. 우수한 개체를 선발하여 이들 간 교배를 통하여 소의 능력을 개량할 수 있다 3. 번식 및 송아지생산기록에서 발생되는 부모 기록 및 출생일 등 혈통자료를 기록할 수 있다.

실기과목명	주요항목	세부항목	세세항목
			4. 인공수정, 임신상태, 분만 등 암소를 개량하기 위하여 농가보유축군 내의 번식능력 기록할 수 있다. 5. 생시 체중, 이유시 체중, 12개월 및 18개월 체중, 체위, 신체충실지수, 번식우 몸상태, 영양소와 번식우 등 발육자료를 기록할 수 있다. 6. 번식용 암송아지 고르기, 육성기 미경산우 사양관리, 번식적령기 등 육성우를 관리할 수 있다. 7. 한우 암소의 임신기간, 임신 중의 한우 암소 관리, 백신접종, 계획분만 등 임신우를 관리를 할 수 있다. 8. 분만 후 발정재귀, 분만 전·후 관리를 할 수 있다.
		2. 돼지 개량 및 번식관리하기	1. 사육목적에 맞게 품종선택을 할 수 있다. 2. 우수한 개체를 선발하여 이들 간 교배를 통하여 임신을 감정하고, 돼지의 능력을 개량할 수 있다. 3. 인공수정, 교배, 배란수 늘리는 방법 등을 관리할 수 있다. 4. 분만전(3주~5일전), 분만직전(5일전), 분만중, 분만후(72시간까지) 관리를 할 수 있다. 5. 초유의 급여, 철분공급, 포유 및 위탁포유 등 분만자돈을 관리할 수 있다. 6. 이유시기, 이유 전·후 온도관리, 포유관리, 설사 발생원인 및 대책 등 자돈을 관리할 수 있다. 7. 균일한 자돈 생산을 위한 사료급여를 할 수 있다. 8. 모돈군의 산차구성, 모돈군의 도태를 실시할 수 있다. 9. 이표찍기, 불까기(거세)를 할 수 있다. 10. 정액생산과 교미를 위해 수퇘지를 관리할 수 있다.
		3. 가금 개량 및 번식관리하기	1. 사육목적에 맞게 품종선택을 할 수 있다. 2. 우수한 개체를 선발하여 이들 간 교배를 통하여 가금의 능력을 개량할 수 있다. 3. 부화전 종란을 크기별로 분류하고 불량란을 제거할 수 있다. 4. 종란을 부화기의 배열판에 가지런히 배열할 수 있다.

실기과목명	주요항목	세부항목	세세항목
			5. 규정된 온도, 습도, 환기를 부화기의 조정판에 맞출 수 있다. 6. 일주일 후 수정여부를 검사할 수 있다. 7. 부화기의 온도계, 습도계, 부화실 내의 환기 상태를 관찰할 수 있다. 8. 주기적으로 종란을 굴려주고 일정기간이 지나면 발생기계로 옮겨줄 수 있다. 9. 알에서 깨어 나오면 보온란을 인공부화실로 새끼를 옮길 수 있다. 10. 성별, 등급을 구별하고 확인할 수 있도록 준비할 수 있다. 11. 일정수량씩 상자에 넣어 포장할 수 있다. 12. 세균오염 방지를 위해 주기적으로 부화 실내를 소독하고 청소할 수 있다.
		4. 기타 가축개량 및 번식하기	1. 사육 목적에 맞게 말, 사슴, 산양, 면양, 개, 토끼의 품종을 선택하여 번식을 시킬 수 있다.
	4. 시설환경	1. 우사설치 및 관리하기	1. 지역 선정, 장소 선정, 축사 방위, 축사와 축사 간의 거리 등을 고려하여 사육시설 설치를 위한 입지를 선정할 수 있다. 2. 온도, 습도, 환기, 사육 면적, 급수, 급여 시설 등을 고려하여 사육 시설을 배치할 수 있다. 3. 자료 수집 및 준비, 예비 설계, 본 설계 등의 사육 시설 설계를 의뢰할 수 있다. 4. 우사 내 온도, 습도, 환기 등 최적의 사육 환경 조건이 유지되고 있는 지를 확인할 수 있다. 5. 사료 급여 장치와 급수기가 잘 작동되고 있는 지를 확인할 수 있다. 6. 분뇨제거 장치가 잘 작동되고 있는지를 확인할 수 있다. 7. 착유장치가 잘 작동되고 있는지를 확인할 수 있다. 8. 우사 내 사육 환경 시설에 문제점이 발생한 경우 정상적으로 작동될 수 있도록 조치할 수 있다.
		2. 돈사설치 및 관리하기	1. 지역 선정, 장소 선정, 축사 방위, 축사와 축사 간의 거리 등을 고려하여 사육시설설치를 위한 입지를 선정할 수 있다. 2. 온도, 습도, 환기, 사육 면적, 급수, 급여 시설 등을 고려하여 사육 시설을 배치할 수 있다. 3. 자료 수집 및 준비, 예비 설계, 본 설계 등의 사육 시설 설계를 의뢰할 수 있다.

실기과목명	주요항목	세부항목	세세항목
			4. 돈사 내 온도, 습도, 환기 등 최적의 사육 환경 조건이 유지되고 있는 지를 확인할 수 있다. 5. 사료 급여 장치와 급수기가 잘 작동되고 있는 지를 확인할 수 있다. 6. 분뇨제거 장치가 잘 작동되고 있는지를 확인할 수 있다. 7. 돈사 내 사육 환경 시설에 문제점이 발생한 경우 정상적으로 작동될 수 있도록 조치할 수 있다.
		3. 계사설치 및 관리하기	1. 지역 선정, 장소 선정, 축사 방위, 축사와 축사 간의 거리 등을 고려하여 사육시설 설치를 위한 입지를 선정할 수 있다. 2. 온도, 습도, 환기, 사육 면적, 급수, 급여 시설 등을 고려하여 사육 시설을 배치할 수 있다. 3. 자료 수집 및 준비, 예비 설계, 본 설계 등의 사육 시설 설계를 의뢰할 수 있다. 4. 계사 내 온도, 습도, 환기, 조명 등 최적의 사육 환경 조건이 유지되고 있는 지를 확인할 수 있다. 5. 사료 급여 장치와 급수기가 잘 작동되고 있는 지를 확인할 수 있다. 6. 분뇨제거 장치가 잘 작동되고 있는지를 확인할 수 있다. 7. 계사 내 사육 환경 시설에 문제점이 발생한 경우 정상적으로 작동될 수 있도록 조치할 수 있다. 8. 부화시설이 잘 작동되고 있는지를 확인할 수 있다. 9. 집란, 선란시설이 잘 작동되고 있는지를 확인할 수 있다.
		4. 가축분뇨처리하기	1. 축종별, 규모별 분뇨처리 방법을 결정할 수 있다. 2. 축산분뇨 배출시설에 대한 설치 허가요건을 검토할 수 있다. 3. 축산분뇨 처리시설을 설치할 수 있다. 4. 축산분뇨 처리시설을 운용할 수 있다. 5. 축산분뇨를 이용할 수 있다.

24. 농림어업

축산기능사

출제기준(필기)

직무분야	농림어업	중직무분야	축산	자격종목	축산기능사	적용기간	2013.1.1~2017.12.31

○직무내용 : 축산에 관한 기술 이론과 지식을 바탕으로 가축의 육종 및 증식, 사양관리, 사료관리, 질병 관리 등의 업무를 수행

필기검정방법	객관식	문제수	60	시험시간	1시간

필기과목명	문제수	주요항목	세부항목	세세항목
축산개론, 사료작물, 축산경영	60	1. 축산개론	1. 가축의 사육환경과 개량	1. 가축의 사육환경 및 선발, 교배법
			2. 소	1. 소의 품종과 선택 2. 번식과 육성 3. 사양관리 및 사양위생 4. 착유 및 생산물처리 5. 소의 전염병
			3. 돼지	1. 양돈의 품종과 선택 2. 번식과 육성 3. 사양관리 및 사양위생 4. 양돈의 전염병
			4. 닭, 오리	1. 품종과 선택 2. 부화와 육추 3. 산란 및 육계의 사양관리 및 사양위생 4. 전염병
			5. 토끼, 염소, 양	1. 토끼, 염소, 양의 품종과 선택, 전염병 2. 번식과 육성 3. 사양관리 및 사양위생
			6. 가축의 질병 예방	1. 예방접종 및 방역관리
			7. 가축과 공중위생	1. 인축공통 전염병 2. 축산물 위생

필기과목명	문제수	주요항목	세부항목	세세항목
		2. 사료작물	1. 사료작물재배	1. 사료작물의 종류와 특성 2. 사료작물종별 재배기술(경운정지, 쇄토) 3. 사료작물종별 재배기술(시비, 파종) 4. 사료작물종별 재배기술(중경 제초 작업) 5. 사료작물종별 재배기술(수확) 6. 작부체계기술 7. 기계활용기술 8. 병해충 방제기술
			2. 사료작물의 이용	1. 청예 이용(생초) 2. 청예 이용(풋베기 사료작물) 3. 건초 제조 및 이용 4. 사일리지 제조 및 이용 5. 방목기술 및 이용
			3. 목초류 재배	1. 목초의 종류 및 분류 2. 목초의 농업적 특성 3. 초지조성 기술 4. 관지관리 기술 5. 초지이용 기술 6. 초지의 토양환경 및 관리 7. 초지의 보호와 갱신
		3. 축산경영	1. 축산경영계획 및 경영형태	1. 경영계획법 2. 복합적 경영의 특징 3. 전업적인 경영의 특징 4. 축종별 경영형태 및 경영규모
			2. 경영관리	1. 축산경영자원의 특징 및 관리 2. 생산의 투입요소 합리적 관리 3. 경영기록관리
			3. 경영분석 및 평가	1. 경영진단 및 분석 방법 2. 경영진단 및 분석의 목표 3. 경영분석의 종류 및 진단지표 4. 축산물 경영비 및 생산비 5. 생산과 비용 6. 소득과 순이익 극대화 등

필기과목명	문제수	주요항목	세부항목	세세항목
			4. 가축과 축산물의 유통	1. 축산물 유통의 기능 2. 축산물의 유통경로 3. 유통비용과 마진 4. 가축(생축)의 반입 및 출하관리 5. 축산물 유통현황 6. 축산물 등급체계 및 가격결정구조 등

출제기준(실기)

직무 분야	농림어업	중직무 분야	축산	자격 종목	축산기능사	적용 기간	2013.1.1~2017.12.31

○직무내용 : 축산에 관한 기술 이론과 지식을 바탕으로 가축의 육종 및 증식, 사양관리, 사료관리, 질병 관리 등의 업무를 수행

○수행준거 : 1. 가축의 품종의 식별하고, 가축별 외형 손질 및 내적인자의 관리를 할 수 있다.
2. 착유 및 원유의 관리, 돼지의 분만 조력, 종란의 선별 등의 관리를 할 수 있다.
3. 질병의 관리와 예방, 오염물 및 폐기물의 처리를 할 수 있다.
4. 소의 나이감정, 피모손질, 코뚜레 끼우기 등을 할 수 있다.
5. 돼지의 불까기(거세), 이표 찍기, 임신 감정, 등지방 두께를 측정 할 수 있다.
6. 부리 및 볏 자르기, 다산계 감별 및 불량계 도태 등을 할 수 있다.
7. 목초와 종자식별, 원료사료 및 배합사료의 종류를 식별, 사일리지(엔실리지) 건초 제조, 사료배합의 계산 및 사료가치의 평가 할 수 있다.

실기검정방법	작업형	시험시간	3시간 정도

실기과목명	주요항목	세부항목	세세항목
가축관리 및 사양	1. 사양관리	1. 한·육우사양관리하기	1. 어미소 상태, 분만실 준비 등 분만관리를 할 수 있다. 2. 체표면 건조 확인, 송아지 호흡 확인, 탯줄과 후산제거, 초유섭취 관리, 제각(뿔 없애기), 발굽손질, 코뚜레, 피모손질 등 송아지를 관리할 수 있다. 3. 이유방법, 이유사료, 이유시 점검사항 등을 이해하고 적정 이유시기 결정할 수 있다. 4. 한우 소화생리를 이해할 수 있다. 5. 비육 단계별 비육우 증체율과 사료효율증진을 위한 사료 첨가제를 적정 급여할 수 있다.
		2. 젖소사양관리하기	1. 분만 후 배꼽 처치, 초유급여, 인공포유, 질병예방 등 신생송아지를 관리할 수 있다. 2. 젖소의 소화생리를 이해할 수 있다. 3. 사료섭취량 등 분만 전·후 고능력우 관리를 할 수 있다. 4. 육성우, 임신우, 분만우에 대한 생육·생리 단계별 적정 사료요구량 및 섭취량을 고려한 관리를 할 수 있다. 5. 더위에 대비한 사료관리, 발정관리, 유질관리 등 하절기 젖소관리를 할 수 있다. 6. 올바른 착유방법 및 착유위생을 관리할 수 있다.

실기과목명	주요항목	세부항목	세세항목
			7. 올바른 착유시설 세척방법 등 착유시설을 점검할 수 있다. 8. 가축음용수의 수질, 급수조 설치 등 급수관리를 할 수 있다.
		3. 돼지사양관리하기	1. 규모에 맞게 모돈에 대한 후보돈 선택 및 구입기의 모돈관리, 임신기(임신초기, 임신중기, 임신말기)에 대한 모돈관리, 수유기의 모돈관리, 이유기의 모돈을 관리를 할 수 있다. 2. 초기 취약한 면역력 관리, 모유에서 사료로 교체되는 과정 관리, 환경관리 등 자돈에 대한 관리를 할 수 있다. 3. 육성 비육돈의 체중관리, 사육밀도, 등급, 육질 등에 대한 관리를 할 수 있다. 4. 고품질 안전 돈육생산을 위해 거세, 출하체중, 살코기 비율 등을 관리 할 수 있다. 5. 사료를 체중에 따라 가감 급여할 수 있다. 6. 배합사료 적정 사용비율을 관리할 수 있다.
		4. 육계사양관리하기	1. 계사관리, 부리 및 볏 자르기가 포함된 육추관리 등 입추전 관리를 할 수 있다. 2. 병아리 도착전 관리, 병아리 도착시 관리, 백신분무, 기록관리 등 입추당일 관리를 할 수 있다. 3. 습도관리, 온도관리, 급수관리, 환기관리, 급이관리 등 2~7일령까지 관리를 할 수 있다. 4. 수의사 방문, 기술지도요원 방문, 백신, 온도와 습도, 급수와 급이 등 8~14일령 까지 관리 할 수 있다. 5. 털갈이 시기, 사료교체, 2차 백신, 환기와 습도, 급수관리, 소독, 사료, 중량, 자기진단, 사양기록 등 15~28일령까지 관리를 할 수 있다. 6. 급이관리, 급수관리, 환기관리, 온·습도관리, 중량체크, 질병 및 안전관리 등 29일령~출하전까지 관리를 할 수 있다. 7. 출하일자, 출하시간, 출하관리, 출하후 관리 등 출하당일 관리를 할 수 있다.
		5. 산란계사양관리하기	1. 육추실 청소, 육추기구, 계사관리 등 입추전 관리를 할 수 있다. 2. 급수관리, 사료관리, 온도관리, 점등관리 등 입추당일 관리를 할 수 있다.

실기과목명	주요항목	세부항목	세세항목
			3. 기구, 병아리 풀기, 영양관리, 급수관리, 환기, 사료관리, 점등관리 등 0~4주령까지 관리를 할 수 있다. 4. 체중관리, 영양관리, 상품란 생산관리, 백신접종, 위생관리, 급여, 급수관리, 사료관리, 온도관리, 점등관리, 상태점검 등 4~16주령까지 및 28주령까지 관리를 할 수 있다. 5. 이동, 체중관리, 영양관리, 낙각질, 급수관리, 사료관리, 점등관리, 상태점검 등 28주령 이후 관리를 할 수 있다.
		6. 기타 가축 사양관리하기	1. 말의 입식, 영양특성 및 행동특성 등을 이해하고 관리를 할 수 있다. 2. 염소(산양), 면양, 유산양, 노새, 당나귀 등 초식동물 관리를 할 수 있다. 3. 사슴, 토끼, 개 등의 입식, 영양특성 및 행동특성 등을 이해하고 관리를 할 수 있다. 4. 오리·꿩, 타조, 거위·칠면조 및 메추리 등 가금류에 대한 관리를 할 수 있다. 5. 관상용 조류에 대한 영양특성 및 행동특성 등을 이해하고 관리를 할 수 있다. 6. 꿀벌에 대한 영양특성 및 행동특성 등을 이해하고 관리를 할 수 있다. 7. 기태(오소리, 뉴트리아, 지렁이 등) 관리를 할 수 있다.
		7. 조사료생산 및 이용하기	1. 사료작물의 형태적, 유전적 특징을 알고 분류하고 식별할 수 있다. 2. 사료작물의 종자를 구매하고 관리할 수 있다. 3. 사료작물의 파종량, 파종방법 등을 선택하여 파종할 수 있다. 4. 기후·토양 조건을 고려하여 토양개량 수준을 정하고 관리 할 수 있다. 5. 논(답리작)과 밭에서 양질의 조사료를 생산할 수 있다. 6. 기후 및 토양 환경을 이해하고 경운초지, 불경운초지 및 임간초지를 조성할 수 있다. 7. 초지를 채초 및 방목으로 관리·이용할 수 있다. 8. 건초와 사일리지를 제조하여 이용할 수 있다. 9. 초지·사료작물을 생산·관리·이용하는데 필요한 시설 및 기계들을 효율적으로 관리하고 이용할 수 있다.

실기과목명	주요항목	세부항목	세세항목
		8. 질병·방역·위생 관리하기	1. 소의 질병을 발견하여 조치할 수 있다. 2. 젖소 유방의 질병, 다리 및 발굽질병, 눈의 질병, 기타의 질병, 중독, 기생충병을 발견하여 조치할 수 있다. 3. 돼지의 바이러스성, 세균성, 기생충병 등 감염병을 발견하여 조치할 수 있다. 4. 돼지의 영양장해 및 기타의 질병을 발견하여 조치할 수 있다. 5. 각종 가금류의 질병을 발견하여 조치할 수 있다. 6. 감염예방을 위하여 가축 및 축사의 소독을 실시할 수 있다. 7. 질병예방을 위하여 백신을 실시할 수 있다. 8. 폐사축에 대한 위생적인 처리를 할 수 있다.
	3. 개량·번식관리	1. 소 개량 및 번식관리하기	1. 사육목적에 맞는 품종 선택을 할 수 있다. 2. 번식 및 송아지생산기록에서 발생되는 부모 기록 및 출생일 등 혈통자료를 기록할 수 있다. 3. 인공수정, 임신상태, 분만 등 암소를 개량하기 위하여 농가보유축군 내의 번식능력을 기록할 수 있다. 4. 생시 체중, 이유시 체중, 12개월 및 18개월 체중, 체위, 신체충실지수, 번식우 몸상태, 영양소와 번식우 등 발육자료를 기록할 수 있다. 5. 번식용 암송아지 고르기, 육성기 미경산우 사양관리, 번식적령기 등 육성우를 관리할 수 있다. 6. 한우 암소의 임신기간, 임신 중의 한우 암소관리, 백신접종, 계획분만 등 임신우를 관리를 할 수 있다. 7. 분만 후 발정재귀, 분만 전·후 관리를 할 수 있다.
		2. 돼지 개량 및 번식관리하기	1. 사육목적에 맞게 품종선택을 할 수 있다. 2. 모돈의 관리를 할 수 있다. 3. 인공수정, 교배, 배란수 늘리는 방법 등을 관리할 수 있다. 4. 분만전(3주~5일전), 분만직전(5일전), 분만중, 분만후(72시간까지) 관리를 할 수 있다. 5. 초유의 급여, 철분공급, 포유 및 위탁포유 등 분만자돈을 관리할 수 있다. 6. 이유시기, 이유 전·후 온도관리, 포유관리, 설사 발생원인 및 대책 등 자돈을 관리할 수 있다. 7. 정액생산과 교미를 위해 수퇘지를 관리할 수 있다.

실기과목명	주요항목	세부항목	세세항목
		3. 가금 개량 및 번식관리하기	1. 사육목적에 맞게 품종선택을 할 수 있다. 2. 부화전 종란을 크기별로 분류하고 불량란을 제거할 수 있다. 3. 종란을 부화기의 배열판에 가지런히 배열할 수 있다. 4. 규정된 온도, 습도, 환기를 부화기의 조정판에 맞출 수 있다. 5. 일주일 후 수정여부를 검사할 수 있다. 6. 부화기의 온도계, 습도계, 부화실 내의 환기 상태를 관찰할 수 있다. 7. 주기적으로 종란을 굴려주고 일정기간이 지나면 발생기계로 옮겨줄 수 있다. 8. 알에서 깨어 나오면 보온란을 인공부화실로 새끼를 옮길 수 있다. 9. 성별, 등급을 구별하고 확인할 수 있도록 준비할 수 있다. 10. 일정수량씩 상자에 넣어 포장할 수 있다. 11. 세균오염 방지를 위해 주기적으로 부화 실내를 소독하고 청소할 수 있다.
		4. 기타 가축개량 및 번식하기	1. 사육 목적에 맞게 말, 사슴, 산양, 면양, 개, 토끼의 품종을 선택하여 번식을 시킬 수 있다.
	4. 시설환경	1. 우사설치 및 관리하기	1. 우사 내 온도, 습도, 환기 등 최적의 사육 환경 조건이 유지되고 있는 지를 확인할 수 있다. 2. 사료 급여 장치와 급수기가 잘 작동되고 있는 지를 확인할 수 있다. 3. 분뇨제거 장치가 잘 작동되고 있는지를 확인할 수 있다. 4. 착유장치가 잘 작동되고 있는지를 확인할 수 있다. 5. 우사 내 사육 환경 시설에 문제점이 발생한 경우 정상적으로 작동될 수 있도록 조치할 수 있다.
		2. 돈사설치 및 관리하기	1. 돈사 내 온도, 습도, 환기 등 최적의 사육 환경 조건이 유지되고 있는 지를 확인할 수 있다. 2. 사료 급여 장치와 급수기가 잘 작동되고 있는 지를 확인할 수 있다. 3. 분뇨제거 장치가 잘 작동되고 있는지를 확인할 수 있다. 4. 돈사 내 사육 환경 시설에 문제점이 발생한 경우 정상적으로 작동될 수 있도록 조치할 수 있다.

실기과목명	주요항목	세부항목	세세항목
		3. 계사설치 및 관리하기	1. 계사 내 온도, 습도, 환기, 조명 등 최적의 사육 환경 조건이 유지되고 있는 지를 확인할 수 있다. 2. 사료 급여 장치와 급수기가 잘 작동되고 있는 지를 확인할 수 있다. 3. 분뇨제거 장치가 잘 작동되고 있는지를 확인할 수 있다. 4. 계사 내 사육 환경 시설에 문제점이 발생한 경우 정상적으로 작동될 수 있도록 조치할 수 있다. 5. 부화시설이 잘 작동되고 있는지를 확인할 수 있다. 6. 집란, 선란시설이 잘 작동되고 있는지를 확인할 수 있다.
		4. 가축분뇨처리하기	1. 축종별, 규모별 분뇨처리 방법을 결정할 수 있다. 2. 축산분뇨 처리시설을 운용할 수 있다. 3. 축산분뇨를 이용할 수 있다.

24. 농림어업

식물보호기사

출제기준(필기)

직무 분야	농림어업	중직무 분야	임업	자격 종목	식물보호기사	적용 기간	2013. 1. 1~2017.12.31

○직무내용 : 식물보호에 관한 기술이론 및 지식을 가지고 식물 피해의 진단과 방제 등의 업무를 수행하기 위하여 식물에 발생하는 생물적(병, 해충, 잡초 등) 및 비생물적(기상, 영양불균형 등) 발생 원인을 파악·분석하여 적절한 방제방법을 선정하며, 식물의 생육에 적합한 환경 개선에 의한 식물 생육의 최적 조건을 만드는 직무 수행

필기검정방법	객관식	문제수	100	시험시간	2시간 30분

필기과목명	문제수	주요항목	세부항목	세세항목
식물병리학	20	1. 식물병리 일반	1. 식물병리 일반	1. 식물병리학의 정의 2. 식물병의 피해 및 중요성
		2. 식물병의 원인	1. 병원의 종류	1. 비생물성 병원 2. 바이러스성 병원 및 생물성 병원 등
			2. 병원체의 분류	1. 분류의 기준 2. 분류학적 위치
			3. 병원체의 형태	1. 병원체의 구조
		3. 식물병의 발생	1. 식물병의 병환	1. 월동(휴면)과 전염원의 의의 및 종류 2. 전반 3. 접종 및 침입 4. 감염 및 잠복 5. 병원체의 증식
			2. 발병환경	1. 생물적 환경 2. 비생물적 환경
			3. 병원성과 저항성	1. 병원성의 의미와 기작 2. 저항성의 의미와 기작
		4. 식물병의 진단	1. 진단 방법 및 특징	1. 진단법 2. 진단법 종류 3. 진단법 특징

필기과목명	문제수	주요항목	세부항목	세세항목
		5. 식물병의 방제	1. 식물병의 방제 방법	1. 법적 방제법 2. 생태학적(경종적) 방제법 3. 물리적·기계적 방제법 4. 화학적 방제법 5. 생물학적 방제법 6. 종합적 방제법
		6. 식물병 각론	1. 주요 식물병	1. 점균류에 의한 식물병 2. 난균류에 의한 식물병 3. 진균류에 의한 식물병 4. 세균에 의한 식물병 5. 바이러스에 의한 식물병 6. 기타 병원체에 의한 식물병 7. 생리장애

필기과목명	문제수	주요항목	세부항목	세세항목
농림해충학	20	1. 곤충 일반	1. 곤충 일반	1. 곤충의 특성 2. 곤충학의 개념 및 연구법
		2. 곤충의 분류	1. 곤충의 분류	1. 종개념 및 명명규약 2. 곤충의 분류 및 형태 특성
		3. 곤충의 생태	1. 곤충의 생활사	1. 생활사 단계별 특징 2. 주요 해충의 생활사
			2. 곤충의 행동 습성	1. 행동 유형 2. 행동의 제어 3. 행동의 기능
			3. 개체군의 생태	1. 개체군의 특징 및 발생수준 2. 개체군의 동태
		4. 곤충의 형태	1. 외부형태	1. 구조 및 기능
			2. 내부형태	1. 구조 및 기능
		5. 곤충의 생리	1. 발육생리	1. 발육생리 및 생식
		6. 곤충과 환경	1. 환경요인	1. 비생물적 환경 2. 생물적 환경
		7. 해충 각론	1. 주요 해충의 생태	1. 주요 해충의 가해 형태
		8. 해충의 방제	1. 해충의 방제법	1. 법적 방제법 2. 생태학적(경종적) 방제법 3. 물리적·기계적 방제법 4. 화학적 방제법 5. 생물학적 방제법 6. 해충의 종합적 관리 7. 기타 방제법

필기과목명	문제수	주요항목	세부항목	세세항목
재배학원론	20	1. 재배의 기원과 현황	1. 재배작물의 기원과 세계 재배의 발달	1. 석기시대의 생활과 원시재배 2. 농경법 발견의 계기 3. 농경의 발상지 4. 식물영양 5. 작물의 개량 6. 작물보호 7. 잡초방제 8. 식물의 생육조절 9. 농기구 및 농자재 10. 작부방식
			2. 작물의 분류	1. 작물의 종류 2. 작물의 종수 3. 용도에 따른 분류 4. 생태적 분류 5. 재배·이용에 따른 분류
			3. 재배의 현황	1. 토지의 이용 2. 농업인구 3. 주요작물 및 가축의 생산
		2. 재배환경	1. 토양	1. 지력 2. 토성 3. 토양구조 및 토층 4. 토양 중의 무기성분 5. 토양유기물 6. 토양 수분 7. 토양공기 8. 토양오염 9. 토양반응과 산성토양 10. 개간지와 사구지 11. 논토양과 밭토양 12. 토양보호 13. 토양미생물 14. 기타 토양과 관련된 사항
			2. 수분	1. 작물의 흡수관련 사항 2. 작물의 요수량 3. 대기 중의 수분과 강수 4. 한해 5. 관개 6. 습해 7. 배수 8. 수해 9. 수질오염 10. 기타 수분과 관련된 사항

필기과목명	문제수	주요항목	세부항목	세세항목
			3. 공기	1. 대기의 조성과 작물생육 2. 바람 3. 대기오염 4. 기타 공기와 관련된 사항
			4. 온도	1. 유효온도 2. 온도의 변화 3. 열해 4. 냉해 5. 한해
			5. 광	1. 광과 작물의 생리작용 2. 광합성과 태양에너지의 이용 3. 보상점과 광포화점 4. 포장광합성 5. 생육단계와 일사 6. 수광과 그 밖의 재배적 문제
			6. 상적 발육과 환경	1. 상적발육의 개념 2. 버널리제이션 3. 일장효과 4. 품종의 기상생태형
		3. 작물의 내적균형과 식물호르몬 및 방사선 이용	1. C/N율, T/R율, G-D 균형	1. 작물의 내적 균형의 특징 2. C/N율 3. T/R율 4. G-D 균형
			2. 식물생장조절제	1. 식물생장조절제 개념 2. 옥신류 3. 지베렐린 4. 시토키닌 5. ABA 6. 에틸렌 7. 생장억제물질 8. 기타 호르몬
			3. 방사선 이용	1. 추적자로서의 이용 2. 방사선 조사 3. 육종적 이용

필기과목명	문제수	주요항목	세부항목	세세항목
		4. 재배 기술	1. 작부체계	1. 작부체계의 정의와 중요성 2. 작부체계의 변천 및 발달 3. 연작과 기작 4. 윤작 5. 답전윤환 6. 혼파 7. 그 밖의 작부체계 8. 우리나라 작부체계의 변천 및 발전방향
			2. 종묘	1. 종묘의 뜻과 종류 2. 종자의 형태와 구조 3. 종자의 품질 및 채종 4. 종자의 수명과 퇴화 5. 선종과 종자처리 6. 종자의 발아와 휴면 7. 기타 종자관련 사항
			3. 영양번식	1. 영양번식의 뜻과 이점 2. 영양번식의 종류 3. 접목육묘 4. 조직배양
			4. 육묘	1. 육묘의 필요성 2. 묘상의 종류 3. 묘상의 구조와 설비 4. 기계이앙용 상자육묘 5. 상토
			5. 정지	1. 경운 2. 쇄토 3. 작휴 4. 진압
			6. 파종	1. 파종시기 2. 파종양식 3. 파종량 4. 파종절차
			7. 이식	1. 가식과 정식 2. 이식시기 3. 이식양식 4. 이식법 5. 벼의 이앙양식

필기과목명	문제수	주요항목	세부항목	세세항목
			8. 생력재배	1. 생력재배의 정의 2. 생력재배의 효과 3. 생력기계화재배의 전제조건 4. 기계화 적응 재배 5. 기타 생력재배에 관한 사항
			9. 재배관리	1. 시비 2. 보식 3. 중경 4. 제초 5. 멀칭 6. 답압 7. 정지 8. 개화결실 9. 기타 재배관리에 관한 사항
		5. 각종 재해	1. 저온해와 냉해	1. 저온해 2. 냉해
			2. 습해, 수해 및 가뭄해	1. 습해 2. 수해 3. 가뭄해
			3. 동해와 상해	1. 동해 2. 상해
			4. 도복과 풍해	1. 도복 2. 풍해 3. 기타 재해
		6. 수확, 건조 및 저장과 도정	1. 수확	1. 수확시기 결정 2. 수확법
			2. 건조	1. 목적 2. 원리와 방법
			3. 탈곡 및 조제	1. 탈곡 2. 조제
			4. 저장	1. 저장 중 품질의 변화 2. 큐어링과 예냉 3. 안전저장 조건

필기과목명	문제수	주요항목	세부항목	세세항목
			5. 도정	1. 원리 2. 과정 3. 도정단계와 도정률
			6. 포장	1. 포장재의 종류와 방법 2. 포장재의 품질
			7. 수량구성요소 및 수량사정	1. 수량구성요소 2. 수량구성요소의 변이계수 3. 수량의 사정
			8. 환경친화형재배	1. 개념 2. 발전과정 3. 정밀농업

필기과목명	문제수	주요항목	세부항목	세세항목
농약학	20	1. 농약의 정의와 중요성	1. 농약의 정의 및 명칭	1. 농약의 정의 및 이해 2. 농약의 명칭 이해
			2. 농약의 중요성	1. 농약의 유해성과 유익성 2. 농약의 일반적인 중요성 이해 3. 우리 나라의 농약관리법 이해
		2. 농약의 분류	1. 농약의 종류	1. 살균제 2. 살충제 3. 제초제 등
			2. 농약의 작용기작	1. 생합성 저해제 2. 에너지대사 저해제 3. 신경기능 저해제 4. 광합성 저해제 5. 호르몬 작용교란제 등
		3. 농약의 제제 형태 및 특성	1. 농약제제의 보조제	1. 계면활성제, 용제, 고체증량의 종류 및 기능 2. 기타 보조제의 종류 및 기능
			2. 농약제제의 분류	1. 액체시용제의 종류 및 특성 2. 고체시용제의 종류 및 특성 3. 훈증제 등의 종류 및 특성
			3. 농약제제의 물리적 성질	1. 액상시용제의 물리적 성질 2. 고상시용제의 물리적 성질
		4. 농약의 독성 및 잔류성	1. 농약의 독성	1. 급성 독성의 의미 및 증상 2. 만성 독성의 의미 및 증상
			2. 농약의 잔류와 안전사용	1. 잔류농약의 의미 및 피해 대책 2. 잔류성 농약의 종류 및 의미 3. 농약의 잔류허용기준 4. 농약의 안전사용 수칙 등
		5. 농약의 사용방법, 약해 및 약효	1. 농약의 사용 방법	1. 농약의 조제법 2. 농약의 혼용가부 3. 농약사용 전후의 주의사항 4. 농약의 사용법에 따른 분류
			2. 농약의 약효·약해	1. 농약의 약효 2. 농약의 약해

필기과목명	문제수	주요항목	세부항목	세세항목
			3. 사용기구	1. 농약의 살포기구
		6. 농약의 이화학적 특성	1. 살균제	1. 살균제의 정의와 분류 2. 살균제의 작용기작 3. 살균제의 작용특성 4. 식물 병원균의 약제저항성
			2. 살충제	1. 살충제의 정의와 분류 2. 살충제의 작용기작 3. 살충제의 저항성 4. 유기인계, 카바메이트계, 유기염소계 등의 종류 및 특성
			3. 살선충제	1. 살선충제의 종류 및 특성
			4. 살비제	1. 살비제의 종류 및 특성
			5. 제초제	1. 제초제의 개념
			6. 식물생장조절제	1. 식물생장조절제의 작용기작 2. 식물생장조절제의 종류 및 특성

필기과목명	문제수	주요항목	세부항목	세세항목
잡초방제학	20	1. 잡초방제 일반	1. 잡초방제 일반	1. 잡초방제의 개념 및 의의
		2. 잡초의 분류 및 분포	1. 잡초의 분류	1. 식물분류학적 분류 2. 생활형에 따른 분류 3. 형태적 분류 4. 기타 분류
			2. 잡초의 분포	1. 주요 발생 장소별 분포
		3. 잡초의 생리 생태	1. 잡초 종자의 특성	1. 종자의 휴면 2. 종자의 수명 3. 발아와 출현
			2. 잡초의 번식 및 전파	1. 종자 및 지하경 번식법 2. 잡초의 전파
			3. 잡초의 생육 특성	1. 잡초 군락형성과 식생천이
		4. 경합	1. 경합의 종류	1. 종간경합 2. 종내경합
			2. 경합의 양상 및 진단	1. 경합의 주요요인 2. 경합의 한계기간 및 밀도 3. 잡초에 대한 작물의 경합
			3. 잡초의 군락과 천이	1. 식생천이에 관여하는 요인
		5. 잡초방제	1. 잡초방제의 원리	1. 잡초에 의한 피해수준
			2. 잡초방제 방법	1. 예방적 방제법 2. 생태학적(경종적) 방제법 3. 생물적 방제법 4. 물리적 방제법 5. 기계적 방제법 6. 화학적 방제법 7. 잡초종합관리(IWM)
			3. 제초제	1. 제초제 사용의 필요성 2. 제초제의 분류 3. 제초제의 작용기작 4. 제초제의 종류 및 특성

출제기준(실기)

직무 분야	농림어업	중직무 분야	임업	자격 종목	식물보호기사	적용 기간	2013. 1. 1~2017.12.31

○직무내용 : 식물보호에 관한 기술이론 및 지식을 가지고 식물 피해의 진단과 방제 등의 업무를 수행하기 위하여 식물에 발생하는 생물적(병, 해충, 잡초 등) 및 비생물적(기상, 영양불균형 등) 발생 원인을 파악·분석하여 적절한 방제방법을 선정하며, 식물의 생육에 적합한 환경 개선에 의한 식물 생육의 최적 조건을 만드는 직무 수행

○수행준거 : 1. 기주별 병·해충의 피해를 진단하고 동정 할 수 있다.
2. 잡초를 식별할 수 있다.
3. 화학적 방제를 할 수 있다.
4. 기계적·물리적 방제를 할 수 있다.
5. 생태학적(경종적) 방제를 할 수 있다.
6. 생물학적 방제를 할 수 있다.
7. 종합적 방제를 할 수 있다.

실기검정방법	작업형	시험시간	3시간 정도

실기과목명	주요항목	세부항목	세세항목
식물보호실무	1. 피해의 원인 파악	1. 피해증상 조사하기	1. 피해사진 또는 유해생물의 사진을 보고 병원체, 해충, 잡초 등을 진단할 수 있다. 2. 비생물적 피해의 종류를 파악하고 원인 및 피해정도를 조사할 수 있다.
		2. 피해진단 결과 증명하기	1. 피해개체 및 조직으로부터 병원 및 해충을 분리할 수 있다. 2. 분리된 병원체 및 해충을 동정할 수 있다. 3. 진단장비의 다양한 활용법을 사용하여 진단할 수 있다.
	2. 방제	1. 재배적 방제법 적용하기	1. 주로 가해하는 병해충의 생태를 고려하여 작물재배시기를 결정할 수 있다. 2. 단작과 같은 동일한 작물의 연속재배를 가급적 피하고 윤작 및 답전윤환을 실시할 수 있다. 3. 저항성 품종을 선택할 수 있다. 4. 주위에 기주가 될 수 있는 식물을 파악하고 제거할 수 있다.
		2. 물리적·기계적 방제법 적용하기	1. 인위적인 열 또는 태양열에 의한 토양소독을 실시할 수 있다. 2. 유아등 및 유살법 등을 이용하여 해충을 유살할 수 있다.

실기과목명	주요항목	세부항목	세세항목
		3. 화학적 방제법 적용하기	1. 기주 및 적용 대상(병, 해충, 잡초)에 따라 적절한 약제를 선택하여 방제할 수 있다. 2. 사용목적, 사용형태, 화학적 조성에 따라 농약을 구분할 수 있다. 3. 농약의 종류, 병해 및 해충의 종류에 따라 농도를 달리하거나 전착제와 같은 첨가제의 사용 여부를 결정할 수 있다. 4. 살포량 및 살포회수, 살포시기를 계획할 수 있다. 5. 배액 조제법 등을 적용하여 살포제를 희석할 수 있다. 6. 농약살포시 중독사고를 예방하기위하여 사전에 주위환경을 고려한 보호장비 등을 준비할 수 있다.
		4. 생물적 방제법 적용하기	1. 식물병의 방제에 사용되는 미생물 자재를 사용하여 방제할 수 있다.
		5. 영양불균형 개선하기	1. 재배지의 토양 샘플을 채취할 수 있다. 2. 토양의 pH 및 EC를 측정할 수 있다. 3. 토양의 다량원소 및 미량원소 함량을 측정할 수 있다. 4. 토양의 물리성을 분석할 수 있다. 5. 부족한 양분은 비료로 공급할 수 있다. 6. 토양으로부터 양분을 흡수하기 어려운 상태일 경우 엽면 살포할 수 있다. 7. 토양의 물리성이 불량할 경우 객토, 배수, 토양개량제 등을 통하여 개량할 수 있다.

24. 농림어업

식물보호산업기사

출제기준(필기)

직무 분야	농림어업	중직무 분야	임업	자격 종목	식물보호산업기사	적용 기간	2013. 1. 1~2017.12.31

○직무내용 : 식물보호에 관한 기술이론 및 지식을 가지고 식물 피해의 방제 등의 업무를 수행할 수 있어야 하며, 식물에 발생하는 생물적(병, 해충, 잡초 등) 및 비생물적(기상, 영양불균형 등) 발생 원인을 파악하고 적절한 방제방법을 선정하여 식물 생육의 최적 조건을 만드는 직무 수행

필기검정방법	객관식	문제수	80	시험시간	2시간

필기과목명	문제수	주요항목	세부항목	세세항목
식물병리학	20	1. 식물병리 일반	1. 식물병리 일반	1. 식물병리학의 정의 2. 식물병의 피해 및 중요성
		2. 식물병의 원인	1. 병원의 종류	1. 비생물성 병원 2. 바이러스성 병원 및 생물성 병원 등
			2. 병원체의 분류	1. 분류의 기준 2. 분류학적 위치
			3. 병원체의 형태	1. 병원체의 구조
		3. 식물병의 발생	1. 식물병의 병환	1. 월동(휴면)과 전염원의 의의 및 종류 2. 전반 3. 접종 및 침입 4. 감염 및 잠복 5. 병원체의 증식
			2. 발병환경	1. 생물적 환경 2. 비생물적 환경
			3. 병원성과 저항성	1. 병원성의 의미와 기작 2. 저항성의 의미와 기작
		4. 식물병의 진단	1. 진단 방법 및 특징	1. 진단법 2. 진단법 종류 3. 진단법 특징
		5. 식물병의 방제	1. 식물병의 방제 방법	1. 법적 방제법 2. 생태학적(경종적) 방제법 3. 물리적·기계적 방제법 4. 화학적 방제법 5. 생물학적 방제법 6. 종합적 방제법

필기과목명	문제수	주요항목	세부항목	세세항목
		6. 식물병 각론	1. 주요 식물병	1. 점균류에 의한 식물병 2. 난균류에 의한 식물병 3. 진균류에 의한 식물병 4. 세균에 의한 식물병 5. 바이러스에 의한 식물병 6. 기타 병원체에 의한 식물병 7. 생리장애

필기과목명	문제수	주요항목	세부항목	세세항목
농림해충학	20	1. 곤충 일반	1. 곤충 일반	1. 곤충의 특성 2. 곤충학의 개념 및 연구법
		2. 곤충의 분류	1. 곤충의 분류	1. 종개념 및 명명규약 2. 곤충의 분류 및 형태 특성
		3. 곤충의 생태	1. 곤충의 생활사	1. 생활사 단계별 특징 2. 주요 해충의 생활사
			2. 곤충의 행동 습성	1. 행동 유형 2. 행동의 제어 3. 행동의 기능
			3. 개체군의 생태	1. 개체군의 특징 및 발생수준 2. 개체군의 동태
		4. 곤충의 형태	1. 외부형태	1. 구조 및 기능
			2. 내부형태	1. 구조 및 기능
		5. 곤충의 생리	1. 발육생리	1. 발육생리 및 생식
		6. 곤충과 환경	1. 환경요인	1. 비생물적 환경 2. 생물적 환경
		7. 해충 각론	1. 주요 해충의 생태	1. 주요 해충의 가해 형태
		8. 해충의 방제	1. 해충의 방제법	1. 법적 방제법 2. 생태학적(경종적) 방제법 3. 물리적·기계적 방제법 4. 화학적 방제법 5. 생물학적 방제법 6. 해충의 종합적 관리 7. 기타 방제법

필기과목명	문제수	주요항목	세부항목	세세항목
농약학	20	1. 농약의 정의와 중요성	1. 농약의 정의 및 명칭	1. 농약의 정의 및 이해 2. 농약의 명칭 이해
			2. 농약의 중요성	1. 농약의 유해성과 유익성 2. 농약의 일반적인 중요성 이해 3. 우리나라의 농약관리법 이해
		2. 농약의 분류	1. 농약의 종류	1. 살균제 2. 살충제 3. 제초제 등
			2. 농약의 작용기작	1. 생합성 저해제 2. 에너지대사 저해제 3. 신경기능 저해제 4. 광합성 저해제 5. 호르몬 작용교란제 등
		3. 농약의 제제 형태 및 특성	1. 농약제제의 보조제	1. 계면활성제, 용제, 고체증량의 종류 및 기능 2. 기타 보조제의 종류 및 기능
			2. 농약제제의 분류	1. 액체시용제의 종류 및 특성 2. 고체시용제의 종류 및 특성 3. 훈증제 등의 종류 및 특성
			3. 농약제제의 물리적 성질	1. 액상시용제의 물리적 성질 2. 고상시용제의 물리적 성질
		4. 농약의 독성 및 잔류성	1. 농약의 독성	1. 급성 독성의 의미 및 증상 2. 만성 독성의 의미 및 증상
			2. 농약의 잔류와 안전 사용	1. 잔류농약의 의미 및 피해 대책 2. 잔류성 농약의 종류 및 의미 3. 농약의 잔류허용기준 4. 농약의 안전사용 수칙 등
		5. 농약의 사용방법, 약해 및 약효	1. 농약의 사용 방법	1. 농약의 조제법 2. 농약의 혼용가부 3. 농약사용 전후의 주의사항 4. 농약의 사용법에 따른 분류
			2. 농약의 약효·약해	1. 농약의 약효 2. 농약의 약해

필기과목명	문제수	주요항목	세부항목	세세항목
		6. 농약의 이화학적 특성	3. 사용기구	1. 농약의 살포기구
			1. 살균제	1. 살균제의 정의와 분류 2. 살균제의 작용기작 3. 살균제의 작용특성 4. 식물 병원균의 약제저항성
			2. 살충제	1. 살충제의 정의와 분류 2. 살충제의 작용기작 3. 살충제의 저항성 4. 유기인계, 카바메이트계, 유기염소계 등의 종류 및 특성
			3. 살선충제	1. 살선충제의 종류 및 특성
			4. 살비제	1. 살비제의 종류 및 특성
			5. 제초제	1. 제초제의 개념
			6. 식물생장조절제	1. 식물생장조절제의 작용기작 2. 식물생장조절제의 종류 및 특성

필기과목명	문제수	주요항목	세부항목	세세항목
잡초방제학	20	1. 잡초방제 일반	1. 잡초방제 일반	1. 잡초방제의 개념 및 의의
		2. 잡초의 분류 및 분포	1. 잡초의 분류	1. 식물분류학적 분류 2. 생활형에 따른 분류 3. 형태적 분류 4. 기타 분류
			2. 잡초의 분포	1. 주요 발생 장소별 분포
		3. 잡초의 생리 생태	1. 잡초 종자의 특성	1. 종자의 휴면 2. 종자의 수명 3. 발아와 출현
			2. 잡초의 번식 및 전파	1. 종자 및 지하경 번식법 2. 잡초의 전파
			3. 잡초의 생육 특성	1. 잡초 군락형성과 식생천이
		4. 경합	1. 경합의 종류	1. 종간경합 2. 종내경합
			2. 경합의 양상 및 진단	1. 경합의 주요요인 2. 경합의 한계기간 및 밀도 3. 잡초에 대한 작물의 경합
			3. 잡초의 군락과 천이	1. 식생천이에 관여하는 요인
		5. 잡초방제	1. 잡초방제의 원리	1. 잡초에 의한 피해수준
			2. 잡초방제 방법	1. 예방적 방제법 2. 생태학적(경종적) 방제법 3. 생물적 방제법 4. 물리적 방제법 5. 기계적 방제법 6. 화학적 방제법 7. 잡초종합관리(IWM)
			3. 제초제	1. 제초제 사용의 필요성 2. 제초제의 분류 3. 제초제의 작용기작 4. 제초제의 종류 및 특성

출제기준(실기)

직무 분야	농림어업	중직무 분야	임업	자격 종목	식물보호산업기사	적용 기간	2013. 1. 1~2017.12.31

○직무내용 : 식물보호에 관한 기술이론 및 지식을 가지고 식물 피해의 방제 등의 업무를 수행할 수 있어야 하며, 식물에 발생하는 생물적(병, 해충, 잡초 등) 및 비생물적(기상, 영양불균형 등) 발생 원인을 파악하고 적절한 방제방법을 선정하여 식물 생육의 최적 조건을 만드는 직무 수행

○수행준거 : 1. 기주별 병·해충의 피해를 진단하고 동정 할 수 있다.
　　　　　　2. 잡초를 식별할 수 있다.
　　　　　　3. 화학적 방제를 할 수 있다.
　　　　　　4. 기계적·물리적 방제를 할 수 있다.
　　　　　　5. 생태학적(경종적) 방제를 할 수 있다.
　　　　　　6. 생물학적 방제를 할 수 있다.
　　　　　　7. 종합적 방제를 할 수 있다.

실기검정방법	작업형 (농작물과 수목 중 택일)	시험시간	농작물 : 2시간 정도 수목 : 2시간 30분 정도

실기과목명	주요항목	세부항목	세세항목
식물보호실무	(농작물) 1. 피해의 원인 파악	1. 피해증상 조사하기	1. 피해사진 또는 유해생물의 사진을 보고서 병원체, 해충, 잡초 등을 진단할 수 있다. 2. 비생물적 피해의 종류를 파악하고 원인 및 피해정도를 조사할 수 있다.
		2. 피해진단 결과 증명하기	1. 피해개체 및 조직으로부터 병원 및 해충을 분리할 수 있다. 2. 분리된 병원체 및 해충을 동정할 수 있다. 3. 진단장비의 다양한 활용법을 사용하여 진단할 수 있다.
	2. 방제	1. 재배적 방제법 적용하기	1. 주로 가해하는 병해충의 생태를 고려하여 방제법을 결정할 수 있다. 2. 동일한 묘목의 연속재배를 가급적 피하고 윤작을 실시할 수 있다. 3. 저항성 품종을 선택할 수 있다. 4. 주위에 중간기주가 될 수 있는 식물을 파악하고 제거할 수 있다.
		2. 물리적·기계적 방제법 적용하기	1. 유아등 및 유살법 등을 이용하여 해충을 유살할 수 있다.

실기과목명	주요항목	세부항목	세세항목
		3. 화학적 방제법 적용하기	1. 기주 및 적용 대상(병, 해충, 잡초)에 따라 적절한 약제를 선택하여 방제할 수 있다. 2. 사용목적, 사용형태, 화학적 조성에 따라 농약을 구분할 수 있다. 3. 농약의 종류, 병해 및 해충의 종류에 따라 농도를 달리하거나 전착제와 같은 첨가제의 사용 여부를 결정할 수 있다. 4. 살포량 및 살포회수, 살포시기를 계획할 수 있다. 5. 배액 조제법 등을 적용하여 살포제를 희석할 수 있다. 6. 농약살포시 중독사고를 예방하기위하여 사전에 보호장비 및 주위환경을 고려할 수 있다.
		4. 생물적 방제법 적용하기	1. 농작물 병해충의 방제에 사용되는 미생물 자재를 사용하여 방제할 수 있다.
	(수목) 1. 피해의 원인 파악	1. 피해증상 조사하기	1. 피해사진 또는 유해생물의 사진을 보고서 병원체, 해충, 잡초 등을 진단할 수 있다. 2. 비생물적 피해의 종류를 파악하고 원인 및 피해정도를 조사할 수 있다.
		2. 피해진단 결과 증명하기	1. 피해개체 및 조직으로부터 병원 및 해충을 분리할 수 있다. 2. 분리된 병원체 및 해충을 동정할 수 있다. 3. 진단장비 및 치료의 다양한 활용법을 사용하여 진단 및 치료를 할 수 있다.
	2. 방제	1. 임업적 방제법 적용하기	1. 주로 가해하는 병해충의 생태를 고려하여 방제법을 결정할 수 있다. 2. 동일한 수종 묘목의 연속재배를 가급적 피하고 윤작을 실시할 수 있다. 3. 저항성 품종을 선택할 수 있다. 4. 주위에 중간기주가 될 수 있는 식물을 파악하고 제거할 수 있다.
		2. 물리적·기계적 방제법 적용하기	1. 유아등 및 유살법 등을 이용하여 해충을 유살할 수 있다.

실기과목명	주요항목	세부항목	세세항목
		3. 화학적 방제법 적용하기	1. 기주 및 적용 대상(병, 해충, 잡초)에 따라 적절한 약제를 선택하여 방제할 수 있다. 2. 사용목적, 사용형태, 화학적 조성에 따라 농약을 구분할 수 있다. 3. 농약의 종류, 병해 및 해충의 종류에 따라 농도를 달리하거나 전착제와 같은 첨가제의 사용 여부를 결정할 수 있다. 4. 살포량 및 살포회수, 살포시기를 계획할 수 있다. 5. 배액 조제법 등을 적용하여 살포제를 희석할 수 있다. 6. 농약살포시 중독 사고를 예방하기위하여 사전에 주위환경을 고려한 보호장비 등을 준비할 수 있다.
		4. 생물적 방제법 적용하기	1. 병원균이나 해충에 기생하는 병원성 미생물이나 포식성 곤충 또는 동물을 활용할 수 있다. 2. 수목병해충의 방제에 사용되는 미생물 자재를 사용하여 방제할 수 있다.

국가기술자격 출제기준 Ⅱ

25 안전관리

화재감식평가기사
화재감식평가산업기사

25. 안전관리

화재감식평가기사

출제기준(필기)

직무분야	안전관리	중직무분야	안전관리	자격종목	화재감식평가기사	적용기간	2013.1.1~2018.12.31

○직무내용 : 화재원인의 규명과 판정을 위하여 전문적인 지식, 기술 및 경험을 바탕으로 구체적인 사실관계를 명확하게 규명하는 직무수행

필기검정방법	객관식	문제수	100	시험시간	2시간 30분

필기과목명	문제수	주요항목	세부항목	세세항목
화재조사론	20	1. 화재조사 개론	1. 화재조사의 목적 및 특징	1. 목적구분 2. 부문별 목적 3. 화재현장의 특징 4. 화재조사관에게 미치는 영향 5. 화재조사의 기본 절차 및 방법
			2. 화재조사의 범위 및 유의사항	1. 화재조사의 범위(화재원인조사, 화재피해조사) 2. 일반적 유의사항 3. 조사권의 적정한 행사 4. 조사범위의 설정 및 사생활 보호
			3. 화재조사의 책임과 권한	1. 법적으로 부여된 권한(소방, 경찰, 보험회사, 민간조사자 등) 2. 전문·전담의 보장 3. 화재조사관의 자세 등
		2. 연소론	1. 연소의 개념	1. 연소의 정의 2. 산화와 환원 3. 연소의 조건(가연물, 산소공급원, 점화원, 연쇄반응) 4. 연소의 형태(기본형태, 기체의 연소, 액체의 연소, 고체의 연소)
			2. 연소의 특성	1. 인화와 발화 2. 화염속도와 연소속도 3. 완전연소와 불완전연소 4. 연소범위
			3. 기체, 액체, 고체의 발화 및 점화원	1. 인화성 기체의 발화 2. 액체의 발화 3. 고체의 발화 4. 소화 이론(연소의 조건에 따른 제어 분류, 소화의 작용에 따른 분류)

필기과목명	문제수	주요항목	세부항목	세세항목
		3. 화재론	1. 화재개론	1. 화재의 정의 2. 화재의 분류
			2. 화재의 양상	1. 건물화재 2. 유류화재 등
			3. 화재의 현상	1. 열 및 화염의 전달 2. 연기 3. 연소생성가스
			4. 화염확산	1. 액체에서의 화염확산 2. 고체에서의 화염확산 3. 기체에서의 화염확산
			5. 구획실에서의 화재확산	1. 화염충돌에 의한 화재 확산 2. 원격 발화에 의한 화재 확산
			6. 구획실 화재 발달	1. 구획실 화재 현상 2. 구획실 환기 유동
			7. 구획실간 화재확산	1. 개구부를 통한 화재확산 2. 방화벽을 통한 화재확산
			8. 화재거동	1. 부력유동 2. 화재기둥 3. 천장분출 4. 환기유동 5. 기타
		4. 폭발론	1. 폭발의 조건 및 원인	1. 폭발의 정의 2. 폭발의 조건 3. 폭발의 원인
			2. 폭발의 분류	1. 원인에 따른 분류 2. 물질의 상태에 따른 분류 3. 반응 전파속도에 따른 분류
			3. 가스, 분진, BLEVE, 분해, 증기운폭발	1. 가스폭발 2. 분진폭발 3. BLEVE 4. 분해폭발 5. 증기운폭발

필기과목명	문제수	주요항목	세부항목	세세항목
		5. 예비조사	1. 화재조사 전 준비	1. 조사인원과 임무분담 2. 조사복장과 기자재
			2. 조사계획 수립	1. 조사업무의 구성 2. 조사전 팀 회의 3. 역할의 분담
		6. 발화지역 판정	1. 종합적 방법론	1. 활동의 순서 2. 순차적 패턴 분석 3. 체계적 절차 4. 권장 방법
			2. 발화위치 결정을 위한 데이터 수집	1. 초기 현장 평가 2. 발굴 및 복원 3. 추가 데이터 수집 활동
			3. 자료 분석 (화재패턴, 열 및 화염 벡터, 탄화심도, 하소심도, 아크 등 조사)	1. 화재 패턴 분석 2. 열 및 화염 벡터 분석 3. 탄화심도 분석 4. 하소심도 측정 5. 아크 조사 또는 아크 매핑 6. 순차적 사건의 분석 7. 화재 거동
			4. 발화위치 가설	1. 최초 가설 2. 최초 가설의 수정
			5. 발화지점 가설의 검증	1. 가설 검증의 방법 2. 분석 기법 및 도구
			6. 최종 가설의 선택	1. 발화지역 결정 2. 모순된 데이터의 선별 3. 사건 파일 검토
			7. 선택된 가설의 검증	1. 증거를 통한 가설의 검증 2. 대형 발화지역의 검증 3. 발화지역에 대한 목격자 증언
		7. 발화개소 판정 의견: 발화지점 판정	1. 건물 구조재의 연소 특성 및 방향의 파악	1. 목재류(탄화, 박리, 소실상태) 2. 금속류(변색, 휘어짐, 용융) 3. 콘크리트·몰탈·타일류(폭열, 박리, 백화현상) 4. 유리(깨진 형태, 파단면 특징) 5. 합성수지류(용융, 변색, 변형) 6. 도료류(종류, 변색, 발포)

필기과목명	문제수	주요항목	세부항목	세세항목
				7. 내화보드(변색, 하소, 탈락) 8. 전기용융흔에 의한 연소방향(전원과 부하, 전기용융흔의 판별) 9. 변형 또는 도괴방향에 의한 연소방향 판정
			2. 발화건물의 판정	1. 연소방향 관찰 방법 2. 개구부(창문, 출입문)를 통한 연소확산 특성 3. 상층과 하층으로의 연소 특성
			3. 화재패턴	1. 패턴생성 역학 2. 화재패턴의 원인 3. 화재패턴의 종류(V패턴, U패턴, 모래시계 등) 4. 가연성액체에 의한 패턴 분석 5. 방화화재의 전형적 패턴 분석
			4. 화재패턴의 분석요소	1. 화재 효과를 통한 온도 예측 2. 물질의 질량 손실 3. 탄화물 4. 폭열 5. 산화작용 6. 색 변화 7. 물질의 융해 8. 열팽창 및 물질의 변형 9. 표면에 연기 침착 10. 완전연소 11. 하소 12. 유리창 13. 붕괴된 가구 스프링 14. 뒤틀린 전구 15. 무지개 효과 16. 인간에 대한 열적효과 17. 희생자 상해
			5. 패턴에 의한 화재진행과정 추적	1. 발화건물의 판정 2. 발화층의 판정 3. 발화범위의 판정(발굴·복원전) 4. 발화개소의 판정(발굴·복원후)
			6. 발굴 및 복원	1. 발굴 전 관찰사항 2. 발굴 및 복원의 방법 3. 주요 관찰 및 주의사항

필기과목명	문제수	주요항목	세부항목	세세항목
		8. 화재현장의 상황 파악 및 현장보존	1. 화재상황	1. 기상상황(날씨, 온도, 습도, 풍향, 풍속, 기상특보) 2. 가연물질의 종류 및 특징[목재 등의 가연물, 위험물(유류, 가스 등), 합성화합물(플라스틱 등), 기타] 3. 화염의 상황(화세의 강약, 화염의 높이, 온도, 비화, 화염의 색) 4. 연기의 상황(연기확대경로, 연기의 농도, 연기의 색) 5. 연소확대 상황(연소의 범위, 진행방향, 확대속도) 6. 피난 상황(피난경로, 피난인원, 피난방법)
			2. 화재진압상황	1. 목격자 및 소방대 진화 상황 2. 소방대의 활동 상황 3. 화재진화 과정상 특이점 4. 소방시설 조사(비상경보, 자탐, 스프링클러, 비상구, 방화구획 등)
			3. 탐문	1. 범죄심리학적 탐문(진술분석 기법, 행동분석 기법) 2. 화재현장목격자 탐문(최초발견자, 최초신고자, 관계자) 3. 확보방안 4. 관계자 진술방법 5. 거주자, 근무자 동향파악방법
			4. 현장보존	1. 화재방어시 현장보존과 통제 2. 출입금지구역의 통제(출입금지구역의 통보, 출화금지구역의 범위확대) 3. 관련기관과 협조(상호협조사항의 결정, 조사범위, 조사일시의 결정)
			5. 현장안전	1. 일반사항(방호복 및 장비, 화재 현장 위험 등) 2. 화재 현장 안전에 영향을 주는 요소 3. 현장 밖 조사활동의 안전

필기과목명	문제수	주요항목	세부항목	세세항목
화재 감식론	20	1. 발화원인 판정	1. 일반사항	1. 화재 발생 요소 확인
			2. 배제과정	1. 배재 방법 2. 과학적 방법 3. 우발적 원인에 의한 화재 판별
			3. 발화원의 원천 및 형태	1. 발화원의 생성, 이동 및 가열 2. 발열 장치, 기기, 설비 확인
			4. 최초 발화 물질	1. 초기 가연물의 확인
			5. 발화 순서	1. 과거 사건이 발생한 순서 확인
			6. 의견	1. 의견에 대한 기준 설정
		2. 전기화재 감식	1. 기초전기	1. 정전기 2. 전류·전압·저항 3. 직류와 교류 4. 전기단위 5. 전기계산 6. 전기의 사용 및 안전
			2. 전기화재 발생현상	1. 전기화재 발생과정 2. 절연파괴 3. 통전입증
			3. 전기적 점화원	1. 과전류 2. 접촉 불량 3. 합선 4. 국부적인 저항치 증가 5. 누전
			4. 전기화재 조사장비 활용법	1. 검전기 2. 회로시험기 3. 절연저항계 4. 클램프미터 5. 접지저항계 6. 오실로스코프
			5. 전기화재 감식요령	1. 감식체계의 흐름 2. 배선기구, 조명기구 3. 주방 및 가전관련 기기 4. 냉·난방관련 기기

필기과목명	문제수	주요항목	세부항목	세세항목
				5. 전기모터와 변압기 6. 전선 시스템(배선과 시공) 7. 용융흔의 판정방법 8. 과전류·화염에 의한 전선피복 소손흔과 용융흔 특징
		3. 가스화재 감식	1. 가스의 이해	1. 가스의 기초(고압가스의 분류, 폭발범위, 압력, 온도, 비중, 증기압, 액화가스의 부피팽창) 2. 가스별 특성(LNG, LPG, 일반가스, 독성가스)
			2. 가스설비의 기초	1. 가스공급 시설(정압기, 밸브박스, 가스계량기) 2. 가스사용 시설(용기, 용기밸브, 기화장치, 압력조정기, 배관재료, 밸브, 콕, 퓨즈콕, 호스, 연소기)
			3. 가스화재 조사	1. 가스사고 조사와 법적 근거 2. 가스사고의 원인조사 3. 가스시설별 사고조사 FLOW-CHART
		4. 화학물질 화재감식	1. 기초화학	1. 화학양론 2. 화학반응 3. 산과 염기 4. 산화와 환원반응 5. 유기화합물 6. 상태변화 및 열분해
			2. 화학물질의 개요	1. 화학물질의 특성 2. 화학물질의 분석 방법
			3. 화학물질 화재조사 감식 방법	1. 화재 성상 및 연소이론 2. 폭발 원리 및 특성
			4. 화학물질 폭발조사 감식 방법	1. 화학물질 폭발조사시 유의사항 2. 물질에 따른 폭발조사감식 3. 사고형태에 따른 폭발조사감식 4. 폭발원인 조사방법
			5. 석유화학 제품의 특성 및 화재감식	1. 석유화학 제품의 종류 2. 석유류의 연소특성 3. 플라스틱재료의 연소특성 4. 석유류의 분석기법

필기과목명	문제수	주요항목	세부항목	세세항목
		5. 미소화원 화재감식	1. 미소화원의 이해	1. 미소화원과 유염화원 구분 2. 무염화원의 연소현상과 가연물 특성 3. 미소화원 화재입증의 기본 요건 4. 미소화원에 의한 출화 증명
			2. 무염화원	1. 담뱃불 2. 모기향 불씨 및 선향 3. 불꽃(전기용접기, 가스절단기, 그라인더, 제면기, 분쇄기)
			3. 유염화원	1. 유염화원 종류 및 성상 2. 라이터 불꽃 3. 성냥불 4. 양초
		6. 방화화재 감식	1. 방화의 이론적 배경	1. 방화와 관련된 용어 2. 방화심리와 형태의 이론
			2. 방화원인의 감식 실무	1. 연쇄방화의 조사 2. 방화의 특징 3. 방화의 유형별 감식 특징 4. 방화행위의 입증 및 기구
			3. 방화의 실행과 수단	1. 방화의 실행(직접착화, 지연착화, 무인스위치 조작을 이용한 기구 착화, 실화를 위장한 방화) 2. 방화의 수단
			4. 방화원인의 판정	1. 방화의 판정을 위한 10대 요건 2. 효율적인 방화원인 감식을 위한 당면과제
		7. 차량화재 감식	1. 차량화재 조사 기본	1. 차량화재 조사 준비 2. 차량 조사 안전
			2. 차량화재 가연물 및 발화원	1. 발화성 액체 2. 기체 가연물 3. 고체 가연물 4. 노출 화염(Open Flames) 5. 전기적 발화원 6. 고온 표면 7. 기계적 스파크 8. 연기가 생성되는 물질

필기과목명	문제수	주요항목	세부항목	세세항목
			3. 자동차의 구조 및 검사	1. 자동차의 기본 구조 2. 연료장치 3 전기 계통 4. 차량시스템 검사
			4. 자동차 화재 현장 기록	1. 차량 확인 2. 차량 화재 현장 이력 3. 차량 세부 사항 4. 현장의 기록 5. 현장에서 옮겨진 차량에 대한 기록
			5 기타사항	1. 전소 2. 차량 방화에 대한 특별 고려사항 3. 중장비 4. 견인시 주의사항
		8. 임야화재 감식	1. 일반사항	1. 임야화재 가연물 2. 지표화재 3. 안전에 대한 고려사항
			2. 임야화재 조사	1. 발화위치 조사 2. 발화지역이나 지점의 보안 3. 증거 4. 화재원인 판별
		9. 선박, 항공기 화재감식	1. 일반사항	1. 선박 항공기 전문 용어 2. 선박 항공기 조사 안전 사항 3. 시스템 구분 및 기능 4. 외관 5. 내부 6. 추진 시스템
			2. 선박 항공기화재 조사	1. 발화원 2. 선박, 항공기 화재 현장 기록 3. 선박, 항공기의 검사

필기과목명	문제수	주요항목	세부항목	세세항목
증거물 관리 및 법과학	20	1. 증거의 종류	1. 물적 증거의 형태	1. 가연성 액체, 액체용기 2. 깨진유리, 강제 개방 흔적 3. 방화나 폭발장치 조각 4. 전기 구성요소 5. 탄화된 나무, 종이나 서류, 금속물질, 섬유와 직물 등
			2. 정보	1. 관계자 진술과 증거확보 2. 법정 증언 3. 사진 및 비디오의 증거인정 범위 4. 증거 보고서
		2. 증거물 수집·운송·저장·보관·검사	1. 화재현장 및 물적 증거의 보존	1. 물리적 증거로서의 화재패턴 2. 인공증거물 3. 증거보호 4. 화재 현장 보존을 위한 조치 5. 소화활동 인력의 역할 및 책임 6. 기타 고려사항
			2. 물적 증거의 오염	1. 증거물보관 용기의 오염 2. 증거수집과정에서의 오염 3. 소방대원에 의한 오염
			3. 증거물 수집 방법	1. 물리적 증거 수집과 보전 2. 법의학적 물리적 증거물의 수집 3. 촉진제 테스트를 위한 증거 수집 4. 기체 표본의 수집 5. 전기설비 구성부품의 수집 6. 전기 기기 또는 소형 전기 제품의 수집
			4. 증거 보관 용기	1. 액체 및 고체 촉진제 증거물 보관 용기
			5. 물적 증거의 수송 및 보관	1. 직접 운반 2. 발송 3. 증거물의 보관
			6. 기타사항	1. 물적 증거 인식표지 2. 물리적 증거물에 대한 전달체계 3. 증거물 처리

필기과목명	문제수	주요항목	세부항목	세세항목
			7. 물적 증거의 검사 및 테스트	1. 실험실 검사 2. 테스트 방법 3. 표본 추출 방법 4. 상대적 검사
			8. 화재현장의 증거물 분석 및 재구성	1. 증거와 자료의 재검토 2. 증거물 역할의 분류 3. 마인드 매핑 4. 타임라인의 구성 5. PERT 차트의 구성 6. 검증
		3. 촬영·녹화·녹음	1. 사진촬영	1. 촬영의 필요성 2. 촬영의 한계 등
			2. 각종 카메라의 이용	1. 광학카메라 2. 디지털카메라 3. 비디오카메라 4. 비파괴촬영기
			3. 촬영시 주의사항	1. 촬영의 기본 2. 초점과 빛 3. 촬영대상의 처리 4. 렌즈의 선택
			4. 주요촬영 대상	1. 촬영 위치 2. 촬영 대상물
			5. 표식	1. 사진 구별 표식
			6. 서식류	1. 화재조사서류 서식
			7. 질문의 녹음	1. 질문 녹음 방법
		4. 화재와 법과학	1. 생활반응	1. 국소적 생활반응, 전신적 생활반응
			2. 화상사	1. 위험도 및 사망기전 2. 사체소견 및 진단 3. 자·타살 및 사고사의 감별
			3. 화재사	1. 신체의 소실 2. 다른 병리학적 발견물 3. 자·타살 및 사고사의 감별 4. 화재와 연관된 범죄 증거
			4. 연소가스에 의한 중독	1. 연소가스 중독 사망의 특성

필기과목명	문제수	주요항목	세부항목	세세항목
화재조사 보고 및 피해평가	20	1. 화재조사 서류작성 (화재조사 및 보고규정)	1. 일반사항	1. 화재조사 서류의 구성 및 양식 2. 화재조사서류 작성상의 유의사항 3. 화재발생종합보고서 매뉴얼
			2. 화재발생 종합보고서 (체크리스트)	1. 화재현황조사서 2. 화재유형별조사서(건축·구조물·자동차·철도·위험물·가스제조소·선박·항공기·임야 화재) 3. 화재피해조사서(인명·재산피해) 4. 방화·방화의심조사서 5. 소방방화시설 활용조사서 6. 화재현장조사서
			3. 화재 현장조사서 작성(서술식)	1. 보고서 작성요령 2. 도면작성요령 3. 연소확대 경로 파악 4. 발화지점 검토 5. 화재원인 검토 6. 화재원인분석 및 결론도출
			4. 기타 서류 작성	1. 화재현장 출동보고서 2. 질문기록서 3. 재산피해신고서
		2. 화재피해액산정	1. 화재피해액 산정 규정	1. 피해액 산정 대상 2. 피해액 산정 방법 3. 피해액 산정 관련용어 4. 피해액 산정시 유의사항 5. 피해액 산정 사례
			2. 대상별 피해액 산정기준	1. 건물 등의 피해액 산정 2. 기계장치, 공구 및 기구, 집기비품, 가재도구의 피해액 산정 3. 차량 및 운반구, 재고자산(상품 등), 예술품 및 귀중품, 동식물의 피해액 산정

필기과목명	문제수	주요항목	세부항목	세세항목
화재조사 관계법규	20	1. 관계법령	1. 소방관계법령	1. 소방기본법 2. 소방기본법 시행령 3. 소방기본법 시행규칙
		2. 관련규정	1. 소방관련 규정	1. 화재조사 및 보고규정 2. 화재증거물수집관리규칙
		3. 기타법률	1. 형법	1. 방화와 실화관련 사항
			2. 민법	1. 불법행위 및 배상책임 2. 하자담보 책임
			3. 제조물책임법	1. 제조물책임법상 조사관련 사항
			4. 실화책임에 관한 법률	1. 실화책임에 관한 법률상 조사관련 사항
		4. 화재수사 실무관련 규정	1. 화재범죄	1. 방화로 인한 경우 2. 실화로 인한 경우 3. 화재범죄와 손괴죄 등 4. 경범죄처벌법상 책임
			2. 소방범죄	1. 소방관련법령 위반죄
			3. 범죄수사 절차	1. 범죄의 수사절차에 관한사항
		5. 화재 민사분쟁관련 법규	1. 일반불법 행위 책임	1. 고의·과실 등 2. 위법성과 책임능력 3. 손해의 발생 4. 입증책임의 문제
			2. 특수불법 행위 책임	1. 사용자 책임 2. 공작물 등 점유자 및 소유자의 책임 3. 실화 책임 4. 제조물책임법상의 책임 5. 국가배상법상의 책임
		6. 화재분쟁의 소송 외적 해결관련 법규	1. 화재로 인한 재해보상과 보험가입에 관한 법률	1. 민사책임의 성질 2. 의무보험가입자 3. 보상한도액 4. 보험 미가입시 벌칙

출제기준(실기)

직무분야	안전관리	중직무분야	안전관리	자격종목	화재감식평가기사	적용기간	2013.1.1~2015.12.31

○직무내용 : 화재원인의 규명과 판정을 위하여 전문적인 지식, 기술 및 경험을 바탕으로 구체적인 사실관계를 명확하게 규명하는 직무수행

○수행준거 : 1. 화재상황조사 및 예비조사를 수행할 수 있다.
           2. 발화지역 및 발화개소를 판정할 수 있다.
           3. 증거물 관리 및 검사, 발화원인 판정 및 피해평가 등을 할 수 있다.

실기검정방법	필답형	시험시간	2시간 30분 정도

실기과목명	주요항목	세부항목	세세항목
화재감식 실무	1 화재 상황	1. 화재현장 출동중 연소상황파악하기	1. 출동 도중에 화재의 진행·발전 상황을 관찰할 수 있다. 2. 연소상황 파악을 위한 사진촬영, 녹화 등을 할 수 있다. 3. 가연물질의 종류 및 특징을 이해할 수 있다. 4. 폭발, 이상한 냄새 등의 이상 낌새와 현상 등을 설명 할 수 있다. 5. 출동시의 유의사항에 대해서인지할 수 있다.
		2. 화재현장 도착시 연소상황파악하기	1. 화재시 연소상황을 관찰할 수 있다. 2. 연기와 화염의 상황 및 특이사항에 대하여 파악할 수 있다. 3. 연소의 범위, 진행방향, 확대속도 등의 특이사항에 대하여 설명할 수 있다.
		3. 피해 상황파악하기	1. 피해상황 파악 관계자를 구성할 수 있다. 2. 관계자에 대한 질문요령 및 질문사항에 따라 탐문할 수 있다. (화재상황, 인명피해) 3. 인명피해 상황을 파악할 수 있다.
		4. 화재진화 작업시 연소상황파악하기	1. 연소의 범위, 진행방향, 확대속도 등의 특이사항에 대하여 설명할 수 있다. 2. 화재진압상황(진화과정, 활동상황, 소방시설 등)에 대하여 설명할 수 있다. 3. 인명 및 재산피해 상황 등의 정보를 수집할 수 있다.
		5. 진화작업 상황기록하기	1. 신고 및 초기조치에 대한 상황을 파악할 수 있다. 2. 화재진압 활동에 대한 상황을 파악할 수 있다.

실기과목명	주요항목	세부항목	세세항목
			3. 인명구조 활동에 대한 상황을 파악할 수 있다. 4. 화재발생종합보고서를 작성할 수 있다.
		6. 현장 보존하기	1. 진화작업시 현장을 보존할 수 있다. 2. 출입금지구역을 설정할 수 있다. 3. 현장 보존을 위하여 관련기관과의 협조 절차를 파악할 수 있다.
	2. 예비 조사	1. 화재조사 전 준비하기	1. 조사인원구성 및 구성원 각각의 임무에 대하여 설명할 수 있다. 2. 조사복장과 기자재를 준비할 수 있다. 3. 적절한 감식기자재의 종류 및 사용용도에 대하여 설명할 수 있다.
		2. 현장조사 개시전의 확인(연소상황조사)하기	1. 정보수집(화재상황, 진압상황, 관계자 진술 등) 내용에 대하여 분석할 수 있다. 2. 방화의 개연성에 대하여 설명할 수 있다.
		3. 현장보존 범위의 판정 및 조치하기	1. 현장보존 범위를 판정하는 방법에 대하여 설명할 수 있다. 2. 화재 현장 조사전에 현장보존상태를 확인할 수 있다.
		4. 방화대상물 현황조사하기	1. 방화대상물의 조사내용(용도·구조·규모·층수·건축 경과기간 등)에 대하여 설명할 수 있다. 2. 소방용 설비 등의 설치·유지·관리상황에 대하여 파악할 수 있다. 3. 방화구획·기타 방화시설의 상황에 대하여 설명할 수 있다. 4. 피난시설, 피난설비에 대하여 파악할 수 있다. 5. 위험물 관계시설 등의 상황에 대하여 설명할 수 있다. 6. 방화관리의 상황에 대하여 파악할 수 있다. 7. 사찰(查察) 경과기간과 그 때의 상황에 대하여 파악할 수 있다.
		5. 조사계획 수립하기	1. 화재현장의 특성에 따른 조사과정 및 유의사항에 대하여 설명할 수 있다. 2. 조사의 범위, 방법, 책임자의 선정 및 임무분담에 대하여 설명할 수 있다. 3. 조사에 필요한 협조사항(경찰, 전기, 가스, 제조회사 등)에 대하여 파악할 수 있다. 4. 특정상황에 맞는 전문요원과 기술 자문관에 대하여 파악할 수 있다.

실기과목명	주요항목	세부항목	세세항목
	3. 발화지역 판정	1. 수집한 정보의 분석 및 보증하기	1. 수집된 화재 상황에 대한 정보를 분석 및 보증할 수 있다. 2. 수집된 진압상황에 대한 정보를 분석 및 보증할 수 있다. 3. 관계자 진술의 내용에 대하여 분석할 수 있다. 4. 방화의 개연성 조사에 대하여 분석할 수 있다.
		2. 발굴전 초기관찰의 기록하기	1. 화재조사 진행상황에 맞는 상황기록을 할 수 있다. 2. 초기관찰의 기록을 위한 도면 작성방법에 대하여 설명할 수 있다. 3. 발굴전 초기상황 기록을 위한 사진촬영 방법에 대하여 설명할 수 있다.
		3. 발화형태, 구체적인 연소의 확대 형태 식별 및 해석하기	1. 화재 패턴분석 방법에 대하여 설명할 수 있다. 2. 열 및 화염 벡터 분석방법에 대하여 설명할 수 있다. 3. 탄화심도 분석방법에 대하여 설명할 수 있다. 4. 하소심도 측정방법에 대하여 설명할 수 있다. 5. 아크 조사 또는 아크 매핑방법에 대하여 설명할 수 있다. 6. 위험물과 특이가연물에 대하여 설명할 수 있다. 7. 건물·구조물·기계·기구의 배치도 및 연소정도의 등치선도를 작성하는 방법에 대하여 설명할 수 있다. 8. 연소의 확대 형태(방향)를 작도할 수 있다.
		4. 전기적인 특이점 및 기타 특이 사항의 식별 및 해석하기	1. 방화대상물의 전기·가스·기타설비에 대하여 설명할 수 있다. 2. 전기 배선, 배선기구의 전기적 특이점에 대하여 설명할 수 있다. 3. 전기 기계·기구의 연소특성에 대하여 설명할 수 있다. 4. 가스설비 부분의 특이점에 대하여 설명할 수 있다. 5. 전기·가스설비의 연소상황 설명을 위한 계통도를 작도할 수 있다.
		5. 발화지역의 판정하기	1. 진압팀·관계자로부터 수집한 정보의 분석을 통하여 발화지역을 판정할 수 있다. 2. 발화요인, 발화관련기기 등 현장의 탄화잔류물이나 보관유무를 파악할 수 있다. 3. 전기적인 특이점 및 기타 특이 사항의 식별 및 해석을 통하여 발화지역을 판정할 수 있다.

실기과목명	주요항목	세부항목	세세항목
	4. 발화개소 판정		4. 기타 부분을 발화지점으로부터 배제하는 방법에 대하여 설명할 수 있다. 5. 수사 필요성의 유무를 판정할 수 있다.
		1. 현장발굴 및 복원 조사하기	1. 발굴 및 복원조사 전체 과정의 단계별 사진촬영 방법에 대하여 설명할 수 있다. 2. 발굴 및 복원 조사의 절차 및 요령에 대하여 설명할 수 있다. 3. 발굴과정에서 식별되는 모든 개체에 대하여 연소형태 및 연소의 순서 등의 상황을 설명할 수 있다. 4. 발굴과정에서 특이점이나 특이사항에 대하여 설명할 수 있다. 5. 발굴완료 시, 연소상황의 설명이 필요한 부분의 복원방법에 대하여 설명할 수 있다. 6. 발굴시 조사관의 의식 및 유의사항에 대하여 설명할 수 있다.
		2. 발화관련 개체의 조사하기	1. 전기설비 및 개체에 대한 조사 방법을 설명할 수 있다. 2. 가스설비에 대한 조사 방법을 설명할 수 있다. 3. 미소 화종, 고온 물체 등에 대한 조사 방법을 설명할 수 있다. 4. 화학물질 및 설비에 대한 화재·폭발조사 방법을 설명할 수 있다. 5. 방화화재에 대한 조사 방법을 설명할 수 있다. 6. 차량화재에 대한 조사 방법을 설명할 수 있다. 7. 임야화재에 대한 조사 방법을 설명할 수 있다. 8. 선박·항공기 화재에 대한 조사 방법을 설명할 수 있다. 9. 발화열원, 발화요인, 최초 착화물에 대한 조사 방법에 대하여 설명할 수 있다.
		3. 발화개소의 판정하기	1. 발굴 및 복원을 통하여 수집한 정보의 정밀분석방법에 대하여 설명할 수 있다. 2. 기타 부분을 발화개소로부터 배제하는 방법을 설명할 수 있다. 3. 발화개소 부분에서 발화와 관련된 개체 및 특이점의 존재 여부 등을 설명할 수 있다.
	5. 증거물 관리 및 검사	1. 증거물 수집·운송·저장 및 보관하기	1. 화재현장에서 증거물로 수집하는 개체에 대하여 설명할 수 있다. 2. 증거물 수집 방법에 대하여 설명할 수 있다.

실기과목명	주요항목	세부항목	세세항목
			3. 증거물의 사진촬영 방법에 대하여 설명할 수 있다. 4. 증거물 수집 용기의 종류 및 용도에 대하여 설명할 수 있다. 5. 증거물의 운송, 저장 및 보관 방법에 대하여 설명할 수 있다.
		2. 증거물 법적증거능력 확보 및 유지하기	1. 증거물의 수집, 보존, 이동의 전체 과정에 대하여 문서화하는 방법에 대하여 설명할 수 있다. 2. 증거물의 정밀검사 방법에 대하여 설명할 수 있다.
		3. 증거물 외관검사하기	1. 증거물의 전체적, 구체적인 연소형태를 설명할 수 있다. 2. 증거물 지체의 연소 또는 외측으로부터의 연소형태를 설명할 수 있다. 3. 증거물 연소의 중심부, 연소의 확대형태를 설명할 수 있다. 4. 증거물의 구조, 원리 특성을 설명할 수 있다. 5. 증거물의 불법개조 또는 오용여부를 판정하는 방법에 대하여 설명할 수 있다. 6. 증거물의 고장, 수리, 교체 등 유무의 검사 및 이에 대한 해석방법을 설명할 수 있다.
		4. 증거물 정밀(내측) 검사하기	1. 증거물의 비파괴검사 방법에 대하여 설명할 수 있다. 2. 증거물의 분해검사 방법에 대하여 설명할 수 있다. 3. 증거물의 전기적인 특이점 및 기타 부분에 대한 정밀검사 방법에 대하여 설명할 수 있다. 4. 증거물에 발화원인과 관련지을 만한 특이점이 식별되는지 여부의 검사 및 해석방법을 설명할 수 있다.
		5. 화재 재현시험 및 규격시험하기	1. 재현실험의 가능한 상태 여부를 파악하는 방법에 대하여 설명할 수 있다. 2. 시험의뢰를 실시하는 경우에 대하여 설명할 수 있다.
	6. 발화원인 판정 및 피해 평가	1. 발화원인 판정하기	1. 화재현장 조사 및 증거물 검사 과정 등의 분석 자료를 설명할 수 있다. 2. 기타 발화원인을 배제하는 방법에 대하여 설명할 수 있다.

실기과목명	주요항목	세부항목	세세항목
			3. 증거능력의 정도에 따라 발화원인 판정방법에 대하여 설명할 수 있다. 4. 발화원인 판정검토시 유의사항에 대하여 설명할 수 있다.
		2. 기타원인의 확인과 판정하기	1. 연소 확대 상황 통한 기타 원인을 판정하고 설명할 수 있다. 2. 피난상황(피난경로, 피난인원, 피난방법)을 통한 기타원인을 판정하고 설명할 수 있다. 3. 소방용 설비 등의 사용과 작동상황을 통한 기타 원인을 판정하고 설명할 수 있다.
		3. 법적증거능력 확보 및 유지하기	1. 소방기본법 및 시행령, 시행규칙에 대하여 설명할 수 있다. 2. 화재조사 및 보고규정, 증거물 수집관리에 관한 규칙에 대하여 설명할 수 있다. 3. 기타 법률(형법, 민법, 실화책임에 관한법률, 제조물책임법 등)에 대하여 설명할 수 있다.
		4. 화재피해평가하기	1. 화재피해액 산정규정에 대하여 설명할 수 있다. 2. 대상별 피해액 산정기준에 대하여 설명할 수 있다. 3. 화재피해액 산정 매뉴얼에 대하여 설명할 수 있다.
		5. 증언 및 브리핑 자료의 작성하기	1. 화재조사 서류의 구성 및 양식에 대하여 설명할 수 있다. 2. 화재조사 서류 작성시 유의사항에 대하여 설명할 수 있다. 3. 화재발생종합보고서를 작성할 수 있다. 4. 화재현장조사서를 작성하는 방법에 대하여 설명할 수 있다. 5. 기타 서류(화재현장 출동보고서, 질문기록서, 재산피해신고서 등)을 작성하는 방법에 대하여 설명할 수 있다.

25. 안전관리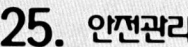

화재감식평가산업기사

출제기준(필기)

직무 분야	안전관리	중직무 분야	안전관리	자격 종목	화재감식평가산업기사	적용 기간	2013.1.1~2018.12.31

○직무내용 : 화재원인의 규명과 판정을 위하여 전문적인 지식, 기술 및 경험을 바탕으로 구체적인 사실관계를 명확하게 규명하는데 필요한 보조역할을 하는 직무수행

필기검정방법	객관식	문제수	80	시험시간	2시간

필기과목명	문제수	주요항목	세부항목	세세항목
화재조사론	20	1. 화재조사 개론	1. 화재조사의 목적 및 특징	1. 목적구분 2. 부문별 목적 3. 화재현장의 특징 4. 화재조사관에게 미치는 영향 5. 화재조사의 기본 절차 및 방법
			2. 화재조사의 범위 및 유의사항	1. 화재조사의 범위(화재원인조사, 화재피해조사) 2. 일반적 유의사항 3. 조사권의 적정한 행사 4. 조사범위의 설정 및 사생활 보호
			3. 화재조사의 책임과 권한	1. 법적으로 부여된 권한(소방, 경찰, 보험회사, 민간조사자 등) 2. 전문·전담의 보장 3. 화재조사관의 자세 등
		2. 연소론	1. 연소의 개념	1. 연소의 정의 2. 산화와 환원 3. 연소의 조건(가연물, 산소공급원, 점화원, 연쇄반응) 4. 연소의 형태(기본형태, 기체의 연소, 액체의 연소, 고체의 연소)
			2. 연소의 특성	1. 인화와 발화 2. 화염속도와 연소속도 3. 완전연소와 불완전연소 4. 연소범위
			3. 기체, 액체, 고체의 발화 및 점화원	1. 인화성 기체의 발화 2. 액체의 발화 3. 고체의 발화 4. 소화 이론(연소의 조건에 따른 제어 분류, 소화의 작용에 따른 분류)

필기과목명	문제수	주요항목	세부항목	세세항목
		3. 화재론	1. 화재개론	1. 화재의 정의 2. 화재의 분류
			2. 화재의 양상	1. 건물화재 2. 유류화재 등
			3. 화재의 현상	1. 열 및 화염의 전달 2. 연기 3. 연소생성가스
			4. 화염확산	1. 액체에서의 화염확산 2. 고체에서의 화염확산 3. 기체에서의 화염확산
			5. 구획실에서의 화재확산	1. 화염충돌에 의한 화재 확산 2. 원격 발화에 의한 화재 확산
			6. 구획실 화재 발달	1. 구획실 화재 현상 2. 구획실 환기 유동
			7. 구획실간 화재확산	1. 개구부를 통한 화재확산 2. 방화벽을 통한 화재확산
			8. 화재거동	1. 부력유동 2. 화재기둥 3. 천장분출 4. 환기유동 5. 기타
		4. 폭발론	1. 폭발의 조건 및 원인	1. 폭발의 정의 2. 폭발의 조건 3. 폭발의 원인
			2. 폭발의 분류	1. 원인에 따른 분류 2. 물질의 상태에 따른 분류 3. 반응 전파속도에 따른 분류
			3. 가스, 분진, BLEVE, 분해, 증기운폭발	1. 가스폭발 2. 분진폭발 3. BLEVE 4. 분해폭발 5. 증기운폭발

필기과목명	문제수	주요항목	세부항목	세세항목
		5. 예비조사	1. 화재조사 전 준비	1. 조사인원과 임무분담 2. 조사복장과 기자재
			2. 조사계획 수립	1. 조사업무의 구성 2. 조사전 팀 회의 3. 역할의 분담
		6. 발화지역 판정	1. 종합적 방법론	1. 활동의 순서 2. 순차적 패턴 분석 3. 체계적 절차 4. 권장 방법
			2. 발화위치 결정을 위한 데이터 수집	1. 초기 현장 평가 2. 발굴 및 복원 3. 추가 데이터 수집 활동
			3. 자료 분석 (화재패턴, 열 및 화염 벡터, 탄화심도, 하소심도, 아크 등 조사)	1. 화재 패턴 분석 2. 열 및 화염 벡터 분석 3. 탄화심도 분석 4. 하소심도 측정 5. 아크 조사 또는 아크 매핑 6. 순차적 사건의 분석 7. 화재 거동
			4. 발화위치 가설	1. 최초 가설 2. 최초 가설의 수정
			5. 발화지점 가설의 검증	1. 가설 검증의 방법 2. 분석 기법 및 도구
			6. 최종 가설의 선택	1. 발화지역 결정 2. 모순된 데이터의 선별 3. 사건 파일 검토
			7. 선택된 가설의 검증	1. 증거를 통한 가설의 검증 2. 대형 발화지역의 검증 3. 발화지역에 대한 목격자 증언
		7. 발화개소 판정 의견: 발화지점 판정	1. 건물 구조재의 연소 특성 및 방향의 파악	1. 목재류(탄화, 박리, 소실상태) 2. 금속류(변색, 휘어짐, 용융) 3. 콘크리트·몰탈·타일류(폭열, 박리, 백화현상) 4. 유리(깨진 형태, 파단면 특징)

필기과목명	문제수	주요항목	세부항목	세세항목
				5. 합성수지류(용융, 변색, 변형) 6. 도료류(종류, 변색, 발포) 7. 내화보드(변색, 하소, 탈락) 8. 전기용융흔에 의한 연소방향(전원과 부하, 전기용융흔의 판별) 9. 변형 또는 도괴방향에 의한 연소방향 판정
			2. 발화건물의 판정	1. 연소방향 관찰 방법 2. 개구부(창문, 출입문)를 통한 연소확산 특성 3. 상층과 하층으로의 연소 특성
			3. 화재패턴	1. 패턴생성 역학 2. 화재패턴의 원인 3. 화재패턴의 종류(V패턴, U패턴, 모래시계 등) 4. 가연성액체에 의한 패턴 분석 5. 방화화재의 전형적 패턴 분석
			4. 화재패턴의 분석요소	1. 화재 효과를 통한 온도 예측 2. 물질의 질량 손실 3. 탄화물 4. 폭열 5. 산화작용 6. 색 변화 7. 물질의 융해 8. 열팽창 및 물질의 변형 9. 표면에 연기 침착 10. 완전연소 11. 하소 12. 유리창 13. 붕괴된 가구 스프링 14. 뒤틀린 전구 15. 무지개 효과 16. 인간에 대한 열적효과 17. 희생자 상해
			5. 패턴에 의한 화재진행과정 추적	1. 발화건물의 판정 2. 발화층의 판정 3. 발화범위의 판정(발굴·복원전) 4. 발화개소의 판정(발굴·복원후)

필기과목명	문제수	주요항목	세부항목	세세항목
			6. 발굴 및 복원	1. 발굴 전 관찰사항 2. 발굴 및 복원의 방법 3. 주요 관찰 및 주의사항
		8. 화재현장의 상황 파악 및 현장보존	1. 화재상황	1. 기상상황(날씨, 온도, 습도, 풍향, 풍속, 기상특보) 2. 가연물질의 종류 및 특징[목재 등의 가연물, 위험물(유류, 가스 등), 합성화합물(플라스틱 등), 기타] 3. 화염의 상황(화세의 강약, 화염의 높이, 온도, 비화, 화염의 색) 4. 연기의 상황(연기확대경로, 연기의 농도, 연기의 색) 5. 연소확대 상황(연소의 범위, 진행방향, 확대속도) 6. 피난 상황(피난경로, 피난인원, 피난방법)
			2. 화재진압상황	1. 목격자 및 소방대 진화 상황 2. 소방대의 활동 상황 3. 화재진화 과정상 특이점 4. 소방시설 조사(비상경보, 자탐, 스프링클러, 비상구, 방화구획 등)
			3. 탐문	1. 범죄심리학적 탐문(진술분석 기법, 행동분석 기법) 2. 화재현장목격자 탐문(최초발견자, 최초신고자, 관계자) 3. 확보방안 4. 관계자 진술방법 5. 거주자, 근무자 동향파악방법
			4. 현장보존	1. 화재방어시 현장보존과 통제 2. 출입금지구역의 통제(출입금지구역의 통보, 출화금지구역의 범위확대) 3. 관련기관과 협조(상호협조사항의 결정, 조사범위, 조사일시의 결정)
			5. 현장안전	1. 일반사항(방호복 및 장비, 화재 현장 위험 등) 2. 화재 현장 안전에 영향을 주는 요소 3. 현장 밖 조사활동의 안전

필기과목명	문제수	주요항목	세부항목	세세항목
화재 감식론	20	1. 발화원인 판정	1. 일반사항	1. 화재 발생 요소 확인
			2. 배제과정	1. 배재 방법 2. 과학적 방법 3. 우발적 원인에 인한 화재 판별
			3. 발화원의 원천 및 형태	1. 발화원의 생성, 이동 및 가열 2. 발열 장치, 기기, 설비 확인
			4. 최초 발화 물질	1. 초기 가연물의 확인
			5. 발화 순서	1. 과거 사건이 발생한 순서 확인
			6. 의견	1. 의견에 대한 기준 설정
		2. 전기화재 감식	1. 기초전기	1. 정전기 2. 전류·전압·저항 3. 직류와 교류 4. 전기단위 5. 전기계산 6. 전기의 사용 및 안전
			2. 전기화재 발생현상	1. 전기화재 발생과정 2. 절연파괴 3. 통전입증
			3. 전기적 점화원	1. 과전류 2. 접촉 불량 3. 합선 4. 국부적인 저항치 증가 5. 누전
			4. 전기화재 조사장비 활용법	1. 검전기 2. 회로시험기 3. 절연저항계 4. 클램프미터 5. 접지저항계 6. 오실로스코프
			5. 전기화재 감식요령	1. 감식체계의 흐름 2. 배선기구, 조명기구 3. 주방 및 가전관련 기기 4. 냉·난방관련 기기

필기과목명	문제수	주요항목	세부항목	세세항목
				5. 전기모터와 변압기 6. 전선 시스템(배선과 시공) 7. 용융흔의 판정방법 8. 과전류·화염에 의한 전선피복 소손흔과 용융흔 특징
		3. 가스화재 감식	1. 가스의 이해	1. 가스의 기초(고압가스의 분류, 폭발범위, 압력, 온도, 비중, 증기압, 액화가스의 부피팽창) 2. 가스별 특성(LNG, LPG, 일반가스, 독성가스)
			2. 가스설비의 기초	1. 가스공급 시설(정압기, 밸브박스, 가스계량기) 2. 가스사용 시설(용기, 용기밸브, 기화장치, 압력조정기, 배관재료, 밸브, 콕, 퓨즈콕, 호스, 연소기)
			3. 가스화재 조사	1. 가스사고 조사와 법적 근거 2. 가스사고의 원인조사 3. 가스시설별 사고조사 FLOW-CHART
		4. 화학물질 화재감식	1. 기초화학	1. 화학양론 2. 화학반응 3. 산과 염기 4. 산화와 환원반응 5. 유기화합물 6. 상태변화 및 열분해
			2. 화학물질의 개요	1. 화학물질의 특성 2. 화학물질의 분석 방법
			3. 화학물질 화재조사감식 방법	1. 화재 성상 및 연소이론 2. 폭발 원리 및 특성
			4. 화학물질 폭발조사감식 방법	1. 화학물질 폭발조사시 유의사항 2. 물질에 따른 폭발조사감식 3. 사고형태에 따른 폭발조사감식 4. 폭발원인 조사방법
			5. 석유화학 제품의 특성 및 화재감식	1. 석유화학 제품의 종류 2. 석유류의 연소특성 3. 플라스틱재료의 연소특성 4. 석유류의 분석기법

필기과목명	문제수	주요항목	세부항목	세세항목
		5. 미소화원 화재감식	1. 미소화원의 이해	1. 미소화원과 유염화원 구분 2. 무염화원의 연소현상과 가연물 특성 3. 미소화원 화재입증의 기본 요건 4. 미소화원에 의한 출화 증명
			2. 무염화원	1. 담뱃불 2. 모기향 불씨 및 선향 3. 불꽃(전기용접기, 가스절단기, 그라인더, 제면기, 분쇄기)
			3. 유염화원	1. 유염화원 종류 및 성상 2. 라이터 불꽃 3. 성냥불 4. 양초
		6. 방화화재 감식	1. 방화의 이론적 배경	1. 방화와 관련된 용어 2. 방화심리와 형태의 이론
			2. 방화원인의 감식 실무	1. 연쇄방화의 조사 2. 방화의 특징 3. 방화의 유형별 감식 특징 4. 방화행위의 입증 및 기구
			3. 방화의 실행과 수단	1. 방화의 실행(직접착화, 지연착화, 무인스위치 조작을 이용한 기구 착화, 실화를 위장한 방화) 2. 방화의 수단
			4. 방화원인의 판정	1. 방화의 판정을 위한 10대 요건 2. 효율적인 방화원인 감식을 위한 당면과제
		7. 차량화재 감식	1. 차량화재 조사 기본	1. 차량화재 조사 준비 2. 차량 조사 안전
			2. 차량화재 가연물 및 발화원	1. 발화성 액체 2. 기체 가연물 3. 고체 가연물 4. 노출 화염(Open Flames) 5. 전기적 발화원 6. 고온 표면 7. 기계적 스파크 8. 연기가 생성되는 물질

필기과목명	문제수	주요항목	세부항목	세세항목
			3. 자동차의 구조 및 검사	1. 자동차의 기본 구조 2. 연료장치 3 전기 계통 4. 차량시스템 검사
			4. 자동차 화재 현장 기록	1. 차량 확인 2. 차량 화재 현장 이력 3. 차량 세부 사항 4. 현장의 기록 5. 현장에서 옮겨진 차량에 대한 기록
			5 기타사항	1. 전소 2. 차량 방화에 대한 특별 고려사항 3. 중장비 4. 견인시 주의사항
		8. 임야화재 감식	1. 일반사항	1. 임야화재 가연물 2. 지표화재 3. 안전에 대한 고려사항
			2 임야화재 조사	1. 발화위치 조사 2. 발화지역이나 지점의 보안 3. 증거 4. 화재원인 판별
		9. 선박, 항공기 화재감식	1. 일반사항	1. 선박 항공기 전문 용어 2. 선박 항공기 조사 안전 사항 3. 시스템 구분 및 기능 4. 외관 5. 내부 6. 추진 시스템
			2. 선박 항공기화재 조사	1. 발화원 2. 선박, 항공기 화재 현장 기록 3. 선박, 항공기의 검사

필기과목명	문제수	주요항목	세부항목	세세항목
증거물 관리 및 법과학	20	1. 증거의 종류	1. 물적 증거의 형태	1. 가연성 액체, 액체용기 2. 깨진유리, 강제 개방 흔적 3. 방화나 폭발장치 조각 4. 전기 구성요소 5. 탄화된 나무, 종이나 서류, 금속물질, 섬유와 직물 등
			2. 정보	1. 관계자 진술과 증거확보 2. 법정 증언 3. 사진 및 비디오의 증거인정 범위 4. 증거 보고서
		2. 증거물 수집·운송·저장·보관·검사	1. 화재현장 및 물적 증거의 보존	1. 물리적 증거로서의 화재패턴 2. 인공증거물 3. 증거보호 4. 화재 현장 보존을 위한 조치 5. 소화활동 인력의 역할 및 책임 6. 기타 고려사항
			2. 물적 증거의 오염	1. 증거물보관 용기의 오염 2. 증거수집과정에서의 오염 3. 소방대원에 의한 오염
			3. 증거물 수집 방법	1. 물리적 증거 수집과 보전 2. 법의학적 물리적 증거물의 수집 3. 촉진제 테스트를 위한 증거 수집 4. 기체 표본의 수집 5. 전기설비 구성부품의 수집 6. 전기 기기 또는 소형 전기 제품의 수집
			4. 증거 보관 용기	1. 액체 및 고체 촉진제 증거물 보관 용기
			5. 물적 증거의 수송 및 보관	1. 직접 운반 2. 발송 3. 증거물의 보관
			6. 기타사항	1. 물적 증거 인식표지 2. 물리적 증거물에 대한 전달체계 3. 증거물 처리

필기과목명	문제수	주요항목	세부항목	세세항목
			7. 물적 증거의 검사 및 테스트	1. 실험실 검사 2. 테스트 방법 3. 표본 추출 방법 4. 상대적 검사
			8. 화재현장의 증거물 분석 및 재구성	1. 증거와 자료의 재검토 2. 증거물 역할의 분류 3. 마인트 매핑 4. 타임라인의 구성 5. PERT 차트의 구성 6. 검증
		3. 촬영·녹화·녹음	1. 사진촬영	1. 촬영의 필요성 2. 촬영의 한계 등
			2. 각종 카메라의 이용	1. 광학카메라 2. 디지털카메라 3. 비디오카메라 4. 비파괴촬영기
			3. 촬영시 주의사항	1. 촬영의 기본 2. 초점과 빛 3. 촬영대상의 처리 4. 렌즈의 선택
			4. 주요촬영 대상	1. 촬영 위치 2. 촬영 대상물
			5. 표식	1. 사진 구별 표식
			6. 서식류	1. 화재조사서류 서식
			7. 질문의 녹음	1. 질문 녹음 방법
		4. 화재와 법과학	1. 생활반응	1. 국소적 생활반응, 전신적 생활반응
			2. 화상사	1. 위험도 및 사망기전 2. 사체소견 및 진단 3. 자·타살 및 사고사의 감별
			3. 화재사	1. 신체의 소실 2. 다른 병리학적 발견물 3. 자·타살 및 사고사의 감별 4. 화재와 연관된 범죄 증거
			4. 연소가스에 의한 중독	1. 연소가스 중독 사망의 특성

필기과목명	문제수	주요항목	세부항목	세세항목
화재조사 관계법규 및 피해평가	20	1. 관계법령	1. 소방관계법령	1. 소방기본법 2. 소방기본법 시행령 3. 소방기본법 시행규칙
		2. 관련규정	1. 소방관련 규정	1. 화재조사 및 보고규정 2. 화재증거물수집관리규칙
		3. 화재조사 서류작성 (화재조사 및 보고규정)	1. 일반사항	1. 화재조사 서류의 구성 및 양식 2. 화재조사서류 작성상의 유의사항 3. 화재발생종합보고서 매뉴얼
			2. 화재발생종합 보고서(체크리스트)	1. 화재현황조사서 2. 화재유형별조사서(건축·구조물·자동차·철도·위험물·가스제조소·선박·항공기·임야 화재) 3. 화재피해조사서(인명·재산피해) 4. 방화·방화의심조사서 5. 소방방화시설 활용조사서 6. 화재현장조사서
			3. 화재 현장조사서 작성(서술식)	1. 보고서 작성요령 2. 도면작성요령 3. 연소확대 경로 파악 4. 발화지점 검토 5. 화재원인 검토 6. 화재원인분석 및 결론도출
			4. 기타 서류 작성	1. 화재현장 출동보고서 2. 질문기록서 3. 재산피해신고서
		4. 화재피해액 산정	1. 화재피해액 산정 규정	1. 피해액 산정 대상 2. 피해액 산정 방법 3. 피해액 산정 관련용어 4. 피해액 산정시 유의사항 5. 피해액 산정 사례
			2. 대상별 피해액 산정기준	1. 건물 등의 피해액산정 2. 기계장치, 공구 및 기구, 집기비품, 가재도구의 피해액 산정 3. 차량 및 운반구, 재고자산(상품 등), 예술품 및 귀중품, 동식물의 피해액 산정

출제기준(실기)

직무 분야	안전관리	중직무 분야	안전관리	자격 종목	화재감식평가산업기사	적용 기간	2013.1.1~2015.12.31

○직무내용 : 화재원인의 규명과 판정을 위하여 전문적인 지식, 기술 및 경험을 바탕으로 구체적인 사실관계를 명확하게 규명하는데 필요한 보조역할을 하는 직무수행

○수행준거 : 1. 화재상황조사 및 예비조사를 수행할 수 있다.
     2. 발화지역 및 발화개소를 판정할 수 있다.
     3. 증거물 관리 및 검사, 발화원인 판정 등을 할 수 있다.

실기검정방법		필답형	시험시간	2시간 정도

실기과목명	주요항목	세부항목	세세항목
화재감식 실무	1. 화재 상황	1. 화재현장 출동중 연소상황파악하기	1. 출동 도중에 화재의 진행·발전 상황을 관찰할 수 있다. 2. 연소상황 파악을 위한 사진촬영, 녹화 등을 할 수 있다. 3. 가연물질의 종류 및 특징을 이해할 수 있다. 4. 폭발, 이상한 냄새 등의 이상 낌새와 현상 등을 설명 할 수 있다. 5. 출동시의 유의사항에 대해서인지할 수 있다.
		2. 화재현장 도착시 연소상황파악하기	1. 화재시 연소상황을 관찰할 수 있다. 2. 연기와 화염의 상황 및 특이사항에 대하여 파악할 수 있다. 3. 연소의 범위, 진행방향, 확대속도 등의 특이사항에 대하여 설명할 수 있다.
		3. 피해 상황파악하기	1. 피해상황 파악 관계자를 구성할 수 있다. 2. 관계자에 대한 질문요령 및 질문사항에 따라 탐문할 수 있다. (화재상황, 인명피해) 3. 인명피해 상황을 파악할 수 있다.
		4. 화재진화 작업시 연소상황파악하기	1. 연소의 범위, 진행방향, 확대속도 등의 특이사항에 대하여 설명할 수 있다. 2. 화재진압상황(진화과정, 활동상황, 소방시설 등)에 대하여 설명할 수 있다. 3. 인명 및 재산피해 상황 등의 정보를 수집할 수 있다.

실기과목명	주요항목	세부항목	세세항목
		5. 진화작업 상황기록하기	1. 신고 및 초기조치에 대한 상황을 파악할 수 있다. 2. 화재진압 활동에 대한 상황을 파악할 수 있다. 3. 인명구조 활동에 대한 상황을 파악할 수 있다. 4. 화재발생종합보고서를 작성할 수 있다.
		6. 현장 보존하기	1. 진화작업시 현장을 보존할 수 있다. 2. 출입금지구역을 설정할 수 있다. 3. 현장 보존을 위하여 관련기관과의 협조 절차를 파악할 수 있다.
	2. 예비 조사	1. 화재조사 전 준비하기	1. 조사인원구성 및 구성원 각각의 임무에 대하여 설명할 수 있다. 2. 조사복장과 기자재를 준비할 수 있다. 3. 적절한 감식기자재의 종류 및 사용용도에 대하여 설명할 수 있다.
		2. 현장조사 개시전의 확인(연소상황조사)하기	1. 정보수집(화재상황, 진압상황, 관계자 진술 등) 내용에 대하여 분석할 수 있다. 2. 방화의 개연성에 대하여 설명할 수 있다.
		3. 현장보존 범위의 판정 및 조치하기	1. 현장보존 범위를 판정하는 방법에 대하여 설명할 수 있다. 2. 화재 현장 조사전에 현장보존상태를 확인할 수 있다.
		4. 방화대상물 현황조사하기	1. 방화대상물의 조사내용(용도·구조·규모·층수·건축 경과기간 등)에 대하여 설명할 수 있다. 2. 소방용 설비 등의 설치·유지·관리상황에 대하여 파악할 수 있다. 3. 방화구획·기타 방화시설의 상황에 대하여 설명할 수 있다. 4. 피난시설, 피난설비에 대하여 파악할 수 있다. 5. 위험물 관계시설 등의 상황에 대하여 설명할 수 있다. 6. 방화관리의 상황에 대하여 파악할 수 있다. 7. 사찰(査察) 경과기간과 그 때의 상황에 대하여 파악할 수 있다.
		5. 조사계획 수립하기	1. 화재현장의 특성에 따른 조사과정 및 유의사항에 대하여 설명할 수 있다. 2. 조사의 범위, 방법, 책임자의 선정 및 임무분담에 대하여 설명할 수 있다.

실기과목명	주요항목	세부항목	세세항목
	3. 발화지역 판정		3. 조사에 필요한 협조사항(경찰, 전기, 가스, 제조회사 등)에 대하여 파악할 수 있다. 4. 특정상황에 맞는 전문요원과 기술 자문관에 대하여 파악할 수 있다.
		1. 수집한 정보의 분석 및 보증하기	1. 수집된 화재 상황에 대한 정보를 분석 및 보증할 수 있다. 2. 수집된 진압상황에 대한 정보를 분석 및 보증할 수 있다. 3. 관계자 진술의 내용에 대하여 분석할 수 있다. 4. 방화의 개연성 조사에 대하여 분석할 수 있다.
		2. 발굴전 초기관찰의 기록하기	1. 화재조사 진행상황에 맞는 상황기록을 할 수 있다. 2. 초기관찰의 기록을 위한 도면 작성방법에 대하여 설명할 수 있다. 3. 발굴전 초기상황 기록을 위한 사진촬영 방법에 대하여 설명할 수 있다.
		3. 발화형태, 구체적인 연소의 확대 형태 식별 및 해석하기	1. 화재 패턴분석 방법에 대하여 설명할 수 있다. 2. 열 및 화염 벡터 분석방법에 대하여 설명할 수 있다. 3. 탄화심도 분석방법에 대하여 설명할 수 있다. 4. 하소심도 측정방법에 대하여 설명할 수 있다. 5. 아크 조사 또는 아크 매핑방법에 대하여 설명할 수 있다. 6. 위험물과 특이가연물에 대하여 설명할 수 있다. 7. 건물·구조물·기계·기구의 배치도 및 연소정도의 등치선도를 작성하는 방법에 대하여 설명할 수 있다. 8. 연소의 확대 형태(방향)를 작도할 수 있다.
		4. 전기적인 특이점 및 기타 특이 사항의 식별 및 해석하기	1. 방화대상물의 전기·가스·기타설비에 대하여 설명할 수 있다. 2. 전기 배선, 배선기구의 전기적 특이점에 대하여 설명할 수 있다. 3. 전기 기계·기구의 연소특성에 대하여 설명할 수 있다. 4. 가스설비 부분의 특이점에 대하여 설명할 수 있다. 5. 전기·가스설비의 연소상황 설명을 위한 계통도를 작도할 수 있다.

실기과목명	주요항목	세부항목	세세항목
		5. 발화지역의 판정하기	1. 진압팀·관계자로부터 수집한 정보의 분석을 통하여 발화지역을 판정할 수 있다. 2. 발화요인, 발화관련기기 등 현장의 탄화잔류물이나 보관유무를 파악할 수 있다. 3. 전기적인 특이점 및 기타 특이 사항의 식별 및 해석을 통하여 발화지역을 판정할 수 있다. 4. 기타 부분을 발화지점으로부터 배제하는 방법에 대하여 설명할 수 있다. 5. 수사 필요성의 유무를 판정할 수 있다.
	4. 발화개소 판정	1. 현장발굴 및 복원 조사하기	1. 발굴 및 복원조사 전체 과정의 단계별 사진촬영 방법에 대하여 설명할 수 있다. 2. 발굴 및 복원 조사의 절차 및 요령에 대하여 설명할 수 있다. 3. 발굴과정에서 식별되는 모든 개체에 대하여 연소형태 및 연소의 순서 등의 상황을 설명할 수 있다. 4. 발굴과정에서 특이점이나 특이사항에 대하여 설명할 수 있다. 5. 발굴완료 시, 연소상황의 설명이 필요한 부분의 복원방법에 대하여 설명할 수 있다. 6. 발굴시 조사관의 의식 및 유의사항에 대하여 설명할 수 있다.
		2. 발화관련 개체의 조사하기	1. 전기설비 및 개체에 대한 조사 방법을 설명할 수 있다. 2. 가스설비에 대한 조사 방법을 설명할 수 있다. 3. 미소 화종, 고온 물체 등에 대한 조사 방법을 설명할 수 있다. 4. 화학물질 및 설비에 대한 화재·폭발조사 방법을 설명할 수 있다. 5. 방화화재에 대한 조사 방법을 설명할 수 있다. 6. 차량화재에 대한 조사 방법을 설명할 수 있다. 7. 임야화재에 대한 조사 방법을 설명할 수 있다. 8. 선박·항공기 화재에 대한 조사 방법을 설명할 수 있다. 9. 발화열원, 발화요인, 최초 착화물에 대한 조사 방법에 대하여 설명할 수 있다.
		3. 발화개소의 판정하기	1. 발굴 및 복원을 통하여 수집한 정보의 정밀분석방법에 대하여 설명할 수 있다. 2. 기타 부분을 발화개소로부터 배제하는 방법을 설명할 수 있다.

실기과목명	주요항목	세부항목	세세항목
	5. 증거물 관리 및 검사	1. 증거물 수집·운송·저장 및 보관하기	3. 발화개소 부분에서 발화와 관련된 개체 및 특이점의 존재 여부 등을 설명할 수 있다. 1. 화재현장에서 증거물로 수집하는 개체에 대하여 설명할 수 있다. 2. 증거물 수집 방법에 대하여 설명할 수 있다. 3. 증거물의 사진촬영 방법에 대하여 설명할 수 있다. 4. 증거물 수집 용기의 종류 및 용도에 대하여 설명할 수 있다. 5. 증거물의 운송, 저장 및 보관 방법에 대하여 설명할 수 있다.
		2. 증거물 법적증거능력 확보 및 유지하기	1. 증거물의 수집, 보존, 이동의 전체 과정에 대하여 문서화하는 방법에 대하여 설명할 수 있다. 2. 증거물의 정밀검사 방법에 대하여 설명할 수 있다.
		3. 증거물 외관검사하기	1. 증거물의 전체적, 구체적인 연소형태를 설명할 수 있다. 2. 증거물 자체의 연소 또는 외측으로부터의 연소형태를 설명할 수 있다. 3. 증거물 연소의 중심부, 연소의 확대형태를 설명할 수 있다. 4. 증거물의 구조, 원리 특성을 설명할 수 있다. 5. 증거물의 불법개조 또는 오용여부를 판정하는 방법에 대하여 설명할 수 있다. 6. 증거물의 고장, 수리, 교체 등 유무의 검사 및 이에 대한 해석방법을 설명할 수 있다.
		4. 증거물 정밀(내측)검사하기	1. 증거물의 비파괴검사 방법에 대하여 설명할 수 있다. 2. 증거물의 분해검사 방법에 대하여 설명할 수 있다. 3. 증거물의 전기적인 특이점 및 기타 부분에 대한 정밀검사 방법에 대하여 설명할 수 있다. 4. 증거물에 발화원인과 관련지을 만한 특이점이 식별되는지 여부의 검사 및 해석방법을 설명할 수 있다.

실기과목명	주요항목	세부항목	세세항목
		5. 화재 재현시험 및 규격시험하기	1. 재현실험의 가능한 상태 여부를 파악하는 방법에 대하여 설명할 수 있다. 2. 시험의뢰를 실시하는 경우에 대하여 설명할 수 있다.
	6. 발화원인 판정 및 피해 평가	1. 발화원인 판정하기	1. 화재현장 조사 및 증거물 검사 과정 등의 분석 자료를 설명할 수 있다. 2. 기타 발화원인을 배제하는 방법에 대하여 설명할 수 있다. 3. 증거능력의 정도에 따라 발화원인 판정방법에 대하여 설명할 수 있다. 4. 발화원인 판정검토시 유의사항에 대하여 설명할 수 있다.
		2. 기타원인의 확인과 판정하기	1. 연소 확대 상황 통한 기타 원인을 판정하고 설명할 수 있다. 2. 피난상황(피난경로, 피난인원, 피난방법)을 통한 기타원인을 판정하고 설명할 수 있다. 3. 소방용 설비 등의 사용과 작동상황을 통한 기타 원인을 판정하고 설명할 수 있다.
		3. 법적증거능력 확보 및 유지하기	1. 소방기본법 및 시행령, 시행규칙에 대하여 설명할 수 있다. 2. 화재조사 및 보고규정, 증거물 수집관리에 관한 규칙에 대하여 설명할 수 있다. 3. 기타 법률(형법, 민법, 실화책임에 관한법률, 제조물책임법 등)에 대하여 설명할 수 있다.

국가기술자격 출제기준 Ⅱ

26 환경·에너지

생물분류기사(동물)
생물분류기사(식물)
자연생태복원기사
자연생태복원산업기사
에너지관리기사
에너지관리산업기사
신재생에너지발전설비기사(태양광)
신재생에너지발전설비산업기사(태양광)
신재생에너지발전설비기능사(태양광)

26. 환경·에너지

생물분류기사(동물)

출제기준(필기)

직무분야	환경·에너지	중직무분야	환경	자격종목	생물분류기사(동물)	적용기간	2013.1.1~2017.12.31

○직무내용 : 생물분류과정을 이해하고 문헌 및 표본조사를 통해 생물종을 동정 및 분류하며, 회귀 및 멸종 위기 동물을 평가하고, 국가적·지역적 차원에서 현지 내·외 보존을 통한 생물종다양성을 증진시키는 보전전략 수립과 지표생물을 이용한 환경오염 평가방안을 모색하며 생물자원 관련기관의 운영(업무), 현장교육, 체험학습 프로그램 제공, 생물종 확보, 생물종 보전·관리를 위한 DB구축, 유전자의 수집, 분류, 관리를 수행하는 직무

필기검정방법	객관식	문제수	100	시험시간	2시간 30분

필기과목명	문제수	주요항목	세부항목	세세항목
계통분류학	20	1. 계통분류학의 기본개념과 원리	1. 분류학의 역사	1. 분류학의 개념 2. 분류학의 변천 3. 분류학 문헌
			2. 종의 개념	1. 종의 기원 2. 종의 개념
			3. 진화와 종분화	1. 진화의 원리 2. 진화의 기작 3. 종분화 기작
			4. 현대 계통 분류학의 방법론	1. 현대 계통분류학의 개념 2. 현대 계통분류학의 발전 과정 3. 현대 계통분류학의 연구 방법
			5. 생물의 지리적 분포	1. 생물 서식환경의 특성 2. 생물의 분포지 특성 3. 생물의 서식, 지리적 분포와의 특성
		2. 분류형질	1. 계통분류학적 증거	1. 형태학적 증거 2. 해부학적 증거 3. 세포학적 증거 4. 화학적 증거 5. 분자생물학적 증거 6. 기타 계통분류학적 증거
			2. 분류형질의 이해	1. 분류형질의 개념 2. 분류형질의 유형 및 특성

필기과목명	문제수	주요항목	세부항목	세세항목
			3. 형질변이와 종의 한계	1. 형질변이의 개념과 해석 2. 종의 한계와 분포
			4. 기재용어의 이해	1. 분류형질의 기재 2. 기재용어의 이해 및 적용
		3. 학명의 이해	1. 학명 명명법의 기본원리	1. 명명법의 기본원리 2. 학명의 구성요소 3. 학명의 이해와 판단
			2. 분류계급에 따른 명명	1. 분류계급의 개념 2. 분류계급에 따른 명명 방법
			3. 정명선택과 기준표본	1. 정명선택의 기준 및 적용 2. 기준표본의 개념 및 설정
			4. 국제명명규약	1. 국제식물명명규약 2. 국제동물명명규약
		4. 분류체계 및 식별형질	1. 분류체계	1. 분류체계의 원리 2. 식물분류체계 개요 3. 동물분류체계 개요
			2. 식물군 주요 식별형질	1. 관속식물 강 단위의 주요 식별형질 2. 관속식물 목 단위의 주요 식별형질 3. 관속식물 과 단위의 주요 식별형질
			3. 동물군 주요 식별형질	1. 동물 문 단위의 주요 식별형질 2. 동물 강 단위의 주요 식별형질 3. 동물 목 단위의 주요 식별형질

필기과목명	문제수	주요항목	세부항목	세세항목
환경생태학	20	1. 생태계의 개념	1. 생태계의 구조와 기능	1. 생태계의 구성 2. 생태계의 기능 3. 생태계의 유형과 특성
			2. 생태계의 에너지 흐름	1. 에너지와 생산력의 개념 2. 먹이사슬, 먹이망, 영양단계 3. 영양구조와 생태적 피라미드
			3. 생태계의 물질 순환	1. 육상생태계에서의 물질순환 2. 수생태계에서의 물질순환 3. 생지화학적 순환
			4. 비생물 환경 요인의 영향	1. 비생물 환경요인의 기본개념 2. 비생물환경요인의 구성 3. 생물, 비생물 환경요인 관계
		2. 개체군 생태학	1. 개체군의 구조	1. 개체군의 성장형 2. 개체군의 구조, 상호작용
			2. 개체군의 동태 분석 방법	1. 개체군 동태의 특성 2. 개체군 동태의 결정요인
			3. 생식전략의 진화	1. 생식전략의 유형과 특성 2. 생식전략과 생물의 진화
			4. 개체군 조절 기작	1. 개체군 조절의 유형 2. 개체군 조절 기작
		3. 군집생태학	1. 군집의 구조와 동태	1. 군집의 개념 및 종류 2. 군집의 상호작용 3. 군집 안정성과 먹이망 구조
			2. 육상군집의 일반적 구조	1. 육상군집의 구성요소 및 특성 2. 육상군집의 구조 및 유형
			3. 군집분석	1. 군집분석 요소(우점도, 피도, 종다양도 등) 2. 군집분석방법론
			4. 군집의 생태적 천이와 안정성	1. 군집유형별 특성 2. 군집의 생태적 천이 3. 군집의 생태적 천이와 안정성과의 관계

필기과목명	문제수	주요항목	세부항목	세세항목
			5. 해양생태계	1. 해양생태계의 기본개념 2. 해양생태계의 구성요소 및 특성
			6. 습지생태계	1. 습지생태계의 기본개념 2. 습지생태계의 구성요소 및 특성
		4. 생물권과 생물군집	1. 생물권	1. 생물권의 기본개념 2. 생물권 유형별 특성
			2. 생물지리구 및 식생아계	1. 동물지리구의 구분 및 특성 2. 식물 식생아계의 구분 및 특성
			3. 육상군집 및 생물군계의 분포	1. 육상군집의 분포유형별 특성 2. 생물군계의 분포유형별 특성
		5. 환경오염과 생물의 반응	1. 환경오염의 종류	1. 대기오염 2. 수질오염 3. 토양오염 4. 기타 환경오염
			2. 환경오염의 생태적 영향	1. 환경오염에 의한 생태적 변화와 그 영향
			3. 환경오염 지표생물	1. 지표생물의 개념, 종류 및 특성 2. 환경오염과 지표생물과의 관계
			4. 환경오염과 인간	1. 환경오염이 인간에게 미치는 영향 2. 환경오염방지
			5. 환경관련 국제협약	1. 생물 자원에 관한 협약 2. 기후 환경에 관한 협약 3. 기타 환경협약

필기과목명	문제수	주요항목	세부항목	세세항목
형태학	20	1. 식물조직, 기관 및 구조	1. 식물의 조직과 기능	1. 식물세포의 구성과 종류 2. 원표피와 표피 3. 기본분열조직 4. 전형성층과 관다발조직 5. 기타 조직
			2. 식물기관의 구조 및 기능	1. 잎의 구조 2. 줄기의 구조 3. 뿌리의 구조 4. 꽃의 구조 5. 열매 및 종자의 구조 6. 기타 기관의 구조
		2. 식물의 형태 발생	1. 식물의 생식	1. 식물의 생식과정 2. 식물의 생활사
			2. 식물의 생장	1. 배의 발생과 분화 2. 기관의 발달
		3. 동물의 외부형태	1. 주요 동물 분류군에 따른 외부 형태 및 특성	1. 해면동물, 자포동물, 선형동물, 환형동물 등 2. 절지동물 3. 연체동물, 극피동물 4. 척색동물 등
		4. 동물의 조직, 기관 및 구조	1. 동물의 조직과 기능	1. 상피조직 2. 결합조직 3. 근육조직 4. 신경조직 5. 기타조직
			2. 동물 기관의 구조 및 기능	1. 소화계의 구조 2. 순환계의 구조 3. 신경계의 구조 4. 근골격계의 구조 5. 기타 기관의 구조
		5. 동물의 형태 발생	1. 동물의 생활사	1. 동물의 생식과정 2. 동물의 생활사 3. 동물의 배 발생과 분화

필기과목명	문제수	주요항목	세부항목	세세항목
보전 및 자원생물학	20	1. 생물다양성과 보전생물학	1. 보존생물학	1. 보존생물학의 개념 및 원리 2. 보존생물학과 생물다양성과의 관계
			2. 생물다양성	1. 생물다양성의 개념 2. 생물다양성의 중요성 3. 생물다양성 분포
		2. 생물다양성 감소 요인	1. 절멸의 원인과 속도	1. 주요 절멸종과 절멸시기 2. 절멸의 주요 원인 및 대책
			2. 서식지의 파괴, 분할, 오염의 영향	1. 서식지 파괴의 영향 2. 서식지 분할의 영향 3. 서식지 오염의 영향
			3. 남획, 외래종의 유입, 병충해의 영향	1. 남획의 영향 2. 외래종의 영향 3. 병충해의 영향
			4. 기후 변화와 생물다양성	1. 기후변화의 요인과 대책 2. 기후변화에 따른 생물다양성 변화
		3. 생물다양성의 보전	1. 개체군 수준의 보전	1. 개체관리계획 2. 회귀, 멸종위기종 보전전략
			2. 군집 수준의 보전	1. 행동권에 따른 유형별 보전전략 2. 현지 내·외 보전방안
			3. 복원생태학	1. 복원을 위한 목표종 설정 2. 복원을 위한 모니터링 계획
		4. 생물종 자원 보전	1. 생물종의 자원 개념	1. 생물종의 자원화 개념 2. 종별 자원화를 위한 방법론 3. 외래도입종 관리 대책
			2. 유용 식물 및 동물 자원	1. 유용 식물 자원화 방안 2. 유용 동물 자원화 방안
			3. 유전자 자원의 이용과 보전	1. 생물종다양성 증진을 위한 유전자 자원의 이용방안 2. 유전자 자원의 효율적 보전전략

필기과목명	문제수	주요항목	세부항목	세세항목
		5. 생물자원 보전 기관	1. 생물자원 소장시설의 기능	1. 표본관의 기능 2. 수목원의 기능 3. 식물원의 기능 4. 동물원의 기능 5. 기타 생물자원 소장시설의 기능

필기과목명	문제수	주요항목	세부항목	세세항목
자연환경관계법규	20	1. 자연환경관련 국내법규	1. 자연보전 등에 관한 법령(상기 법령 중 자연보전 및 생태복원에 관한 사항)	1. 환경정책기본법, 시행령, 시행규칙 2. 자연환경보전법, 시행령, 시행규칙 3. 야생동식물보호법, 시행령, 시행규칙 4. 백두대간보호에 관한 법률, 시행령 5. 자연공원법, 시행령, 시행규칙 6. 습지보전법, 시행령, 시행규칙 7. 독도등도서지역의 생태계 보전에 관한 특별법, 시행령, 시행규칙 8. 생물다양성 보전 및 이용에 관한 법률, 시행령, 시행규칙 9. 자연보전 등에 관한 기타 법령
			2. 토지이용 등에 관한 법령(상기 법령 중 자연보전 및 생태복원에 관한 사항)	1. 국토기본법, 시행령 2. 국토의 계획 및 이용에 관한 법률, 시행령, 시행규칙 3. 개발제한구역의 지정 및 관리에 관한 특별조치법, 시행령, 시행규칙 4. 산지관리법, 시행령, 시행규칙 5. 농지법, 시행령, 시행규칙 6. 토지이용 등에 관한 기타 법령

출제기준(실기)

직무 분야	환경·에너지	중직무 분야	환경	자격 종목	생물분류기사(동물)	적용 기간	2013.1.1~2017.12.31

○직무내용 : 생물분류과정을 이해하고 문헌 및 표본조사를 통해 생물종을 정 및 분류하며, 희귀 및 멸종 위기 동물을 평가하고, 국가적·지역적 차원에서 현지 내·외 보존을 통한 생물종다양성을 증진시키는 보전전략 수립과 지표생물을 이용한 환경오염 평가방안을 모색하며 생물자원 관련기관의 운영(업무), 현장교육, 체험학습 프로그램 제공, 생물종 확보, 생물종 보전·관리를 위한 DB구축, 유전자의 수집, 분류, 관리를 수행하는 직무
○수행준거 : 생물분류에 대한 전문적 지식을 토대로 하여
   1. 생물분류 방법을 정확히 이해 및 동정할 수 있다.
   2. 동물 세부기관별 형태 등을 이해하고, 도감 및 검색표 사용을 통한 동정능력을 갖출 수 있다.
   3. 표본제작 방법을 습득하고, 소장 시설 내에 보관방안을 강구하여 표본의 지속적이고 체계적인 관리 능력 갖출 수 있다.

실기검정방법	작업형(1과제 + 2과제)	시험시간	2시간 30분 정도

실기과목명	주요항목	세부항목	세세항목
동물분류에 관한 사항	1. 생물분류 과정 계획	1. 각종 현장의 생물분류 현안 파악하기	1. 현장에서의 생물 분류의 목적을 파악할 수 있다. 2. 현장에서 분류에 어떤 재료가 이용되는지 파악할 수 있다.
		2. 현안별 분류기법 확립하기	1. 분류 현안에 대한 관련 자료, 문헌 및 사례를 수집할 수 있다. 2. 현안에 대한 효과적인 생물 분류 기법을 제시할 수 있다. 3. 현안에 대한 재료 채취 방법과 전략을 제시할 수 있다.
		3. 분류군별 분류기법 확립하기	1. 주요 분류군 별로 종 동종 및 분류의 문제점을 파악할 수 있다. 2. 각 분류군별로 분류의 문제점에 대한 관련 자료를 수집, 분석할 수 있다. 3. 각 분류군별로 적합한 부분재료 채취 전략을 세울 수 있다.
	2. 생물종 분류동정	1. 생물종 분류를 위한 재료확보 및 처리하기	1. 생물종 동정 분류에 필요한 개체의 적절한 채집방법에 의해 채집을 할 수 있다 2. 생물종 분류·동정 및 분석에 필요한 생물체 또는 그 일부를 채취할 수 있다. 3. 생물종 분류에 필요한 생장단계별 재료를 채취할 수 있다.

실기과목명	주요항목	세부항목	세세항목
			4. 생물종 분류에 필요한 간접적인 자료를 수집할 수 있다. 5. 채집지, 채집자, 채집일, 서식지 정보 등 채집정보를 재료 별로 상세히 기록할 수 있다. 6. 생물종에 적합한 방법으로 표본을 제작할 수 있다. 7. 동정에 필요한 생물체의 일부를 적절한 방법으로 처리할 수 있다.
		2. 종 동정하기 (문헌 및 표본조사, 검색표 검증)	1. 대상 생물종 재료에 대한 문헌 및 자료를 조사할 수 있다. 2. 대상 생물종 재료의 주요 특징을 관찰, 파악할 수 있다. 3. 도감, 검색표, 기타 관련 문헌을 참조하고, 종 동정을 수행할 수 있다. 4. 확증표본과 비교하여 종 동정을 재검정할 수 있다.
		3. 종의 기재적 특징 이해하기	1. 종의 주요 분류 형질을 숙지할 수 있다. 2. 종의 외부 형태적 특징을 기관별로 관찰, 조사할 수 있다. 3. 관찰 결과를 관련 문헌과 비교 보완할 수 있다. 4. 종의 특징을 정확한 용어를 사용하여 기재할 수 있다.
		4. 종의 분류학적 정보조사 작성하기	1. 동정된 종의 상위 분류체계(과, 속 수준) 및 계통을 확인할 수 있다. 2. 동정된 종의 해부학적 특징을 문헌 또는 자료를 통해 조사할 수 있다. 3. 동정된 종의 생장 단계에 따른 특징을 문헌 또는 자료를 통해 조사할 수 있다. 4. 동정된 종의 화학적 조성을 문헌 또는 자료를 통해 조사할 수 있다. 5. 동정된 종의 지리적 분포를 문헌 또는 자료를 통해 파악할 수 있다. 6. 동정된 종의 생태적 특성을 문헌 또는 자료를 통해 파악할 수 있다. 7. 동정된 종의 유용성에 관한 정보를 문헌 또는 자료를 통해 파악할 수 있다. 8. 종에 대해 수집된 정보를 분석하여, 체계적으로 정리할 수 있다.

실기과목명	주요항목	세부항목	세세항목
	3. 부분 생물재료의 분류	1. 족적·배설물·털, 인편, 탈피각 등의 재료를 이용한 동물종 식별하기	1. 해당 부분 재료의 종류를 파악할 수 있다. 2. 부분 재료의 주요 특징을 관찰, 파악할 수 있다. 3. 기존의 문헌 및 자료를 이용하여 해당 종을 일차식별, 동정할 수 있다. 4. 표본 또는 생체로부터 얻어진 자료를 비교하여 최종 동정할 수 있다.
		2. 생장단계에 따른 생물종 식별하기	1. 재료의 종류를 파악할 수 있다. 2. 재료의 주요 형태적 특징을 관찰하여, 생장단계를 파악할 수 있다. 3. 기존의 문헌 및 자료를 이용하여 해당 종을 일차식별, 동정할 수 있다. 4. 동일 생장단계에 있는 표본 또는 생체 재료와 비교하여 최종 동정할 수 있다.
	4. 생물종 분류 정확도 검증	1. 분류군별 전문가가 제공하는 자료에 대한 종합분석 보고 하기	1. 전문가의 분류 결과 및 관련 자료를 분류군별로 정리, 검토할 수 있다. 2. 전문가의 분류 결과를 종합하여 해당 분류군의 기존 동정 결과를 수정할 수 있다.
		2. 생물종 분류의 정확도 검증하기	1. 해당 분류군 전문가의 동정 결과와 기존 동정 결과를 비교, 분석하여, 각 분류군의 분류 정확도를 검증할 수 있다. 2. 전문가가 제공한 자료를 분석하여, 해당 분류군의 정확한 동정을 위한 주요 식별 형질을 파악할 수 있다. 3. 분석 결과를 종합하여 해당 분류군의 정확한 분류를 위한 동정 방법을 수립할 수 있다.
	5. 희귀 및 멸종위기 동물종 평가	1. 국가 차원에서 희귀 및 멸종위기 단계 평가하기	1. 한반도의 희귀 및 멸종위기종에 관한 자료를 수집하여 특성과 종류를 숙지할 수 있다 2. 희귀 및 멸종위기 후보종을 선별하고, 후보종에 대한 분포 지역, 개체군수 및 크기 등 개체군 동태에 관한 사항을 파악할 수 있다. 3. 조사 대상종이 한반도 고유 생물인지를 파악하고, 국외 분포에 관한 정보를 수집할 수 있다. 4. 수집된 자료 및 정보를 종합, 분석하여 후보종의 위기 범주를 결정할 수 있다. 5. 후보종들의 목록을 작성하고, 정확한 분포지도를 작성할 수 있다.

실기과목명	주요항목	세부항목	세세항목
		2. 지역적 차원에서 회귀 및 멸종위기 단계 평가하기	1. 지역의 회귀 및 멸종 위기종에 관한 자료를 수집, 분석할 수 있다. 2. 지역적 차원(도, 도서, 국립공원 지역 등)에서 회귀 및 멸종위기 후보종을 선별할 수 있다. 3. 후보종에 대한 지역 내에서의 분포, 개체군 수 및 크기 등 개체군 동태에 관한 사항을 파악할 수 있다. 4. 수집된 자료 및 정보를 종합하여, 후보종의 해당 지역 내에서의 위기 범주를 결정할 수 있다. 5. 지역내의 후보종의 목록 및 분포 지도를 작성할 수 있다.
		3. 환경요인 분석하기	1. 서식지의 환경 요인을 측정, 조사할 수 있다. 2. 서식지의 인간간섭 정도 및 영향을 조사할 수 있다. 3. 수집된 자료를 종합, 분석하여 개체 수 감소 요인을 분석할 수 있다.
		4. 보존대책 수립하기	1. 수집된 자료를 분석하여, 보존 우선순위를 결정할 수 있다. 2. 해당 회귀종 및 멸종위기종의 서식지 크기, 인간간섭 정도 등을 고려하여 보존 지구를 설정할 수 있다. 3. 파괴된 서식지에 대하여 복원 계획을 수립할 수 있다. 4. 해당 회귀 및 멸종위기종의 장외 보존대책을 강구할 수 있다.
	6. 생물상 및 생물다양성조사 평가	1. 자연환경의 주요 구성종 조사하기	1. 조사 대상지역의 입지, 기후 및 위치적 특성을 파악할 수 있다. 2. 조사 대상지역에 분포하는 주요 생물종을 채집할 수 있다. 3. 채집지, 채집자, 채집일, 서식지 정보 등 채집 정보를 상세히 기록할 수 있다. 4. 생물종에 적합한 방법으로 표본을 제작할 수 있다. 5. 도감, 검색표, 기타 관련 문헌을 참조하여, 종 동정을 수행할 수 있다. 6. 확증표본과 비교하여 종 동정을 재검정할 수 있다. 7. 조사 대상지역의 주요 구성종의 목록을 작성할 수 있다.

실기과목명	주요항목	세부항목	세세항목
		2. 생물상 분석 및 종다양성 평가하기	1. 조사 대상지역의 입지, 기후 및 위치적 특성을 파악할 수 있다. 2. 조사 대상지역에 분포하는 생물종을 채집할 수 있다. 3. 채집지, 채집자, 채집일, 서식지 정보 등 채집 정보를 상세히 기록할 수 있다. 4. 생물종에 적합한 방법으로 표본을 제작할 수 있다. 5. 도감, 검색표, 기타 관련 문헌을 참조하여, 종 동정을 수행할 수 있다. 6. 확증표본과 비교하여 종 동정을 재검정할 수 있다. 7. 조사 대상지역의 분포 종의 목록을 작성하고 분포 양상을 파악할 수 있다. 8. 조사대상 지역의 생물상 및 종다양성을 분석·평가할 수 있다.
		3. 지표 생물종을 이용한 환경오염 평가하기	1. 환경오염에 민감한 생물종들에 대한 자료를 수집, 분석할 수 있다. 2. 각 오염원 별로 지표 생물종을 선별할 수 있다. 3. 지표 생물종을 이용하여 환경오염 정도를 평가할 수 있다.
		4. 평가결과 종합 및 보고서 작성하기	1. 조사 지역의 생물상 및 종다양성 조사 결과를 종합, 분석할 수 있다. 2. 조사 지역 생물상의 조성을 분석하여, 조사지역의 생물구계학적 특성을 규명할 수 있다. 3. 조사 지역내의 종다양성에 대한 요인 분석을 수행할 수 있다. 4. 조사 지역의 생물상 및 종다양성을 종합적으로 평가하고, 보고서를 작성할 수 있다.
	7. 생물자원보전기관 기획·관리	1. 생물자원관련기관 기획·관리하기	1. 해당 기관의 설립 목적을 파악할 수 있다. 2. 해당 기관에 소장할 생물종 및 재료의 종류 등을 파악할 수 있다. 3. 기관의 체제 및 규모를 결정할 수 있다. 4. 설립 목적과 관련 시켜 생물종의 연구, 전시 및 교육을 위한 기능을 분석, 기획할 수 있다.
		2. 생물종 자원 수집하기	1. 필요한 생물종 및 생물 재료의 종류를 파악할 수 있다. 2. 수집할 생물종 자원의 분류학적, 분포적 특성을 파악할 수 있다.

실기과목명	주요항목	세부항목	세세항목
			3. 수집 목적별, 종별, 서식지별 생물종 자원의 수집 방법을 결정할 수 있다. 4. 수집 생물종의 채집 내용을 기록·정리할 수 있다.
		3. 소장 생물종 자원 분류하기	1. 해당기관에서 새로 수집된 생물종 및 소장되어 있는 기존의 생물종을 파악할 수 있다. 2. 미동정 또는 잘못 분류되어 있는 종류를 파악할 수 있다. 3. 관련 문헌 및 검색표를 참조하여, 생물종의 동정을 수행할 수 있다. 4. 확증표본을 이용하여 종 동정을 재검정할 수 있다. 5. 동정 결과에 따라 체계적으로 분류, 소장할 수 있다.
		4. 생물자원 관리하기	1. 표본 대여 업무를 처리할 수 있다. 2. 타 기관과 생물종 교환 계획을 수립하여, 기관에서 필요한 생물종들을 확보할 수 있다. 3. 표본 수리 및 소독 작업을 수행할 수 있다. 4. 방문 연구자 및 일반인의 기관 이용을 안내할 수 있다. 5. 생물종 동정에 관한 일반인 및 타 기관의 문의에 답할 수 있다. 6. 전시 및 교육 프로그램을 기획, 준비할 수 있다. 7. 해당 기관에 목적 및 기능에 부합하도록, 생물 종 또는 재료의 효율적 관리 체계를 확립할 수 있다.
	8. 생물종 자원 보존 및 관리	1. 생물종 자원의 반입 반출 통제 관리하기	1. 국내의 희귀 및 멸종위기 생물종, 고유종, 유용 생물종의 목록과 분류학적 특징을 파악할 수 있다. 2. 생물종에 관한 국내·외 관련법, 협약을 숙지할 수 있다. 3. 반출 반입 규제 대상 생물종 목록을 파악할 수 있다. 4. 관련 기관에서 야생 생물 또는 생물자원 관련 품목을 동정 분류하고, 평가를 수행할 수 있다.
		2. 유전자 자원 수집, 분류 및 관리하기	1. 국내·외 유전자원 수집 현황 및 규모를 파악할 수 있다. 2. 유전자 자원의 모체가 되는 생물종을 파악할 수 있다.

실기과목명	주요항목	세부항목	세세항목
			3. 필요한 유전자 자원을 체계적으로 수집할 수 있다. 4. 활용 분야에 따라 유전자 자원을 분류할 수 있다. 5. 수집 및 분류된 유전자 자원을 체계적으로 관리할 수 있다.
		3. 유전자 자원 보존 및 활용방안 수립하기	1. 국내·외 유전자 자원 확보 현황 및 규모를 파악할 수 있다. 2. 국내·외 유전자 자원의 유용성 및 중요성을 파악할 수 있다. 3. 국내 생물종 중 유전자 자원으로 보존 가치가 있는 집단을 구별 할 수 있다. 4. 유전자 자원의 종합적인 관리 및 보존 대책을 수립할 수 있다.

26. 환경·에너지

생물분류기사(식물)

출제기준(필기)

직무분야	환경·에너지	중직무분야	환경	자격종목	생물분류기사(식물)	적용기간	2013.1.1~2017.12.31

○직무내용 : 생물분류과정을 이해하고 문헌 및 표본조사를 통해 생물종의 동정 및 분류하며, 희귀 및 멸종 위기 식물을 평가하고, 국가적·지역적 차원에서 현지 내·외 보존을 통한 생물종다양성을 증진시키는 보전전략 수립과 지표생물을 이용한 환경오염 평가방안을 모색하며 생물자원 관련기관의 운영(업무), 현장교육, 체험학습 프로그램 제공, 생물종 확보, 생물종 보전·관리를 위한 DB구축, 유전자의 수집, 분류, 관리를 수행하는 직무

필기검정방법	객관식	문제수	100	시험시간	2시간 30분

필기과목명	문제수	주요항목	세부항목	세세항목
계통분류학	20	1. 계통분류학의 기본개념과 원리	1. 분류학의 역사	1. 분류학의 개념 2. 분류학의 변천 3. 분류학 문헌
			2. 종의 개념	1. 종의 기원 2. 종의 개념
			3. 진화와 종분화	1. 진화의 원리 2. 진화의 기작 3. 종분화 기작
			4. 현대 계통 분류학의 방법론	1. 현대 계통분류학의 개념 2. 현대 계통분류학의 발전 과정 3. 현대 계통분류학의 연구 방법
			5. 생물의 지리적 분포	1. 생물 서식환경의 특성 2. 생물의 분포지 특성 3. 생물의 서식, 지리적 분포와의 특성
		2. 분류형질	1. 계통분류학적 증거	1. 형태학적 증거 2. 해부학적 증거 3. 세포학적 증거 4. 화학적 증거 5. 분자생물학적 증거 6. 기타 계통분류학적 증거
			2. 분류형질의 이해	1. 분류형질의 개념 2. 분류형질의 유형 및 특성

필기과목명	문제수	주요항목	세부항목	세세항목
			3. 형질변이와 종의 한계	1. 형질변이의 개념과 해석 2. 종의 한계와 분포
			4. 기재용어의 이해	1. 분류형질의 기재 2. 기재용어의 이해 및 적용
		3. 학명의 이해	1. 학명 명명법의 기본원리	1. 명명법의 기본원리 2. 학명의 구성요소 3. 학명의 이해와 판단
			2. 분류계급에 따른 명명	1. 분류계급의 개념 2. 분류계급에 따른 명명 방법
			3. 정명선택과 기준표본	1. 정명선택의 기준 및 적용 2. 기준표본의 개념 및 설정
			4. 국제명명규약	1. 국제식물명명규약 2. 국제동물명명규약
		4. 분류체계 및 식별형질	1. 분류체계	1. 분류체계의 원리 2. 식물분류체계 개요 3. 동물분류체계 개요
			2. 식물군 주요 식별형질	1. 관속식물 강 단위의 주요 식별형질 2. 관속식물 목 단위의 주요 식별형질 3. 관속식물 과 단위의 주요 식별형질
			3. 동물군 주요 식별형질	1. 동물 문 단위의 주요 식별형질 2. 동물 강 단위의 주요 식별형질 3. 동물 목 단위의 주요 식별형질

필기과목명	문제수	주요항목	세부항목	세세항목
환경생태학	20	1. 생태계의 개념	1. 생태계의 구조와 기능	1. 생태계의 구성 2. 생태계의 기능 3. 생태계의 유형과 특성
			2. 생태계의 에너지 흐름	1. 에너지와 생산력의 개념 2. 먹이사슬, 먹이망, 영양단계 3. 영양구조와 생태적 피라미드
			3. 생태계의 물질 순환	1. 육상생태계에서의 물질순환 2. 수생태계에서의 물질순환 3. 생지화학적 순환
			4. 비생물 환경 요인의 영향	1. 비생물 환경요인의 기본개념 2. 비생물환경요인의 구성 3. 생물, 비생물 환경요인 관계
		2. 개체군 생태학	1. 개체군의 구조	1. 개체군의 성장형 2. 개체군의 구조, 상호작용
			2. 개체군의 동태 분석 방법	1. 개체군 동태의 특성 2. 개체군 동태의 결정요인
			3. 생식전략의 진화	1. 생식전략의 유형과 특성 2. 생식전략과 생물의 진화
			4. 개체군 조절 기작	1. 개체군 조절의 유형 2. 개체군 조절 기작
		3. 군집생태학	1. 군집의 구조와 동태	1. 군집의 개념 및 종류 2. 군집의 상호작용 3. 군집 안정성과 먹이망 구조
			2. 육상군집의 일반적 구조	1. 육상군집의 구성요소 및 특성 2. 육상군집의 구조 및 유형
			3. 군집분석	1. 군집분석 요소(우점도, 피도, 종다양도 등) 2. 군집분석방법론
			4. 군집의 생태적 천이와 안정성	1. 군집유형별 특성 2. 군집의 생태적 천이 3. 군집의 생태적 천이와 안정성과의 관계

필기과목명	문제수	주요항목	세부항목	세세항목
			5. 해양생태계	1. 해양생태계의 기본개념 2. 해양생태계의 구성요소 및 특성
			6. 습지생태계	1. 습지생태계의 기본개념 2. 습지생태계의 구성요소 및 특성
		4. 생물권과 생물군집	1. 생물권	1. 생물권의 기본개념 2. 생물권 유형별 특성
			2. 생물지리구 및 식생아계	1. 동물지리구의 구분 및 특성 2. 식물 식생아계의 구분 및 특성
			3. 육상군집 및 생물군계의 분포	1. 육상군집의 분포유형별 특성 2. 생물군계의 분포유형별 특성
		5. 환경오염과 생물의 반응	1. 환경오염의 종류	1. 대기오염 2. 수질오염 3. 토양오염 4. 기타 환경오염
			2. 환경오염의 생태적 영향	1. 환경오염에 의한 생태적 변화와 그 영향
			3. 환경오염 지표생물	1. 지표생물의 개념, 종류 및 특성 2. 환경오염과 지표생물과의 관계
			4. 환경오염과 인간	1. 환경오염이 인간에게 미치는 영향 2. 환경오염방지
			5. 환경관련 국제협약	1. 생물 자원에 관한 협약 2. 기후 환경에 관한 협약 3. 기타 환경협약

필기과목명	문제수	주요항목	세부항목	세세항목
형태학	20	1. 식물조직, 기관 및 구조	1. 식물의 조직과 기능	1. 식물세포의 구성과 종류 2. 원표피와 표피 3. 기본분열조직 4. 전형성층과 관다발조직 5. 기타 조직
			2. 식물기관의 구조 및 기능	1. 잎의 구조 2. 줄기의 구조 3. 뿌리의 구조 4. 꽃의 구조 5. 열매 및 종자의 구조 6. 기타 기관의 구조
		2. 식물의 형태 발생	1. 식물의 생식	1. 식물의 생식과정 2. 식물의 생활사
			2. 식물의 생장	1. 배의 발생과 분화 2. 기관의 발달
		3. 동물의 외부형태	1. 주요 동물 분류군에 따른 외부 형태 및 특성	1. 해면동물, 자포동물, 선형동물, 환형동물 등 2. 절지동물 3. 연체동물, 극피동물 4. 척색동물 등
		4. 동물의 조직, 기관 및 구조	1. 동물의 조직과 기능	1. 상피조직 2. 결합조직 3. 근육조직 4. 신경조직 5. 기타조직
			2. 동물 기관의 구조 및 기능	1. 소화계의 구조 2. 순환계의 구조 3. 신경계의 구조 4. 근골격계의 구조 5. 기타 기관의 구조
		5. 동물의 형태 발생	1. 동물의 생활사	1. 동물의 생식과정 2. 동물의 생활사 3. 동물의 배 발생과 분화

필기과목명	문제수	주요항목	세부항목	세세항목
보전 및 자원생물학	20	1. 생물다양성과 보전생물학	1. 보존생물학	1. 보존생물학의 개념 및 원리 2. 보존생물학과 생물다양성과의 관계
			2. 생물다양성	1. 생물다양성의 개념 2. 생물다양성의 중요성 3. 생물다양성 분포
		2. 생물다양성 감소 요인	1. 절멸의 원인과 속도	1. 주요 절멸종과 절멸시기 2. 절멸의 주요 원인 및 대책
			2. 서식지의 파괴, 분할, 오염의 영향	1. 서식지 파괴의 영향 2. 서식지 분할의 영향 3. 서식지 오염의 영향
			3. 남획, 외래종의 유입, 병충해의 영향	1. 남획의 영향 2. 외래종의 영향 3. 병충해의 영향
			4. 기후 변화와 생물다양성	1. 기후변화의 요인과 대책 2. 기후변화에 따른 생물다양성 변화
		3. 생물다양성의 보전	1. 개체군 수준의 보전	1. 개체관리계획 2. 희귀, 멸종위기종 보전전략
			2. 군집 수준의 보전	1. 행동권에 따른 유형별 보전전략 2. 현지 내·외 보전방안
			3. 복원생태학	1. 복원을 위한 목표종 설정 2. 복원을 위한 모니터링 계획
		4. 생물종 자원 보전	1. 생물종의 자원 개념	1. 생물종의 자원화 개념 2. 종별 자원화를 위한 방법론 3. 외래도입종 관리 대책
			2. 유용 식물 및 동물 자원	1. 유용 식물 자원화 방안 2. 유용 동물 자원화 방안
			3. 유전자 자원의 이용과 보전	1. 생물종다양성 증진을 위한 유전자 자원의 이용방안 2. 유전자 자원의 효율적 보전전략

필기과목명	문제수	주요항목	세부항목	세세항목
		5. 생물자원 보전 기관	1. 생물자원 소장시설의 기능	1. 표본관의 기능 2. 수목원의 기능 3. 식물원의 기능 4. 동물원의 기능 5. 기타 생물자원 소장시설의 기능

필기과목명	문제수	주요항목	세부항목	세세항목
자연환경관계법규	20	1. 자연환경관련 국내법규	1. 자연보전 등에 관한 법령(상기 법령 중 자연보전 및 생태복원에 관한 사항)	1. 환경정책기본법, 시행령, 시행규칙 2. 자연환경보전법, 시행령, 시행규칙 3. 야생동식물보호법, 시행령, 시행규칙 4. 백두대간보호에 관한 법률, 시행령 5. 자연공원법, 시행령, 시행규칙 6. 습지보전법, 시행령, 시행규칙 7. 독도등도서지역의 생태계 보전에 관한 특별법, 시행령, 시행규칙 8. 생물다양성 보전 및 이용에 관한 법률, 시행령, 시행규칙 9. 자연보전 등에 관한 기타 법령
			2. 토지이용 등에 관한 법령(상기 법령 중 자연보전 및 생태복원에 관한 사항)	1. 국토기본법, 시행령 2. 국토의 계획 및 이용에 관한 법률, 시행령, 시행규칙 3. 개발제한구역의 지정 및 관리에 관한 특별조치법, 시행령, 시행규칙 4. 산지관리법, 시행령, 시행규칙 5. 농지법, 시행령, 시행규칙 6. 토지이용 등에 관한 기타 법령

출제기준(실기)

직무분야	환경·에너지	중직무분야	환경	자격종목	생물분류기사(식물)	적용기간	2013.1.1~2017.12.31

○직무내용 : 생물분류과정을 이해하고 문헌 및 표본조사를 통해 생물종의 동정 및 분류하며, 희귀 및 멸종 위기 식물을 평가하고, 국가적·지역적 차원에서 현지 내·외 보존을 통한 생물종다양성을 증진시키는 보전전략 수립과 지표생물을 이용한 환경오염 평가방안을 모색하며 생물자원 관련기관의 운영(업무), 현장교육, 체험학습 프로그램 제공, 생물종 확보, 생물종 보전·관리를 위한 DB구축, 유전자의 수집, 분류, 관리를 수행하는 직무
○수행준거 : 생물분류에 대한 전문적 지식을 토대로 하여
  1. 생물분류 방법을 정확히 이해 및 동정할 수 있다.
  2. 식물 세부기관별 형태 등을 이해하고, 도감 및 검색표 사용을 통한 분류군의 동정능력을 갖출 수 있다.
  3. 표본제작, 방법을 습득, 소장 시설 내에 보관방안을 강구하여 표본의 지속적이고 체계적인 관리 능력 갖출 수 있다.

실기검정방법	작업형(1과제 + 2과제)	시험시간	2시간 30분 정도

실기과목명	주요항목	세부항목	세세항목
식물분류에 관한 사항	1. 생물분류 과정 계획	1. 각종 현장의 생물분류 현안 파악하기	1. 현장에서의 생물 분류의 목적을 파악할 수 있다. 2. 현장에서 분류에 어떤 재료가 이용되는지 파악할 수 있다.
		2. 현안별 분류기법 확립하기	1. 분류 현안에 대한 관련 자료, 문헌 및 사례를 수집할 수 있다. 2. 현안에 대한 효과적인 생물 분류 기법을 제시할 수 있다. 3. 현안에 대한 재료 채취 방법과 전략을 제시할 수 있다.
		3. 분류군별 분류기법 확립하기	1. 주요 분류군 별로 종 동종 및 분류의 문제점을 파악할 수 있다. 2. 각 분류군별로 분류의 문제점에 대한 관련 자료를 수집, 분석할 수 있다. 3. 각 분류군별로 적합한 부분재료 채취 전략을 세울 수 있다.
	2. 생물종 분류동정	1. 생물종 분류를 위한 재료확보 및 처리하기	1. 생물종 동정 분류에 필요한 개체의 적절한 채집방법에 의해 채집을 할 수 있다 2. 생물종 분류·동정 및 분석에 필요한 생물체 또는 그 일부를 채취할 수 있다. 3. 생물종 분류에 필요한 생장단계별 재료를 채취할 수 있다.

실기과목명	주요항목	세부항목	세세항목
			4. 생물종 분류에 필요한 간접적인 자료를 수집할 수 있다. 5. 채집지, 채집자, 채집일, 서식지 정보 등 채집 정보를 재료 별로 상세히 기록할 수 있다. 6. 생물종에 적합한 방법으로 표본을 제작할 수 있다. 7. 동정에 필요한 생물체의 일부를 적절한 방법으로 처리할 수 있다.
		2. 종 동정하기 (문헌 및 표본조사, 검색표 검증)	1. 대상 생물종 재료에 대한 문헌 및 자료를 조사할 수 있다. 2. 대상 생물종 재료의 주요 특징을 관찰, 파악할 수 있다. 3. 도감, 검색표, 기타 관련 문헌을 참조하고, 종 동정을 수행할 수 있다. 4. 확증표본과 비교하여 종 동정을 재검정할 수 있다.
		3. 종의 기재적 특징 이해하기	1. 종의 주요 분류 형질을 숙지할 수 있다. 2. 종의 외부 형태적 특징을 기관별로 관찰, 조사할 수 있다. 3. 관찰 결과를 관련 문헌과 비교 보완할 수 있다. 4. 종의 특징을 정확한 용어를 사용하여 기재할 수 있다.
		4. 종의 분류학적 정보조사 작성하기	1. 동정된 종의 상위 분류체계(과, 속 수준) 및 계통을 확인할 수 있다. 2. 동정된 종의 해부학적 특징을 문헌 또는 자료를 통해 조사할 수 있다. 3. 동정된 종의 생장 단계에 따른 특징을 문헌 또는 자료를 통해 조사할 수 있다. 4. 동정된 종의 화학적 조성을 문헌 또는 자료를 통해 조사할 수 있다. 5. 동정된 종의 지리적 분포를 문헌 또는 자료를 통해 파악할 수 있다. 6. 동정된 종의 생태적 특성을 문헌 또는 자료를 통해 파악할 수 있다. 7. 동정된 종의 유용성에 관한 정보를 문헌 또는 자료를 통해 파악할 수 있다. 8. 종에 대해 수집된 정보를 분석하여, 체계적으로 정리할 수 있다.

실기과목명	주요항목	세부항목	세세항목
	3. 부분 생물재료의 분류	1. 목재·수지·수피·열매·종자·뿌리 등의 재료를 이용한 식물종 식별하기	1. 해당 부분 재료의 종류 및 부위를 파악할 수 있다. 2. 부분 재료의 주요 형태적 특징을 관찰, 파악할 수 있다. 3. 기존의 문헌 및 자료를 이용하여 해당 종을 일차식별, 동정할 수 있다. 4. 표본 또는 생체와 비교하여 최종 동정할 수 있다.
		2. 생장단계에 따른 생물종 식별하기	1. 재료의 종류를 파악할 수 있다. 2. 재료의 주요 형태적 특징을 관찰하여, 생장단계를 파악할 수 있다. 3. 기존의 문헌 및 자료를 이용하여 해당 종을 일차식별, 동정할 수 있다. 4. 동일 생장단계에 있는 표본 또는 생체 재료와 비교하여 최종 동정할 수 있다.
	4. 생물종 분류 정확도 검증	1. 분류군별 전문가가 제공하는 자료에 대한 종합분석 보고 하기	1. 전문가의 분류 결과 및 관련 자료를 분류군별로 정리, 검토할 수 있다. 2. 전문가의 분류 결과를 종합하여 해당 분류군의 기존 동정 결과를 수정할 수 있다.
		2. 생물종 분류의 정확도 검증하기	1. 해당 분류군 전문가의 동정 결과와 기존 동정 결과를 비교, 분석하여, 각 분류군의 분류 정확도를 검증할 수 있다. 2. 전문가가 제공한 자료를 분석하여, 해당 분류군의 정확한 동정을 위한 주요 식별 형질을 파악할 수 있다. 3. 분석 결과를 종합하여 해당 분류군의 정확한 분류를 위한 동정 방법을 수립할 수 있다.
	5. 희귀 및 멸종위기 동물종 평가	1. 국가 차원에서 희귀 및 멸종위기 단계 평가하기	1. 한반도의 희귀 및 멸종위기종에 관한 자료를 수집하여 특성과 종류를 숙지할 수 있다 2. 희귀 및 멸종위기 후보종을 선별하고, 후보종에 대한 분포 지역, 개체군수 및 크기 등 개체군 동태에 관한 사항을 파악할 수 있다. 3. 조사 대상종이 한반도 고유 생물인지를 파악하고, 국외 분포에 관한 정보를 수집할 수 있다. 4. 수집된 자료 및 정보를 종합, 분석하여 후보종의 위기 범주를 결정할 수 있다. 5. 후보종들의 목록을 작성하고, 정확한 분포지도를 작성할 수 있다.

실기과목명	주요항목	세부항목	세세항목
		2. 지역적 차원에서 회귀 및 멸종위기 단계 평가하기	1. 지역의 회귀 및 멸종 위기종에 관한 자료를 수집, 분석할 수 있다. 2. 지역적 차원(도, 도서, 국립공원 지역 등)에서 회귀 및 멸종위기 후보종을 선별할 수 있다. 3. 후보종에 대한 지역 내에서의 분포, 개체군 수 및 크기 등 개체군 동태에 관한 사항을 파악할 수 있다. 4. 수집된 자료 및 정보를 종합하여, 후보종의 해당 지역 내에서의 위기 범주를 결정할 수 있다. 5. 지역내의 후보종의 목록 및 분포 지도를 작성할 수 있다.
		3. 환경요인 분석하기	1. 서식지의 환경 요인을 측정, 조사할 수 있다. 2. 서식지의 인간간섭 정도 및 영향을 조사할 수 있다. 3. 수집된 자료를 종합, 분석하여 개체 수 감소 요인을 분석할 수 있다.
		4. 보존대책 수립하기	1. 수집된 자료를 분석하여, 보존 우선순위를 결정할 수 있다. 2. 해당 회귀종 및 멸종위기종의 서식지 크기, 인간간섭 정도 등을 고려하여 보존 지구를 설정할 수 있다. 3. 파괴된 서식지에 대하여 복원 계획을 수립할 수 있다. 4. 해당 회귀 및 멸종위기종의 장외 보존대책을 강구할 수 있다.
	6. 생물상 및 생물 다양성조사 평가	1. 자연환경의 주요 구성종 조사하기	1. 조사 대상지역의 입지, 기후 및 위치적 특성을 파악할 수 있다. 2. 조사 대상지역에 분포하는 주요 생물종을 채집할 수 있다. 3. 채집지, 채집자, 채집일, 서식지 정보 등 채집 정보를 상세히 기록할 수 있다. 4. 생물종에 적합한 방법으로 표본을 제작할 수 있다. 5. 도감, 검색표, 기타 관련 문헌을 참조하여, 종 동정을 수행할 수 있다. 6. 확증표본과 비교하여 종 동정을 재검정할 수 있다. 7. 조사 대상지역의 주요 구성종의 목록을 작성할 수 있다.

실기과목명	주요항목	세부항목	세세항목
		2. 생물상 분석 및 종다양성 평가하기	1. 조사 대상지역의 입지, 기후 및 위치적 특성을 파악할 수 있다. 2. 조사 대상지역에 분포하는 생물종을 채집할 수 있다. 3. 채집지, 채집자, 채집일, 서식지 정보 등 채집 정보를 상세히 기록할 수 있다. 4. 생물종에 적합한 방법으로 표본을 제작할 수 있다. 5. 도감, 검색표, 기타 관련 문헌을 참조하여, 종 동정을 수행할 수 있다. 6. 확증표본과 비교하여 종 동정을 재검정할 수 있다. 7. 조사 대상지역의 분포 종의 목록을 작성하고 분포 양상을 파악할 수 있다. 8. 조사대상 지역의 생물상 및 종다양성을 분석·평가할 수 있다.
		3. 지표 생물종을 이용한 환경오염 평가하기	1. 환경오염에 민감한 생물종들에 대한 자료를 수집, 분석할 수 있다. 2. 각 오염원 별로 지표 생물종을 선별할 수 있다. 3. 지표 생물종을 이용하여 환경오염 정도를 평가할 수 있다.
		4. 평가결과 종합 및 보고서 작성하기	1. 조사 지역의 생물상 및 종다양성 조사 결과를 종합, 분석할 수 있다. 2. 조사 지역 생물상의 조성을 분석하여, 조사지역의 생물구계학적 특성을 규명할 수 있다. 3. 조사 지역내의 종다양성에 대한 요인 분석을 수행할 수 있다. 4. 조사 지역의 생물상 및 종다양성을 종합적으로 평가하고, 보고서를 작성할 수 있다.
	7. 생물자원보전기관 기획·관리	1. 생물자원관련기관 기획·관리하기	1. 해당 기관의 설립 목적을 파악할 수 있다. 2. 해당 기관에 소장할 생물종 및 재료의 종류 등을 파악할 수 있다. 3. 기관의 체제 및 규모를 결정할 수 있다. 4. 설립 목적과 관련 시켜 생물종의 연구, 전시 및 교육을 위한 기능을 분석, 기획할 수 있다.
		2. 생물종 자원 수집하기	1. 필요한 생물종 및 생물 재료의 종류를 파악할 수 있다. 2. 수집할 생물종 자원의 분류학적, 분포적 특성을 파악할 수 있다.

실기과목명	주요항목	세부항목	세세항목
			3. 수집 목적별, 종별, 서식지별 생물종 자원의 수집 방법을 결정할 수 있다. 4. 수집 생물종의 채집 내용을 기록·정리할 수 있다.
		3. 소장 생물종 자원 분류하기	1. 해당기관에서 새로 수집된 생물종 및 소장되어 있는 기존의 생물종을 파악할 수 있다. 2. 미동정 또는 잘못 분류되어 있는 종류를 파악할 수 있다. 3. 관련 문헌 및 검색표를 참조하여, 생물종의 동정을 수행할 수 있다. 4. 확증표본을 이용하여 종 동정을 재검정할 수 있다. 5. 동정 결과에 따라 체계적으로 분류, 소장할 수 있다.
		4. 생물자원 관리하기	1. 표본 대여 업무를 처리할 수 있다. 2. 타 기관과 생물종 교환 계획을 수립하여, 기관에서 필요한 생물종들을 확보할 수 있다. 3. 표본 수리 및 소독 작업을 수행할 수 있다. 4. 방문 연구자 및 일반인의 기관 이용을 안내할 수 있다. 5. 생물종 동정에 관한 일반인 및 타 기관의 문의에 답할 수 있다. 6. 전시 및 교육 프로그램을 기획, 준비할 수 있다. 7. 해당 기관에 목적 및 기능에 부합하도록, 생물 종 또는 재료의 효율적 관리 체계를 확립할 수 있다.
	8. 생물종 자원 보존 및 관리	1. 생물종 자원의 반입 반출 통제 관리하기	1. 국내의 희귀 및 멸종위기 생물종, 고유종, 유용 생물종의 목록과 분류학적 특징을 파악할 수 있다. 2. 생물종에 관한 국내·외 관련법, 협약을 숙지할 수 있다. 3. 반출 반입 규제 대상 생물종 목록을 파악할 수 있다. 4. 관련 기관에서 야생 생물 또는 생물자원 관련 품목을 동정 분류하고, 평가를 수행할 수 있다.
		2. 유전자 자원 수집, 분류 및 관리하기	1. 국내·외 유전자원 수집 현황 및 규모를 파악할 수 있다. 2. 유전자 자원의 모체가 되는 생물종을 파악할 수 있다.

실기과목명	주요항목	세부항목	세세항목
			3. 필요한 유전자 자원을 체계적으로 수집할 수 있다. 4. 활용 분야에 따라 유전자 자원을 분류할 수 있다. 5. 수집 및 분류된 유전자 자원을 체계적으로 관리할 수 있다.
		3. 유전자 자원 보존 및 활용방안 수립하기	1. 국내·외 유전자 자원 확보 현황 및 규모를 파악할 수 있다. 2. 국내·외 유전자 자원의 유용성 및 중요성을 파악할 수 있다. 3. 국내 생물종 중 유전자 자원으로 보존 가치가 있는 집단을 구별 할 수 있다. 4. 유전자 자원의 종합적인 관리 및 보존 대책을 수립할 수 있다.

26. 환경·에너지

자연생태복원기사

출제기준(필기)

직무분야	환경·에너지	중직무분야	환경	자격종목	자연생태복원기사	적용기간	2013. 1. 1~2017.12.31

○직무내용 : 생태공학기술, 환경계획 및 복원설계분야의 전문적 지식을 가지고 현황조사와 생태계에 미치는 교란원인을 예측·분석하고 이를 종합적으로 평가하여 보전 및 복원대책을 수립하며, 훼손이 예상되거나 이미 훼손이 진행중인 자연생태환경에 대한 복원계획·설계, 생태복원 시공, 적응관리 및 모니터링을 시행하여 동·식물의 서식환경 및 자연생태환경 본래의 모습을 되찾기 위한 업무를 수행

필기검정방법	객관식	문제수	100	시험시간	2시간 30분

필기과목명	문제수	주요항목	세부항목	세세항목
환경생태학 개론	20	1. 생태계 공통	1. 생태계 구조와 기능	1. 생태계의 구조 2. 생태계의 기능
			2. 생태계의 물질순환 및 에너지 이동	1. 일차생산량 및 이차생산량 2. 먹이사슬 및 영양단계 3. 생태계의 물질순환 4. 생태계 내의 에너지 이동
			3. 개체/개체군/군집 생태학	1. 개체생태학 2. 개체군 생태학 3. 군집생태학
		2. 육상생태계	1. 주요 육상생태계의 이해	1. 육상생태계의 구조 2. 육상생태계의 특성 및 유형
			2. 육상생태계의 천이	1. 육상생태계 천이개념 2. 육상생태계 천이과정
			3. 생물다양성 중요성 및 유지방안	1. 생물다양성의 개념 2. 생물다양성 유지의 중요성 3. 생물다양성 유지방안
			4. 토지이용과 생태계보전	1. 육상생태계를 고려한 토지이용방안 2. 육상생태계 보전방안
		3. 육수 및 연안생태계	1. 육수생태계의 이해	1. 육수생태계의 구조 2. 육수생태계의 특성 및 유형
			2. 연안생태계의 이해	1. 연안생태계의 구조 2. 연안생태계의 특성 및 유형

필기과목명	문제수	주요항목	세부항목	세세항목
			3. 육수 및 연안생태계의 오염과 보전	1. 육수생태계의 오염 2. 연안생태계의 오염 3. 육수 및 연안생태계의 보전방안
		4. 생태계 서비스	1. 생태계 서비스의 개념 및 필요성	1. 생태계 서비스 개념 2. 생태계 서비스 필요성
			2. 생태계 서비스의 이해	1. 생태계 서비스의 종류 및 구성요소 2. 생태계 서비스 가치평가 방법
		5. 환경문제 이해	1. 지역적 환경문제 이해	1. 자연생태계의 훼손 2. 토양오염 3. 도시열섬 현상 4. 오염저감을 위한 물순환
			2. 지구적 환경문제 이해	1. 기후변화 2. 산성비 3. 사막화 4. 생물다양성

필기과목명	문제수	주요항목	세부항목	세세항목
환경계획학	20	1. 환경계획의 개념 및 기초이론	1. 환경계획의 개념	1. 환경계획의 정의 2. 환경계획의 내용 3. 지속가능발전과 환경계획 4. 공간계층 및 규모와 환경계획 5. 환경계획의 절차
			2. 환경계획의 기초이론	1. 지속가능성이론 2. 환경가치평가 및 환경용량 3. 환경매체 및 환경공간 관련이론
			3. 환경의 구성체계와 매체 관리 이론	1. 환경의 구성체계 2. 매체 관리이론
		2. 환경계획의 방법론	1. 생태·녹지 네트워크론	1. 생태 네트워크의 개념 및 필요성 2. 생태 네트워크의 방향 및 추진전략 3. 생태 네트워크 계획 일반 4. 생태통로 계획방안
			2. 토지의 환경성 평가방법	1. 토지 환경성 평가의 개념 2. 국내외 사례를 통한 환경성 평가 방법 3. 국토환경성 평가지도의 개념 4. 국토환경성평가지도 제작방법 및 활용방안 5. 생태자연도 구축 방법
			3. 자연 입지적 토지이용방법론	1. 자연입지적 토지이용방법 기본방향 2. 토지이용유형별 특성 및 관리목표 3. 자연입지적 토지이용유형별 세부 관리방안 및 친환경적인 세부 규제 지침
			4. 환경계획 지표와 도시지속성 지표	1. 지속가능한 개발과 평가지표 2. 국내외 도시지속성지표의 개발현황 3. 환경지표 개념 및 종류
			5. 국토환경정보망 구축과 이용	1. 국토환경정보망의 개념 2. 국토환경정보망의 구축방안 및 이용방안
		3. 공간환경 계획의 체계와 내용	1. 국가 환경종합 계획의 체계와 내용구성	1. 국가환경종합계획의 체계 2. 국가환경종합계획의 내용구성

필기과목명	문제수	주요항목	세부항목	세세항목
			2. 자연 환경보전계획의 체계와 내용구성	1. 자연환경보전계획의 성격, 목표, 과제 2. 자연환경보전계획의 위계 및 수립 절차 3. 자연환경보전계획의 주요내용
			3. 국토공간계획의 위계와 내용	1. 국토공간계획의 위계 2. 법제적 측면에서 제시하고 있는 국토계획 및 도시계획의 유형별 내용
			4. 토지이용체계와 용도종류별 특징	1. 토지이용과 용도지역제도 2. 용도지역의 종류와 특성
		4. 분야별 환경계획	1. 공간유형별 환경계획	1. 도시지역의 환경계획 2. 농촌지역의 환경계획 3. 산림지역의 환경계획 4. 연안, 습지, 수변, 하천 등의 환경계획
			2. 개발유형별 환경계획	1. 개발유형별 환경계획의 필요성 2. 택지, 산업단지, 관광지, 도로 등 유형별 환경계획 방안
			3. 계획형태별 환경계획	1. 생태도시 환경계획 2. 생태주거단지 및 생태마을 환경계획 3. 생태공원 환경계획 4. 기후변화 적응계획
			4. 참여형 환경계획	1. 참여형 환경계획 유형 및 방향 2. 시민 참여형 환경계획 3. 환경교육 4. 환경계획과 국제협력

필기과목명	문제수	주요항목	세부항목	세세항목
생태복원공학	20	1. 생태복원 일반	1. 생태복원의 개념과 대상	1. 생태복원의 개념 및 목표설정 2. 생태복원공학의 필요성 및 학제간 협력 3. 생태복원의 대상
			2. 복원과 천이	1. 개체·개체군·군집의 개념 2. 생태복원 3. 생태천이
			3. 생물과 인간	1. 생물과 인간의 거리 2. 생물과의 만남
			4. 생물다양성과 환경 포텐셜	1. 생물다양성의 개념 2. 환경포텐셜의 개념 3. 환경포텐셜의 종류 및 평가
		2. 생태복원과 환경 요인	1. 미기상 환경요인	1. 미기상 환경요인의 종류 2. 미기상 환경요인의 고려사항 3. 조사 및 분석 방법
			2. 토양환경요인	1. 토양환경요인의 종류 2. 토양환경요인의 고려사항 3. 조사 및 분석 방법
			3. 생물환경요인	1. 생물환경요인의 종류 2. 생물환경요인의 고려사항 3. 조사 및 분석 방법
		3. 생물복원 재료	1. 식물재료	1. 식물재료의 종류 2. 식물재료의 선정 3. 식물재료의 적용방안
			2. 복원 및 녹화 기반재료	1. 복원 및 녹화 기반재료 종류 2. 재료의 선정 3. 재료의 적용 4. 기타 적용 가능한 재료
		4. 생태복원 시행공정	1. 복원시행공정	1. 생태복원 시행공정의 필요성 2. 주요 공정별 시행 내용 3. 공정표 작성
			2. 복원재료의 적산 및 시방서	1. 복원재료 적산 2. 시방서

필기과목명	문제수	주요항목	세부항목	세세항목
		5. 생태복원시행공법	1. 도시생태계 복원	1. 도시생태계의 특성 2. 벽면 및 옥상 등 인공지반 녹화 3. 우수저류 및 침투연못 4. 생태공원 조성
			2. 산림생태계 복원	1. 산림생태계의 특성 2. 도시림 복원 3. 채광지역 복원
			3. 하천(수변) 및 습지 생태계 복원	1. 하천 및 습지생태계 특성 2. 하천 및 습지생태계 복원을 위한 주요 기법
			4. 인공훼손지(도로, 매립지, 폐도로, 폐철도) 생태계 복원	1. 인공훼손지의 정의 및 종류 2. 인공훼손지 생태계 복원공법
			5. 해안 생태계 복원	1. 해안생태계의 정의 2. 해안 및 간척지역 복원공법
			6. 초지 생태계 복원	1. 초지생태계의 정의 2. 초지생태계 복원공법
			7. 건조지 생태계 복원	1. 건조지 생태계 복원의 필요성 2. 건조지 생태계 복원공법
		6. 대체자연의 조성	1. 대체자연의 설계 및 시공	1. 대체자연 위치 선정 2. 대체자연 유형의 선정 3. 대체자연 설계의 단계별 고려사항 4. 시공 및 유지관리
		7. 생태통로의 조성	1. 생태통로의 설계 및 시공	1. 생태통로 위치 선정 2. 생태통로 유형의 선정 3. 생태통로 설계의 단계별 고려사항 4. 시공 및 유지관리

필기과목명	문제수	주요항목	세부항목	세세항목
경관생태학	20	1. 경관생태학의 기초	1. 경관생태학의 개념	1. 경관생태학의 정의 2. 경관생태학의 발전 3. 경관생태학의 특징
			2. 경관의 구조	1. 패치 2. 주연부와 경계 3. 코리더와 연결성 4. 모자이크 5. 경관생태지수
			3. 경관의 기능과 변화	1. 경관의 기능 2. 경관의 변화
		2. 지리정보시스템(GIS)/ 원격 탐사(RS)와 경관 생태학	1. 지리정보시스템(GIS) 의 개념 및 적용	1. GIS역사와 발전 2. GIS개념 3. GIS의 구성요소
			2. 원격탐사(RS)의 개념 및 적용	1. RS의 역사와 발전 2. RS의 개념 및 원리 3. RS/GIS의 적용
			3. 토지이용과 경관변화	1. RS/GIS를 활용한 토지이용변화분석 2. 토지이용변화와 경관변화의 관계 분석
		3. 지역환경시스템과 경관 생태학적 지역 구분	1. 지역환경시스템	1. 거시적 측면에서의 전체상 파악 2. 등질지역과 결절지역
			2. 경관생태학적 지역 구분과 관리	1. 자연지역구분 2. 자연지역에서의 기능적 관계 3. 경관생태학적 지역구분
			3. 비오톱의 개념 및 분류	1. 비오톱의 개념 2. 비오톱의 보전 및 조성의 필요성 3. 비오톱 지도화
		4. 자연경관생태	1. 산림	1. 산림과 녹지 2. 생태천이와 산림녹지 경관 3. 산림녹지생태계와 산림대 4. 산림녹지경관의 생태적 보전과 계획

필기과목명	문제수	주요항목	세부항목	세세항목
			2. 해안/해양	1. 해안/해양경관생태학의 개념 2. 해안/해양의 유형별 경관생태 3. 해안/해양경관의 인공적 변화 4. 해안/해양경관보전
			3. 습지	1. 습지 생태계의 개념 2. 습지 생태계의 구조와 특성 3. 습지 경관생태의 보전과 관리
			4. 자연보전지역	1. 자연보전지역의 보전 및 관리
		5. 인공경관생태	1. 농촌	1. 농촌의 경관생태학 개념 2. 농촌경관생태의 구조와 특성 3. 농촌경관의 생태학적 녹지계획 및 생태복원
			2. 도시	1. 도시생태계의 개념 2. 도시경관생태의 구조와 특성 3. 도시경관생태의 보전과 관리
			3. 인공지반	1. 인공지반녹화의 개념 및 필요성 2. 옥상/벽면 3. 광산/채석장 4. 댐 5. 도로 등
		6. 복원 및 개발계획에서의 경관생태	1. 보전·복원계획과 경관생태	1. 보전생물학, 복원생태학, 경관생태학의 개념 2. 복원을 위한 경관생태학의 적용 3. 보호구설계와 경관생태학
			2. 개발계획과 경관생태	1. 자연과 인공환경의 생태학 2. 비의도적인 환경변화의 제어 3. 생태적 개발과 환경보전 4. 생태통로 및 생태축 5. 하천코리더 6. 누적영향 등
			3. 생태복원기술과 경관생태	1. 종 또는 개체군의 복원 2. 서식처 또는 군집의 복원 3. 생물다양성의 개념

필기과목명	문제수	주요항목	세부항목	세세항목
		7. 환경영향평가와 경관생태	1. 환경영향의 경관생태학적 개념과 이해	1. 환경영향평가의 개념 2. 환경영향의 경관생태학적 개념 3. 전략환경영향평가
			2. 전략환경영향평가와 경관생태	1. 현황조사 2. 영향예측 3. 저감대책 등
			3. 환경영향평가와 경관생태	1. 현황조사 2. 영향예측 3. 저감대책 등

필기과목명	문제수	주요항목	세부항목	세세항목
자연환경관계법규	20	1. 자연환경관련 국내법규	1. 자연보전 등에 관한 법령(상기 법령 중 자연보전 및 생태복원에 관한 사항)	1. 환경정책기본법, 시행령, 시행규칙 2. 자연환경보전법, 시행령, 시행규칙 3. 야생생물 보호 및 관리에 관한 법률, 시행령, 시행규칙 4. 백두대간 보호에 관한 법률, 시행령 5. 자연공원법, 시행령, 시행규칙 6. 습지보전법, 시행령, 시행규칙 7. 독도 등 도서지역의 생태계 보전에 관한 특별법, 시행령, 시행규칙 8. 생물다양성 보전 및 이용에 관한 법률 9. 자연보전 등에 관한 기타 법령
			2. 토지이용 등에 관한 법령(상기 법령 중 자연보전 및 생태복원에 관한 사항)	1. 국토기본법, 시행령 2. 국토의 계획 및 이용에 관한 법률, 시행령, 시행규칙 3. 개발제한구역의 지정 및 관리에 관한 특별 조치법, 시행령, 시행규칙 4. 산지관리법, 시행령, 시행규칙 5. 농지법, 시행령, 시행규칙 6. 토지이용 등에 관한 기타 법령

출제기준(실기)

직무 분야	환경·에너지	중직무 분야	환경	자격 종목	자연생태복원기사	적용 기간	2013. 1. 1~2017.12.31

○직무내용 : 생태공학기술, 환경계획 및 복원설계분야의 전문적 지식을 가지고 현황조사와 생태계에 미치는 교란원 인을 예측·분석하고 이를 종합적으로 평가하여 보전 및 복원대책을 수립하며, 훼손이 예상되거나 이미 훼손이 진행중인 자연생태환경에 대한 복원계획·설계, 생태복원 시공, 적응관리 및 모니터링을 시행하여 동·식물의 서식환경 및 자연생태환경 본래의 모습을 되찾기 위한 업무를 수행

○수행준거 : 1. 환경생태 계획을 통해 국토이용 및 관리를 할 수 있다.
            2. 생태계조사 항목 선정기법 및 생태계 교란 예측기법, 종합평가를 할 수 있다.
            3. 생태복원 계획, 설계, 공법의 적용 및 시방서, 적산 등을 할 수 있다.
            4. 생태계 조사대상 사업, 감시 감독, 평가서 협의, 평가 합의 등을 할 수 있다.

실기검정방법	복합형	시험시간	5시간 정도 (필답형 2시간, 작업형 3시간 정도)

실기과목명	주요항목	세부항목	세세항목
환경생태실무	1. 환경의 계획 및 법규	1. 환경계획의 목표설정하기	1. 환경계획의 영역을 분류할 수 있다. 2. 환경계획의 내용과 성격을 파악할 수 있다. 3. 지속가능발전과 유형에 따른 환경계획을 파악할 수 있다. 4. 환경계획의 주요 이론과 개념을 설명할 수 있다. 5. 환경계획의 유형별 목표를 설정할 수 있다.
		2. 관련법규 검토하기	1. 환경정책기본법을 검토할 수 있다. 2. 자연환경보전법을 검토할 수 있다. 3. 독도 등 도서지역의 생태계 보전에 관한 특별법을 검토할 수 있다. 4. 습지보전법을 검토할 수 있다. 5. 야생생물 보호 및 관리에 관한 법률을 검토할 수 있다. 6. 백두대간 보호에 관한 법률을 검토할 수 있다. 7. 국토의 계획 및 이용에 관한 법률을 검토할 수 있다.
		3. 환경계획 방법론 이해하기	1. 생태네트워크의 필요성 및 개념을 설명할 수 있다. 2. 생태네트워크의 방향 및 추진전략을 수립할 수 있다. 3. 토지환경성 평가의 개념과 방법을 설명할 수 있다. 4. 토지이용유형별 특성 및 관리목표를 파악할 수 있다. 5. 지속가능한 개발과 평가지표를 설정할 수 있다.

실기과목명	주요항목	세부항목	세세항목
			6. 국토환경성 평가의 개념을 숙지하고 평가도를 작성할 수 있다. 7. 국토환경정보망의 개념과 구축 및 이용방안을 설명할 수 있다.
		4. 환경계획 수립하기	1. 국토공간계획의 위계와 내용을 파악할 수 있다. 2. 토지이용체계와 용도지역의 특성을 파악할 수 있다. 3. 국토 및 자연환경보전계획의 체계와 내용을 파악할 수 있다. 4. 분야별 환경계획의 개념과 특성을 설명할 수 있다.
	2. 자연생태계의 이해	1. 생태계의 구조와 기능이해하기	1. 생태계의 구조와 기능을 설명할 수 있다. 2. 생태계의 물질순환 및 에너지의 이동과 흐름에 관한 내용을 설명할 수 있다. 3. 생태계의 상호작용을 설명할 수 있다. 4. 생태계의 제한요인을 설명할 수 있다. 5. 개체군의 특성과 동태를 파악할 수 있다.
		2. 육상생태계 이해하기	1. 군집의 구성과 동태를 파악할 수 있다. 2. 군집의 발달요인을 분석하고 천이의 분류 및 특성을 파악할 수 있다. 3. 주요 육상생태계의 분류 및 특성을 파악할 수 있다. 4. 생물다양성의 개념과 생물자원의 중요성을 설명할 수 있다. 5. 토양오염의 개요와 발생원인, 영향, 대책 등에 관한 이론적 개념을 확립할 수 있다. 6. 국토이용 및 생태계보전방안에 대한 개념을 확립할 수 있다.
		3. 육수 및 연안 생태계 이해하기	1. 강, 하천, 호수, 연못의 정의를 이해하고 구성요소를 파악할 수 있다. 2. 해양생태계의 구분과 개념을 설명할 수 있다. 3. 해양군집의 특성과 종류를 파악하고 구성요소를 이해할 수 있다. 4. 수질오염의 종류와 발생원인을 파악할 수 있다. 5. 해양오염의 종류와 발생원인을 파악할 수 있다. 6. 육수 및 해안생태계의 오염방지대책을 마련할 수 있다.

실기과목명	주요항목	세부항목	세세항목
	3. 자연생태계의 조사 및 방법	1. 조사계획 수립하기	1. 생태조사 계획의 목적을 숙지할 수 있다. 2. 조사 대상 우선순위를 결정할 수 있다. 3. 주변 환경 및 생물군과의 연관성을 고려하여 조사 계획을 수립할 수 있다. 4. 생태계 조사를 위한 자료를 수집할 수 있다.
		2. 생태계 환경요인 조사하기	1. 지리, 지형, 경관적 특성을 조사할 수 있다. 2. 대기환경 요인들을 조사할 수 있다. 3. 토양환경 요인들을 조사할 수 있다. 4. 수환경 요인들을 조사할 수 있다.
		3. 생물군집 구조조사하기	1. 동·식물 군집구조 조사를 위한 조사 방법의 유형과 특성을 파악할 수 있다. 2. 조사 목적과 범위에 따른 조사 방법을 설정할 수 있다. 3. 조사 유형별 조사항목을 설정할 수 있다. 4. 조사대상에 따른 다양한 조사법을 활용하여 목적에 알맞은 조사를 실시할 수 있다.
		4. 생태계 서비스 조사하기	1. 생태계 구성 인자를 파악할 수 있다. 2. 기후변화에 따른 생태계서비스의 변화를 파악할 수 있다. 3. 생태계서비스 증진 및 복원을 위한 방안을 파악할 수 있다. 4. 생태계서비스 기능의 경제적 가치를 이해할 수 있다.
		5. 자료정리 및 분석하기	1. 생물 개체군 분포 및 군집구조를 분석할 수 있다. 2. 종풍부도와 종다양도를 분석할 수 있다. 3. 군집유사도를 분석할 수 있다. 4. 종간 상호작용을 분석할 수 있다. 5. 먹이그물을 분석할 수 있다. 6. 양분 유입 및 유출을 분석할 수 있다. 7. 생지화학적 순환을 분석할 수 있다. 8. 생태계 건전성 및 천이계열을 분석할 수 있다.
	4. 경관생태계의 이해 및 분석	1. 경관생태학적 지역구분하기	1. 경관의 구조, 기능, 변화를 이해하고 경관생태학적 평가를 할 수 있다. 2. 식생, 야생 동·식물, 생물다양성, 지형경관 등을 활용한 생태자연도를 작성할 수 있다. 3. 비오톱의 형태구분과 비오톱 맵을 작성할 수 있다. 4. 경관생태학적 지역을 구분할 수 있다. 5. 경관생태지수를 산정할 수 있다.

실기과목명	주요항목	세부항목	세세항목
		2. 자연경관생태 분석 및 평가하기	1. 산림의 개념정립, 산림녹지경관의 생태적 보전과 계획을 위한 이론적 정의를 이해할 수 있다. 2. 해양경관생태의 구분과 구성요소별 특징을 파악할 수 있다. 3. 해양의 유형별 경관상태와 인공적변화에 관한 분류 및 특성을 평가하여 보전을 위한 방안을 마련할 수 있다. 4. 습지/자연보전지역의 특성과 평가요소를 숙지할 수 있다. 5. 습지/자연보전지역의 보전과 관리를 위한 유형별 분류 및 계획을 수립할 수 있다.
		3. 인공경관생태 분석 및 평가하기	1. 농촌경관의 생태학적 분석 및 평가를 통해 녹지계획과 생태복원 방안을 마련할 수 있다. 2. 도시경관생태의 분석 및 평가를 통해 보전과 관리방안을 마련할 수 있다. 3. 옥상, 댐, 도로비탈면의 복원과 관리방안을 마련할 수 있다.
		4. 복원계획 및 영향평가시 경관생태학적 적용하기	1. 경관생태학에 기초한 복원 목표를 설정할 수 있다. 2. 정치, 경제, 사회, 과학 분야의 의견과 지식을 수렴하여 경관생태학적인 최종적인 복원 방법을 조절할 수 있다. 3. 생태통로 및 생태축을 설정할 수 있다. 4. 서식처 또는 군집의 복원시 경관생태적 개념을 적용할 수 있다. 5. 전략영향평가에서 경관생태학적 개념과 관점을 이해할 수 있다. 6. 환경영향평가에 있어 영향예측을 통한 저감대책을 마련할 수 있다. 7. 주요 동식물의 서식처 요구사항을 파악하고 서식처 조성계획을 수립할 수 있다.
	5. 생태복원공학의 적용	1. 생태복원 목표설정하기	1. 사업계획 및 그 내용을 정확히 파악하고, 사업대상지역과 관련한 각종 계획과의 연계성을 조사할 수 있다. 2. 사업계획에 대한 전체적인 내용을 파악하여, 복원에 대한 기본 이념을 설정할 수 있다. 3. 복원의 기본 이념에 부합한 실제 적용 가능하도록 보편·타당한 복원 목표 방안을 제시하고 이에 대한 체계적인 분석을 실시할 수 있다. 4. 사업계획 대상지역에서의 최종적인 복원 목표를 설정하고 복원지침을 검토할 수 있다.

실기과목명	주요항목	세부항목	세세항목
		2. 생태복원 방법론 이해하기	1. 생태복원에 대한 복원 방향 및 범위를 면밀히 파악하기 위하여 문헌 및 현장 조사를 실시할 수 있다. 2. 사업대상 지역에 대한 현장성 및 생태복원방안의 제한성, 경제성 등을 파악할 수 있다. 3. 최적의 생태복원 방안을 평가하고, 사업계획 지역에 대한 유기적인 복원 계획을 수립할 수 있다.
		3. 생태복원공법 이해하기	1. 복원목표에 따른 적합한 복원공법을 선정할 수 있다. 2. 복원목표에 적합한 복원공법(다층구조식재, 토양유실방지용 지피식재, 돌쌓기공사, 비탈면 녹화공사, 습지조성공사 등)의 공정별 특성 및 기능을 파악할 수 있다. 3. 복원목표에 따른 각 복원공법의 적용방법과 천이에 대해 이해할 수 있다. 4. 선정된 복원공법을 적용한 설계 및 적산(도면작성, 품셈적용, 일위대가작성, 수량산출)을 할 수 있다. 5. 시방서를 작성할 수 있다.
		4. 시공 및 모니터링하기	1. 생태복원의 개념과 목표를 이해할 수 있다. 2. 도시생태계 복원을 위한 개요를 이해하고, 대상지 유형별 복원공법의 특성과 적용성을 숙지할 수 있다. 3. 산림생태계 복원을 위한 개요를 이해하고, 대상지 유형별 복원공법의 특성과 적용성을 숙지할 수 있다. 4. 수변 및 하천지역의 생태계 복원을 위한 개요를 이해하고, 대상지 유형별 복원공법의 특성과 적용성을 숙지할 수 있다. 5. 해안 및 간척지역의 생태계 복원을 위한 개요를 이해하고, 대상지 유형별 복원공법의 특성과 적용성을 숙지할 수 있다. 6. 도로 비탈면의 생태계 복원을 위한 개요를 이해하고, 대상지 유형별 복원공법의 특성과 적용성을 숙지할 수 있다. 7. 매립지 및 야생초지의 생태계 복원을 위한 개요를 이해하고, 대상지 유형별 복원공법의 특성과 적용성을 숙지할 수 있다. 8. 순응적관리 기법을 적용한 유지관리를 할 수 있다.

실기과목명	주요항목	세부항목	세세항목
	6. 생태복원재료의 활용 및 설계	1. 생태기반 환경분석하기	1. 토양개량재의 개요를 이해할 수 있다. 2. 무기질 토양 개량재의 종류 및 특성을 숙지할 수 있다. 3. 유기질 토양 개량재의 종류 및 특성을 숙지할 수 있다. 4. 비료 및 재활용 자재의 특성 및 활용방법을 숙지할 수 있다. 5. 기타 재료의 특성 및 종류와 복원재료로의 활용성을 파악할 수 있다.
		2. 생물적 생태복원재료의 검토 및 선정하기	1. 식물의 일반적 분류(성상별 분류, 고유종, 지피식물, 수생식물 등)와 분류에 따른 정의 및 식물종을 숙지할 수 있다. 2. 식물재료와 내환경성(삼림과 기온, 광선, 바람 등)에 따른 특성 파악과 식물종 적합성을 판단할 수 있다. 3. 복원대상지별 적합한 동·식물재료의 선정과 기준을 검토할 수 있다. 4. 환경위해종, 생태계 교란종에 대한 이해와 적응적 관리에 적합한 소재를 선정할 수 있다.
		3. 비생물적 재료의 검토 및 선정하기	1. 비생물 재료의 일반적 분류(형태별 분류, 특성별, 사용별 등)와 분류에 따른 정의 및 비생물 재료 종류를 숙지할 수 있다. 2. 비생물재료와 환경성에 따른 특성 파악과 사용의 적합성을 판단할 수 있다. 3. 복원대상지별 적합한 재료의 선정과 기준을 검토할 수 있다.
		4. 생태복원설계 이해하기	1. 시방서 작성 기준을 설정할 수 있다. 2. 일반시방서를 작성할 수 있다. 3. 설계조건 및 설계도에 부합되는 부문별 특별시방서를 작성할 수 있다. 4. 도면에 표현하기 어려운 공종의 특별시방서를 작성할 수 있다. 5. 수량산출기준 설정, 표기법 숙지, 할증법을 숙지할 수 있다. 6. 공종별 단위수량 산출서를 작성할 수 있다. 7. 공종별 총괄수량 산출서를 작성할 수 있다. 8. 각종 재료(골재, 주요자재 : 관급자재)를 집계할 수 있다. 9. 기초일위대가, 내역서, 원가계산서 작성기준 설정할 수 있다.

실기과목명	주요항목	세부항목	세세항목
			10. 기초일위대가 작성할 수 있다. 11. 총괄내역서를 작성할 수 있다. 12. 공사원가 계산서를 작성(제경비 적용기준 적용)할 수 있다.

26. 환경·에너지

자연생태복원산업기사

출제기준(필기)

직무 분야	환경·에너지	중직무 분야	환경	자격 종목	자연생태복원산업기사	적용 기간	2013. 1. 1~2017.12.31

○직무내용 : 생태공학기술, 환경계획 및 복원설계분야의 전문적 지식을 가지고 현황조사와 생태계에 미치는 교란원인을 예측·분석하고 훼손이 예상되거나 이미 훼손이 진행중인 자연생태환경에 대한 조사분석, 생태복원시공, 적응관리 및 모니터링을 지원하는 업무를 수행

필기검정방법	객관식	문제수	80	시험시간	2시간

필기과목명	문제수	주요항목	세부항목	세세항목
환경생태학 개론	20	1. 생태계 공통	1. 생태계 구조와 기능	1. 생태계의 구조 2. 생태계의 기능
			2. 생태계의 물질순환 및 에너지 이동	1. 일차생산량 및 이차생산량 2. 먹이사슬 및 영양단계 3. 생태계의 물질순환 4. 생태계 내의 에너지 이동
			3. 개체/개체군/군집 생태학	1. 개체생태학 2. 개체군 생태학 3. 군집생태학
		2. 육상생태계	1. 주요 육상생태계의 이해	1. 육상생태계의 구조 2. 육상생태계의 특성 및 유형
			2. 육상생태계의 천이	1. 육상생태계 천이개념 2. 육상생태계 천이과정
			3. 생물다양성 중요성 및 유지방안	1. 생물다양성의 개념 2. 생물다양성 유지의 중요성 3. 생물다양성 유지방안
			4. 토지이용과 생태계보전	1. 육상생태계를 고려한 토지이용방안 2. 육상생태계 보전방안
		3. 육수 및 연안생태계	1. 육수생태계의 이해	1. 육수생태계의 구조 2. 육수생태계의 특성 및 유형
			2. 연안생태계의 이해	1. 연안생태계의 구조 2. 연안생태계의 특성 및 유형

필기과목명	문제수	주요항목	세부항목	세세항목
			3. 육수 및 연안생태계의 오염과 보전	1. 육수생태계의 오염 2. 연안생태계의 오염 3. 육수 및 연안생태계의 보전방안
		4. 생태계 서비스	1. 생태계 서비스의 개념 및 필요성	1. 생태계 서비스 개념 2. 생태계 서비스 필요성
			2. 생태계 서비스의 이해	1. 생태계 서비스의 종류 및 구성요소 2. 생태계 서비스 가치평가 방법
		5. 환경문제 이해	1. 지역적 환경문제 이해	1. 자연생태계의 훼손 2. 토양오염 3. 도시열섬 현상 4. 오염저감을 위한 물순환
			2. 지구적 환경문제 이해	1. 기후변화 2. 산성비 3. 사막화 4. 생물다양성

필기과목명	문제수	주요항목	세부항목	세세항목
환경학 개론	20	1. 환경계획의 개념 및 기초이론	1. 환경계획의 개념	1. 환경계획의 정의 2. 환경계획의 내용 3. 환경계획의 유형 4. 환경계획의 절차
			2. 환경계획의 기초이론	1. 환경용량 및 환경생태이론 2. 환경공간이론 3. 지속가능성 이론
			3. 환경의 구성체계와 매체관리이론	1. 환경의 구성체계 2. 환경 매체 관리이론
		2. 환경계획의 방법론	1. 생태·녹지 네트워크론	1. 생태·녹지 네트워크 기본개념 2. 생태·녹지 네트워크론
			2. 토지의 환경성 평가방법	1. 토지 환경성 평가 개념 2. 토지의 환경성 평가방법
			3. 환경계획 지표	1. 지속가능한 개발의 개념 2. 환경지표 개념 및 종류
		3. 공간 환경계획의 체계와 내용	1. 국가 환경계획의 체계와 내용구성	1. 국가 환경계획의 체계 2. 국가 환경계획의 내용구성
			2. 자연환경보전계획의 체계와 내용구성	1. 자연환경보전계획의 성격, 목표, 과제 2. 자연환경보전계획의 위계 및 수립절차 3. 자연환경보전계획의 주요내용
			3. 국토공간계획의 위계와 내용	1. 국토공간계획의 위계 2. 국토계획 및 도시계획의 유형별 내용
		4. 분야별 환경계획	1. 공간유형별 환경계획	1. 도시지역의 환경계획 2. 농촌지역의 환경계획 3. 산림지역의 환경계획 4. 연안, 습지, 수변, 하천 등의 환경계획
			2. 개발유형별 환경계획	1. 개발유형별 환경계획의 필요성 2. 택지, 산업단지, 관광지, 도로 등 유형별 환경계획 방안

필기과목명	문제수	주요항목	세부항목	세세항목
생태복원공학	20	1. 생태복원 일반	1. 생태복원의 개념과 대상	1. 생태복원의 개념 및 목표설정 2. 생태복원공학의 필요성 및 학제간 협력 3. 생태복원의 대상
			2. 복원과 천이	1. 개체·개체군·군집의 개념 2. 생태복원 3. 생태천이
			3. 생물과 인간	1. 생물과 인간의 거리 2. 생물과의 만남
			4. 환경 포텐셜	1. 환경 포텐셜의 개념 2. 환경 포텐셜의 종류 및 평가
		2. 생태복원과 환경 요인	1. 미기상 환경요인	1. 미기상 환경요인의 종류 2. 미기상 환경요인의 고려사항 3. 조사 및 분석 방법
			2. 토양환경요인	1. 토양환경요인의 종류 2. 토양환경요인의 고려사항 3. 조사 및 분석 방법
			3. 생물환경요인	1. 생물환경요인의 종류 2. 생물환경요인의 고려사항 3. 조사 및 분석 방법
		3. 생물복원 재료	1. 식물재료	1. 식물재료의 종류 2. 식물재료의 선정 및 적용방안 3. 기타
			2. 복원 및 녹화 기반재료	1. 복원 및 녹화 기반재료 종류 2. 재료의 선정 및 적용 3. 기타 적용 가능한 재료
		4. 생태복원 시행공정	1. 복원시행공정	1. 생태복원 시행공정의 필요성 2. 주요 공정별 시행 내용 3. 공정표 작성
			2. 복원소요재료의 적산	1. 복원재료 적산

필기과목명	문제수	주요항목	세부항목	세세항목
		5. 생태복원시행공법	1. 도시생태계 복원	1. 도시생태계의 특성 2. 벽면 및 옥상 등 인공지반 녹화 3. 우수저류 및 침투연못 4. 생태공원 조성
			2. 산림생태계 복원	1. 산림생태계의 특성 2. 도시림 복원 3. 채광지역 복원
			3. 하천(수변) 및 습지 생태계 복원	1. 하천 및 습지생태계 특성 2. 하천 및 습지생태계 복원을 위한 주요 기법
			4. 인공훼손지(도로, 매립지, 폐도로, 폐철도) 생태계 복원	1. 인공훼손지의 정의 2. 인공훼손지 생태계 복원공법
			5. 해안 생태계 복원	1. 해안생태계의 정의 2. 해안 및 간척지역 복원공법
			6. 초지 생태계 복원	1. 초지생태계의 정의 2. 초지생태계 복원공법
		6. 대체자연의 조성	1. 대체자연의 설계 및 시공	1. 대체자연 위치 선정 2. 대체자연 유형의 선정 3. 대체자연 설계의 단계별 고려사항 4. 시공 및 유지관리

필기과목명	문제수	주요항목	세부항목	세세항목
생태조사 방법론	20	1. 조사계획	1. 계획	1. 생태조사 개요 2. 우선조사 항목 3. 표본추출 방법 4. 조사빈도
		2. 생물군집구조 조사방법	1. 식물군집조사	1. Braun-Blanquet 법 2. 방형구법 3. 대상법 및 선차단법 4. 플랑크톤 조사
			2. 동물군집조사	1. 육상 무척추동물 2. 저서생물 3. 어패류 4. 양서류·파충류·포유류 5. 조류
		3. 생태계기능 조사방법	1. 물질 생산량 조사	1. 물질 생산량의 개념 2. 생산량 및 생물량 추정
			2. 물질 분해량 및 미생물 활성 조사	1. 이론적 배경 2. 토양 유기물 분류 3. 식물 낙엽 분해 4. 미생물활성 조사
		4. 생태계 환경요인 조사방법	1. 지리·지형·경관적 특성	1. 해발고도 및 경사, 방위와 각도 2. 지형과 토양 3. 경관적 특성
			2. 대기 환경	1. 대기환경 개요 2. 기온, 강수량, 습도, 바람, 빛 3. 기후도
			3. 토양 환경	1. 토양시료의 채취 2. 토양의 물리적 성질 3. 토양의 화학적 성질 4. 기기분석
			4. 수 환경	1. 물리적 특성 2. 화학적 특성 3. 환원 증류-킬달법(합산법)
		5. 자료 정리·분석	1. 개체군 분포 및 군집구조	1. 개체군분포 2. 군집구조

필기과목명	문제수	주요항목	세부항목	세세항목
			2. 종풍부도와 종다양도	1. 종풍부도 2. 종다양도
			3. 군집 및 종간상호작용	1. 군집 유사도의 측정 2. 종간상호작용
			4. 자료정리 기타	1. 먹이그물 2. 양분유입 및 유출 3. 생지화학적 순환 4. 생태계 건전성 및 천이

출제기준(실기)

직무분야	환경·에너지	중직무분야	환경	자격종목	자연생태복원산업기사	적용기간	2013. 1. 1~2017.12.31

○직무내용 : 생태공학기술, 환경계획 및 복원설계분야의 전문적 지식을 가지고 현황조사와 생태계에 미치는 교란원인을 예측·분석하고 훼손이 예상되거나 이미 훼손이 진행중인 자연생태환경에 대한 조사분석, 생태복원 시공, 적응관리 및 모니터링을 지원하는 업무를 수행

○수행준거 : 1. 생태계 조사항목 선정 및 조사 기법을 이해하고 적용할 수 있다.
　　　　　　 2. 생태계구성 요소 및 기능, 기초적 변화를 예측 기법을 이해하고 적용할 수 있다.
　　　　　　 3. 현장에 필요한 기초적 생태계 복원기법을 이해하고 적용할 수 있다.
　　　　　　 4. 생태계 내 보호종을 파악할 수 있다.
　　　　　　 5. 생태계 현장을 감시하고 감독할 수 있다.

실기검정방법	복합형	시험시간	4시간 정도 (필답형 1시간 30분, 작업형 2시간 30분 정도)

실기과목명	주요항목	세부항목	세세항목
환경생태실무	1. 환경의 계획 및 법규	1. 환경계획의 목표설정하기	1. 환경계획의 영역을 분류할 수 있다. 2. 환경계획의 내용과 성격을 파악할 수 있다. 3. 지속가능발전과 유형에 따른 환경계획을 파악할 수 있다. 4. 환경계획의 주요 이론과 개념을 설명할 수 있다. 5. 환경계획의 유형별 목표를 설정할 수 있다.
		2. 관련법규 검토하기	1. 환경정책기본법을 검토할 수 있다. 2. 자연환경보전법을 검토할 수 있다. 3. 독도 등 도서지역의 생태계 보전에 관한 특별법을 검토할 수 있다. 4. 습지보전법을 검토할 수 있다. 5. 야생생물 보호 및 관리에 관한 법률을 검토할 수 있다. 6. 백두대간 보호에 관한 법률을 검토할 수 있다. 7. 국토의 계획 및 이용에 관한 법률을 검토할 수 있다.
		3. 환경계획 방법론 이해하기	1. 생태네트워크의 필요성 및 개념을 설명할 수 있다. 2. 생태네트워크의 방향 및 추진전략을 수립할 수 있다. 3. 토지환경성 평가의 개념과 방법을 설명할 수 있다. 4. 토지이용유형별 특성 및 관리목표를 파악할 수 있다.

실기과목명	주요항목	세부항목	세세항목
			5. 지속가능한 개발과 평가지표를 설정할 수 있다. 6. 국토환경성 평가의 개념을 숙지하고 평가도를 작성할 수 있다. 7. 국토환경정보망의 개념과 구축 및 이용방안을 설명할 수 있다.
		4. 환경계획 수립하기	1. 국토공간계획의 위계와 내용을 파악할 수 있다. 2. 토지이용체계와 용도지역의 특성을 파악할 수 있다. 3. 국토 및 자연환경보전계획의 체계와 내용을 파악할 수 있다. 4. 분야별 환경계획의 개념과 특성을 설명할 수 있다.
	2. 자연생태계의 이해	1. 생태계의 구조와 기능이해하기	1. 생태계의 구조와 기능을 설명할 수 있다. 2. 생태계의 물질순환 및 에너지의 이동과 흐름에 관한 내용을 설명할 수 있다. 3. 생태계의 상호작용을 설명할 수 있다. 4. 생태계의 제한요인을 설명할 수 있다. 5. 개체군의 특성과 동태를 파악할 수 있다.
		2. 육상생태계 이해하기	1. 군집의 구성과 동태를 파악할 수 있다. 2. 군집의 발달요인을 분석하고 천이의 분류 및 특성을 파악할 수 있다. 3. 주요 육상생태계의 분류 및 특성을 파악할 수 있다. 4. 생물다양성의 개념과 생물자원의 중요성을 설명할 수 있다. 5. 토양오염의 개요와 발생원인, 영향, 대책 등에 관한 이론적 개념을 확립할 수 있다. 6. 국토이용 및 생태계보전방안에 대한 개념을 확립할 수 있다.
		3. 육수 및 연안 생태계 이해하기	1. 강, 하천, 호수, 연못의 정의를 이해하고 구성요소를 파악할 수 있다. 2. 해양생태계의 구분과 개념을 설명할 수 있다. 3. 해양군집의 특성과 종류를 파악하고 구성요소를 이해할 수 있다. 4. 수질오염의 종류와 발생원인을 파악할 수 있다. 5. 해양오염의 종류와 발생원인을 파악할 수 있다. 6. 육수 및 해안생태계의 오염방지대책을 마련할 수 있다.

실기과목명	주요항목	세부항목	세세항목
	3. 자연생태계의 조사 및 방법	1. 조사계획 수립하기	1. 생태조사 계획의 목적을 숙지할 수 있다. 2. 조사 대상 우선순위를 결정할 수 있다. 3. 주변 환경 및 생물군과의 연관성을 고려하여 조사 계획을 수립할 수 있다. 4. 생태계 조사를 위한 자료를 수집할 수 있다.
		2. 생태계 환경요인 조사하기	1. 지리, 지형, 경관적 특성을 조사할 수 있다. 2. 대기환경 요인들을 조사할 수 있다. 3. 토양환경 요인들을 조사할 수 있다. 4. 수환경 요인들을 조사할 수 있다.
		3. 생물군집 구조조사하기	1. 동·식물 군집구조 조사를 위한 조사 방법의 유형과 특성을 파악할 수 있다. 2. 조사 목적과 범위에 따른 조사 방법을 설정할 수 있다. 3. 조사 유형별 조사항목을 설정할 수 있다. 4. 조사대상에 따른 다양한 조사법을 활용하여 목적에 알맞은 조사를 실시할 수 있다.
		4. 생태계 서비스 조사하기	1. 생태계 구성 인자를 파악할 수 있다. 2. 기후변화에 따른 생태계서비스의 변화를 파악할 수 있다. 3. 생태계서비스 증진 및 복원을 위한 방안을 파악할 수 있다. 4. 생태계서비스 기능의 경제적 가치를 이해할 수 있다.
		5. 자료정리 및 분석하기	1. 생물 개체군 분포 및 군집구조를 분석할 수 있다. 2. 종풍부도와 종다양도를 분석할 수 있다. 3. 군집유사도를 분석할 수 있다. 4. 종간 상호작용을 분석할 수 있다. 5. 먹이그물을 분석할 수 있다. 6. 양분 유입 및 유출을 분석할 수 있다. 7. 생지화학적 순환을 분석할 수 있다. 8. 생태계 건전성 및 천이계열을 분석할 수 있다.
	4. 생태복원공학의 적용	1. 생태복원 목표설정하기	1. 사업계획 및 그 내용을 정확히 파악하고, 사업대상지역과 관련한 각종 계획과의 연계성을 조사할 수 있다. 2. 사업계획에 대한 전체적인 내용을 파악하여, 복원에 대한 기본 이념을 설정할 수 있다.

실기과목명	주요항목	세부항목	세세항목
			3. 복원의 기본 이념에 부합한 실제 적용 가능하도록 보편·타당한 복원 목표 방안을 제시하고 이에 대한 체계적인 분석을 실시할 수 있다. 4. 사업계획 대상지역에서의 최종적인 복원 목표를 설정하고 복원지침을 검토할 수 있다.
		2. 생태복원 방법론 이해하기	1. 생태복원에 대한 복원 방향 및 범위를 면밀히 파악하기 위하여 문헌 및 현장 조사를 실시할 수 있다. 2. 사업대상 지역에 대한 현장성 및 생태복원방안의 제한성, 경제성 등을 파악할 수 있다. 3. 최적의 생태복원 방안을 평가하고, 사업계획 지역에 대한 유기적인 복원 계획을 수립할 수 있다. 4. 주요 동·식물의 서식처 요구사항을 파악하고 서식처 조성계획을 수립할 수 있다.
		3. 생태복원공법 이해하기	1. 복원목표에 따른 적합한 복원공법을 선정할 수 있다. 2. 복원목표에 적합한 복원공법(다층구조식재, 토양유실방지용 지피식재, 돌쌓기공사, 비탈면 녹화공사, 습지조성공사 등)의 공정별 특성 및 기능을 파악할 수 있다. 3. 복원목표에 따른 각 복원공법의 적용방법과 천이에 대해 이해할 수 있다. 4. 선정된 복원공법을 적용한 설계 및 적산(도면작성, 품셈적용, 일위대가작성, 수량산출)을 할 수 있다. 5. 시방서를 작성할 수 있다.
		4. 시공 및 모니터링하기	1. 생태복원의 개념과 목표를 이해할 수 있다. 2. 도시생태계 복원을 위한 개요를 이해하고, 대상지 유형별 복원공법의 특성과 적용성을 숙지할 수 있다. 3. 산림생태계 복원을 위한 개요를 이해하고, 대상지 유형별 복원공법의 특성과 적용성을 숙지할 수 있다. 4. 수변 및 하천지역의 생태계 복원을 위한 개요를 이해하고, 대상지 유형별 복원공법의 특성과 적용성을 숙지할 수 있다. 5. 해안 및 간척지역의 생태계 복원을 위한 개요를 이해하고, 대상지 유형별 복원공법의 특성과 적용성을 숙지할 수 있다.

실기과목명	주요항목	세부항목	세세항목
	5. 생태복원재료의 활용 및 설계		6. 도로 비탈면의 생태계 복원을 위한 개요를 이해하고, 대상지 유형별 복원공법의 특성과 적용성을 숙지할 수 있다. 7. 매립지 및 야생초지의 생태계 복원을 위한 개요를 이해하고, 대상지 유형별 복원공법의 특성과 적용성을 숙지할 수 있다. 8. 순응적관리 기법을 적용한 유지관리를 할 수 있다.
		1. 생태기반 환경분석하기	1. 토양개량재의 개요를 이해할 수 있다. 2. 무기질 토양 개량재의 종류 및 특성을 숙지할 수 있다. 3. 유기질 토양 개량재의 종류 및 특성을 숙지할 수 있다. 4. 비료 및 재활용 자재의 특성 및 활용방법을 숙지할 수 있다. 5. 기타 재료의 특성 및 종류와 복원재료로의 활용성을 파악할 수 있다.
		2. 생물적 생태복원재료의 검토 및 선정하기	1. 식물의 일반적 분류(성상별 분류, 고유종, 지피식물, 수생식물 등)와 분류에 따른 정의 및 식물종을 숙지할 수 있다. 2. 식물재료와 내환경성(삼림과 기온, 광선, 바람 등)에 따른 특성 파악과 식물종 적합성을 판단할 수 있다. 3. 복원대상지별 적합한 동·식물재료의 선정과 기준을 검토할 수 있다. 4. 환경위해종, 생태계 교란종에 대한 이해와 적응적 관리에 적합한 소재를 선정할 수 있다.
		3. 비생물적 재료의 검토 및 선정하기	1. 비생물 재료의 일반적 분류(형태별 분류, 특성별, 사용별 등)와 분류에 따른 정의 및 비생물 재료 종류를 숙지할 수 있다. 2. 비생물재료와 환경성에 따른 특성 파악과 사용의 적합성을 판단할 수 있다. 3. 복원대상지별 적합한 재료의 선정과 기준을 검토할 수 있다.
		4. 생태복원설계 이해하기	1. 시방서 작성 기준을 설정할 수 있다. 2. 일반시방서를 작성할 수 있다. 3. 설계조건 및 설계도에 부합되는 부문별 특별시방서를 작성할 수 있다.

실기과목명	주요항목	세부항목	세세항목
			4. 도면에 표현하기 어려운 공종의 특별시방서를 작성할 수 있다. 5. 수량산출기준 설정, 표기법 숙지, 할증법을 숙지할 수 있다. 6. 공종별 단위수량 산출서를 작성할 수 있다. 7. 공종별 총괄수량 산출서를 작성할 수 있다. 8. 각종 재료(골재, 주요자재 : 관급자재)를 집계할 수 있다. 9. 기초일위대가, 내역서, 원가계산서 작성기준 설정할 수 있다. 10. 기초일위대가 작성할 수 있다. 11. 총괄내역서를 작성할 수 있다. 12. 공사원가 계산서를 작성(제경비 적용기준 적용)할 수 있다.

26. 환경·에너지

에너지관리기사

출제기준(필기)

직무분야	환경·에너지	중직무분야	에너지·기상	자격종목	에너지관리기사	적용기간	2013. 1. 1~2015.12.31

○직무내용 : 각종 산업, 건물 등에 동력이나 냉·난방을 위한 열을 공급하기 위하여 보일러 등 열사용 기자재 및 신재생 에너지 설비의 설계, 제작, 설치, 시공, 감독을 하고 보일러 및 관련 장비를 안전하고 효율적으로 운전할 수 있도록 지도, 점검, 진단, 보수 등의 업무를 수행하는 직무

필기검정방법	객관식	문제수	100	시험시간	2시간 30분

필기과목명	문제수	주요항목	세부항목	세세항목
연소공학	20	1. 연소이론	1. 연소기초	1. 연소의 정의 2. 연료의 종류 및 특성 3. 연소의 종류와 상태 4. 연소 속도 등
			2. 연소계산	1. 연소현상 이론 2. 이론 및 실제 공기량, 배기가스량 3. 공기비 및 완전연소 조건 4. 발열량 및 연소효율 5. 화염온도 6. 화염전파이론 등
		2. 연소설비	1. 연소 장치의 개요	1. 연료별 연소장치 2. 연소 방법 3. 연소기의 부품 4. 연료 저장 및 공급장치
			2. 연소 장치 설계	1. 고부하 연소기술 2. 저공해 연소기술 3. 연소부하산출
			3. 통풍장치	1. 통풍방법 2. 통풍장치 3. 송풍기의 종류 및 특징
			4. 공해방지장치	1. 공해 물질의 종류 2. 공해오염 물질의 농도측정 3. 공해방지장치의 종류 및 특징
		3. 연소안전 및 안전장치	1. 연소안전장치	1. 점화장치 2. 화염검출장치 3. 연소제어장치 3. 연료차단장치 4. 경보장치

필기과목명	문제수	주요항목	세부항목	세세항목
			2. 연료누설	1. 외부누설 2. 내부누설
			3. 화재 및 폭발	1. 화재 및 폭발 이론 2. 가스폭발 3. 유증기폭발 4. 덕트폭발 5. 자연발화

필기과목명	문제수	주요항목	세부항목	세세항목
열역학	20	1. 열역학의 기초사항	1. 열역학적 상태량	1. 온도 2. 비체적, 비중량, 밀도 3. 압력
			2. 일 및 에너지	1. 열과 일당량 2. 동력
		2. 열역학 법칙	1. 열역학 제1법칙	1. 내부에너지 2. 엔탈피 3. 에너지식
			2. 열역학 제2법칙	1. 엔트로피 2. 유효에너지와 무효에너지
		3. 이상기체 및 관련사이클	1. 기체의 상태변화	1. 정압 및 정적 변화 2. 등온 및 단열변화 3. 폴리트로픽 변화
			2. 기체동력기관의 기본 사이클	1. 기체사이클의 특성 2. 기체사이클의 비교
		4. 증기 및 증기동력 사이클	1. 증기의 성질	1. 증기의 열적상태량 2. 증기의 상태변화
			2. 증기동력기관	1. 증기 동력사이클의 종류 2. 증기 동력사이클의 특성 및 비교 3. 열효율, 증기소비율, 열소비율 4. 증기표와 증기선도
		5. 냉동사이클	1. 냉매	1. 냉매의 종류 2. 냉매의 열역학적 특성
			2. 냉동사이클	1. 냉동사이클의 종류 2. 냉동사이클의 특성 3. 냉동능력, 냉동률, 성능계수(C.O.P) 4. 습공기선도

필기과목명	문제수	주요항목	세부항목	세세항목
계측방법	20	1. 계측의 원리	1. 단위계와 표준	1. 단위 및 단위계 2. SI 기본단위 3. 차원 및 차원식
			2. 측정의 종류와 방식	1. 측정의 종류 2. 측정의 방식과 특성
			3. 측정의 오차	1. 오차의 종류 2. 측정의 정도(精度)
		2. 계측계의 구성 및 제어	1. 계측계의 구성	1. 계측계의 구성 요소 2. 계측의 변환
			2. 측정의 제어회로 및 장치	1. 자동제어의 종류 및 특성 2. 제어동작의 특성 3. 보일러의 자동 제어
		3. 유체 측정	1. 압력	1. 압력 측정방법 2. 압력계의 종류 및 특징
			2. 유량	1. 유량 측정방법 2. 유량계의 종류 및 특징
			3. 액면	1. 액면 측정방법 2. 액면계의 종류 및 특징
			4. 가스	1. 가스의 분석 방법 2. 가스분석계의 종류 및 특징
		4. 열 측정	1. 온도	1. 온도 측정방법 2. 온도계의 종류 및 특징
			2. 열량	1. 열량 측정방법 2. 열량계의 종류 및 특징
			3. 습도	1. 습도 측정방법 2. 습도계의 종류 및 특징

필기과목명	문제수	주요항목	세부항목	세세항목
열설비 재료 및 관계 법규	20	1. 요로	1. 요로의 개요	1. 요로의 정의 2. 요로의 분류 3. 요로일반
			2. 요로의 종류 및 특징	1. 철강용로의 구조 및 특징 2. 제강로의 구조 및 특징 3. 주물용해로의 구조 및 특징 4. 금속가열열처리로의 구조 및 특징 5. 축요의 구조 및 특징
		2. 내화물, 단열재, 보온재	1. 내화물	1. 내화물의 일반 2. 내화물의 종류 및 특성
			2. 단열재	1. 단열재의 일반 2. 단열재의 종류 및 특성
			3. 보온재	1. 보온(냉)재의 일반 2. 보온(냉)재의 종류 및 특성
		3. 배관 및 밸브	1. 배관	1. 배관자재 및 용도 2. 신축이음 3. 관 지지구 4. 패킹
			2. 밸브	1. 밸브의 종류 및 용도
		4. 에너지관계법규	1. 에너지 이용 및 신재생에너지 관련 법령에 관한 사항	1. 에너지법, 시행령, 시행규칙 2. 에너지이용 합리화법, 시행령, 시행규칙 3. 신에너지 및 재생에너지개발·이용·보급 촉진법, 시행령, 시행규칙 4. 에너지, 이용합리화, 신재생 에너지 관련 고시 5. 저탄소녹색성장기본법, 시행령, 시행규칙
		5. 신재생 및 기타 에너지	1. 신재생 에너지의 개요	1. 신재생 에너지의 종류 및 특징 2. 신재생 에너지 이용 원리 및 보급 사업 3. 기타 에너지원 종류 및 특성

필기과목명	문제수	주요항목	세부항목	세세항목
			2. 신재생 설비 기초일반	1. 태양광 설비 2. 태양열 설비 3. 지열 설비 4. 풍력 설비 5. 수력 설비 6. 바이오 설비 7. 폐기물회수 설비 8. 연료전지 설비

필기과목명	문제수	주요항목	세부항목	세세항목
열설비 설계	20	1. 열설비	1. 열설비 일반	1. 보일러의 종류 및 특징 2. 보일러 부속장치의 역할 및 종류 3. 열교환기의 종류 및 특징 4. 기타 열사용 기자재의 종류 및 특징
			2. 열설비 설계	1. 열사용 기자재의 용량 2. 열설비 3. 관의 설계 및 규정 4. 용접 및 리벳이음의 설계
			3. 열전달	1. 열전달 이론 2. 열관류율 3. 열교환기의 전열량
			4. 열정산	1. 입열, 출열 2. 손실열 3. 열효율
		2. 수질관리	1. 급수의 성질	1. 수질의 기준 2. 불순물의 형태 3. 불순물에 의한 장애
			2. 급수 처리	1. 보일러 외처리법 2. 보일러 내처리법 3. 보일러수의 분출
		3. 안전관리	1. 보일러 정비	1. 보일러의 분해 및 정비 2. 보일러의 보존
			2. 사고 예방 및 진단	1. 보일러 및 압력용기 사고원인 및 대책 2. 보일러 및 압력용기 취급 요령

출제기준(실기)

직무 분야	환경·에너지	중직무 분야	에너지·기상	자격 종목	에너지관리기사	적용 기간	2013. 1. 1~2015.12.31

○직무내용 : 각종 산업, 건물 등에 동력이나 냉·난방을 위한 열을 공급하기 위하여 보일러 등 열사용 기자재 및 신재생 에너지 설비의 설계, 제작, 설치, 시공, 감독을 하고 보일러 및 관련 장비를 안전하고 효율적으로 운전할 수 있도록 지도, 점검, 진단, 보수 등의 업무를 수행하는 직무
○수행준거 : 1. 에너지관리 기법을 이용하여 에너지실무에 전문지식을 활용할 수 있다.
　　　　　　2. 에너지 사용설비 원리를 이용하여 설비 점검 및 진단을 할 수 있다.
　　　　　　3. 에너지절약 기법을 활용하여, 손실요인 개선과 관리를 할 수 있다.

실기검정방법	복합형 (필답형 + 작업형)	시험시간	2시간 30분 정도 (필답형 : 1시간 30분, 작업형 : 1시간 정도)

실기과목명	주요항목	세부항목	세세항목
열관리 실무	1. 에너지설비 설계	1. 보일러/온수기 설계하기	1. 적정 열사용기자재를 선정할 수 있다. 2. 열사용기자재의 종류 및 특징을 파악할 수 있다. 3. 열사용기자재 부속장치의 종류 및 특성을 파악할 수 있다. 4. 열교환기의 종류 및 특성을 파악할 수 있다. 5. 열사용 용량을 설정할 수 있다. 6. 보일러 열효율을 설계할 수 있다. 7. 관의 설계 및 관련 규정을 이해하고 숙지할 수 있다. 8. 열손실량을 설계할 수 있다. 9. 사용용도에 적정한 단열자재를 설계할 수 있다.
		2. 연소설비 설계하기	1. 이론 및 실제공기량을 계산할 수 있다. 2. 연소열량을 계산할 수 있다. 3. 연소가스량을 계산할 수 있다. 4. 연소장치 및 제어장치를 설계할 수 있다. 5. 적정 통풍력을 계산할 수 있다.
		3. 요로설계하기	1. 요의 종류 및 특징을 파악할 수 있다. 2. 노의 종류 및 특징을 파악할 수 있다. 3. 요로를 설계할 수 있다. 4. 노재를 설치할 수 있다. 5. 노재를 관리할 수 있다.
		4. 배관/보온/단열 설계하기	1. 배관자재 및 용도를 파악할 수 있다. 2. 밸브의 종류와 용도를 파악할 수 있다. 3. 배관부속장치 및 패킹의 용도를 파악할 수 있다.

실기과목명	주요항목	세부항목	세세항목
	2. 에너지설비관리		4. 배관 설계할 수 있다. 5. 단열 설계할 수 있다. 6. 보온 설계할 수 있다.
		1. 보일러/온수기 설치 및 관리하기	1. 자재 및 재료를 준비할 수 있다. 2. 보일러 설치위치를 정할 수 있다. 3. 급수관을 시공할 수 있다. 4. 난방공급관(가스관 포함)을 설치(연결)할 수 있다. 5. 방열관을 설치할 수 있다. 6. 난방환수관을 설치할 수 있다. 7. 순환펌프를 설치할 수 있다. 8. 온수헤더를 설치할 수 있다. 9. 팽창밸브를 설치할 수 있다. 10. 급탕 공급관을 설치할 수 있다. 11. 분출(배수)관을 설치할 수 있다. 12. 온수기 사용법을 숙지할 수 있다. 13. 보일러/온수기 설치 후 검사할 수 있다.
		2. 연료/연소장치의 설치 및 관리하기	1. 연료의 종류와 특징 및 시험방법에 대하여 숙지할 수 있다. 2. 연소방법과 연소장치의 종류 및 특징에 대하여 숙지할 수 있다. 3. 통풍장치와 매연 공해방지장치의 종류 및 특징에 대하여 숙지할 수 있다. 4. 연소 관련 계산과 열정산을 할 수 있다. 5. 연료/연소장치를 설치하고 관리할 수 있다.
		3. 보일러/온수기 부속장치 및 관리하기	1. 도면을 숙지할 수 있다. 2. 도면을 기준으로 적산을 할 수 있다. 3. 내역서를 작성할 수 있다. 4. 작업공정 계획을 세울 수 있다. 5. 본체 부속기기를 설치할 수 있다. 6. 절단 및 가공을 할 수 있다. 7. 수주 설치 및 주위 배관을 할 수 있다. 8. 인젝터를 설치할 수 있다. 9. 부속기기 설치 후 검사할 수 있다. 10. 수압시험을 할 수 있다. 11. 최종 운전점검을 하고 관리할 수 있다.
		4. 효율향상 장치의 설치 및 관리하기	1. 효율향상을 위한 보일러(온수기 포함) 열설비를 설치할 수 있다. 2. 효율향상을 위한 보일러(온수기 포함) 열설비를 관리할 수 있다.

실기과목명	주요항목	세부항목	세세항목
			3. 배기가스의 열을 이용하는 연료, 공기 및 급수 온도를 상승시키는 장치를 설치할 수 있다. 4. 배기가스의 열을 이용하는 연료, 공기 및 급수 온도를 상승시키는 장치를 관리할 수 있다. 5. 연소 및 배관 계통에서 보온재, 단열재의 두께를 규정 이상으로 설치할 수 있다. 6. 적정 공기비 상태로 관리할 수 있다.
	3. 계측 및 제어	1. 계측원리 및 이해하기	1. 계측기의 구비조건 및 특징을 파악할 수 있다. 2. 차원과 단위를 파악할 수 있다. 3. 측정의 종류를 파악할 수 있다. 4. 측정의 방식과 특성을 파악할 수 있다. 5. 오차의 종류를 파악할 수 있다. 6. 측정값의 의미를 파악할 수 있다. 7. 계측기의 보전을 위한 검사와 수리 및 교정을 파악할 수 있다.
		2. 계측기 구성/제어하기	1. 계측계의 구성에 대하여 파악할 수 있다. 2. 계측 신호의 특성을 파악할 수 있다. 3. 제어계의 구성에 대하여 파악할 수 있다. 4. 자동제어의 종류에 대하여 파악할 수 있다. 5. 제어동작의 특성을 파악할 수 있다. 6. 열사용 기기에서 사용하고 있는 자동제어를 파악할 수 있다.
		3. 유체측정하기	1. 유체의 압력, 유량, 액면의 측정원리를 이해하고 숙지할 수 있다. 2. 측정 방식에 따른 압력계, 유량계, 액면계의 종류를 이해하고 숙지할 수 있다. 3. 계측결과로부터 유량을 산출할 수 있다. 4. 적절한 압력계, 유량계, 액면계를 선정할 수 있다.
		4. 열 측정하기	1. 열측정의 측정원리를 이해하고 숙지할 수 있다. 2. 측정 방식에 따른 온도계, 열량계, 습도계의 종류를 이해하고 숙지할 수 있다. 3. 계측결과로부터 전열량을 산출할 수 있다. 4. 적절한 온도계, 열량계, 습도계를 선정할 수 있다.
	4. 에너지실무	1. 에너지이용/진단하기	1. 에너지 설비의 종류 및 특징을 이해하고 숙지할 수 있다. 2. 에너지이용 및 회수방법 종류 및 특징을 이해하고 숙지할 수 있다.

실기과목명	주요항목	세부항목	세세항목
			3. 이용 및 진단 작업을 할 수 있다. 4. 석유 환산량 및 에너지 원단위에 대하여 이해하고 숙지할 수 있다. 5. CO_2 환산량 및 절감량에 대하여 이해하고 숙지할 수 있다. 6. 입열량 및 출열량을 산출할 수 있다. 7. 열손실량을 산출할 수 있다. 8. 열효율을 산출할 수 있다.
		2. 에너지관리하기	1. 에너지관리기준에 따라 올바른 시공을 할 수 있다. 2. 에너지사용의 합리적으로 이용할 수 있도록 시공할 수 있다.
		3. 에너지안전 관리하기	1. 에너지사용시설의 안전을 위해 예방법을 파악할 수 있다. 2. 에너지사용 설비의 제조, 설치, 시공기준에 대하여 파악할 수 있다. 3. 에너지사용 시설의 운전관리, 보수, 보존, 정비를 할 수 있다. 4. 안전장치의 종류 및 특징을 파악할 수 있다.
	5. 신재생/기타 에너지 이용	1. 신에너지 이용하기	1. 신에너지 설비의 종류 및 특징을 파악할 수 있다. 2. 신에너지이용 방법을 파악할 수 있다. 3. 신에너지 시설에 대한 설치작업을 할 수 있다. 4. 신에너지의 구조 및 설계에 대하여 이해하고 숙지할 수 있다. 5. 신에너지의 기대효과 분석에 대하여 이해하고 숙지할 수 있다. 6. 신에너지의 경제성에 대하여 분석할 수 있다.
		2. 재생에너지 이용하기	1. 재생에너지 설비의 종류 및 특징을 파악할 수 있다. 2. 재생에너지 이용 방법을 파악할 수 있다. 3. 재생에너지 시설에 대한 설치작업을 할 수 있다. 4. 재생에너지의 구조 및 설계에 대하여 이해하고 숙지할 수 있다. 5. 재생에너지의 기대효과 분석에 대하여 이해하고 숙지할 수 있다. 6. 재생에너지의 경제성에 대하여 분석할 수 있다.

실기과목명	주요항목	세부항목	세세항목
		3. 기타 에너지이용하기	1. 기타 에너지설비의 종류 및 특징을 파악할 수 있다. 2. 기타 에너지이용 방법을 파악할 수 있다. 3. 기타 에너지 시설에 대한 설치작업을 할 수 있다. 4. 기타 에너지의 구조 및 설계에 대하여 이해하고 숙지할 수 있다. 5. 기타 에너지의 기대효과 분석에 대하여 이해하고 숙지할 수 있다. 6. 기타 에너지의 경제성에 대하여 분석할 수 있다.

26. 환경·에너지

에너지관리산업기사

출제기준(필기)

직무분야	환경·에너지	중직무분야	에너지·기상	자격종목	에너지관리산업기사	적용기간	2013. 1. 1~2015.12.31

○직무내용 : 각종 산업, 건물 등에 동력이나 냉·난방을 위한 열을 공급하기 위하여 보일러 등 열사용 기자재 및 신재생 에너지 설비의 설계, 제작, 설치, 시공, 감독을 하고 보일러 및 관련 장비를 안전하고 효율적으로 운전할 수 있도록 지도, 점검, 진단, 보수 등의 업무를 수행하는 직무

필기검정방법	객관식	문제수	80	시험시간	2시간

필기과목명	문제수	주요항목	세부항목	세세항목
연소공학	20	1. 연소이론	1. 연소일반	1. 연소반응 2. 연소현상 3. 연료의 연소방법 4. 연료의 종류 및 특성 5. 연료의 분석방법 및 관리
			2. 연소계산	1. 공기량 및 공기비 2. 연소가스발생량 3. 발열량 4. 연소온도 5. 연소효율
		2. 연소설비	1. 연소장치	1. 고체연료의 연소장치 2. 액체연료의 연소장치 3. 기체연료의 연소장치
			2. 통풍장치	1. 통풍방법 2. 통풍장치 3. 송풍기의 종류 및 특징
			3. 공해방지장치	1. 공해 물질의 종류 2. 공해오염 물질의 농도측정 3. 공해방지장치의 종류 및 특징
		3. 연소안전 및 안전장치	1. 연소안전장치	1. 점화장치 2. 화염검출장치 3. 연소제어장치 3. 연료차단장치 4. 경보장치

필기과목명	문제수	주요항목	세부항목	세세항목
			2. 연료 누설 및 장치	1. 외부누설 2. 내부누설
			3. 화재 및 폭발	1. 화재 및 폭발 이론 2. 가스폭발 3. 유증기폭발 4. 덕트폭발 5. 자연발화

필기과목명	문제수	주요항목	세부항목	세세항목
열역학	20	1. 열역학의 기초사항	1. 열역학적 상태량	1. 온도 2. 비체적, 비중량, 밀도 3. 압력
			2. 일 및 에너지	1. 열과 일당량 2. 동력
		2. 열역학 법칙	1. 열역학 제1법칙	1. 내부에너지 2. 엔탈피 3. 에너지식
			2. 열역학 제2법칙	1. 엔트로피 2. 유효에너지와 무효에너지
		3. 이상기체 및 관련사이클	1. 기체의 상태변화	1. 정압 및 정적 변화 2. 등온 및 단열변화 3. 폴리트로픽 변화
			2. 기체동력기관의 기본 사이클	1. 기체사이클의 특성 2. 기체사이클의 비교
		4. 증기 및 증기동력 사이클	1. 증기의 성질	1. 증기의 열적상태량 2. 증기의 상태변화
			2. 증기동력기관	1. 증기동력사이클의 종류 2. 증기동력사이클의 특성 및 비교 3. 열효율, 증기소비율, 열소비율 4. 증기표와 증기선도
		5. 냉동사이클	1. 냉매	1. 냉매의 종류 2. 냉매의 열역학적 특성
			2. 냉동사이클	1. 냉동사이클의 종류 2. 냉동사이클의 특성 3. 냉동능력, 냉동률, 성능계수(C.O.P) 4. 습공기선도

필기과목명	문제수	주요항목	세부항목	세세항목
계측방법	20	1. 계측의 원리	1. 단위계와 표준	1. 단위 및 단위계 2. SI 기본단위 3. 차원 및 차원식
			2. 측정의 종류와 방식	1. 측정의 종류 2. 측정의 방식과 특성
			3. 측정의 오차	1. 오차의 종류 2. 측정의 정도(精度)
		2. 계측계의 구성 및 제어	1. 계측계의 구성	1. 계측계의 구성요소 2. 계측의 변환
			2. 측정의 제어회로 및 장치	1. 자동제어의 종류 및 특징 2. 제어동작의 특성 3. 보일러의 자동제어
		3. 유체 측정	1. 압력	1. 압력측정방법 2. 압력계의 종류 및 특징
			2. 유량	1. 유량측정방법 2. 유량계의 종류 및 특징
			3. 액면	1. 액면측정방법 2. 액면계의 종류 및 특징
			4. 가스	1. 가스의 분석 방법 2. 가스분석계의 종류 및 특징
		4. 열 측정	1. 온도	1. 온도측정방법 2. 온도계의 종류 및 특징
			2. 열량	1. 열량측정방법 2. 열량계의 종류 및 특징
			3. 습도	1. 습도측정방법 2. 습도계의 종류 및 특징

필기과목명	문제수	주요항목	세부항목	세세항목
열설비 재료 및 설계	20	1. 요로	1. 요로의 개요	1. 요로의 정의 2. 요로의 분류 3. 요로일반
			2. 요로의 종류 및 특징	1. 철강용로의 구조 및 특징 2. 제강로의 구조 및 특징 3. 주물용해로의 구조 및 특징 4. 금속가열 열처리로의 구조 및 특징 5. 축요의 구조 및 특징
		2. 내화물, 단열재, 보온재	1. 내화물	1. 내화물의 일반 2. 내화물의 종류 및 특성
			2. 단열재	1. 단열재의 일반 2. 단열재의 종류 및 특성
			3. 보온재	1. 보온(냉)재의 일반 2. 보온(냉)재의 종류 및 특성
		3. 배관 및 밸브	1. 배관	1. 배관자재 및 용도 2. 신축이음 3. 관 지지구 4. 패킹
			2. 밸브	1. 밸브의 종류 및 용도
		4. 열설비	1. 열설비일반	1. 보일러의 종류 및 특징 2. 보일러 부속장치의 역할 및 종류 3. 열교환기의 종류 및 특징
			2. 열설비 설계	1. 열사용기자재의 용량 2. 열설비 강도설계 3. 관의 설계 및 규정 4. 리벳이음의 설계 5. 용접이음의 설계
			3. 열전달	1. 열전달 이론 2. 열관류율 3. 열교환기의 전열량
			4. 열정산	1. 입열, 출열 2. 손실열 3. 열효율

필기과목명	문제수	주요항목	세부항목	세세항목
		5. 보일러 급수	1. 급수의 성질	1. 수질의 기준 2. 불순물의 형태 3. 불순물에 의한 장애
			2. 급수처리	1. 보일러 외처리법 2. 보일러 내처리법 3. 보일러수의 분출
		6. 안전관리	1. 보일러 정비	1. 보일러의 분해 및 정비 2. 보일러의 보존
			2. 사고예방 및 진단	1. 보일러 및 압력용기사고 원인 및 대책 2. 보일러 및 압력용기 취급 요령
		7. 신재생에너지	1. 신재생에너지 기초	1. 신재생에너지 종류 및 원리 2. 신재생에너지 이용방법

출제기준(실기)

직무 분야	환경·에너지	중직무 분야	에너지·기상	자격 종목	에너지관리산업기사	적용 기간	2013. 1. 1~2015.12.31

○직무내용 : 각종 산업, 건물 등에 동력이나 냉·난방을 위한 열을 공급하기 위하여 보일러 등 열사용 기자재 및 신재생 에너지 설비의 제작, 설치, 시공을 하고 보일러 및 관련 장비를 안전하고 효율적으로 운전할 수 있도록 점검, 진단, 보수 등의 업무를 수행하는 직무

○수행준거 : 1. 에너지관리 기법을 이용하여 에너지실무 기초지식을 활용할 수 있다.
　　　　　　 2. 에너지사용설비를 원리를 이용하여 설비 점검 및 진단을 할 수 있다.
　　　　　　 3. 에너지절약 기법을 활용하여 손실요인개선과 관리를 할 수 있다.

실기검정방법	복합형	시험시간	2시간 30분 정도 (복합형 1시간 30분, 작업형 1시간 정도)

실기과목명	주요항목	세부항목	세세항목
열관리 실무	1. 에너지설비 설계	1. 보일러/온수기 설계하기	1. 적정 열사용기자재를 선정할 수 있다. 2. 열사용기자재의 종류 및 특징을 파악할 수 있다. 3. 열사용기자재 부속장치의 종류 및 특성을 파악할 수 있다. 4. 열교환기의 종류 및 특성을 파악할 수 있다. 5. 열사용 용량을 설정할 수 있다. 6. 보일러 열효율을 설계할 수 있다. 7. 관의 설계 및 관련 규정을 이해하고 숙지할 수 있다. 8. 열손실량을 설계할 수 있다. 9. 사용용도에 적정한 단열자재를 설계할 수 있다.
		2. 연소설비 설계하기	1. 이론 및 실제공기량을 계산할 수 있다. 2. 연소열량을 계산할 수 있다. 3. 연소가스량을 계산할 수 있다. 4. 연소장치 및 제어장치를 설계할 수 있다. 5. 적정 통풍력을 계산할 수 있다.
		3. 요로설계하기	1. 요의 종류 및 특징을 파악할 수 있다. 2. 노의 종류 및 특징을 파악할 수 있다. 3. 요로를 설계할 수 있다. 4. 노재를 설치할 수 있다. 5. 노재를 관리할 수 있다.
		4. 배관/보온/단열 설계하기	1. 배관자재 및 용도를 파악할 수 있다. 2. 밸브의 종류와 용도를 파악할 수 있다. 3. 배관부속장치 및 패킹의 용도를 파악할 수 있다.

실기과목명	주요항목	세부항목	세세항목
	2. 에너지설비관리	1. 보일러/온수기 설치 및 관리하기	4. 배관 설계할 수 있다. 5. 단열 설계할 수 있다. 6. 보온 설계할 수 있다. 1. 자재 및 재료를 준비할 수 있다. 2. 보일러 설치위치를 정할 수 있다. 3. 급수관을 시공할 수 있다. 4. 난방공급관(가스관 포함)을 설치(연결)할 수 있다. 5. 방열관을 설치할 수 있다. 6. 난방환수관을 설치할 수 있다. 7. 순환펌프를 설치할 수 있다. 8. 온수헤더를 설치할 수 있다. 9. 팽창밸브를 설치할 수 있다. 10. 급탕 공급관을 설치할 수 있다. 11. 분출(배수)관을 설치할 수 있다. 12. 온수기 사용법을 숙지할 수 있다. 13. 보일러/온수기 설치 후 검사할 수 있다.
		2. 연료/연소장치의 설치 및 관리하기	1. 연료의 종류와 특징 및 시험방법에 대하여 숙지할 수 있다. 2. 연소방법과 연소장치의 종류 및 특징에 대하여 숙지할 수 있다. 3. 통풍장치와 매연 공해방지장치의 종류 및 특징에 대하여 숙지할 수 있다. 4. 연소 관련 계산과 열정산을 할 수 있다. 5. 연료/연소장치를 설치하고 관리할 수 있다.
		3. 보일러/온수기 부속장치 및 관리하기	1. 도면을 숙지할 수 있다. 2. 도면을 기준으로 적산을 할 수 있다. 3. 내역서를 작성할 수 있다. 4. 작업공정 계획을 세울 수 있다. 5. 본체 부속기기를 설치할 수 있다. 6. 절단 및 가공을 할 수 있다. 7. 수주 설치 및 주위 배관을 할 수 있다. 8. 인젝터를 설치할 수 있다. 9. 부속기기 설치 후 검사할 수 있다. 10. 수압시험을 할 수 있다. 11. 최종 운전점검을 하고 관리할 수 있다.
		4. 효율향상 장치의 설치 및 관리하기	1. 효율향상을 위한 보일러(온수기 포함) 열설비를 설치할 수 있다. 2. 효율향상을 위한 보일러(온수기 포함) 열설비를 관리할 수 있다.

실기과목명	주요항목	세부항목	세세항목
			3. 배기가스의 열을 이용하는 연료, 공기 및 급수 온도를 상승시키는 장치를 설치할 수 있다. 4. 배기가스의 열을 이용하는 연료, 공기 및 급수 온도를 상승시키는 장치를 관리할 수 있다. 5. 연소 및 배관 계통에서 보온재, 단열재의 두께를 규정 이상으로 설치할 수 있다. 6. 적정 공기비로 상태로 관리할 수 있다.
	3. 계측 및 제어	1. 계측원리 및 이해하기	1. 계측기의 구비조건 및 특징을 파악할 수 있다. 2. 차원과 단위를 파악할 수 있다. 3. 측정의 종류를 파악할 수 있다. 4. 측정의 방식과 특성을 파악할 수 있다. 5. 오차의 종류를 파악할 수 있다. 6. 측정값의 의미를 파악할 수 있다. 7. 계측기의 보전을 위한 검사와 수리 및 교정을 파악할 수 있다.
		2. 계측기 구성/제어하기	1. 계측계의 구성에 대하여 파악할 수 있다. 2. 계측 신호의 특성을 파악할 수 있다. 3. 제어계의 구성에 대하여 파악할 수 있다. 4. 자동제어의 종류에 대하여 파악할 수 있다. 5. 제어동작의 특성을 파악할 수 있다. 6. 열사용 기기에서 사용하고 있는 자동제어를 파악할 수 있다.
		3. 유체측정하기	1. 유체의 압력, 유량, 액면의 측정원리를 이해하고 숙지할 수 있다. 2. 측정 방식에 따른 압력계, 유량계, 액면계의 종류를 이해하고 숙지할 수 있다. 3. 계측결과로부터 유량을 산출할 수 있다. 4. 적절한 압력계, 유량계, 액면계를 선정할 수 있다.
		4. 열 측정하기	1. 열측정의 측정원리를 이해하고 숙지할 수 있다. 2. 측정 방식에 따른 온도계, 열량계, 습도계의 종류를 이해하고 숙지할 수 있다. 3. 계측결과로부터 전열량을 산출할 수 있다. 4. 적절한 온도계, 열량계, 습도계를 선정할 수 있다.
	4. 에너지실무	1. 에너지이용/진단하기	1. 에너지 설비의 종류 및 특징을 이해하고 숙지할 수 있다. 2. 에너지이용 및 회수방법 종류 및 특징을 이해하고 숙지할 수 있다.

실기과목명	주요항목	세부항목	세세항목
			3. 이용 및 진단 작업을 할 수 있다. 4. 석유 환산량 및 에너지 원단위에 대하여 이해하고 숙지할 수 있다. 5. CO_2 환산량 및 절감량에 대하여 이해하고 숙지할 수 있다. 6. 입열량 및 출열량을 산출할 수 있다. 7. 열손실량을 산출할 수 있다. 8. 열효율을 산출할 수 있다.
		2. 에너지관리하기	1. 에너지관리기준에 따라 올바른 시공을 할 수 있다. 2. 에너지사용의 합리적으로 이용할 수 있도록 시공할 수 있다.
		3. 에너지안전 관리하기	1. 에너지사용시설의 안전위해 예방법을 파악할 수 있다. 2. 에너지사용 설비의 제조, 설치, 시공기준에 대하여 파악할 수 있다. 3. 에너지사용 시설의 운전관리, 보수, 보존, 정비를 할 수 있다. 4. 안전장치의 종류 및 특징을 파악할 수 있다.

26. 환경·에너지

신재생에너지발전설비기사(태양광)

출제기준(필기)

직무 분야	환경·에너지	중직무 분야	에너지·기상	자격 종목	신재생에너지발전설비 기사(태양광)	적용 기간	2013.1.1~2015.12.31

○직무내용 : 신재생에너지설비에 대한 공학적 기초이론 및 숙련기능, 응용기술 등을 가지고 태양광발전설비를 기획, 설계, 시공, 감리, 운영, 유지 및 보수하는 업무 등을 수행

필기검정방법	객관식	문제수	100	시험시간	2시간 30분

필기과목명	문제수	주요항목	세부항목	세세항목
태양광 발전 시스템 이론	20	1. 신재생에너지 개요	1. 신재생에너지 원리 및 특징	1. 태양광 2. 풍력 3. 수력 4. 연료전지 5. 기타 신재생에너지
		2. 태양광발전 시스템 개요	1. 태양광발전 개요	1. 태양광발전의 정의 2. 태양광발전의 역사 3. 태양광발전의 특징 4. 태양광발전의 원리 5. 태양광발전의 시장전망 6. 태양복사 에너지
			2. 태양광발전 시스템 정의 및 종류	1. 태양광발전 시스템 정의 2. 태양광발전 시스템 분류
			3. 태양전지	1. 태양전지 원리 2. 태양전지의 변환효율 3. 태양전지 특성의 측정법 4. 태양전지 종류와 특징
			4. 태양광발전 시스템 구성요소	1. 태양광 모듈 및 어레이 2. 태양광 인버터 3. 전력저장 장치(축전지)
		3. 태양광 모듈	1. 태양광 모듈 개요	1. 태양광 모듈의 특성 2. 태양광 모듈의 구조 3. 단자함 및 기타 4. 태양광 모듈의 종류
			2. 태양광 모듈의 설치 분류	1. 시공 설치관련 분류의 정의

필기과목명	문제수	주요항목	세부항목	세세항목
		4. 태양광 인버터	1. 태양광 인버터의 개요	1. 태양광 인버터의 역할 2. 태양광 인버터의 회로 방식 3. 태양광 인버터의 원리 4. 태양광 인버터의 종류 및 특징
			2. 태양광 인버터의 기능	1. 자동운전 정지 기능 2. 최대전력 추종제어기능 3. 단독운전 방지기능 4. 자동전압 조정기능 5. 직류 검출기능 6. 직류 지락 검출기능 7. 계통연계 보호장치
		5. 관련기기 및 부품	1. 바이패스 소자와 역류방지 소자	1. 바이패스 소자 2. 역류방지 소자
			2. 접속함	1. 태양전지 어레이측 개폐기 2. 주개폐기 3. 피뢰소자 4. 단자대 5. 수납함
			3. 교류측 기기	1. 분전반 2. 적산전력량계
			4. 축전지	1. 계통연계 시스템용 축전지 2. 독립형 시스템용 축전지 3. 축전지의 설계
			5. 낙뢰 대책	1. 낙뢰 개요 2. 뇌서지 대책 3. 피뢰소자의 선정
		6. 기초이론	1. 전기, 전자	1. 전기기초 2. 전자기초

필기과목명	문제수	주요항목	세부항목	세세항목
태양광발전 시스템 설계	20	1. 태양광발전 시스템 기획	1. 부지선정과 음영 분석	1. 부지선정 시 일반적 고려사항 2. 부지선정 절차 3. 일사량과 일조량 4. 계절별 태양고도 변화 5. 태양궤적 및 음영각 6. 음영의 유형 및 분석
			2. 경제성분석 및 사업타당성조사	1. 비용/편익분석방법 2. 순 현재가치분석방법 3. 원가분석방법 4. 공사비 산정
			3. 인허가사항	1. 인허가 사항 2. 인허가 기준 3. 인허가 절차
		2. 태양광발전 시스템 설계	1. 태양전지 어레이 설계	1. 태양전지 어레이의 방위각과 경사각 2. 태양전지 어레이용 가대 조건 3. 태양전지 어레이용 가대 설계 4. 설치 가능한 태양전지 모듈 수 산출
			2. 태양광발전 구조물 설계	1. 태양광 구조물 시스템 설계기준 2. 구조물 이격거리 산출적용 설계요소
			3. 태양광발전 시스템 전기설계	1. 전기 시스템구성 및 기획 2. 각종 계산서 작성
			4. 관제시스템 설계	1. 방범시스템 2. 방재시스템 3. 모니터링 시스템
			5. 태양광발전 시스템 발전량산출	1. 전력수요량 산정 2. 발전 가능량 산정
		3. 도면작성	1. 도면기호	1. 전기도면 관련 기호 2. 토목도면 관련 기호 3. 건축도면 관련 기호
			2. 설계도서 작성	1. 설계도서의 종류 2. 시방서의 개념 3. 시방서의 작성요령 4. 설계도의 개념 5. 설계도의 작성요령

필기과목명	문제수	주요항목	세부항목	세세항목
태양광발전 시스템 시공	20	1. 태양광발전시스템 시공	1. 태양광발전 시스템 시공 준비	1. 태양광발전 시스템의 시공 절차 2. 태양광발전 시스템 시공 시 필요한 장비 목록 3. 태양광발전 시스템 관련기기 반입 및 검사 4. 태양광발전 시스템 시공 안전대책 5. 시공체크리스트
			2. 태양광발전 시스템 구조물 시공	1. 발전 형태별 구조물 시공 2. 발전 형태별 태양전지 어레이 설치
			3. 배관·배선공사	1. 태양광 모듈과 태양광 인버터간의 배관·배선 2. 태양광 인버터에서 옥내 분전반간의 배관·배선 3. 태양광 어레이 검사 4. 케이블 선정 및 단말처리 5. 방화구획 관통부의 처리
			4. 접지공사	1. 접지공사의 종류 및 적용 2. 접지공사의 시설방법 3. 접지저항의 측정
		2. 태양광발전시스템 감리	1. 태양광발전 시스템 감리 개요	1. 감리 개요 2. 업종별 감리 3. 시방서의 종류
			2. 설계감리	1. 설계 기본방향 과 관리 2. 설계 절차별 제출서류 3. 설계도서 검토
			3. 착공감리	1. 설계도서 검토 2. 착공신고서 검토 및 보고 3. 하도급 관련 사항 검토 4. 현장여건 조사 5. 인허가 업무 검토
			4. 시공감리	1. 감리와 감독의 역할 2. 태양광발전 시스템 설치 표준 3. 설계변경 4. 태양광발전 시스템 구성 5. 기기의 품질기준 6. 구조물 종류별 검사 7. 시공단계별 품질 확인

필기과목명	문제수	주요항목	세부항목	세세항목
			5. 사용전 검사	1. 법정검사 2. 태양광발전설비 검사
			6. 준공검사	1. 준공검사 절차서 작성 2. 시설물 인수인계 계획 수립 3. 준공 후 현장문서 인수인계 4. 유지관리 및 하자보수 지침서 검토
		3. 송전설비	1. 송·변전설비 기초	1. 송전설비 기초 2. 배전설비 기초 3. 변전설비 기초

필기과목명	문제수	주요항목	세부항목	세세항목
태양광발전 시스템운영	20	1. 태양광발전시스템 운영	1. 운영 계획 및 사업개시	1. 일별, 월별, 연간 운영계획 수립 시 고려요소 2. 사업허가증 발급방법 등
			2. 태양광발전 시스템 운전	1. 태양광발전 시스템 운영체계 및 절차 2. 태양광발전 시스템 운전조작방법 3. 태양광발전 시스템 동작원리 4. 태양광발전 시스템 운영 점검사항 5. 태양광발전 시스템 계측
		2. 태양광발전 시스템 품질관리	1. 성능평가	1. 성능평가 개념 2. 성능평가를 위한 측정요소
			2. 품질관리 기준	1. KS, ISO 제도 2. IEC 기준 규격
		3. 태양광발전 시스템 유지보수	1. 유지보수 개요	1. 유지보수 의의 2. 유지보수 절차 3. 유지보수 계획 시 고려사항 4. 유지보수 관리 지침
			2. 유지보수 세부내용	1. 발전설비 유지관리 2. 송전설비 유지관리 3. 태양광발전 시스템 고장원인 4. 태양광발전 시스템 문제 진단 5. 고장별 조치방법 6. 발전 형태별 정기보수 7. 발전 형태별 긴급보수
		4. 태양광발전설비 안전관리	1. 위험요소 및 위험관리방법	1. 태양광발전 시스템의 위험 요소 및 위험관리방법
			2. 안전관리 장비	1. 안전장비 종류 2. 안전장비 보관요령

필기과목명	문제수	주요항목	세부항목	세세항목
신재생 에너지 관련 법규	20	1. 관련법규	1. 신재생에너지관련법	1. 신에너지 및 재생에너지 개발·이용·보급 촉진법, 시행령, 시행규칙 2. 저탄소 녹색성장기본법, 시행령
			2. 전기관계법규	1. 전기사업법, 시행령, 시행규칙 2. 전기공사업법, 시행령, 시행규칙 3. 전기설비기술기준 및 판단기준

출제기준(실기)

직무분야	환경·에너지	중직무분야	에너지·기상	자격종목	신재생에너지발전설비기사(태양광)	적용기간	2013.1.1~2015.12.31

○직무내용 : 신재생에너지설비에 대한 공학적 기초이론 및 숙련기능, 응용기술 등을 가지고 태양광발전설비를 기획, 설계, 시공, 감리, 운영, 유지 및 보수하는 업무 등을 수행
○수행준거 : 1. 신재생에너지 발전설비에 필요한 계획단계를 수립할 수 있다.
   2. 신재생에너지 발전설비를 위한 시공 공사를 수행할 수 있다.
   3. 신재생에너지 발전설비 후 운영 및 검토, 유지보수, 관리업무를 수행할 수 있다.

실기검정방법	필답형	시험시간	2시간 정도

실기과목명	주요항목	세부항목	세세항목
태양광 발전설비 실무	1. 기획	1. 타당성 및 부지선정하기	1. 부지의 제반사항을 검토할 수 있다. 2. 부지의 허가조건을 검토할 수 있다. 3. 부지의 설치 가능 용량을 산출할 수 있다. 4. 부지의 구조물에 대한 배치 조건을 검토할 수 있다. 5. 부지의 공사 용이성 및 경제성을 검토할 수 있다. 6. 부지의 전력계통 연계 방안 및 조건을 검토할 수 있다. 7. 부지 진입로 조건을 검토할 수 있다. 8. 부지의 적정성(인허가)을 검토할 수 있다. 9. 연간 발전량 산출 및 발전 전력의 판매액을 산출할 수 있다. 10. 총 공사비를 산출할 수 있다. 11. 총 사업비를 산출할 수 있다. 12. 연간 경비를 산정할 수 있다. 13. 연간 수익을 산정할 수 있다. 14. 연간 수익, 연간 비용에 의한 비용, 편익, 현금흐름 등 경제성을 계산할 수 있다.
		2. 법규검토하기	1. 신에너지 및 재생에너지 개발이용보급 촉진법을 이해할 수 있다. 2. 에너지법을 이해할 수 있다. 3. 에너지이용합리화법을 이해할 수 있다. 4. 저탄소 녹색성장기본법을 이해할 수 있다. 5. 전기관련법 등을 이해할 수 있다.

실기과목명	주요항목	세부항목	세세항목
		3. 기본계획 및 인·허가 받기	1. 필요한 자본금액을 산정할 수 있다. 2. 사업허가서를 작성할 수 있다. 3. 사전환경성 검토를 실시할 수 있다. 4. 발전 사업을 위한 전기사업허가요건을 검토할 수 있다. 5. 사용부지 개발행위허가(도시계획결정고시) 등 인허가 요건을 검토할 수 있다. 6. 발전설비 설치인가 요건을 검토할 수 있다.
	2. 설계	1. 시스템구성 설계하기	1. 구조물시스템 구성을 설계할 수 있다. 2. 태양광 모듈을 중심으로 한 발전시스템 구성을 설계할 수 있다. 3. 관제시스템(방범/방재설비, 태양광 모니터링설비 등) 구성을 설계 할 수 있다.
		2. 계산서 작성하기	1. 구조 계산서를 검토할 수 있다. 2. 전압강하 계산서를 작성할 수 있다. 3. 변압기 용량 계산서를 작성할 수 있다. 4. 차단기 용량 계산서를 작성할 수 있다. 5. 태양광 인버터 용량 계산서를 작성할 수 있다. 6. 모듈 직병렬 계산서를 작성할 수 있다.
		3. 도면작성하기	1. 태양광발전 시스템 도면을 작성할 수 있다. 2. 토목배치 도면을 작성할 수 있다. 3. 구조물 도면을 작성할 수 있다. 4. 관제실(방범/방재, 태양광 모니터링) 건축도면을 작성할 수 있다.
		4. 시방서 작성하기	1. 일반시방서를 작성할 수 있다. 2. 건축, 토목, 구조물 관련 시방서를 작성할 수 있다. 3. 특기시방서를 작성할 수 있다.(모듈, 태양광 인버터, 각종 주변기기) 4. 공사공정도를 작성할 수 있다.
		5. 내역서 작성하기	1. 소요장비 내역서를 작성할 수 있다. 2. 소요자재 내역서를 작성할 수 있다. 3. 소요인력 내역서를 작성할 수 있다.
	3. 시공	1. 설계도서 검토 및 해당공사 발주하기	1. 설계도서의 의도와 내용을 검토할 수 있다. 2. 토목공사 업체를 결정하고 토목공사를 발주할 수 있다. 3. 모듈, 태양광 인버터, 접속함, 모니터링 등 태양광 시스템을 발주할 수 있다.

실기과목명	주요항목	세부항목	세세항목
			4. 구조물 공사를 발주할 수 있다. 5. 관제실 구축을 위한 시공업체를 결정하고 건축공사를 발주할 수 있다.
		2. 구조물 및 부속설비 설치하기	1. 선정부지의 경계 측량을 검토할 수 있다 2. 선정부지의 정지작업을 할 수 있다. 3. 구조물 기초공사를 할 수 있다. 4. 구조물 조립공사를 할 수 있다. 5. 울타리공사를 할 수 있다. 6. 관제실(방범/방재, 태양광 모니터링) 공사를 관리할 수 있다.
		3. 모듈 및 전기설비 설치하기	1. 모듈을 설치할 수 있다. 2. 어레이를 결선할 수 있다. 3. 접속함을 설치할 수 있다. 4. 접속함을 결선할 수 있다. 5. 태양광 인버터를 설치 할 수 있다 6. 전기설비를 설치할 수 있다.
		4. 시운전하기	1. 신재생에너지 발전설비의 설치상태를 확인할 수 있다. 2. 발전설비테스트를 실시할 수 있다. 3. 각종 설비 동작의 상태를 확인할 수 있다.
		5. 준공도서 작성하기	1. 준공 도면을 작성할 수 있다. 2. 준공 내역서를 작성할 수 있다. 3. 유지관리 지침서를 작성할 수 있다. 4. 인수인계서를 작성할 수 있다.
		1. 착공시 감리업무하기	1. 감리업무를 검토할 수 있다. 2. 설계도서를 검토할 수 있다. 3. 사무실의 설치 및 설계도서를 관리할 수 있다. 4. 착공신고서를 검토 및 보고할 수 있다. 5. 공사 표지판을 설치할 수 있다. 6. 하도급 관련 사항을 검토할 수 있다. 7. 현장 여건을 조사할 수 있다. 8. 인허가 업무를 검토할 수 있다.
		2. 시공시 감리업무하기	1. 감리를 기록하고 관리할 수 있다. 2. 토목배치 도면을 작성할 수 있다. 3. 부실공사방지 세부계획을 점검할 수 있다. 4. 공사업자에 대한 지시 및 수명사항을 처리할 수 있다.

실기과목명	주요항목	세부항목	세세항목
		3. 품질관리하기	1. 품질관리에 관한 시험의 요령 및 조치를 취할 수 있다. 2. 시험성과를 검토할 수 있다. 3. 공인기관의 성능평가 결과를 검토할 수 있다.
		4. 공정관리하기	1. 시공 계획서를 검토할 수 있다. 2. 시공 상세도를 검토할 수 있다. 3. 시공 상태를 확인하고 검사할 수 있다.
		5. 안전관리하기	1. 태양광발전의 안전점검 절차서를 작성할 수 있다. 2. 기성부분 검사 절차서를 작성할 수 있다.
		6. 준공검사하기	1. 준공검사를 위한 요건을 검토할 수 있다. 2. 유지관리 및 하자보수 지침서를 검토할 수 있다.
		7. 발전시스템 성능진단하기	1. 태양광 모듈의 출력량을 점검할 수 있다. 2. 태양광 인버터의 입·출력량을 점검할 수 있다. 3. 접속함의 입·출력량을 점검할 수 있다. 4. 태양광 인버터의 과전압 및 지락시험을 할 수 있다.
	5. 운영 및 유지보수	1. 태양광 모니터링 시스템관리하기	1. 순간발전량 검출상태를 점검할 수 있다. 2. 일별 및 월별 발전량을 검출·점검할 수 있다. 3. 데이터 전송 통신 상태를 점검할 수 있다.
		2. 태양광 전기실 관리하기	1. 승압변압기 상태를 점검할 수 있다. 2. 전기실 통풍상태를 점검할 수 있다. 3. 케이블 상태를 점검할 수 있다. 4. 차단기 동작 상태를 점검할 수 있다.
		3. 유지보수 계획 수립하기	1. 월별/연간/정밀 보수 계획을 수립할 수 있다. 2. 부품별 보유수량을 검토할 수 있다. 3. 예비품 리스트를 작성할 수 있다. 4. 부품 리스트 관리 위치를 지정할 수 있다. 5. 소모성 부품의 상태를 점검할 수 있다. 6. 보호기능 작동상태를 점검할 수 있다. 7. 정비 매뉴얼을 분석할 수 있다. 8. 정기정비 일정 계획을 점검할 수 있다. 9. 일정에 따라 자재, 인력, 공기구를 점검할 수 있다.

실기과목명	주요항목	세부항목	세세항목
		4. 정기보수실시하기	1. 필요자재, 장비 상태를 점검할 수 있다. 2. 소요장비의 수량을 산출할 수 있다. 3. 장비리스트를 작성할 수 있다. 4. 장비 보관 위치를 작성할 수 있다. 5. 예산계획을 수립할 수 있다. 6. 정기보수일정을 수립할 수 있다. 7. 유지보수업체를 리스트를 작성할 수 있다. 8. 필요자재, 공기구를 점검할 수 있다. 9. 작업안전 절차를 준수하여 보수작업을 할 수 있다. 10. 작업 및 점검결과를 분석할 수 있다. 11. 분석결과에 따라 정비 계획을 수정할 수 있다.
		5. 긴급보수 실시하기	1. 전기실 상태를 점검할 수 있다. 2. 공구 및 장비를 점검할 수 있다. 3. 긴급상황 발생시 상황에 맞게 보수작업을 할 수 있다. 4. 작업안전 절차를 준수하여 보수작업을 할 수 있다.
		6. 안전교육 실시하기	1. 작업착수 전 작업절차를 교육할 수 있다. 2. 보호 장구 상태를 교육할 수 있다. 3. 전기설비 안전장비상태 등 각종 안전 교육할 수 있다.
		7. 안전장비 보유상태 확인하기	1. 정기 안전검사 대상을 점검할 수 있다. 2. 보호 장구상태를 점검할 수 있다. 3. 전기설비 안전장비상태를 점검할 수 있다. 4. 정기 안전 검사를 실시할 수 있다. 5. 안전점검 일지를 작성할 수 있다.

26. 환경·에너지

신재생에너지발전설비산업기사(태양광)

출제기준(필기)

직무분야	환경·에너지	중직무분야	에너지·기상	자격종목	신재생에너지발전설비산업기사(태양광)	적용기간	2013.1.1~2015.12.31

○직무내용 : 신재생에너지설비에 대한 공학적 기초이론 및 숙련기능, 응용기술 등을 가지고 태양광발전설비를 설계, 시공, 감리, 운영, 유지 및 보수하는 업무 등을 수행

필기검정방법	객관식	문제수	80	시험시간	2시간

필기과목명	문제수	주요항목	세부항목	세세항목
태양광 발전 시스템 이론	20	1. 신재생에너지 개요	1. 신재생에너지 원리 및 특징	1. 태양광 2. 풍력 3. 수력 4. 연료전지 5. 기타 신재생에너지
		2. 태양광발전 시스템 개요	1. 태양광발전 개요	1. 태양광발전의 정의 2. 태양광발전의 역사 3. 태양광발전의 특징 4. 태양광발전의 원리 5. 태양광발전의 시장전망 6. 태양복사 에너지
			2. 태양광발전 시스템 정의 및 종류	1. 태양광발전 시스템 정의 2. 태양광발전 시스템 분류
			3. 태양전지	1. 태양전지 원리 2. 태양전지의 변환효율 3. 태양전지 특성의 측정법 4. 태양전지 종류와 특징
			4. 태양광발전 시스템 구성요소	1. 태양광 모듈 및 어레이 2. 태양광 인버터 3. 전력저장장치(축전지)
		3. 태양광 모듈	1. 태양광 모듈 개요	1. 태양광 모듈의 특성 2. 태양광 모듈의 구조 3. 단자함 및 기타 4. 태양광 모듈의 종류
			2. 태양광 모듈의 설치 분류	1. 시공 설치관련 분류의 정의

필기과목명	문제수	주요항목	세부항목	세세항목
		4. 태양광 인버터	1. 태양광 인버터의 개요	1. 태양광 인버터의 역할 2. 태양광 인버터의 회로 방식 3. 태양광 인버터의 원리 4. 태양광 인버터의 종류 및 특징
			2. 태양광 인버터의 기능	1. 자동운전 정지기능 2. 최대전력 추종제어기능 3. 단독운전 방지기능 4. 자동전압 조정기능 5. 직류 검출기능 6. 직류 지락 검출기능 7. 계통연계 보호장치
		5. 관련기기 및 부품	1. 바이패스 소자와 역류방지 소자	1. 바이패스 소자 2. 역류방지 소자
			2. 접속함	1. 태양전지 어레이측 개폐기 2. 주개폐기 3. 피뢰소자 4. 단자대 5. 수납함
			3. 교류측 기기	1. 분전반 2. 적산전력량계
			4. 축전지	1. 계통연계 시스템용 축전지 2. 독립형 시스템용 축전지 3. 축전지의 설계
			5. 낙뢰 대책	1. 낙뢰 개요 2. 뇌서지 대책 3. 피뢰소자의 선정
		6. 기초이론	1. 전기, 전자	1. 전기기초 2. 전자기초

필기과목명	문제수	주요항목	세부항목	세세항목
태양광발전 시스템 시공	20	1. 태양광 발전시스템 시공	1. 태양광발전 시스템 시공 준비	1. 태양광 발전시스템의 시공 절차 2. 태양광 발전시스템 시공 시 필요한 장비 목록 3. 태양광발전 시스템 관련기기 반입 및 검사 4. 태양광발전 시스템 시공 안전대책 5 시공체크리스트
			2. 태양광발전 시스템 구조물 시공	1. 발전 형태별 구조물 시공 2. 발전 형태별 태양전지 어레이 설치
			3. 배관·배선공사	1. 태양광 모듈과 태양광 인버터간의 배관·배선 2. 태양광 인버터에서 옥내 분전반간의 배관·배선 3. 태양광 어레이 검사 4. 케이블 선정 및 단말처리 5. 방화구획 관통부의 처리
			4. 접지공사	1. 접지공사의 종류 및 적용 2. 접지공사의 시설방법 3. 접지저항의 측정
		2. 태양광 발전시스템 감리	1. 태양광발전 시스템 감리 개요	1. 감리 개요 2. 업종별 감리 3. 시방서의 종류
			2. 설계감리	1. 설계 기본방향과 관리 2. 설계 절차별 제출서류 3. 설계도서 검토
			3. 착공감리	1. 설계도서 검토 2. 착공신고서 검토 및 보고 3. 하도급 관련 사항 검토 4. 현장여건 조사 5. 인허가 업무 검토
			4. 시공감리	1. 감리와 감독의 역할 2. 태양광발전 시스템 설치 표준 3. 설계변경 4. 태양광발전 시스템 구성 5. 기기의 품질기준 6. 구조물 종류별 검사 7. 시공단계별 품질 확인

필기과목명	문제수	주요항목	세부항목	세세항목
			5. 사용전 검사	1. 법정검사 2. 태양광발전설비 검사
			6. 준공검사	1. 준공검사 절차서 작성 2. 시설물 인수인계 계획 수립 3. 준공 후 현장문서 인수인계 4. 유지관리 및 하자보수 지침서 검토
		3. 송전설비	1. 송·변전설비 기초	1. 송전설비 기초 2. 배전설비 기초 3. 변전설비 기초

필기과목명	문제수	주요항목	세부항목	세세항목
태양광발전 시스템운영	20	1. 태양광발전시스템 운영	1. 운영 계획 및 사업개시	1. 일별, 월별, 연간 운영계획 수립 시 고려요소 2. 사업허가증 발급방법 등
			2. 태양광발전 시스템 운전	1. 태양광발전 시스템 운영체계 및 절차 2. 태양광발전 시스템 운전조작방법 3. 태양광발전 시스템 동작원리 4. 태양광발전 시스템 운영 점검사항 5. 태양광발전 시스템 계측
		2. 태양광발전 시스템 품질관리	1. 성능평가	1. 성능평가 개념 2. 성능평가를 위한 측정요소
			2. 품질관리 기준	1. KS, ISO 제도 2. IEC 기준 규격
		3. 태양광발전 시스템 유지보수	1. 유지보수 개요	1. 유지보수 의의 2. 유지보수 절차 3. 유지보수 계획 시 고려사항 4. 유지보수 관리 지침
			2. 유지보수 세부내용	1. 발전설비 유지관리 2. 송전설비 유지관리 3. 태양광발전 시스템 고장원인 4. 태양광발전 시스템 문제진단 5. 고장별 조치방법 6. 발전형태별 정기보수 7. 발전형태별 긴급보수
		4. 태양광발전설비 안전관리	1. 위험요소 및 위험관리방법	1. 태양광발전 시스템의 위험 요소 및 위험관리방법
			2. 안전관리 장비	1. 안전장비 종류 2. 안전장비 보관요령

필기과목명	문제수	주요항목	세부항목	세세항목
신재생 에너지 관련 법규	20	1. 관련법규	1. 신재생에너지관련법	1. 신에너지 및 재생에너지 개발·이용·보급 촉진법, 시행령, 시행규칙 2. 저탄소 녹색성장기본법, 시행령
			2. 전기관계법규	1. 전기사업법, 시행령, 시행규칙 2. 전기공사업법, 시행령, 시행규칙 3. 전기설비기술기준 및 판단기준

출제기준(실기)

직무 분야	환경·에너지	중직무 분야	에너지·기상	자격 종목	신재생에너지발전설비 산업기사(태양광)	적용 기간	2013.1.1~2015.12.31

○직무내용 : 신재생에너지설비에 대한 공학적 기초이론 및 숙련기능, 응용기술 등을 가지고 태양광발전설비를 설계, 시공, 감리, 운영, 유지 및 보수하는 업무 등을 수행
○수행준거 : 1. 신재생에너지발전설비에 필요한 장비 및 공구를 사용할 수 있다.
  2. 신재생에너지 발전설비와 관련한 시공 관련 공사를 수행할 수 있다.
  3. 신재생에너지 발전설비 후의 시험 검사 업무 및 유지관리에 필요한 측정 및 점검업무를 수행할 수 있다.

실기검정방법	필답형	시험시간	2시간 정도

실기과목명	주요항목	세부항목	세세항목
태양광 발전설비 실무	1. 설계	1. 시스템구성 설계하기	1. 구조물시스템 구성을 설계할 수 있다. 2. 태양광 모듈을 중심으로 한 발전시스템 구성을 설계할 수 있다. 3. 관제시스템(방범/방재설비, 태양광 모니터링설비 등) 구성을 설계 할 수 있다.
		2. 계산서 작성하기	1. 구조 계산서를 검토할 수 있다. 2. 전압강하 계산서를 작성할 수 있다. 3. 변압기 용량 계산서를 작성할 수 있다. 4. 차단기 용량 계산서를 작성할 수 있다. 5. 태양광 인버터 용량 계산서를 작성할 수 있다. 6. 모듈 직병렬 계산서를 작성할 수 있다.
		3. 도면작성하기	1. 태양광발전 시스템 도면을 작성할 수 있다. 2. 토목배치 도면을 작성할 수 있다. 3. 구조물 도면을 작성할 수 있다. 4. 관제실(방범/방재, 태양광 모니터링) 건축도면을 작성할 수 있다.
		4. 시방서 작성하기	1. 일반 시방서를 작성할 수 있다. 2. 건축, 토목, 구조물 관련 시방서를 작성할 수 있다. 3. 특기 시방서를 작성할 수 있다.(모듈, 태양광 인버터, 각종 주변기기) 4. 공사공정도를 작성할 수 있다.
		5. 내역서 작성하기	1. 소요장비 내역서를 작성할 수 있다. 2. 소요자재 내역서를 작성할 수 있다. 3. 소요인력 내역서를 작성할 수 있다.

실기과목명	주요항목	세부항목	세세항목
	2. 시공	1. 설계도서 검토 및 해당공사 발주하기	1. 설계도서의 의도와 내용을 검토할 수 있다. 2. 토목공사 업체를 결정하고 토목공사를 발주할 수 있다. 3. 모듈, 태양광 인버터, 접속함, 모니터링 등 태양광 시스템을 발주할 수 있다. 4. 구조물 공사를 발주할 수 있다. 5. 관제실 구축을 위한 시공업체를 결정하고 건축공사를 발주할 수 있다.
		2. 구조물 및 부속설비 설치하기	1. 선정부지의 경계 측량을 검토할 수 있다 2. 선정부지의 정지작업을 할 수 있다. 3. 구조물 기초공사를 할 수 있다. 4. 구조물 조립공사를 할 수 있다. 5. 울타리공사를 할 수 있다. 6. 관제실(방범/방재, 태양광 모니터링) 공사를 관리할 수 있다.
		3. 모듈 및 전기설비 설치하기	1. 모듈을 설치할 수 있다. 2. 어레이를 결선할 수 있다. 3. 접속함을 설치할 수 있다. 4. 접속함을 결선할 수 있다. 5. 태양광 인버터를 설치 할 수 있다 6. 전기설비를 설치 할 수 있다.
		4. 시운전하기	1. 신재생에너지 발전설비의 설치상태를 확인할 수 있다. 2. 발전설비테스트를 실시할 수 있다. 3. 각종 설비 동작의 상태를 확인할 수 있다.
		5. 준공도서 작성하기	1. 준공 도면을 작성할 수 있다. 2. 준공 내역서를 작성할 수 있다. 3. 유지관리 지침서를 작성할 수 있다. 4. 인수인계서를 작성할 수 있다.
	3. 감리	1. 착공시 감리업무하기	1. 감리업무를 검토할 수 있다. 2. 설계도서를 검토할 수 있다. 3. 사무실의 설치 및 설계도서를 관리할 수 있다. 4. 착공신고서를 검토 및 보고할 수 있다. 5. 공사 표지판을 설치할 수 있다. 6. 유관자 합동회의를 실시할 수 있다. 7. 하도급 관련 사항을 검토할 수 있다. 8. 현장 여건을 조사할 수 있다. 9. 인허가 업무를 검토할 수 있다.

실기과목명	주요항목	세부항목	세세항목
		2. 시공시 감리업무하기	1. 감리를 기록하고 관리할 수 있다. 2. 토목배치 도면을 작성할 수 있다. 3. 부실공사방지 세부계획을 점검할 수 있다. 4. 공사업자에 대한 지시 및 수명사항을 처리할 수 있다.
		3. 품질관리하기	1. 품질관리에 관한 시험의 요령 및 조치를 취할 수 있다. 2. 시험성과를 검토할 수 있다. 3. 공인기관의 성능평가 결과를 검토할 수 있다.
		4. 공정관리하기	1. 시공 계획서를 검토할 수 있다. 2. 시공 상세도를 검토할 수 있다. 3. 시공 상태를 확인하고 검사할 수 있다.
		5. 안전관리하기	1. 태양광 발전의 안전점검 절차서를 작성할 수 있다. 2. 기성부분 검사 절차서를 작성할 수 있다.
		6. 준공검사하기	1. 준공검사를 위한 요건을 검토할 수 있다. 2. 유지관리 및 하자보수 지침서를 검토할 수 있다.
	4. 운영 및 유지보수	1. 태양광 모니터링 시스템관리하기	1. 순간발전량 검출상태를 점검할 수 있다. 2. 일별 및 월별 발전량을 검출·점검할 수 있다. 3. 데이터 전송 통신 상태를 점검할 수 있다.
		2. 태양광 전기실 관리하기	1. 승압변압기 상태를 점검할 수 있다. 2. 전기실 통풍상태를 점검할 수 있다. 3. 케이블 상태를 점검할 수 있다. 4. 차단기 동작 상태를 점검할 수 있다.
		3. 유지보수 계획 수립하기	1. 월별/연간/정밀 보수 계획을 수립할 수 있다. 2. 부품별 보유수량을 검토할 수 있다. 3. 예비품 리스트를 작성할 수 있다. 4. 부품 리스트 관리 위치를 지정할 수 있다. 5. 소모성 부품의 상태를 점검할 수 있다. 6. 보호기능 작동상태를 점검할 수 있다. 7. 정비 매뉴얼을 분석할 수 있다. 8. 정기정비 일정 계획을 점검할 수 있다. 9. 일정에 따라 자재, 인력, 공기구를 점검할 수 있다.

실기과목명	주요항목	세부항목	세세항목
		4. 정기보수실시하기	1. 필요자재, 장비 상태를 점검할 수 있다. 2. 소요장비의 수량을 산출할 수 있다. 3. 장비리스트를 작성할 수 있다. 4. 장비 보관 위치를 작성할 수 있다. 5. 예산계획을 수립할 수 있다. 6. 정기보수일정을 수립할 수 있다. 7. 유지보수업체를 리스트를 작성할 수 있다. 8. 필요자재, 공기구를 점검할 수 있다. 9. 작업안전 절차를 준수하여 보수작업을 할 수 있다. 10. 작업 및 점검결과를 분석할 수 있다. 11. 분석결과에 따라 정비 계획을 수정할 수 있다.
		5. 긴급보수 실시하기	1. 전기실 상태를 점검할 수 있다. 2. 공구 및 장비를 점검할 수 있다. 3. 긴급상황 발생시 상황에 맞게 보수작업을 할 수 있다. 4. 작업안전 절차를 준수하여 보수작업을 할 수 있다.
		6. 안전교육 실시하기	1. 작업착수 전 작업절차를 교육할 수 있다. 2. 보호 장구 상태를 교육할 수 있다. 3. 전기설비 안전장비상태 등 각종 안전 교육할 수 있다.
		7. 안전장비 보유상태 확인하기	1. 정기 안전검사 대상을 점검할 수 있다. 2. 보호 장구상태를 점검할 수 있다. 3. 전기설비 안전장비상태를 점검할 수 있다. 4. 정기 안전 검사를 실시할 수 있다. 5. 안전점검 일지를 작성할 수 있다.

26. 환경·에너지

신재생에너지발전설비기능사(태양광)

출제기준(필기)

직무분야	환경·에너지	중직무분야	에너지·기상	자격종목	신재생에너지발전설비기능사(태양광)	적용기간	2013.1.1~2015.12.31

○직무내용 : 신재생에너지설비에 대한 공학적 기초이론 및 숙련기능 등을 가지고 태양광발전설비를 시공, 운영, 유지 및 보수하는 업무 등을 수행

필기검정방법	객관식	문제수	60	시험시간	1시간

필기과목명	문제수	주요항목	세부항목	세세항목
태양광 발전 설비	60	1. 신재생에너지 개요	1. 신재생에너지 원리 및 특징	1. 태양광 2. 풍력 3. 수력 4. 연료전지 5. 기타 신재생에너지
		2. 태양광발전 시스템 개요	1. 태양광발전 개요	1. 태양광발전의 정의 2. 태양광발전의 역사 3. 태양광발전의 특징 4. 태양광발전의 원리 5. 태양광발전의 시장전망 6. 태양복사 에너지
			2. 태양광발전 시스템 정의 및 종류	1. 태양광발전 시스템 정의 2. 태양광발전 시스템 분류
			3. 태양전지	1. 태양전지 원리 2. 태양전지의 변환효율 3. 태양전지 특성의 측정법 4. 태양전지 종류와 특징
			4. 태양광 시스템 구성요소	1. 태양광 모듈 및 어레이 2. 태양광 인버터 3. 전력저장 장치(축전지)
		3. 태양광 모듈	1. 태양광 모듈 개요	1. 태양광 모듈의 특성 2. 태양광 모듈의 구조 3. 단자함 및 기타 4. 태양광 모듈의 종류
			2. 태양광 모듈의 설치 분류	1. 시공 설치관련 분류의 정의

필기과목명	문제수	주요항목	세부항목	세세항목
		4. 태양광 인버터	1. 태양광 인버터의 개요	1. 태양광 인버터의 역할 2. 태양광 인버터의 회로 방식 3. 태양광 인버터의 원리 4. 태양광 인버터의 종류 및 특징
			2. 태양광 인버터의 기능	1. 자동운전 정지기능 2. 최대전력 추종제어기능 3. 단독운전 방지기능 4. 자동전압 조정기능 5. 직류 검출기능 6. 직류 지락 검출기능 7. 계통연계 보호장치
		5. 관련기기 및 부품	1. 바이패스 소자와 역류방지 소자	1. 바이패스 소자 2. 역류방지 소자
			2. 접속함	1. 태양전지 어레이측 개폐기 2. 주개폐기 3. 피뢰소자 4. 단자대 5. 수납함
			3. 교류측 기기	1. 분전반 2. 적산전력량계
			4. 축전지	1. 계통연계 시스템용 축전지 2. 독립형 시스템용 축전지 3. 축전지의 설계
			5. 낙뢰 대책	1. 낙뢰 개요 2. 뇌서지 대책 3. 피뢰소자의 선정
		6. 태양광발전시스템 시공	1. 태양광발전 시스템 시공 준비	1. 태양광발전 시스템의 시공 절차 2. 태양광발전 시스템 시공 시 필요한 장비 목록 3. 태양광발전 시스템 관련기기 반입 및 검사 4. 태양광발전 시스템 시공안전대책 5. 시공체크리스트
			2. 태양광발전 시스템 구조물 시공	1. 발전 형태별 구조물 시공 2. 발전 형태별 태양전지 어레이 설치

필기과목명	문제수	주요항목	세부항목	세세항목
			3. 배관·배선공사	1. 태양광 모듈과 태양광 인버터간의 배관·배선 2. 태양광 인버터에서 옥내 분전반간의 배관·배선 3. 태양광 어레이 검사 4. 케이블 선정 및 단말처리 5. 방화구획 관통부의 처리
			4. 접지공사	1. 접지공사의 종류 및 적용 2. 접지공사의 시설방법 3. 접지저항의 측정
		7. 태양광발전시스템 운영	1. 운영 계획 및 사업개시	1. 일별, 월별, 연간 운영계획 수립 시 고려요소 2. 사업허가증 발급방법 등
			2. 태양광발전 시스템 운전	1. 태양광발전 시스템 운영체계 및 절차 2. 태양광발전 시스템 운전조작방법 3. 태양광발전 시스템 동작원리 4. 태양광발전 시스템 운영 점검사항 5. 태양광발전 시스템 계측
		8. 태양광발전시스템 품질관리	1. 성능평가	1. 성능평가 개념 2. 성능평가를 위한 측정요소
			2. 품질관리 기준	1. KS, ISO 제도 2. IEC 기준 규격
		9. 태양광발전시스템 유지보수	1. 유지보수 개요	1. 유지보수 의의 2. 유지보수 절차 3. 유지보수 계획시 고려사항 4. 유지보수 관리 지침
			2. 유지보수 세부내용	1. 발전설비 유지관리 2. 송전설비 유지관리 3. 태양광발전 시스템 고장원인 4. 태양광발전 시스템 문제진단 5. 고장별 조치방법 6. 발전형태별 정기보수 7. 발전형태별 긴급보수

필기과목명	문제수	주요항목	세부항목	세세항목
		10. 태양광발전설비 안전관리	1. 위험요소 및 위험관리방법	1. 태양광발전 시스템의 위험 요소 및 위험관리방법
			2. 안전관리 장비	1. 안전장비 종류 2. 안전장비 보관요령
		11. 관련법규	1. 신재생에너지관련법	1. 신에너지 및 재생에너지 개발·이용·보급 촉진법, 시행령, 시행규칙
			2. 전기관계법규	1. 전기사업법, 시행령, 시행규칙 2. 전기공사업법, 시행령, 시행규칙 3. 전기설비기술기준 및 판단기준

출제기준(실기)

직무분야	환경·에너지	중직무분야	에너지·기상	자격종목	신재생에너지발전설비기능사(태양광)	적용기간	2013.1.1~2015.12.31

○직무내용 : 신재생에너지설비에 대한 공학적 기초이론 및 숙련기능 등을 가지고 태양광발전설비를 시공, 운영, 유지 및 보수하는 업무 등을 수행
○수행준거 : 1. 신재생에너지 발전설비를 위한 시공 공사를 수행할 수 있다.
           2. 신재생에너지 발전설비 후 운영, 유지보수 업무를 수행할 수 있다.

실기검정방법		필답형		시험시간	1시간 30분정도

실기과목명	주요항목	세부항목	세세항목
태양광 발전설비 실무	1. 시공	1. 설계도서 검토 및 해당공사 발주하기	1. 설계도서의 의도와 내용을 검토할 수 있다. 2. 토목공사 업체를 결정하고 토목공사를 발주할 수 있다. 3. 모듈, 태양광 인버터, 접속함, 모니터링 등 태양광 시스템을 발주할 수 있다. 4. 구조물 공사를 발주할 수 있다. 5. 관제실 구축을 위한 시공업체를 결정하고 건축공사를 발주할 수 있다.
		2. 구조물 및 부속설비 설치하기	1. 선정부지의 경계 측량을 검토할 수 있다 2. 선정부지의 정지작업을 할 수 있다. 3. 구조물 기초공사를 할 수 있다. 4. 구조물 조립공사를 할 수 있다. 5. 울타리공사를 할 수 있다. 6. 관제실(방범/방재, 태양광 모니터링) 공사를 관리할 수 있다.
		3. 모듈 및 전기설비 설치하기	1. 모듈을 설치할 수 있다. 2. 어레이를 결선할 수 있다. 3. 접속함을 설치할 수 있다. 4. 접속함을 결선할 수 있다. 5. 태양광 인버터를 설치 할 수 있다 6. 전기설비를 설치 할 수 있다.
		4. 시운전하기	1. 신재생에너지 발전설비의 설치상태를 확인할 수 있다. 2. 발전설비테스트를 실시할 수 있다. 3. 각종 설비 동작의 상태를 확인할 수 있다.

실기과목명	주요항목	세부항목	세세항목
		5. 준공도서 작성하기	1. 준공 도면을 작성할 수 있다. 2. 준공 내역서를 작성할 수 있다. 3. 유지관리 지침서를 작성할 수 있다. 4. 인수인계서를 작성할 수 있다.
	2. 운영 및 유지보수	1. 태양광 모니터링 시스템관리하기	1. 순간발전량 검출상태를 점검할 수 있다. 2. 일별 및 월별 발전량 검출 점검할 수 있다. 3. 데이터 전송 통신상태를 점검할 수 있다.
		2. 태양광 전기실 관리하기	1. 승압변압기 상태를 점검할 수 있다. 2. 전기실 통풍상태를 점검할 수 있다. 3. 케이블 상태를 점검할 수 있다. 4. 차단기 동작 상태를 점검할 수 있다.
		3. 유지보수 계획 수립하기	1. 월별/연간/정밀 보수 계획을 수립할 수 있다. 2. 부품별 보유수량을 검토, 확보할 수 있다. 3. 예비품 리스트를 작성할 수 있다. 4. 부품 리스트 관리 위치를 지정할 수 있다. 5. 소모성 부품의 상태를 점검할 수 있다. 6. 보호기능 작동상태를 점검할 수 있다. 7. 정비 매뉴얼을 분석할 수 있다. 8. 정기정비 일정 계획을 점검할 수 있다. 9. 일정에 따라 자재, 인력, 공기구를 배정할 수 있다.
		4. 정기보수실시하기	1. 필요자재, 장비 상태를 점검할 수 있다. 2. 소요장비의 수량을 산출할 수 있다. 3. 장비리스트를 작성할 수 있다. 4. 장비 보관 위치를 작성할 수 있다. 5. 예산계획을 수립할 수 있다. 6. 정기보수일정을 수립할 수 있다. 7. 유지보수업체 리스트를 작성할 수 있다. 8. 필요자재, 공기구를 점검할 수 있다. 9. 작업안전 절차를 준수하여 보수작업을 할 수 있다. 10. 작업 및 점검결과를 분석할 수 있다. 11. 분석결과에 따라 정비 계획을 수정할 수 있다.
		5. 긴급보수 실시하기	1. 전기실 상태를 점검할 수 있다. 2. 공구 및 장비를 점검할 수 있다. 3. 긴급상황 발생시 상황에 맞게 보수작업을 할 수 있다. 4. 작업안전 절차를 준수하여 보수작업을 할 수 있다.

실기과목명	주요항목	세부항목	세세항목
		6. 안전교육 실시하기	1. 작업착수 전 작업절차를 교육할 수 있다. 2. 보호 장구 상태를 교육할 수 있다. 3. 전기설비 안전장비상태 등 각종 안전 교육할 수 있다.
		7. 안전장비 보유상태 확인하기	1. 정기 안전검사 대상을 점검할 수 있다. 2. 보호 장구상태를 점검할 수 있다. 3. 전기설비 안전장비상태를 점검할 수 있다. 4. 정기 안전 검사를 실시할 수 있다. 5. 안전점검 일지를 작성할 수 있다.